高等学校计算机应用规划教材

微课制作实例教程

(第 2 版)(微课版)

方其桂　主编

清华大学出版社

北　京

内 容 简 介

目前基础教育改革的突破口在于满足学生的个性化学习需要，具体表现为在课堂中普及使用微课，这就意味着制作微课是中小学教师必须掌握的教学技术。本书详细介绍了微课制作的理论基础知识、制作技术及其技巧。书中实例均选自中小学各学科的典型内容。全书图文并茂，理论与实践相结合。

本书可作为高等学校相关专业微课制作的教材，还可作为各级教育部门培训参考用书，同时也可用于中小学教师提升教育技术的自学教材。

图书在版编目(CIP)数据

微课制作实例教程：微课版 / 方其桂 主编. —2 版. —北京：清华大学出版社，2019（2021.12重印）
(高等学校计算机应用规划教材)
ISBN 978-7-302-51400-8

Ⅰ. ①微… Ⅱ. ①方… Ⅲ. ①多媒体课件－制作－高等学校－教材 Ⅳ. ①G434

中国版本图书馆 CIP 数据核字(2018)第 233821 号

责任编辑：刘金喜
封面设计：常雪影
版式设计：思创景点
责任校对：成凤进
责任印制：宋 林

出版发行：清华大学出版社
网 址：http://www.tup.com.cn，http://www.wqbook.com
地 址：北京清华大学学研大厦 A 座　　邮 编：100084
社 总 机：010-62770175　　邮 购：010-62786544
投稿与读者服务：010-62776969，c-service@tup.tsinghua.edu.cn
质 量 反 馈：010-62772015，zhiliang@tup.tsinghua.edu.cn
印 装 者：三河市铭诚印务有限公司
经 销：全国新华书店
开 本：185mm×260mm　　**印 张**：20.5　　**插 页**：2　　**字 数**：486 千字
(附光盘 1 张)
版 次：2015 年 6 月第 1 版　2019 年 1 月第 2 版　　**印 次**：2021 年 12 月第 5 次印刷
定 价：68.00 元

产品编号：078632-02

前　言

一、学习微课制作的意义

随着信息技术的迅猛发展，社会各个领域都发生了颠覆性的变革，如网店已经很大程度地替代了实体店，而教育领域依然承袭传统的教师满堂灌教学模式，这无法满足学生个性化的学习需求，导致教学效率低下。近年来，翻转学习、混合学习、移动学习、碎片化学习等多种新型学习方式正努力突破传统的教学方式，并取得了良好的教学效果，它们都无一例外地用到了“微课”。

微课是指以视频为主要载体，针对一个知识点，使用多媒体技术用 5 分钟左右进行讲解的一段视频或音频。

在教育教学中，微课所讲授的内容呈“点”状、碎片化，这些知识点可以是教材解读、题型精讲、考点归纳；也可以是方法传授、教学经验等技能方面的知识讲解和展示。微课是课堂教学的有效补充形式，不仅适合于移动学习时代知识的传播，也适合学习者个性化、深度学习的需求。学生可以根据自己的需求，选择相应的微课进行一次或多次自主学习，产生需要解决的问题，从而获得学习的需求，教师上课时有针对性地帮助学生解决这些问题，显然会大大提升教学效率。

微课开发的范围较广，可以针对某一个知识点、某一堂课开发，也可以针对某一个单元、教材上某一章(节)开发，还可以针对学生学习的某一个重难点开发。微课除制作的微视频外，还包括与微视频配套的教学设计、视频制作脚本、评价检测题、相关学习资源等。

微课制作已经逐步成为中小学教师必须掌握的一项基本技能，为此我们组织有丰富微课制作经验的一线教师、教研员编写了本书，以便更好地帮助中小学教师将信息技术工具应用到自己的课堂教学中，从而取得更好的教学效果和教学效率。

二、本书修订

《微课制作实例教程》出版后，受到读者肯定，累计印刷 6 次。我们这次组织优秀教师对此书进行了修订，修订时主要做了以下几方面的改进。

■　更新软件：将所涉及的软件更新到最新版本。

■ 更换案例：更新了多数微课案例，使之更贴近教学实践。
■ 优化内容：补充一些实用性、技巧性强的内容，使其更切合微课制作所需。
■ 完善体系：进一步精心修改完善内容，使内容的分布和知识点的详略科学、有度。

三、本书结构

本书是专门为一线教师、师范院校的学生和专业从事多媒体微课开发的人员编写的教材，为便于学习，设计了如下栏目。

■ 跟我学：每个实例都通过“跟我学”轻松学习掌握，其中包括多个“阶段框”，将任务进一步细分成若干个更小的任务，降低阅读难度。
■ 创新园：对所学知识进行多层次的巩固和强化。
■ 小结与习题：对全章内容进行归纳、总结，同时用习题来检测学习效果。

四、本书特色

本书详细介绍微课的设计拍摄、制作及使用等方面的知识，使读者能够轻松地制作出可应用于实际教学的微课。因此，本书定位于所有想使用、制作微课的教师。在编写时努力体现如下特色。

■ 内容实用：本书所有实例均选自现行教材，涉及中小学主要学科，内容编排结构合理。
■ 图文并茂：在介绍具体操作步骤过程中，语言简洁，基本上每一个步骤都配有对应的插图，用图文来分解复杂的步骤。路径式图示引导，便于读者一边翻阅图书，一边上机操作。
■ 提示技巧：本书对读者在学习过程中可能会遇到的问题以“小贴士”和“知识库”的形式进行了说明，以免读者在学习过程中走弯路。
■ 便于上手：本书以实例为线索，利用实例将微课制作技术串联起来，书中的实例都非常典型、实用。

五、配书光盘

本书配有一张光盘，提供了书中实例制作所用的素材，并提供了实例的源程序及制作完成的完整课件，对这些课件稍加修改就可以在实际教学中使用；也可以以这些微课实例为模板稍作修改，举一反三，制作出更多、更实用的微课。考虑到许多师范院校选择本书作为教材，光盘还提供了配套的教学课件、微课。同时，收集了部分优秀的获奖微课以飨读者，供制作微课时参考。

六、本书作者

参与本书修订编写的作者有省级教研人员、微课制作获奖教师，他们不仅长期从事计算机辅助教学方面的研究，而且都有较为丰富的计算机图书编写经验。

本书由方其桂主编、统稿，贾波、殷小庆副主编、策划，由梁祥(第 1 章)、刘蓓(第 2 章)、张小龙(第 3 章)、唐小华(第 4 章)、周本阔(第 5 章)、贾波(第 6 章)、陈晓虎(第 7 章)、殷小庆(第 8 章)等人编写，随书光盘由方其桂整理制作。参加本书编写的还有何立松、应韬、刘锋、周木祥、赵家春、赵青松、张青、王丽娟、夏兰、周本阔、陈晓虎、张晓丽、王军、宣国庆等。另外，刘蓓、徐和珍、鲍子娟、雷丽丽、任飒、姚祚凤、陈娜、章珍珍、查登保、黄瑞、陈文静、李俊、毛前、王园园、柯丰年、聂元珍、操河生、管良梁、宗京能、王强胜、付正光、季德超、薛相春、王静等作者提供了课件、微课等资料，在此一并表示感谢。

虽然我们有着十多年撰写微课制作方面图书(累计已编写、出版三十多本)的经验，并尽力认真构思验证和反复审核修改，但仍难免有一些瑕疵。我们深知一本图书的好坏，需要广大读者去检验评说，在这里，我们衷心希望您对本书提出宝贵的意见和建议。读者在学习使用过程中，对同样实例的制作，可能会有更好的制作方法，也可能对书中某些实例的制作方法的科学性和实用性提出质疑，敬请读者批评指正。

服务电子邮箱为 wkservice@vip.163.com。

方其桂

2018 年春

光盘使用说明

感谢您选用《微课制作实例教程(第 2 版)(微课版)》，为便于学习，本书附配教学资源光盘，内容如下。

1. 本书实例

本书实例包括写作本书时所介绍的实例及相关素材，供读者在阅读本书时参考。同时读者对这些实例稍作修改就可以直接应用于教学。在计算机中安装好本书介绍的相关软件后，双击光盘中的实例文件，即可用相应软件将其打开。

2. 教学课件

为便于教学，本书提供了 PPT 教学课件，降低了教师的备课难度。

3. 自学微课

作者精心制作了与本书相配套的 32 个(200 分钟)多媒体微课视频，供读者自主学习，并可应用于课堂教学。

多媒体微课视频也以二维码的形式呈现在书中，读者可通过移动终端扫码播放，实现随时随地无缝学习。

4. 微课材料

提供了微课教学设计模板、自主学习任务单设计模板及微课评选指标等，供教师参考使用。

5. 优秀微课

从安徽省中小学信息技术教师基本功竞赛中遴选出 20 个小学、初中最优秀课件，供制作课件时借鉴。

6. 习题答案

本书每章后面所附习题的参考答案，供读者检验学习效果。

本书相关资源关联网站为 http://www.ahjks.cn，欢迎访问。

目　录

第 1 章

微课制作入门

随着网络技术、移动通信技术的飞速发展，教育教学信息化已经成为趋势，微课就在这个大趋势下产生了。要设计和制作出优秀的微课，教师首先要对微课有深刻的认识与理解，之后其教学理念才会随之改变。在了解微课基础知识、类型、制作环境、流程、标准、应用等方面的知识后，可以对微课设计与制作有一个整体的、直观的认识。教师需要明确微课的概念、了解其特点和发展方向，从而制作出符合核心素养理念的微课，并将其更好地运用于教育教学中。

本章内容

- 微课的基础知识
- 微课的类型
- 微课的制作环境、流程和标准
- 微课的应用

1.1 微课的基础知识

微课是一种用于课堂教学与学生自主学习的微型课程资源，微课的开发、共享和应用能有效促进教与学方式转变和教育均衡发展。简单来说，微课是授课老师按授课方式，借助课件的辅助，将教学的过程录制成视频片段。制作一个微课比较容易，但制作学生喜欢、有实效的微课并不容易。要想制作好微课，需先了解微课的基础知识。

1.1.1 微课的概念

在当今的网络时代，“微课”作为一种革命性的教学模式，引起了国内外教育界的广泛关注和争论。这种以微视频为核心，用“云端”来组织教学活动的方式，颠覆了传统意义上的课堂教学，实现了真正意义上的“课堂翻转”。但与此同时，作为一种全新的教学组织形式，很多教师对“微课”的了解还停留在表面的认知层面，甚至陷入了某种意义上的误区，这将有碍于目前教学模式的创新与革命。

1. 微课是什么

在传统的课堂教学中，师生所说的“上课”，是指目前学校教育普遍实施的班级集体教学的组织方式与基本单位。学校的主要工作和教学活动以上课作为主体，上课是学校日常教学工作的核心。在经典教学论的学术专著中，对“课”的定义是：“有时间限制的、有组织的教学过程的单位，其作用在于达到一个完整的、然而又是局部性的教学目的。”

如图 1-1 所示，“微课”是指为使学习者自主学习获得最佳效果，经过精心的信息化教学设计，以流媒体形式展示的围绕某个知识点或教学环节开展的简短、完整的教学活动。

图 1-1 微课

“微课”的核心组成内容是课堂教学视频，同时还包含与该教学主题相关的教学设计、素材课件、教学反思、练习测试及学生反馈、教师点评等辅助性教学资源，它们以一定的组织关系和呈现方式共同“营造”了一个半结构化、主题式的资源单元应用“小环境”。

“微课”的形式是自主学习，目的是效果最佳，设计是精心的信息化教学设计，形式是流媒体，内容是某个知识点或教学环节，时间是简短的，本质是完整的教学活动。因此，对于教师而言，最关键的是要从学生的角度，而不是从教师的角度去制作微课，要体现以学生为本的教学思想。

因此，“微课”既有别于传统单一资源类型的教学课例、教学课件、教学设计、教学反思等教学资源，又是在其基础上继承和发展而来的一种新型教学资源。微课不仅适合于移动学习时代知识的传播，也满足了学习者个性化、深度学习的需求。

2. 微课的组成

如图 1-2 所示，微课的资源构成可以用“非常 1+4”来概括。

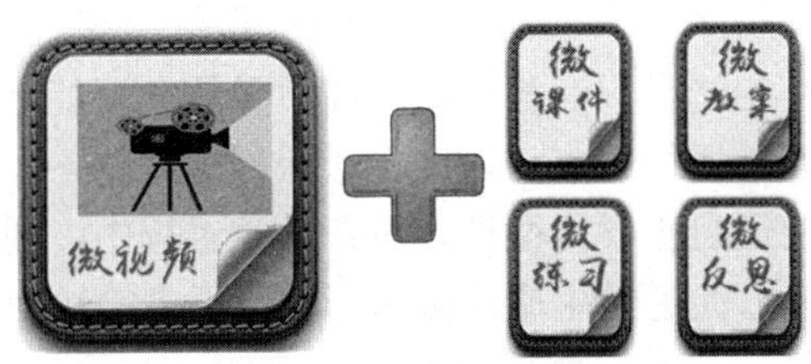

图 1-2　微课的组成

“1”是指微课的最核心资源：一段精彩的教学视频。该段视频应能集中反映教师针对某个知识点、具体问题或教学环节而开展的精彩的教与学活动过程，教学形式和教学活动地点可以多样化，不一定局限在教室或课堂上。

“4”是指提供的 4 个与这段教学视频(知识点)相配套的、密切相关的教与学辅助资源，即微教案(或微学案)、微课件(或微学件)、微练习(或微思考)、微反思(或微反馈)，这些资源以一定的结构关系和网页的呈现方式“营造”了一个半开放的、相对完整的、交互性良好的教与学应用生态环境。

- “微视频”时长一般为 5 分钟左右，建议不超过 10 分钟。
- “微课件”是指在微课教学过程中所用到的多媒体教学课件等。
- “微教案”是指微课教学活动的简要设计和说明。
- “微习题”是根据微课教学内容而设计的练习测试题目。
- “微反思”是指执教者在微课教学活动之后的体会、反思、改进措施等。

3. 微课与微课程

微课与微课程在字面上仅一字之差，但两者有着明显的区别与联系。微课是微型课的代名词，来源于现实的课堂教学模式，是课堂教师授课的浓缩、搬迁与改版，以阐释某一知识点为目标，以微视频为载体，以学习者自主学习为中心的数字化学习资源，所以不宜称为“课程”。

微课程是由一系列相互关联的微课和教学资源构成的一门系统而完整的课程。如图 1-3 所示，根据某一门课程的教学需要，为课程开发完整的、成套的系列微课，这些系列微课与该课程的大纲、目标等的集合可称为“微课程”(Micro-Course)。

微课程是微型课程的代名词，将原有课程按照学生的学习规律，分解成为一系列具有目标、任务、方法、资源、作业、互动与反思等在内的微型课程体系。如图 1-4 所示，微课程一般由三大要素构成。

图 1-3 微课与微课程

图 1-4 微课程的三大要素

微课与微课程可谓互相储存、互相促进，高质量的微课能够使学习者对学习产生深厚的兴趣，在短时间内快速掌握知识点。微课在微课程的框架下，可以将多个碎片化的资源进行聚合形成体系。先通过自主学习微课，再在教学过程中，通过互动、答疑和完成作业等活动将知识内化为技能，促进学生通过微课程学习更多的知识。

1.1.2 微课的特点

微课只讲授一两个知识点，没有复杂的课程体系，也没有众多的教学目标与教学对象，看似没有系统性和全面性，许多人称之为“碎片化”。但是微课是针对特定的目标人群，传递特定的知识内容的，一个微课自身仍然需要系统性，一组微课所表达的知识仍然需要全面性。如图 1-5 所示，微课的特点可以用“短、小、精、悍”来概括，具体来说，微课具有以下几个特点。

图 1-5 微课的特点

1. 教学时间较短

教学视频是微课的核心组成内容。根据中小学生的认知特点和学习规律，“微课”的时长一般为 5～8 分钟，最长不宜超过 10 分钟。这是因为学习者的注意力集中时间一般在 10 分钟内最佳，另外互联网中很多网站对视频的长度与容量也是有要求的，所以在时间上大家约定俗成。

2. 教学知识点小

相对于较宽泛的传统课堂，“微课”能够聚集问题，使主题突出，更适合教学的需要。

“微课”主要是为了突出课堂教学中某个学科的知识点，如教学中重点、难点、疑点内容的教学，或是反映课堂中某个教学环节、教学主题的教与学活动，相对于传统一节课要完成复杂的教学内容，“微课”的内容更加精简。

3. 教学内容精选

“微课”所选取的教学内容一般要求主题突出、指向明确、相对完整，它以教学视频片段为主线“统整”教学设计(包括教案或学案)。课堂教学时使用到的多媒体素材和课件、教师课后的教学反思、学生的反馈意见及学科专家的文字点评等相关教学资源，构成了一个主题鲜明、类型多样、结构紧凑的“主题单元资源包”，营造了一个真实的“微教学资源环境”。

4. 教学效果强悍

从大小上来说，“微课”视频及配套辅助资源的总容量一般在几十兆左右，非常适合于网络学习与应用。广大教师和学生在这种真实的、具体的、典型案例化的教与学情景中易于实现“隐性知识”“默会知识”等高级思维能力的学习，并实现教学观念、技能、风格的模仿、迁移和提升，从而迅速提升教师的课堂教学水平，促进教师的专业成长，提高学生的学业水平。

1.1.3 微课的作用

学生由于家庭、学校和自身等原因必然存在学习的差异性，有的学生只偶尔听一次课，有的学生甚至什么都没学会。若想要很好地消化所学内容，必须经过一定的重复学习。微课就能够让学生去暂停、回放、重播所学的内容，弥补学习的差异性，提高学生的自信。

这就需要翻转我们传统的教学模式来尽量缩小差异，让学生都能适应到自主学习中去，从而全面提高。图 1-6 描述了微课在课前、课中、课后的作用。

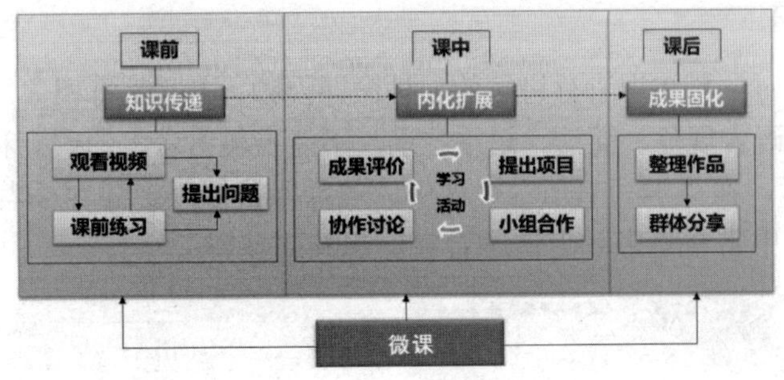

图 1-6　微课的作用

1. 课前辅助作用

学生在家观看教学视频的时间和节奏完全由自己来掌握，可选择某一时段去观看微课视频，以提高学习效率。学生可对微课视频进行快进或者倒退，也可暂停立刻记下自己的疑惑并进行思考，同时还可以将自己的收获记录下来，以便和同伴分享交流。

2. 课内辅助作用

每个学生都有独立的要求，整个学习过程就是一个争取独立和日益独立的过程。在翻转课堂的活动设计中，教师应该注重培养学生的独立学习能力，让学生根据自己的兴趣自主选择相应的探究性的微课视频，帮助学生进行独立解决。

只有当学生根据自己的需要，选择老师所提供的微课，从而获取辅助，去独立思考、解决问题，才能有效地将知识内化，从而系统地构建出自己的知识体系。

3. 课后辅助作用

学生观看老师课后所提供的难题、易错题微课视频，进一步巩固知识建构过程中的不足，才有可能去拓展补充知识，提高课后练习的效率。学生还可以通过网络平台将自己的学习心得与同伴分享，在交流过程中共同进步。

1.2 微课的类型

微课视频资源的分类方式有很多，按照教学方法、教学内容和制作手段不同，可以有不同的分类。一般可从课堂教学方法和微课制作技术两个大方面进行分类。

1.2.1 按课堂教学方法分类

教师在具体的课堂教学中采用什么类型的微课，取决于对优化和实现教学目标的理解。根据微课内容的特点，从课堂教学角度划分虽有很多种分类，但最为常见的是讲授类、演示类、练习类 3 种。

1. 讲授类微课

讲授类微课是对学科知识进行讲解的一种微课视频，主要是将相关知识以简洁的语言进行讲授。微课要求语言规范、简洁，思维严谨，不能出现语言上的瑕疵和技术上的不流畅。

如图 1-7 所示，在“学写书信”微课中，教师除讲授外，还穿插着讲解、讨论、启发等。其实微课制作中常常将多种方法融合在一起共同使用。

图 1-7 讲授类“学写书信”微课

2. 演示类微课

演示类微课一般包括实验探究、操作示范等内容，微课视频以录像拍摄为主，展示教师的操作示范和操作过程。这类微课常用于一些技能型科目，如手工、书法、制作和计算机软件操作等。

如图 1-8 所示，在“观察比较两种液体”微课中，可以将抽象的教学内容用形象具体的形式表现出来，从而帮助学生理解。在制作中将实验过程中的细节，通过慢放、快放等多种技术方式，让学习者了解更为细致的变化。

通过演示、展示实验细节的变化

图 1-8　演示类“观察比较两种液体”微课

3. 练习类微课

练习类微课是教师将学生在测试或练习中常见的和典型的错误进行收集整理，以视频的形式模拟与学生面对面的批改方式。这类微课重在分析问题，帮助学生发现并解决问题。

如图1-9 所示，在“现在分词构成规则”微课中，通过先出示错误的练习，再给出错的判断，起到强调作用，放置错误的卡片时要注意动作与语言。同理放置正确的卡片时也要有相似的操作，以便学生加深记忆。

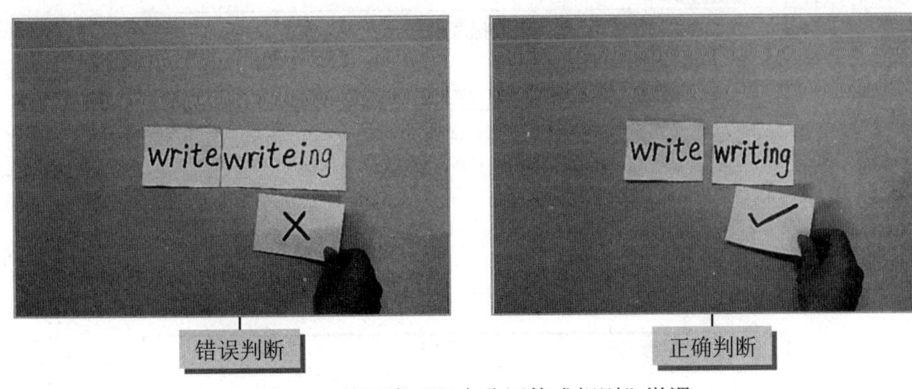

图 1-9　练习类“现在分词构成规则”微课

1.2.2　按微课制作技术分类

微课从制作技术方面可以分为录屏软件录制类、摄像机拍摄制作类、手机拍摄制作类、可汗学院手写板录制类、交互式软件制作等类别。

1. 录屏软件录制

这类微课制作相对简单，也是微课制作的主要形式，录制时一般由教师本人独立完成。计算机录制首先要选定教学主题，搜集教学材料与多媒体素材，制作 PowerPoint 课件等。在计算机屏幕上运行录屏软件，带好耳麦，调整好话筒位置和音量，教师按照课件内容进行讲解录制。录制完后，还可以使用录屏软件进行适当的再次编辑美化，辅以背景音乐和字幕等。最为常见的“录屏软件+PowerPoint 课件”微课制作主要步骤如图 1-10 所示。

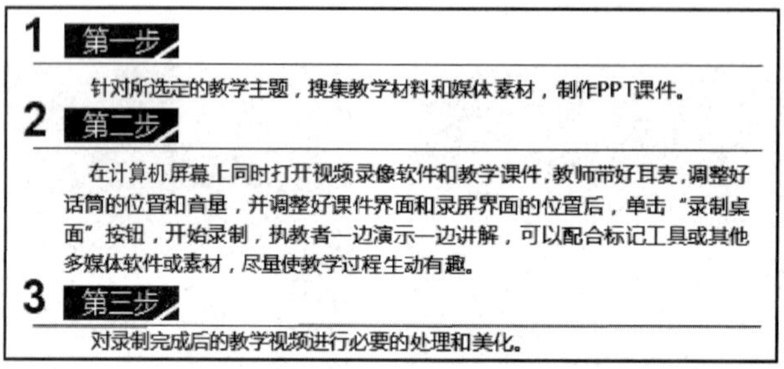

1 第一步

针对所选定的教学主题，搜集教学材料和媒体素材，制作PPT课件。

2 第二步

在计算机屏幕上同时打开视频录像软件和教学课件，教师带好耳麦，调整好话筒的位置和音量，并调整好课件界面和录屏界面的位置后，单击“录制桌面”按钮，开始录制，执教者一边演示一边讲解，可以配合标记工具或其他多媒体软件或素材，尽量使教学过程生动有趣。

3 第三步

对录制完成后的教学视频进行必要的处理和美化。

图 1-10　“录屏软件+PowerPoint 课件”微课制作步骤

2. 摄像机拍摄

这类微课制作较为复杂，制作工具要采用高清摄像机，教师以讲授某个知识点内容为主，结合屏幕演示、板书、教学用具等活动完成课堂教学，对教学过程进行拍摄，拍摄完成后对视频进行后期制作，添加视频特效及字幕，结合与课程相关的背景资料可以进行必要的编辑和美化。最为常见的“DV 录像机+白板”微课制作主要步骤如图 1-11 所示。

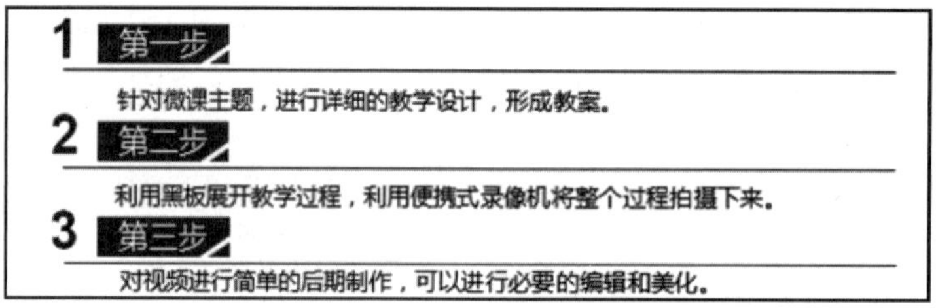

1 第一步

针对微课主题，进行详细的教学设计，形成教案。

2 第二步

利用黑板展开教学过程，利用便携式录像机将整个过程拍摄下来。

3 第三步

对视频进行简单的后期制作，可以进行必要的编辑和美化。

图 1-11　“DV 录像机+白板”微课制作步骤

3. 手机拍摄

使用带有视频摄像的手机、一打白纸、几支不同颜色的笔、相关主题的教案，对纸笔结合演算、书写的教学过程进行录制。“手机+白纸”微课主要步骤如图 1-12 所示。

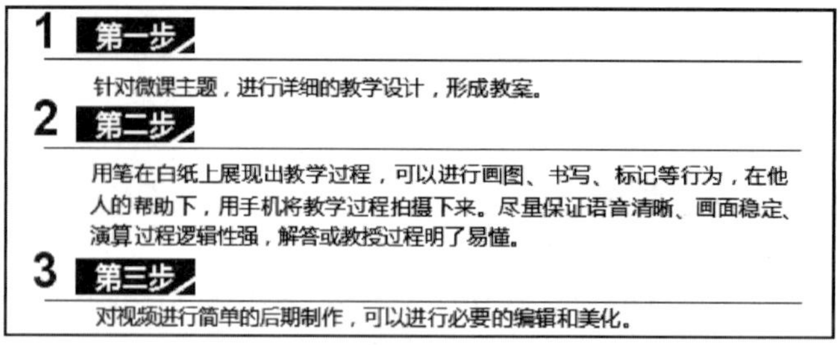

1 第一步

针对微课主题，进行详细的教学设计，形成教案。

2 第二步

用笔在白纸上展现出教学过程，可以进行画图、书写、标记等行为，在他人的帮助下，用手机将教学过程拍摄下来。尽量保证语音清晰、画面稳定、演算过程逻辑性强，解答或教授过程明了易懂。

3 第三步

对视频进行简单的后期制作，可以进行必要的编辑和美化。

图 1-12　“手机+白纸”微课制作步骤

4. 可汗学院模式

使用屏幕录像软件，如 Camtasia Studio、屏幕录像专家等；手写板、麦克风、画图工具，如 Windows 自带绘图工具。通过手写板和画图工具对教学过程进行讲解演示，并使用屏幕录像软件录制。“屏幕录制软件+手写板+画图工具”微课制作主要步骤如图 1-13 所示。

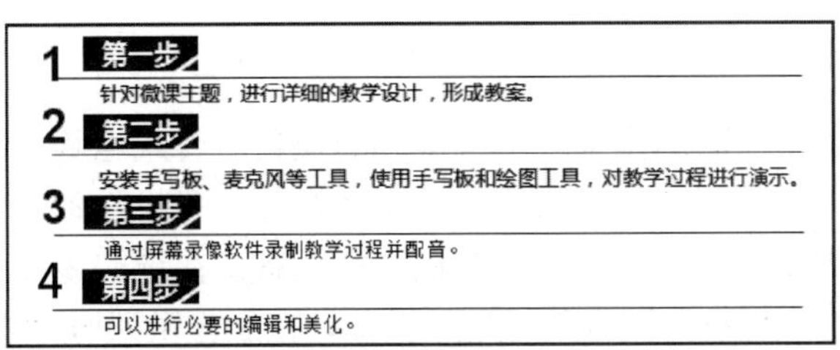

图 1-13　“屏幕录制软件+手写板+画图工具”微课制作步骤

5. 交互式微课

交互式微课好比一个智能课件，学习微课时，在其提示下，可进行有选择性的操作。如图 1-14 所示，“了解选取工具”微课提供了学习导航，可以根据需求进行选择，通过交互模拟操作，一步一步地进行互动式学习。

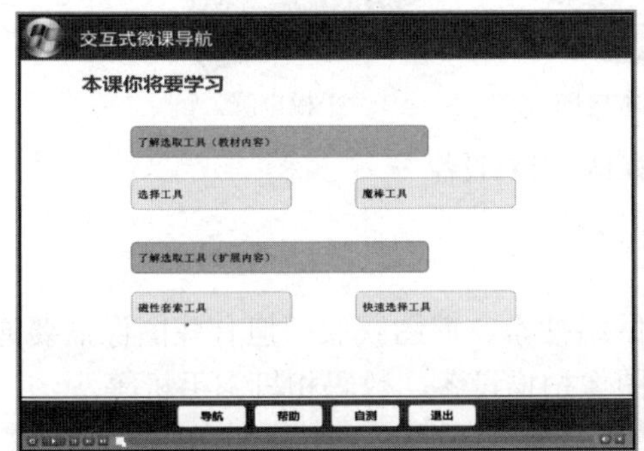

图 1-14　“了解选取工具”交互式微课

此类微课一般是使用有交互式功能的软件开发的，如 Adobe 公司提供的 Captivate 软件内含大量的课件模板、动画与习题模板，利用它所完成的微课可实现视频与课堂练习的游戏化结合，既提高了学生的学习兴趣，又能较好地保证学习质量。

1.3　微课的制作环境、流程和标准

在微课开发过程中，首先要进行科学的规划、设计，按照合理、规范的流程制作，才能让微课的开发变得高效。在制作微课之前，首先必须选择合适的开发环境，主要包括硬件环境和软件环境。

1.3.1 硬件环境

在设计和制作微课之前，首先需要拥有相关的硬件设备，除必不可少的计算机和录像设备外，还需要购置相关的专门设备，如用于录制屏幕板书的手写板、手写屏等设备。

1. 多媒体计算机设备

多媒体计算机设备是微课制作系统中最基础的设备，台式电脑、笔记本电脑、平板电脑，甚至手机都可以用来录制、制作微课。一台多媒体计算机设备性能的优劣，将直接影响微课制作的效率，所以，一定要选好计算机终端设备。在选购多媒体计算机设备时，需要综合考虑 CPU、内存、硬盘和显卡的性能。例如，在制作微课时，通常要收集很多素材，这就需要较大的硬盘容量。在微课的后期加工处理中，需要用到专业的视频编辑软件，应尽量选择大容量的内存和性能相对优异的显卡。如图 1-15 所示为常见的多媒体计算机设备。

图 1-15　常见的多媒体计算机设备

2. 图像采集设备

在微课制作过程中，大多数图片可以通过网络搜索、截图获取，但有些图像需要通过专门的设备获取。可以获取图像的设备主要有图像扫描设备、数码相机、手机等。

(1) 图像扫描设备

图像扫描设备是课件制作过程中使用最普遍的设备之一，它可以扫描图像和文字，并将其转换为计算机可以显示、编辑、存储和输出的数字格式。可以利用扫描仪获取照片、课文的插图、报刊图片、手绘图画、邮票、杂志封面、实物图像、课文中的文字等，然后导入微课中。如图 1-16 所示，常见的图像扫描设备有扫描仪、高拍仪和扫描笔等。

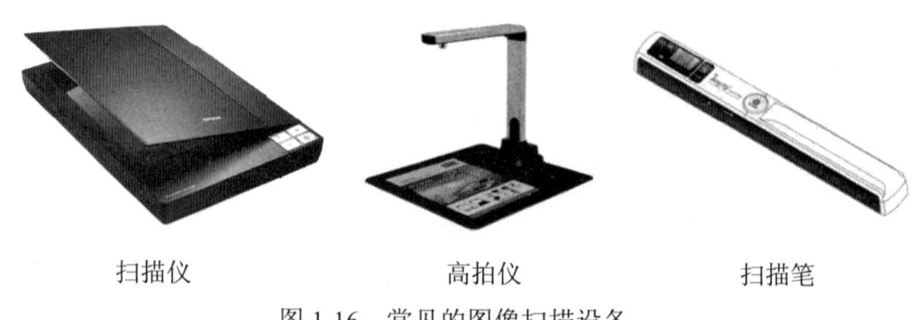

图 1-16　常见的图像扫描设备

(2) 数码拍照设备

使用数码相机、手机可以随时随地捕捉照片素材，不仅方便，而且图像质量高。数码相机与传统相机相比，最突出的优点是方便、快捷。如图 1-17 所示，常见的数码相机有卡片相机和单反相机。卡片相机小巧时尚，机身较轻，操作简单；单反相机则比较专业，机身较重，拍出的照片效果更好。另外，手机和平板电脑也可以进行数码照片的采集。

卡片相机

单反相机

智能手机

图 1-17　常见的数码拍照设备

3. 视频采集设备

微课中的视频可以从其他视频中截取，也可以通过录屏软件录制，最为灵活的方式是运用数码摄像机进行拍摄。如图 1-18 所示为常见的视频采集设备。按存储介质分，常用的数码摄像机有硬盘式和磁带式两种。硬盘摄像机能够确保长时间拍摄，仅需运用 USB 数据线与计算机连接，就可轻松完成素材导出。磁带式摄像机用于记录高质量的数字视频信号。此外，手机、平板电脑、数码相机也具有视频拍摄功能。

磁带式录像机

硬盘式录像机

数码相机

智能手机

图 1-18　常见的视频采集设备

4. 其他辅助设备

在制作微课时，通常还需要耳麦、话筒来进行声音的录制，需要手写板进行手写输入和板书演示，需要 PowerPoint 课件翻页器控制课件播放等。如图 1-19 所示为常见的微课制作辅助设备。

数位板

麦克风

PPT 翻页笔

三脚架

图 1-19　微课制作其他辅助设备

1.3.2 软件环境

微课的制作工具有很多种，包括录屏软件、字幕、格式转换、视频编辑软件等。图 1-20 所示列举了常用的部分微课制作软件。每个软件都有自身的特点，在实际制作过程中，常常几种工具软件配合使用，如可以通过 PowerPoint 软件制作课件，再通过录屏软件录制整个教学过程，最后通过视频编辑软件进行编辑、合成。在这些软件中，最简单、最常用的是录屏软件。

图 1-20 常用的微课制作软件

1. Camtasia Studio 微课制作软件

如图 1-21 所示，Camtasia Studio 是一套专业的微课制作软件，该软件具有从屏幕录像到视频编辑、转换，再到发布等一系列功能。使用 Camtasia Studio 软件，用户可以方便地进行屏幕操作的录制和配音、视频的剪辑和过场动画、添加说明字幕和水印、制作视频封面和菜单、压缩和播放视频。还可以录制屏幕图像、鼠标操作并同步进行音频录制，在录制完成后可以使用 Camtasia Studio 内置的强大视频编辑功能对视频进行剪辑、修改、解码转换、添加特殊效果等操作。

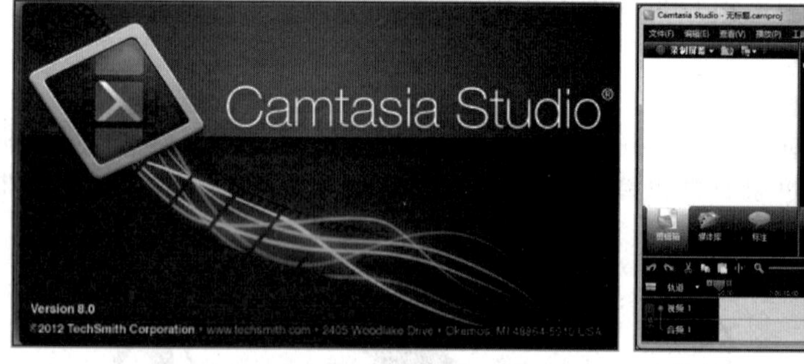

图 1-21 Camtasia Studio 软件

2. Screencast-O-Matic 微课制作软件

如图 1-22 所示，Screencast-O-Matic 是一款录制抓屏教程的在线应用程序。可选择计算机或是麦克风录制声音，录制成功后以.mov 视频格式输出，还可将视频教程上传至 Screencast-O-Matic 服务器。

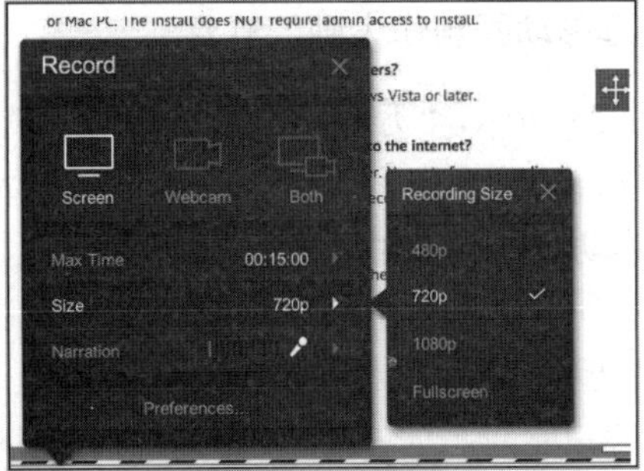

图 1-22　Screencast-O-Matic 在线录课平台

3. CyberLink YouCam 微课制作软件

如图 1-23 所示，CyberLink YouCam 是一款为摄像头增加特效的软件，通过这个软件，可以让摄像头显示出很特殊的效果，支持趣味写真、网络视频等制作功能，最新版本还支持视频的互动应用。

图 1-23　CyberLink YouCam 软件界面

4. “屏幕录像专家”软件

如图 1-24 所示，“屏幕录像专家”软件可以轻松地将屏幕上的操作过程、网络教学课件、网络电视、网络电影、聊天视频等录制成视频或动画。该软件使用简单，功能强大，是制作各种屏幕录像和软件教学动画的首选软件。

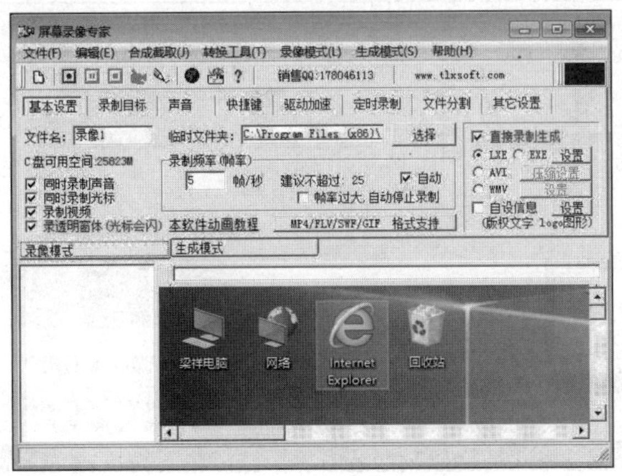

图 1-24　“屏幕录像专家”软件使用界面

5. “万彩动画制作大师”软件

如图 1-25 所示，“万彩动画制作大师”软件是一款动画视频制作工具，可以添加文字、图片、视频、动画、声音文件等，最终制作成专业的动画视频效果。

“万彩动画制作大师”软件操作简单、上手方便，可用来制作趣味类的微课视频。对于当前大部分以文件为主的微课制作技术来说，使用该软件制作的微课可以大大提高学习者的学习兴趣。

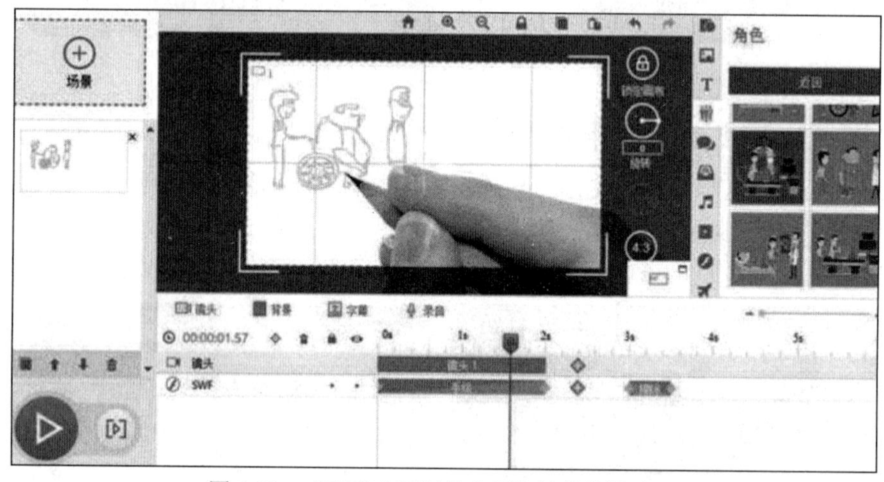

图 1-25 “万彩动画制作大师”软件使用界面

6. “微讲台”微课制作系统

“微讲台”微课制作系统应用先进高效的多媒体编辑技术，实现跨平台的教学资源素材混合应用，能够快捷地还原课堂实录，方便地生成微视频课程，实现“人人能做、人人会做、分分钟做”。

“微讲台”微课制作系统操作简单，使用风格符合用户习惯；可灵活调用各种教学资源、素材；真实还原黑板授课模式；轻松实现语音与视频的合成和编辑，以生成多种格式的视频文件，如图 1-26 所示。

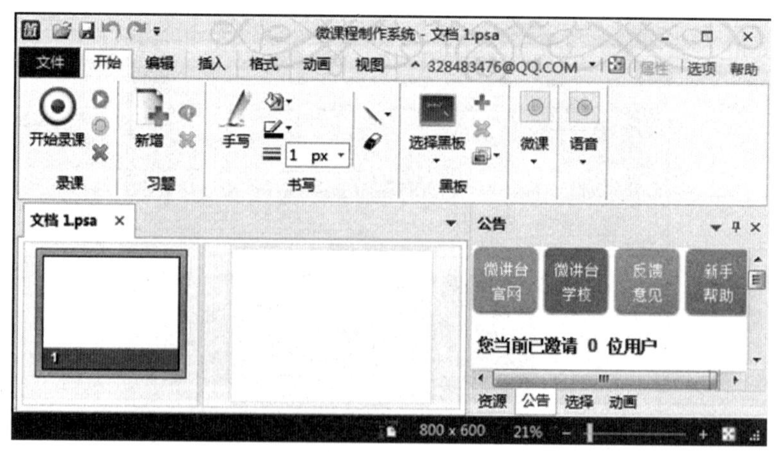

图 1-26 “微讲台”微课制作系统使用界面

7. Focusky 软件制作微课

Focusky 是一款新型多媒体幻灯片制作软件，其操作的便捷性及演示效果超越了 PowerPoint 课件。传统 PowerPoint 课件单线条时序，只是一张接一张切换播放，比较单一。Focusky 打破常规采用的整体到局部的演示方式，以路线的呈现方式，模仿视频的转场特效，加入生动的 3D 镜头缩放、旋转和平移特效，像一部 3D 动画电影，给听众带来强烈视觉冲击力。

如图 1-27 所示，Focusky 软件提供丰富多彩的功能，在制作微课时，通过缩放、旋转、移动动作使视频演示内容变得生动有趣。

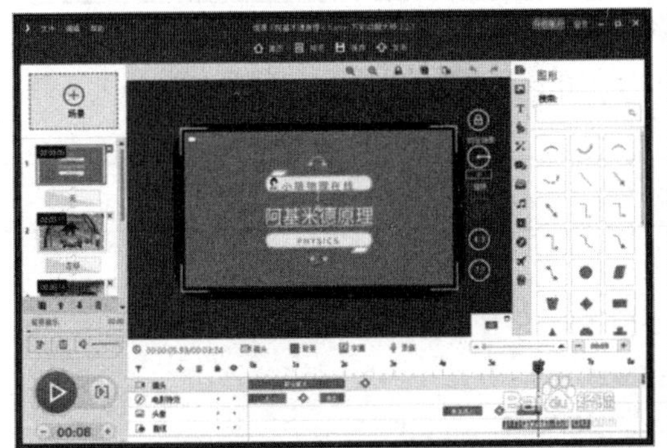

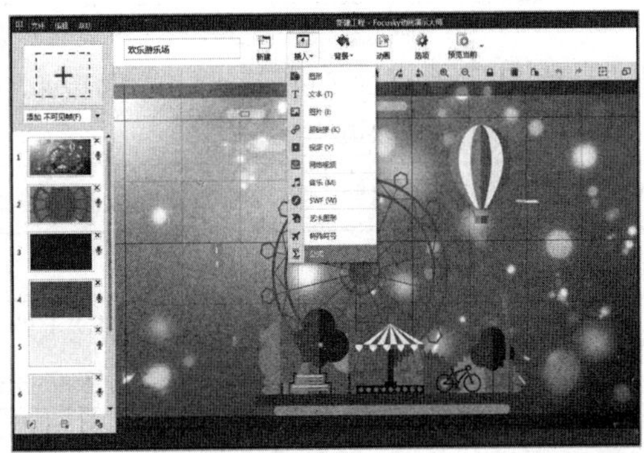

图 1-27　Focusky 软件使用界面

1.3.3　微课制作流程

“凡事预则立，不预则废”，是说在做任何事情之前，都需要规划和设计，了解做事情的整个流程。正如建楼房先要有设计图纸一样，制作微课也不例外。如图 1-28 所示，一节完整的微课开发环节应该包括微课选题、教学设计、脚本设计、准备素材、微课制作、后期处理和微课发布等环节。

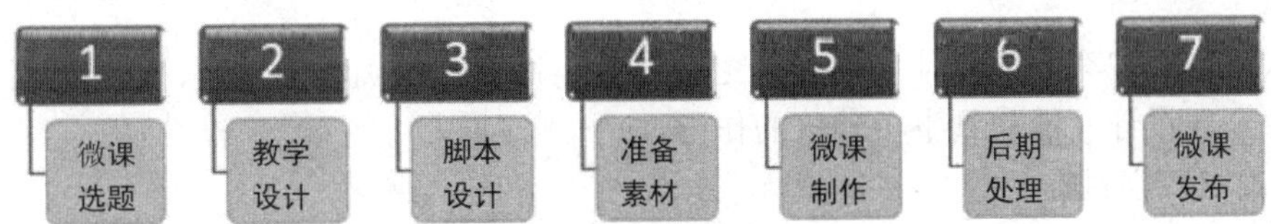

图 1-28　微课制作流程

1. 微课选题

一节微课能否设计得好、教学效果是否佳，知识点的选择和分析处理是非常重要的。因此，在设计微课时，要慎重选择知识点，并对相关的知识点进行科学的分析和处理，使它们更符合教学的认知规律，学习起来能够达到事半功倍的效果。

(1) 微课选题的注意事项

- 知识点尽量选择热门的考点，教学的重点、难点，学生的疑点问题。
- 知识点的选择要细，10 分钟内能够讲解透彻。

- 知识点要准确无误，不允许有文字、语言、图片上的知识性错误或误导性的描述。
- 要将知识点按照一定的逻辑分割成多个小知识点。必要时教师可对教学内容进行适当的加工、修改和重组。

(2) 微课选题及前期构思

如表 1-1 所示，在小学中低年级的语文教学中，选择“他、她、它”的用法作为一个知识点设计一节微课，让学生在短暂的 5 分钟内反复观看，清晰区别，深入了解，准确运用，突破了课本单元教学中的重难点。

表 1-1　微课选题及前期构思

选题意图	“他、她、它”在用法上究竟有什么不同呢？我想有很多学生不能够真正明白这 3 个“ta”的区别。设计制作这节微课，让学生在反复观看的过程中，清晰区分，深入了解，准确运用
内容来源	学生写作、练习中集中出现的易错点
适用对象	小学语文　中低年级段
教学目标	1. 掌握“他、她、它”在用法上的不同之处 2. 能够正确使用“他、她、它”并完成练习
教学用途	□课前预习　□课中讲解或活动　√课后辅导　□其他
	讲评习作练习后，统计“他、她、它”的出错概率。布置出错的学生课后观摩微课，完成改错的作业。其他学生也可以选择观看，并完成练习
知识类型	√理论讲授型　□推理演算型　□技能训练型　□实验操作型 □答疑解惑型　□情感感悟型　□其他
制作方式	√拍摄　√录屏　√演示文稿　□动画　□其他
预计时间	5 分钟

2. 教学设计

微课虽小但也有教学设计，通过确定微课教学目标，明确教学策略、教学顺序，利用教学资源合理设计，能起到事半功倍的作用。

(1) 确定教学目标

对于短短几分钟的微课，课程一开始直接告知学生学习目标是非常重要的。学习目标不仅让学生的学习有了方向感和归宿感，更可以让教师的整个教学过程不偏离教学目标。在微课的实际制作过程中，可以用一句简单明了的话告诉学生学习目标。

(2) 确定教学策略

根据所选知识点确定如何组织教学内容，如何用最短的时间配合最佳的教学内容从而获得最好的教学效果，考虑运用何种微课的表现形式更好地传递教学信息。例如，录屏微课表现形式比较适合演示操作、推理性较强的知识点，而录像形式较适合演讲、解释陈述性比较强的知识点。

(3) 确定教学顺序

微课的时间短、效率高，教学顺序是指微课整个教学过程的安排，在有限的时间内教师先讲什么，后讲什么，如何结尾是教学顺序主要解决的问题。对于一个具体的微课来说，表现为微课的几个环节，一般包括引起注意(导入)—告知目标(呈现学习目标)—讲授新课—提供指导(课堂检测提供帮助)—结语，如图 1-29 所示。

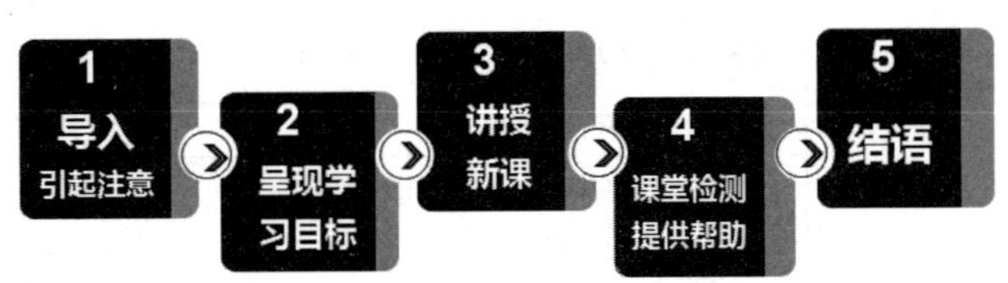

图 1-29　微课的环节

(4) 设计辅助资源

微课的表现形式不同，需要的辅助资源也不一样。对于各种微课形式，需要的辅助资源主要有：高质量的 PowerPoint 课件；根据学习内容及所采用的教学顺序，设计纸质或电子版的教学过程脚本；有些微课还需要简单的测试题等。

(5) 选择制作工具

支持微课制作的工具有很多，根据不同的教学内容和表现形式，可以选择不同的微课制作工具，选择和确定微课制作工具可以参照表 1-2。

表 1-2　微课制作工具

特　点	制作工具	辅助设备	辅助教学资源
PowerPoint 课件型	PowerPoint 2010 及以上版本	计算机、格式转换软件等	PowerPoint 课件
屏幕录制型	录屏软件、写字板	计算机、摄像头、耳机、话筒等录音录像设备	PowerPoint课件、教学过程脚本
摄像机实景拍摄型	录像机、手机、录播教室的全自动录播系统	计算机、三脚架、领夹麦、投影设备、操作平台	PowerPoint课件、故事板、教学过程脚本

3. 脚本设计

在选定教学内容的基础上，继而要对其进行微处理。根据微课时长短、知识粒度小的特点，在内容分割上，把课程分割为不同的教学过程。如表 1-3 所示，设计脚本的目的就是有利于理清教学思路，为制作提供依据，最终要以微课视频的方式呈现出来。因此，应适当考虑制作的实际，也就是能否在设备上实现，毕竟计算机虚拟和现实有一定的差距，制作人员的水平及应用的软件也有很大的差异。

表 1-3　微课的录制脚本设计

微课结构	教学环节	设计思路
片头 (5～10 秒)	呈现微课信息	展示微课主题；主讲讲师姓名、单位、职称等信息；提供舒缓的背景音乐，营造轻松愉快的学习氛围
导入 (10～20 秒)	揭题设问 激趣导入	您一定给孩子讲过故事吧？“从前有个女孩……后来她和王子幸福地生活在一起。”这个故事还能怎么讲？(产生认知冲突，引发思考)

(续表)

微课结构	教学环节	设计思路
正文讲解 (4 分钟)	围绕目标 提出问题 逐步引导 引发思考 概括提升	问题 1：如果辛黛瑞拉在午夜 12 点前没有来得及跳上她的南瓜马车，可能会出现什么情况？ 引导：要做守时的人
		问题 2：如果你是辛黛瑞拉的后妈，你会不会阻止辛黛瑞拉去参加王子的舞会？ 引导：后妈不是坏人，只是不能像爱自己的孩子一样去爱其他人的孩子
		问题 3：辛黛瑞拉为什么能够参加王子的舞会，而且成为舞会上最美丽的姑娘呢？ 引导：无论走到哪里，我们都需要朋友(的帮助)
		问题 4：如果辛黛瑞拉因为后妈不愿意她参加舞会就放弃了机会，她可能成为王子的新娘吗？ 引导：要更加爱自己，找到自己所需要的东西
		问题 5：这个故事有什么不合理的地方？ 引导：善于观察，伟大作家也会有出错的时候，你将来会成为更伟大的作家
小结 (1 分钟)	教学回顾与小结，提出新的问题，引发新思考和行动	1. 表格小结：五次提问，五次引导。 2. 提问：讲故事不仅仅是照本宣科，老师又在关注什么？ 3. 行动：不是结束，仅是开始。这个故事还能怎么讲？请老师换个新角度为自己的学生再讲一遍这个故事

4. **准备素材**

如图 1-30 所示，脚本旁白，图片、视频，音乐、音效是微课的要素，设计好脚本后，确定了所需要的媒体，就要开始准备制作所需的文字、声音、动画、录像等。素材的准备可以从以下几方面着手。

(1) 文本的准备

文本可以在文本处理软件中输入，如微软公司的 Word、金山公司的 WPS 等；大部分多媒体制作软件都支持文本的录入。

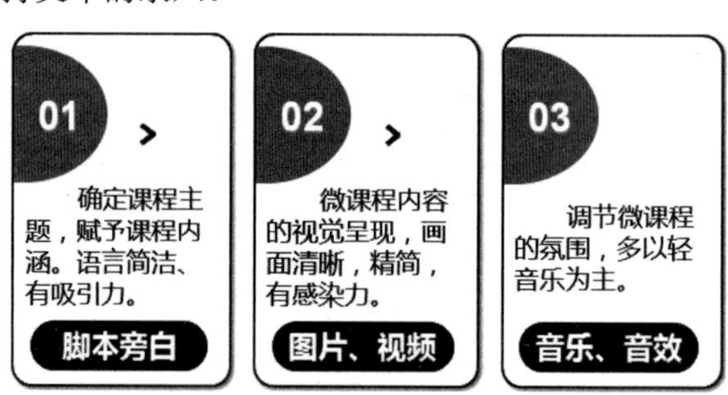

图 1-30 微课的构成要素

(2) 声音的采集

声音素材可以在网上直接搜索、下载，或者用计算机话筒录制声音，这种方法很灵活，如需配音可以采用此法，但需用专门的软件去除噪音和合成。

(3) 动画的制作与采集

运用专门的动画制作软件制作动画，如三维动画制作软件等。三维动画效果非常逼真，但制作起来难度非常大，且成本高；用二维动画制作软件，简单易学，并且做出的动画体积很小，是制作动画的首选。如果要制作三维的字体动画，可以选择其中包含的多种预置的材质、效果，制作起来非常方便。

(4) 影像的采集

可以使用“会声会影”软件来剪辑影像，也可以从录像带上剪辑影像。

5. 微课制作

微课根据选择的技术、手段不同，微课视频的媒体呈现形式也不一样，分别有摄制型微课、录屏型微课、软件合成式微课及混合式微课。例如，录屏型微课，借助屏幕录制软件，可以完整地录制多媒体课件的内容(包括教师的同步讲解、操作过程、背景音乐等)，教师准备精心设计的课件，设置好音频和摄像头、屏幕像素、灯光设计、环境调适，以及熟悉讲稿、理清思路后，只需按一下“录制键”就可以完成微课视频的自动录制。对部分细节，若间隔太长，时间太短，有字幕标题、声音处理、画面镜头变化等问题，可以在该软件中编辑修改，最后合成教学视频。

6. 后期处理

对已经录制好的视频进行编辑、美化及保存，包括把视频片头和片尾的空白部分分割移除，并为视频的片头和片尾配上背景音乐等。最后导出为 MP4 或 FLV 高清视频格式，确保视频画面导出后不变形。

7. 微课发布

对已经制作好的视频，可选择一些微课网络平台进行分享发布。如果想参与中小学微课大赛，可以选择中国微课网 http://dasai.cnweike.cn/，该网站是由教育部教育管理信息中心指导开展的全国中小学优秀微课征集活动。

如果利用自己制作的微课程在网络平台上开课，可以通过荔枝微课网络平台 www.lizhiweike.com，在该平台上使用微信建立自己的微课直播间，通过平台分享微课。也可以通过腾讯课堂 https://vko.ke.qq.com 分享发布微课，该平台是国内权威专业化中小学生在线学习平台。

1.3.4 微课规范标准

微课制作是否规范，直接影响微课的使用效果。微课规范有对封面的要求、对微课视频和音频的规范标准要求及对微课内容的要求。

1. 微课片头与版式要求

微课片头好比书的封面，片头内容应具备微课的一些基本特征。一般微课片头要求蓝底白字、楷体、时长 5 秒。片头信息内容能显示教材版本、学段学科、年级学期、课名、教师姓名和所在单位等信息。

如图 1-31 所示为安徽省首届中小学微课大赛模板。微课视频有统一风格的参考模板，利用统一风格的模板制作出的微课，便于系列化微课的重组。

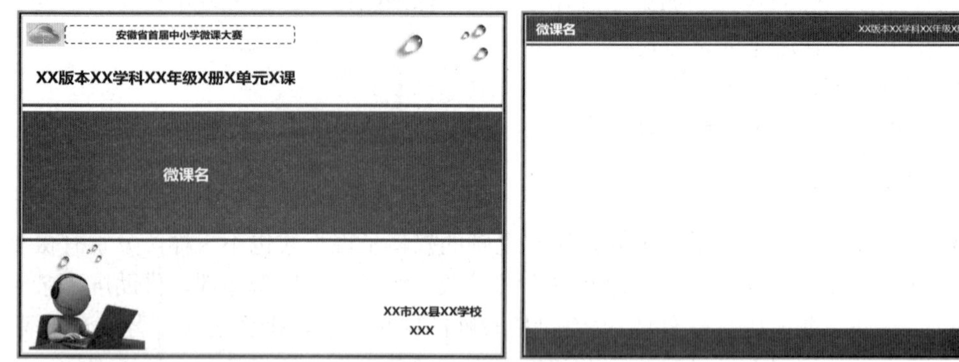

图 1-31　微课视频的模板

2. 微课视频规范标准

微课常用的制作方法主要有拍摄类、屏幕录制类，对于常见的微课制作方法，对应的要求如下。

(1) 摄像部分技术要求

视频压缩采用 H.264 格式编码，视频为 MP4 或 FLV 格式。视频码流率：动态码流的最高码率不高于 2000Kb/s，最低码率不低于 1024Kb/s。视频质量要求图像稳定、对焦清晰、构图合理、镜头运用恰当。视频分辨率一般设定为720×576、1280×720；在同一课程中，各环节的视频分辨率应统一，不得标清和高清混用。视频帧率为 25 帧/秒，扫描方式采用逐行扫描。

(2) 录屏部分技术要求

录屏的分辨率一般采用 800×600、1024×768 或 1280×720，事先调整分辨率，不要高分辨率录制，低分辨率输出；同时，尽量不要出现特殊的分辨率。如果要用视频混合制作，建议采用与视频分辨率最接近的分辨率，使得合成后效果最好。录制 PowerPoint 时，将 PowerPoint 事先调整为适合的长宽比(1024×768 分辨率录制时，用 4:3 比例；1280×720 分辨率录制时，不留黑边)。声音采用双声道，要求清晰、无杂音，音量适中，解说声与背景音乐无明显比例失调。录屏的输出最后转成为 MP4 格式。

(3) 多媒体软件制作类要求

如果没有交互性内容，要求输出 MP4 或 FLV 格式视频，每个微课都使用单个文件输出，要能够网上在线学习；如果存在交互性学习内容，必须符合 SCORM，即可共享内容对象参考模型或共享元件参照模式；主体部分采用 800×600、1024×768 或 1280×720 等通用分辨率，以便在各种显示器上得到最佳效果；动画清晰、流畅，声音清晰并与画面同步。

(4) 混合类微课要求

视频、屏幕录制或软件制作均采用相同的分辨率制作，宽高比一致，合成后不变形。画面清晰、流畅，声音清晰，前后音量大小一致，最后制作输出 MP4 格式。具体各类制作参照前 3 种标准。

3. 微课音频规范标准

微课声音标准应采用双声道，要求清晰、饱满、圆润，无失真、噪声杂音干扰、音量忽大忽小现象，解说声与背景音乐无明显比例失调。

如图 1-32 所示，提升微课音频质量常用的方式有两种：方式一，使用外置声卡加电容麦克风，然后连接到自己的计算机上，效果较佳，声音响亮，不失真；方式二，使用专用的 GoldWave 等声音编辑软件，对录制微课时的声音进行去噪处理，提高音频质量。

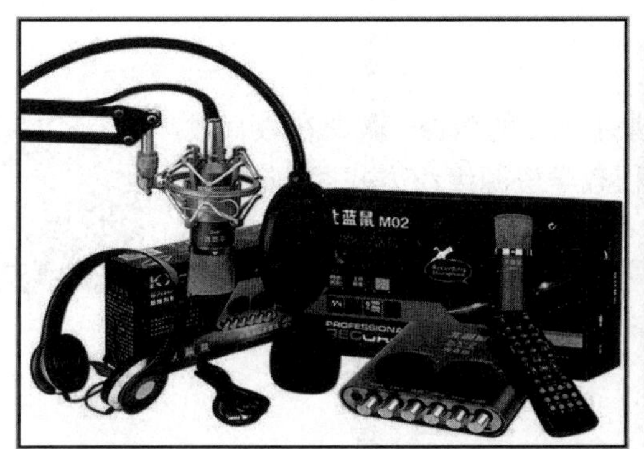

图 1-32　提升微课音频质量的方式

4. 微课内容组成

在微课设计与制作环节中，对选题、时间的长短、教学设计、资源选择、教学语言和艺术审美等都有明确的要求，具体参照表 1-4。

表 1-4　微课内容标准

制 作 环 节	设 计 原 则
选题要求	教学内容明晰，可针对课前导入、难点突破、课后拓展延伸。形式可以是知识讲解、教材解读、题型精讲、考点归纳，也可以是方法传授、教学经验等技能展示
时长要求	微课相对于较宽泛的传统课堂不同的是时间短。微课的时长一般为 5～8 分钟，最长不宜超过 10 分钟
教学设计	微课的教学过程简短完整，教学过程包括教学问题的提出、教学活动的安排、学生协作探究、解决问题等环节
资源选择	微课选取的教学内容一般指向明确、主题突出。它以教学视频片段为主引领教学设计(包括教案或学案)、多媒体素材和课件、教师课后的教学反思、练习测试、学生的反馈等相关教学支持资源，构成一个主题鲜明、类型多样的“主题单元资源包”

(续表)

制 作 环 节	设 计 原 则
教学语言	由于时间有限，微课语言要准确简明。在设计课程的过程中，把将要讲述的内容结合要说的话语，与要采用的表达方式、手势、表情，以及关键字、关键词的应用，统和在一起预先演练一遍。语言要求生动、富有感染力的同时，更要做到精练
艺术审美	一个微课的展示不但要取得良好的教学效果，而且要使人赏心悦目，获得美感。美的形式能激发学生的学习兴趣，优质的课件应是内容与美的形式的统一。展示的对象要做到结构对称，色彩柔和，搭配合理，有审美性

1.4 微课的应用

微课的制作是为了应用，学生喜欢的微课才是好的微课。微课在教育教学中的应用不仅给我们带来了一种全新的课程教学资源组织方式，更向我们展示了一种全新的教学理念、教学思想、教学方式和教学方法，同时也催生了以微课为单位的各种学习环境。

1.4.1 微课教学应用

首先要对微课教学内容的组织方式进行创新，对微课应用的教学环节和教学模式进行变革，才能进一步推进微课与教学方法的有效整合应用，充分发挥其应有的教学内涵。

1. 课前活动教学应用

微课课前预习运用是建立在“基于网络的学习任务”和“学生的主动学习课堂”两者交互作用基础上的新型教学方法。其核心是“反馈链”的建立，教师利用网络可以随时随地接收来自学生学习的反馈信息，以保证每位学生在任何时间、任何地点的学习都没有障碍。

(1) 常用的微课课前教学活动

如图 1-33 所示，“平行四边形面积”一课中，教师在课前利用网络发布与课堂教学相关的概念学习内容，学生按照教师的要求，课前在网上预习微课，并完成微课的进阶练习。教师根据平台反馈的信息，及时调整下一节课的授课内容、教学方法及教学进度等。同时学生也能收到来自教师的各种评价，让学生及时知道学习成果。一般情况下，教师在课前要求学生回答一些简单的概念问题，并将学生反馈的共性问题组成“专题”，设计出有用于学生思考、讨论的问题，为创建“学生的主动学习课堂”做好充分准备。这个阶段也就是翻转课堂的“课前”教学阶段。

(2) 微课课前教学活动需短时高效

在课前内容预习阶段，最简单有效的方法就是结合课堂上教师需要传递的核心概念制成微课，以创设生动的数字化教学环境。微课是以“微视频+交互式练习+即时反馈”为学习单位，具有灵活、便捷、高效的学习特点，迎合了微时代的学习需求和大众的学习心理。

有研究表明，短视频可有效减少在线课程学习过程中学生发生“走神”的现象，有助于学生保持注意力，提高学习效果。

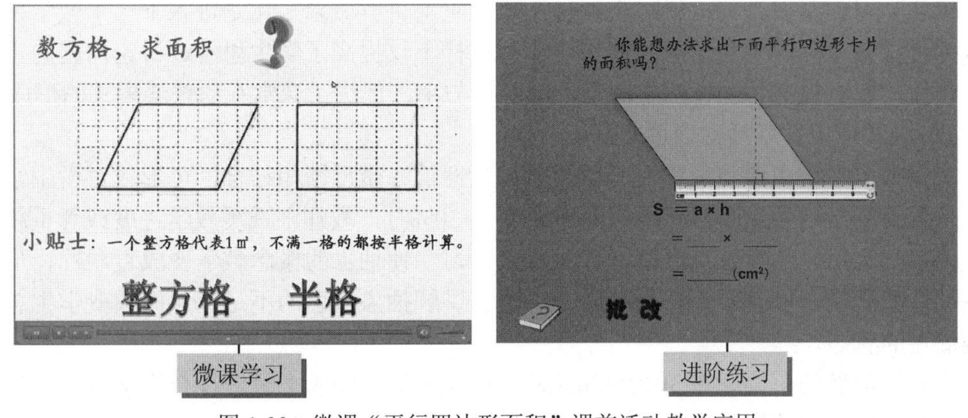

图 1-33　微课“平行四边形面积”课前活动教学应用

(3) 微课课前教学活动的优势

微课的教学具有以下 3 个优势：一是微课以微视频为主要载体，能够将抽象的复杂概念变为较直观的感性认识，不仅降低了复杂概念学习的难度，而且提高了学生学习的关注度和兴趣；二是微课学习大多只针对一个“知识点”进行满负荷学习，不会花费学生太多的学习时间和精力；三是便于教师针对“知识点”更精确地组织教学材料，也更精确地组织在线教学即时评价。

2. 课中活动教学应用

传统的课堂教学，教师最常用的是讲授法，学生多是被动地听，很少有机会参与课堂讨论。微课在课中的运用不仅包括微视频，教师还可以及时安排穿插问题回答与测试，实现学生短视频学习与在线完成作业的无缝对接。

(1) 常用的微课课中教学活动

如图 1-34 所示，目前微课在课中应用主要是两种学习环境，一种是在网络教室中使用计算机辅导学习，另一种是在智慧教室中使用平板电脑或电子书包辅助学习。

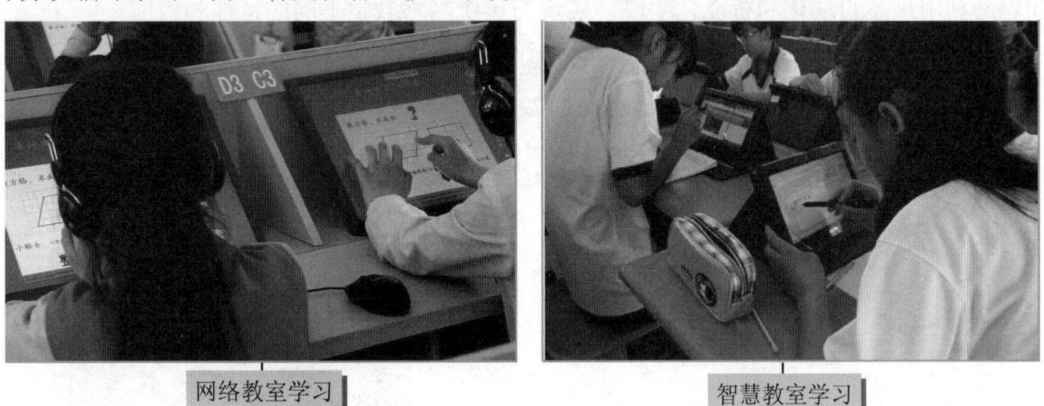

图 1-34　课中活动教学使用微课

这些课堂环节中教师设计的选择题或判断题，都是在学生学习微课时出现的，从而使课堂教学更加生动、高效。而且，教师可以立即收集到学生答题的反馈信息，可随时了解学生概念学习的掌握程度，然后教师再决定是重新讲解概念，还是进入下一个教学程序，使教师可做到课堂教学和信息反馈相统一。这样不仅提高了学生思考、讨论问题的主动性和积极性，而且提高了全班学生课堂活动的参与率，促进了课堂互动教学模式的形成。

(2) 微课课中教学活动应用方法

在课中可实现微课与微练习、微测验、微评价、微反馈相结合，可形成对学生学习过程的有效控制。当学生回答问题的正确率低于 30%时，教师则减缓教学进度或者重新讲解教学内容，也可以让学生点击微课开展自主学习，使抽象的概念教学变成直观性、形象性和生动性的教学，以有效弥补教师用单一语言讲解抽象概念的不足，从而改变学生总是处于被灌输的状态。

当回答问题的正确率在 30%～80%时，教师让学生分成小组进行合作学习，并让每个学生对自己所选的答案做出说明，也可以让学生围绕微课教学内容进行讨论、交流，从而减少教师上课的讲授时间，让学生有更多的时间用于探究学习，让不同层次的学生都有学习的体验。

最后教师把课堂没有完成的讨论问题或其学习内容放到网站上，让学生课后进一步开展自主探究学习或交流、互动学习。

3. 课后活动教学应用

在基础教育领域，借助网络教学无疑是学生课后实施补救学习最佳的教育应用方式。当前众多的教师都在尝试将网络教学融入教学活动中，众多学生也都在使用“在线工具”来辅助课堂教学，并且云计算、云课堂、移动课堂等新技术不断地创新教学应用，这些新技术都为学生课后利用微课进行自主探究学习、补救学习等提供了便利。

(1) 常用的微课课后教学活动

如图 1-35 所示，学生课后利用微课探究学习具有以下两个特点：一是在“知识点”学习中链接背景资料，让学生可以先链接到网上查看资源再继续往下学习；二是在重要“知识点”处嵌入交互式问题学习，让学生可以及时检查学习效果。而且，利用微课教学还更加容易利用技术自动化和智能化手段，实现与传统网络教学不同的特性和效应。

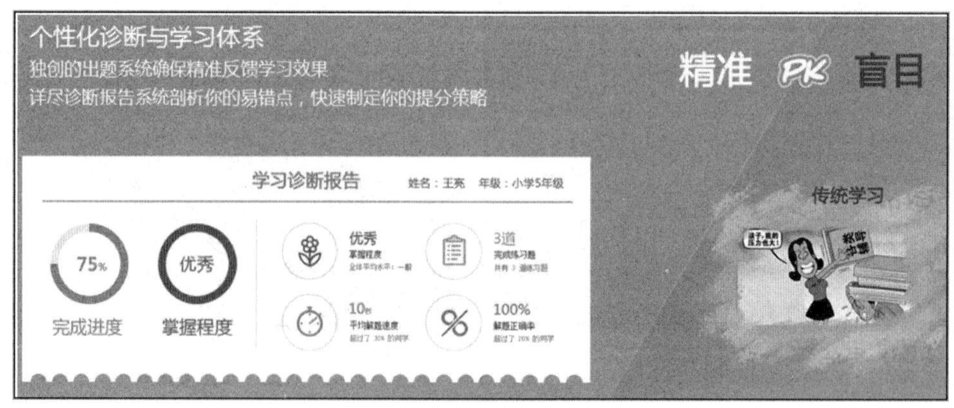

图 1-35　课后活动教学应用

(2) 微课课后教学活动应用方法

微课可以促使学生在课后开展“难题探究”，而且这个阶段比“内容预习”阶段需要进行更高层次的探究学习。在课后“难题探究”环节，教师总是希望学生在参与课堂讨论的基础上，能够对某个“专题”(或问题)进行更加深入的探究，拓展学生概念(知识)学习的深度和广度。

在课后微课教学平台应用上，教师不仅要要求学生利用网络“链接学习”以获得更高层次的知识学习，还要要求学生利用网络“交互学习”共同探究问题解决方案，拓展学生知识探究的边界。在课后“难题探究”环节，教师还要通过基于线上的作业或讨论建立起课后补救教学的反馈机制，实现线上与线下学习评价相结合。

1.4.2　微课教育应用

微课除在教学上的应用外，更多的微课内容对学生教育有着一定的辅助作用。对学生行为习惯的培养、学生动手能力的应用等方面均有积极的作用。

1. 学生行为习惯的培养应用

培养学生良好的行为习惯，首先要让学生明白哪些是良好的行为习惯，哪些行为习惯不能养成，为什么要养成良好的行为习惯。

(1) 常见“学生行为习惯培养”类微课的应用

如图 1-36 所示，“学系红领巾”微课就是制作学生如何正确系红领巾这一常见的知识点，在指导学生系红领巾的过程中，将学生的操作过程进行规范指导，同时进行爱国主义教育，一举多得。

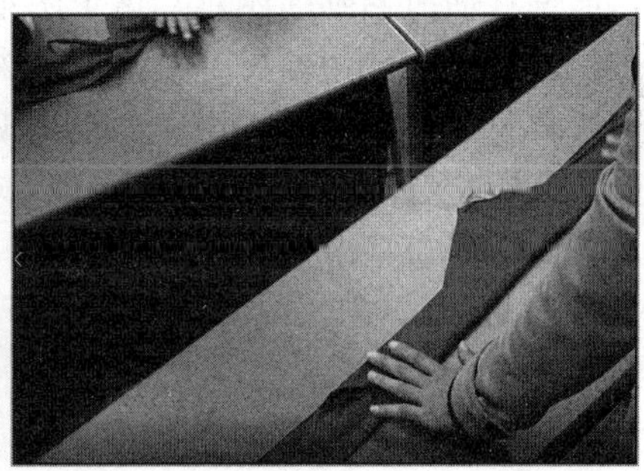

图 1-36　“学系红领巾”微课

(2) “学生行为习惯培养”类微课应用注意事项

要让学生有一个正确的辨别能力，并通过与优秀的同学相互交流学习经验，从而了解自己在哪些方面不如别人，以及自己不如别人的原因，让学生形成共识，进而取长补短，改正自己不良的行为习惯。此类微课可以将教师日常教育中一些多次讲授与教育的内容通过视频的方式进行呈现，起到事半功倍的作用。

2. 学生动手能力的培养应用

学生的动手能力大多是参加业余爱好的活动小组而得到培养的，如手工制作小组、航模小组等。而那些没有参加这类业余爱好活动的学生，则比较少地能得到这样的培养。

(1) 培养“动手能力”类微课的应用

如图 1-37 所示，“擦窗户”微课就是讲授如何在保证自己安全的前提下，利用不同的方法将窗户擦得干净明亮。所以，在中小学学生教育过程中，教师应该加强对学生的实践操作训练，让学生在实践中感知，充分发挥学生的潜力，让学生通过自己的努力解决问题、获取知识，教师再引导学生到实践中验证，到生活中运用。

图 1-37 “擦窗户”微课

(2) 培养“动手能力”类微课应用注意事项

学生在动手之前，总会设想要做出一个什么东西来，或者实现一个什么样的目标。在动手过程中，会出现各种各样的困难，而这些困难是在动手之前难以预料的。在克服这些困难、解决这些问题的过程中，学生就要尝试着如何面对这些问题，以及如何通过自己的努力来解决这些问题。在这个过程中，学生会得到很多东西。

例如，如何评估所遇到的困难，这个困难的难度有多大，解决困难的方法有多少；在这些方法中，哪些是比较简便可行的，但效果不是很有保障，而哪些方法是比较复杂的，但效果会比较理想。在尝试过程中，如果出现了问题，造成结果偏离了原来预设的目标，又该如何纠正和调整等。在面对和解决这些问题的过程中，学生会得到多方位的训练，这种训练是在书本上绝对得不到的。

1.5 小结和习题

1.5.1 本章小结

本章主要介绍了制作微课所必须具备的基础知识，具体包括以下主要内容。

- **微课的基础知识**：详细介绍了微课的概念、特点和作用。
- **微课的类型**：分别从课堂教学方法和微课制作技术方面对微课进行分类介绍。
- **微课的制作环境、流程和标准**：介绍了微课制作的硬件和软件环境，详细介绍了微课规范的制作流程，同时介绍了微课的内容组成。
- **微课的应用**：介绍了微课在教学方面的常见应用。

1.5.2　强化练习

一、选择题

1. 下列不是微课组成资源的项是(　　)。
   A. 微教案　　B. 微课件　　C. 微练习　　D. 微素材
2. 按照教学方式对微课进行分类，下列不属于此分类方法的是(　　)。
   A. 练习型　　B. 演示型　　C. 拍摄型　　D. 讲授型
3. 关于微课的特点，下列说法错误的是(　　)。
   A. 教学时间较短　　B. 教学知识点多
   C. 教学内容精选　　D. 教学效果强悍
4. 微课制作的一般过程是(　　)。
   A. 微课选题→脚本设计→素材准备→微课制作→微课合成→教学应用→反馈反思
   B. 素材准备→微课选题→脚本设计→微课制作→微课合成→教学应用→反馈反思
   C. 脚本设计→素材准备→微课选题→微课制作→微课合成→教学应用→反馈反思
   D. 教学应用→脚本设计→素材准备→微课选题→微课制作→微课合成→反馈反思
5. 下列有关可汗学院微课模式的相关信息，不正确的是(　　)。
   A. 录屏软件录制　　B. 使用手写板
   C. 通过网络发布　　D. 使用要收费

二、判断题

1. 多个微课就是微课程。(　　)
2. 微课是一个视频资源。(　　)
3. 微课制作可以有声音，也可以没有声音。(　　)
4. 微课可以对教学过程片段进行切片，一节录像课可以做成 4～10 个微课。(　　)
5. 制作微课时，视频、动画和声音素材运用得越多，课件的感染力就越强，运用于教学中的效果就越好。(　　)

三、问答题

1. 概述一下你对制作微课的认识。
2. 制作微课的一般流程是什么？
3. 赏析一个微课作品，试评价其特色、优点和不足之处。

第 2 章

微课规划与设计

一节微课能否设计得好，教学效果是否佳，知识点的选择和分析处理是非常重要的。因此，在设计每一节微课时，首先要慎重选择知识点，并对相关的知识点进行科学的分析和处理，使它们更符合教学的认知规律，这样才能达到事半功倍的教学效果。

吸引眼球的选题、有创意的教学设计是开发一堂优秀微课的关键。在本章，笔者紧紧抓住“让教师在较短的时间内运用最恰当的教学方法和策略讲清、讲透一个知识点，让学生在最短的时间内按自己的学习完全掌握和理解一个有价值的知识点”的微课设计制作理念，主要介绍微课的选题与设计，希望读者能够举一反三，选择合适的课题，并经过分析撰写出合理的脚本，确保微课能够满足学习者的实用、易用和想用的直接需求。

本章内容

- 微课初步规划
- 微课教学设计
- 微课脚本设计

2.1 微课初步规划

一节成功的微课需要具备很多条件，如微课的选题、教学活动的设计、知识性和趣味性的结合度等。要满足这些条件，需要事先合理规划微课。规划微课能够帮助教师发挥特长，突显微课的优势，也能在很大程度上提升微课的成功率。

2.1.1 规划微课课题

选题是微课制作的第一个关键问题，它好比农夫选种子，优良的种子辅以适当的耕种容易获得丰收，如果选择的是先天不足的种子则会事倍功半，难以收获好的果实。选题时，要先明确选题目的，理清教材体系，剖析教学对象，这样才能遴选出好的课题。

1. 明确选题的目的

选题前，要先思考选题的原因、目的和意义，也就是要想一想“为什么要制作微课”“微课会给教学带来了哪些改变”等。对这些问题有了深入的思考后，就会明白微课的核心，从而围绕核心组织微课。选题的目的主要表现在以下三个方面。

(1) 促进学生有效自主学习

现在网络通信的发展和计算机的普及已经使自主学习成为可能，教师把学习中的重点和疑难问题制作成微课，上传到网上，学生便可以随时点播学习。

- 适宜学生自学：微课短小精悍，一个议题，一个重点，都是针对学生学习中的疑难问题设计，非常适合学生自学。
- 突破时间和空间约束：时间和地点可以选择，有很大的自主空间，只要有学习的意愿即可实现。
- 自我掌控：适应不同的学生，视频播放快慢可调节，让不同程度的学生根据自己的基础和接受程度控制视频的快慢。
- 反复学习：由于视频可以反复播放，那些平时反应慢、又羞于发问的学生就能够从容地反复观看，较好地解决了后进生的转化问题。

(2) 提高新授课的上课效率

微课是换一种思维方式，将教学重点、难点、考点、疑点等精彩片段录制下来提供给学生，而且时长为 5～8 分钟，约 50MB 大小的简短视频，能重复使用，利用率高，较好地满足了师生的个性化教学和个性化学习需求。

- 课前复习：根据学生已有的知识基础和新知识所需的衔接知识点设计制作好微课，可以让学生在课下先观看微课，为新课做好准备。
- 新课导入：教师根据新课知识点设计新颖的问题，吸引学生的注意力，为新课的讲解做好铺垫以制作微课。在开始上课后先让学生观看微课。
- 知识理解：教师对本节重难点做点拨，典型例题引导学生探究规律，在学生自主探究或合作探究后一起观看微课。

- 练习巩固：教师设计少而精的习题并制作好微课，用于巩固本节知识。
- 小结拓展：引导学生总结本节重点及规律，让学生将知识纳入已有的知识体系，再适当设计一些适应不同层次学生拓展延伸的练习。此视频用于结束本课前播放。

(3) 促进教师业务成长

一线教师在实际教学中把发现问题、分析问题、解决问题的过程制成微课，简单实用，本身就是一个教学反思的过程，能有效促进教师的业务成长。

- 选取课题：教学目标清楚，教学内容明晰，或针对计算教学，或针对难点突破，或针对课前导入，或针对拓展延伸，择其一点设计教学，加深了教师对教材知识内容的进一步理解。
- 设计内容：备课时充分研究学情，做到课堂无学生，心中有学生。要准确地把握教学节奏，快慢适当，吃透教材。要熟练地掌握现代信息技术，因为微课的核心组成内容是教学视频，通过视频组成一个融教学设计、多媒体素材、课件为一体的主题资源包。
- 提高教师知识讲解与总结的能力：教学语言要简明扼要，逻辑性强，易于理解。讲解过程要流畅紧凑。教师在备课的过程中就要考虑到实际进行的状况，这样才能有一节吸引人的精彩课程。
- 开拓教师的视野：为拓展知识点，就必须查阅资料充实内容，才不会显得空泛和空洞。那么，在拓展学生视野的同时，也丰富了教师的教学资源。教师和学生在这种真实的、具体的、典型案例化的教与学情景中可以实现“隐性知识”，并实现教学观念、技能的迁移和提升，从而迅速提升教师的课堂教学水平，促进教师的专业成长。
- 通过反思提高教师自我批判能力：教师在整个教学过程中，经历着“研究—实践—反思—再研究—再实践—再反思”的循序渐进、螺旋上升的过程，因此教师的教学研究水平和能力也在不断提升。
- 促进教师掌握现代信息技术：制作微课，需要了解并掌握许多相关的软件，如课件制作软件、录屏软件等。

2. 理清教材体系

微课选题要选取教学使用价值较高的课题。教材中的重点、难点、关键点就是很好的选题。因此在做选题时，要理清学科的知识体系，依据学科课程标准和教学大纲找出教材内容中的重点、难点和关键点。

(1) 教学重难点的内涵

认识教学重点、难点和关键点的内涵，是剖析教材重点、难点、关键点的依据。

- 重点：指学生必须掌握的基础知识与基本技能，是基本概念、基本规律及由内容所反映的思想、方法等。这些知识点具有基础性、奠基性、可组合性、可迁移性和方法论意义。
- 难点：指学生不易理解的知识，或不易掌握的技能、技巧。
- 关键点：指起关键作用的知识点，学习者一旦掌握，其他知识点就会比较容易理解和掌握，难点也随之迎刃而解。

(2) 把握教学重难点

通过熟悉课程标准、钻研教材、了解学生、反思总结等过程能快速把握教学的重难点，从而明确哪些内容更适合作为微课的选题。

- 熟悉课程标准：课标是教学的指导性文件，只有熟悉和贯彻执行课标，才能明确本学科或课程的教学目的任务、基本内容、结构体系、教学方法和进度要求，才能准确把握教材重难点。例如，为实现课标规定的教学任务而服务的基础知识和基本技能都可以列为教学重点。
- 深入钻研教材：教材是教学的主要依据。教学的重点主要决定于教材内容的内在逻辑联系。例如，如果教材中某一内容是诸内容中最基本、最主要的，是基础知识、基本技能或者是进一步学习其他内容的关键，那么这一内容就是教学的重点。
- 了解分析学生：学生既是教学的对象，又是教学的主体。教学的难点主要决定于教师和学生的素质和能力。教师要全面了解学生知识和技能的实际情况。只有这样，才能更准确地确定教学的难点。显然，绝大多数学生已经掌握或容易掌握的教学内容不必再列为教学难点。
- 反思总结经验：教师要善于总结自己在解决教学重点和难点问题方面的经验。同时，虚心学习别人在这方面的经验。

3. 剖析教学对象

做微课选题时，除对教学内容的分析外，还需要充分考虑到教学对象的差异性、学生的需求、认知特点及理解能力等各个方面的因素。

- 学生差异：同样的教学内容，针对不同的授课对象，其教学适用性是有影响的，选用的角度也应是不同的。例如，阅读同一篇古诗，不同学段的学生理解力有差异，教学目标不同，选题就要有不同。动画视频可以帮助小学生理解诗词，而对中学生来说就是画蛇添足，有损想象力。所以微课的选题不是单一的，一成不变的，它会随着授课对象的不同，变得更丰富，为制作者留下更大的想象空间。
- 学习需求：有时教师并不能真正了解学生的疑问、困难和兴趣点。可以利用网络问卷及 QQ、微信等网络社交平台发布网络问卷、在线测验等方式，做到及时、准确地掌握学生的学习需求，进而梳理出教学的疑点、考点、关键点、易错点、易混淆点和兴趣点(热点)，然后围绕这些知识点进行选题设计。例如，对课文的阅读理解，不一定是对整篇文章的阅读理解，而是可选取重点段，或者结合某个重点句、重点词展开微课。再比如对概念、图形的认识，可以提炼其核心展开微课。如表 2-1 所示的微课选题对比，修改后的微课则更有针对性，重点更突出。

表 2-1　重点突出的微课选题

修　改　前	修　改　后
桂林山水	桂林山水的静、清、绿
浮力	物体沉浮的条件
矩形的定义和性质	矩形对角线相等的证明

- 认知特点：心理学表明，10 分钟以内是中小学生注意力最集中的时间。超过 6 分钟的教学内容，视频受欢迎程度就会直线下降。因此微课的选题一定要小，内容要少，而且相对独立。一般一个微课只解决一个知识点。如果在解决问题时需要用到其他知识点，则需要另外录制一个微课加以解决。例如“作文开头的写法”选题偏大，可以分解成多个小微课，如表 2-2 所示。

表 2-2 小而精的微课选题

修 改 前	修 改 后
作文的开头写法	开门见山法
	景物描写开篇法
	倒序开篇法
	诗歌、格言引用开篇法

- 理解能力：选题还要考虑到教学对象的理解能力，不能太难。例如，某信息技术微课以“超级海报是如何炼成的”为选题，选题虽然有很强的吸引力和挑战性，但期待学习者通过一个微课就学会制作超级海报，显然不太现实。当然，选题也不能太浅。再比如，有些微课作者会有意或无意地回避教学重点、难点、疑点、关键点，专门选取只需了解、识记的事实性知识，这种微课选题，既浪费时间、精力和财力，也难吸引学习者。

知识库

1. 知识地图

微课具有碎片化属性，导致其知识点零散，缺少系统性和关联性。而知识地图应用于微视频、学习资源及学习系统，可以解决存在的问题。知识地图根据章节，逐步细化到每个知识点。例如，人教版初中地理教材七(上)第二章“陆地和海洋”的知识地图如图 2-1 所示。

知识地图是一种知识导航系统，显示不同的知识存储之间重要的动态联系，可依据课程标准和学习质量标准生成。它可以将知识之间的关联和结构可视化呈现，使看似无关联的知识变得有序化、结构化，为学习者提供一个步骤化的学习。这有利于学习者对知识的建构，从而促进学习者的学习。

2. 选题原则

微课看似简单，选题其实不易。恰当的选题是微课创作成功的基石。好的选题要遵循下面四个基本原则。

- 科学性与趣味性相结合：选题要内容严谨、准确、规范、没有科学性的错误，也要具有一定的趣味性。
- 以学生的学习为中心：选题必须从以教师为中心转变为以学习者为中心，围绕学习者有哪些重点、难点、疑点、关键点、易错点、考点、易混淆点和感兴趣的热点，进行有针对性的选题。

- 难度适中和内容精选：选题要小而精，围绕某个具体的知识点，有效解决教与学过程中的重点和难点。可以选取一个独立的小话题作为切入口，把内容讲通讲透，宁可“小题大做”，不宜“大题小做”。
- 内容适合用视频表达：微课作为一种媒体，选题时也要考虑知识点内容是否适合使用多媒体特性来表达。能充分运用多媒体的特点突破难点，实现最佳效果，是个好的选题。对于不适合使用多媒体表达的内容，可以采用黑板教学或进行活动实践的教学，效果可能会更佳。

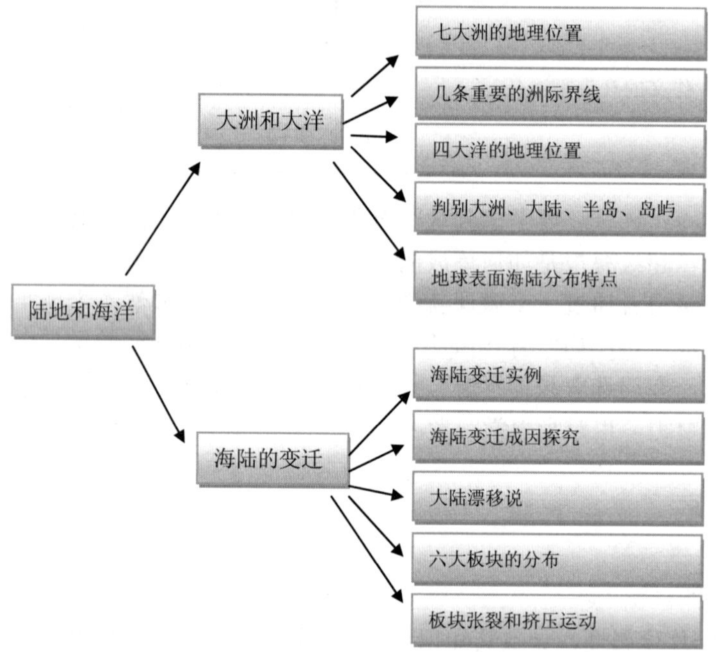

图 2-1　“陆地和海洋”知识地图

2.1.2　规划微课结构

建筑的结构不仅成就了外观，更决定了其内在品质。教师在进行微课教学设计时，除要考虑具体的知识点外，还需要确定微课的类型，创意地布局微课结构，以达到吸引和促进学习者学习的目的。

1. 微课的类型分析

常见的微课类型有 11 种，分别是讲授类、问答类、启发类、讨论类、演示类、练习类、实验类、表演类、自主学习类、合作学习类、探究学习类，如表 2-3 所示。各学科可根据选题内容选择合适类型的微课进行录制。

值得注意的是，一节微课作品一般只对应于某一种微课类型，但也可以同时属于两种或两种以上的微课类型的组合(如提问讲授类、合作探究类等)，其分类不是唯一的，应该保留一定的开放性。

表 2-3 微课类型分析

<table>
<tr><th>分类依据</th><th>微课类型</th><th>适用范围</th></tr>
<tr><td rowspan="4">以语言传递信息为主的方法</td><td>讲授类</td><td>适用于教师运用口头语言向学生传授知识(如描绘情境、叙述事实、解释概念、论证原理和阐明规律)。这是中小学最常见、最主要的一种微课类型</td></tr>
<tr><td>问答类</td><td>适用于教师按一定的教学要求向学生提出问题，要求学生回答，并通过问答的形式来引导学生获取或巩固检查知识</td></tr>
<tr><td>启发类</td><td>适用于教师在教学过程中根据教学任务和学习的客观规律，从学生的实际出发，采用多种方式，以启发学生的思维为核心，调动学生的学习主动性和积极性，促使他们生动活泼地学习</td></tr>
<tr><td>讨论类</td><td>适用于在教师指导下，由全班或小组围绕某一种中心问题通过发表各自意见和看法，共同研讨，相互启发，集思广益地进行学习</td></tr>
<tr><td>以直接感知为主的方法</td><td>演示类</td><td>适用于教师在课堂教学时，把实物或直观教具展示给学生看，或者做示范性的实验，或通过现代化教学手段，通过实际观察获得感性知识以说明和印证所传授的知识</td></tr>
<tr><td rowspan="3">以欣赏活动为主的教学方法</td><td>练习类</td><td>适用于学生在教师的指导下，依靠自觉的控制和校正，反复地完成一定的动作或活动方式，借以形成技能、技巧或行为习惯。尤其适合工具性学科(如语文、外语、数学等)和技能性学科(如体育、音乐、美术等)</td></tr>
<tr><td>实验类</td><td>适用于学生在教师的指导下，使用一定的设备和材料，通过控制条件的操作过程，引起实验对象的某些变化，从观察这些现象的变化中获取新知识或验证知识。在物理、化学、生物、地理和自然常识等学科的教学中，实验类微课较为常见</td></tr>
<tr><td>表演类</td><td>适用于在教师的引导下，组织学生对教学内容进行戏剧化的模仿表演和再现，以达到学习交流和娱乐的目的，促进审美感受和提高学习兴趣。一般分为教师的示范表演和学生的自我表演两种</td></tr>
<tr><td rowspan="3">以引导探究为主的方法</td><td>自主学习类</td><td>适用于以学生作为学习的主体，通过学生独立的分析、探索、实践、质疑、创造等方法来实现学习目标</td></tr>
<tr><td>合作学习类</td><td>合作学习是一种通过小组或团队的形式组织学生进行学习的策略</td></tr>
<tr><td>探究学习类</td><td>适用于学生在主动参与的前提下，根据自己的猜想或假设，运用科学的方法对问题进行研究，在研究过程中获得创新实践能力、获得思维发展，自主构建知识体系的一种学习方式</td></tr>
</table>

设计每个微课前，根据所要讲解的知识点选择适当的微课类型，有助于提高微课堂的效果。

例如：在设计小学三年级英语微课“数字one-ten(1-10)”时，可根据知识点和学生的认知水平，选择“练习类”的微课类型，让学生在生动有趣、形式多样的操练中掌握相关的知识点。

2. 微课的结构分析

微课的叙述结构直接关系到是否能在短短几分钟内让学习者抓住要点，产生有效的学习。常见的架构方法有层进启发式、类比迁移式、实验演示式等。

- 层进启发式：层进启发就是先提出问题，然后逐层深入分析问题，最后解决问题。运用这种方法，可以激发学习者的学习兴趣，带领学习者将知识在脑海中一步一步建构，从而达到理解教学内容的目的。这样的教学结构，层次分明，具有启发性。如图 2-2 所示的微课结构，就是通过层层深入的方式展开的。

图 2-2 “认识节能灯”微课案例结构

- 类比迁移式：类比迁移式就是由两个对象的某些相同或相似的性质，从而推断它们在其他性质上也有相同或相似之处。在微课设计中应用类比的方式进行知识迁移，可以增强学习者对知识的理解，有利于学生学习能力的提升。例如，在小学信息技术 Logo 模块“正多边形的画法”案例中，教师采用如图 2-3 所示的教学结构，让学生在已知正方形、正三角形画法的基础上，类比找出规律，尝试知识迁移，从而自己悟出解决问题的方法，获得新知。

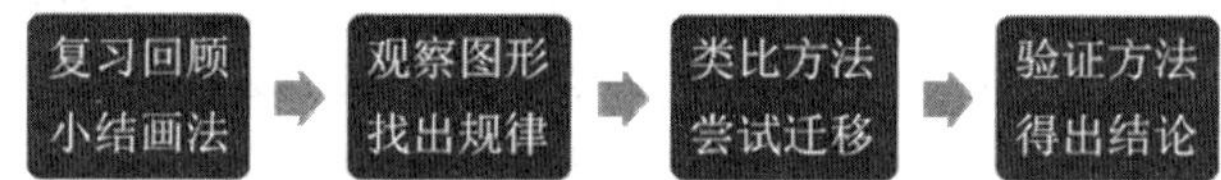

图 2-3 “正多边形的画法”案例结构

- 实验演示式：“实验演示式”微课是指通过设计实验方案，演示实验操作步骤，讲解及分析实验原理，引导学生进行科学探究的一类微课。微课的结构一般按如图 2-4 所示的流程展开。

图 2-4 “实验演示式”微课案例结构

2.1.3 规划微课资源

“微课”的核心组成内容是课堂教学视频(课例片段)，同时还要包含与该教学主题相关的教学设计、素材课件、学习任务单、微练习、微反思等辅助性教学资源，它们以一定的组织关系和呈现方式共同“营造”了一个半结构化、主题式的资源单元应用“小环境”。

1. 学习任务单

学习任务单是针对学生学习而开发的一种教学方案，主要从学生的角度，从学生的学习实际考虑，帮助并促进他们自学。所解决的重点问题是“学什么”“怎样学”“学到什么程度”，力求把学生放到主体地位、主人地位上来。学习任务单是师生共用、共同参与、良好互动的载体。

一般学习任务单由学习目标、重点难点、知识链接、学法指导、学习内容、学习小结、达标检测、学习反思等八个环节组成。学习任务单可以按表 2-4 所示的模板进行填写。

表 2-4　“自主学习任务单”设计模板

一、学习指南
1. 课题名称 (提示：用“版本+年级+册+学科名+内容名”表示。)
2. 学习资源 (提示：是微课程以外的学习资源。)
3. 达成目标 (提示：达成目标不同于教学目标。请用“通过观看教学视频(或阅读教材，或分析相关学习资源)和完成‘自主学习任务单’规定的任务+谓语+宾语”表述；旨在让学生明确预习任务。)
4. 学习方法建议 (提示：主要指导学生如何学习微课程，注意有就写，没有就不写，不要“喧宾”夺了“任务”之“主”。)
5. 课堂学习形式预告 (提示：简要说明课堂教学组织形式，也可用流程图代替。其目的是使学生明确自主学习知识与课堂内化知识的关系。)

(续表)

二、学习任务
通过观看教学录像自学，完成下列学习任务：(提示：学习任务包括学习活动和学习评价，如学完微课程后的测试题、操作任务、思考题等，也包含必要的提示等帮助信息。)
三、学习反思
(提示：此项由学生自主学习之后填写。)
备注：1. 栏目不够用，可以自行扩展；2. 完成“任务单”设计之后，别忘了删除所有提示项。

2. 微练习(进阶练习)

微练习是微课资源的重要组成部分，与微课视频配套，一般采用在线测试方式，用于检测学生对知识点的知识能力目标的掌握程度。进阶练习与一般常模测试不同，是一种基于课程标准的查缺补漏的学习过程。设计微练习时，每一微课知识点可以提供两套难度相当的进阶练习，供学生检测学习情况。设计的题目一定要以知识点目标作为考察目标，建议多考虑客观性命题，这样更适合学生在完成练习后进行自我评价。

2.2 微课教学设计

微课虽然只有短短的数分钟，但是也需要进行良好的教学设计。良好的微课应该是井然有序的，杂乱无章而随意的微课是与微课理念背道而驰的。通过教学设计，能有效解决实际教学问题，具有针对性地解惑、启惑，能调动学习者学习的主动性。微课设计有“两部曲”，即微课程设计和微课程任务单的设计。微课设计一般包括 3 个阶段，即导入、授导和小结。

2.2.1 微课教学设计要求

良好的教学设计有助于更好地指导微课程教学资源的开发。微课程的设计关键是要从教学目标制定、学习者分析、内容需求分析、教学媒体选择等方面进行，让教师在较短的时间内运用最恰当的教学方法和策略讲清讲透一个知识点，确保微课程能够满足学习者的实用、易用和想用的直接需求。

1. 适合教学对象

不同学科学段的微课对应不同知识能力的学生。微课不但应有学科学段的分别，同时还要使同一学科学段适应不同水平的学生，诸如同一个数学知识点，对于不同水平的学生，传授的方法乃至内容应该有所差异，进行个别化教学，这也是符合微课理念的。

2. 符合认知过程

良好的微课设计应该是循序渐进的，不能跳跃式发展。不同年龄段的学生，其认知方式是大有差异的，对于低年龄儿童，具体(多图、动画、视频)的知识对于他们更易于接受；对于中学儿童，认知方式已经发展为更易于接受抽象的知识，可以给予学生想象思考的空间，诸如高中语文，可以有更多的情景陶冶，而对于低年级儿童，情景陶冶也许就会分散注意力。

"停顿"对于低年级学生是不太需要的，而对于高年级学生，适当的"停顿"是非常必要的，对此时的学生进行知识灌输显然是低效的，进行知识的自我思考才是高效且有建设性的。

如果学习的对象是教师，则由于记忆能力下降，可能需要多次重复，才能牢记。同时由于观念的固化，接受新事物有一定的缓冲过程，在陈述内容、观点时，转折应适当圆滑、缓慢。

3. 内容精炼、科学、严谨

紧紧围绕"让教师在较短的时间内运用最恰当的教学方法和策略讲清、讲透一个知识点，让学生在最短的时间内按自己的学习完全掌握和理解一个有价值的知识点"的微课设计制作理念，以教学目标为切入点，选择精炼、科学、严谨的教学内容，从而有效地提高微课教学效率。

4. 微课教学效果

微课的教学设计可以是教材解读、题型精讲、考点归纳，也可以是方法传授、教学经验等技能方面的知识讲解和展示，但是一定要能有效解决实际教学问题，具有针对性地解惑、启惑，能调动学习者学习的主动性。

2.2.2　微课教学导入

导入一般采用目标导入、情景导入、故事导入、问题导入、游戏导入、温故导入等，在导入结束时，一句话点明学习目标。导入的方法与传统教学没有多少区别，主要是创设情境、激发兴趣。但微课时间短，不能在导入环节花费过多的时间，但不管采用哪种方法，都要与课堂教学内容紧密关联，并力求做到新颖独到、引人注目。

1. 目标导入

目标导入教学是采用对症下药的步骤，让大多数学生达到预定的教学目标的重要导入方法。教学中目标导入是一个展示预定的教学目标的过程，是激发学生对学习目标的兴趣，是学生学习目标的导向，它可以避免过去教有目标而学无目标的现象。例如，在三年级数学下册微课“商中间或末尾有 0 的除法”中，教师采用的就是目标导入，如图 2-5 所示。

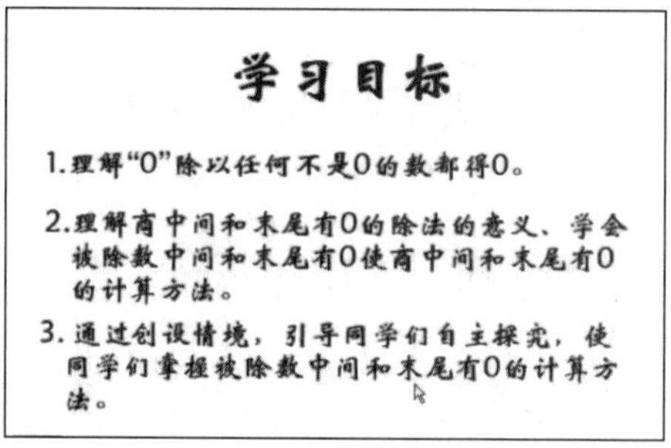

学习目标
1.理解“0”除以任何不是0的数都得0。
2.理解商中间和末尾有0的除法的意义、学会被除数中间和末尾有0使商中间和末尾有0的计算方法。
3.通过创设情境，引导同学们自主探究，使同学们掌握被除数中间和末尾有0的计算方法。

图 2-5　微课“商中间或末尾有 0 的除法”的导入

2. 情景导入

情景导入教学法，是通过设置具体的、生动的环境，让学生在课堂教学开始时，就置身于某种与课堂教学内容相关的情景之中，促使学生在形象的、直观的氛围中参与课堂教学。实践证明，利用“生活情景导入”，更有利于激发学生的探究思维和学习兴趣，完成课堂教育教学目标。例如，在北师大三年级数学上册微课“乘火车——一位数乘三位数乘法”中，教师采用的就是情景导入法，如图 2-6 所示。

3. 故事导入

教师利用学生爱听故事的特点，先叙述一个与课文内容相关的生活实例或故事，以诱发学生的想象力和思维活动，提高学生的学习积极性。

故事的魅力是无穷的，其生动有趣，引人入胜，能让学生倍感亲切、乐于接受。在上课前讲一段与本节课内容相关的故事，可吸引学生的注意力和兴趣，丰富学生的想象力，同时可使学生通过故事所反映的思想、观念去理解所学课文的内容。例如，在小学信息技术微课“制作新龟兔赛跑连环画——对插入的图片进行编辑”中，教师采用的就是《新龟兔赛跑》的故事导入方法，如图 2-7 所示。

5节卧铺车厢可乘多少人？
这列火车有5节卧铺车厢和7节硬座车厢。
卧铺车厢　每节72人
硬座车厢　每节118人

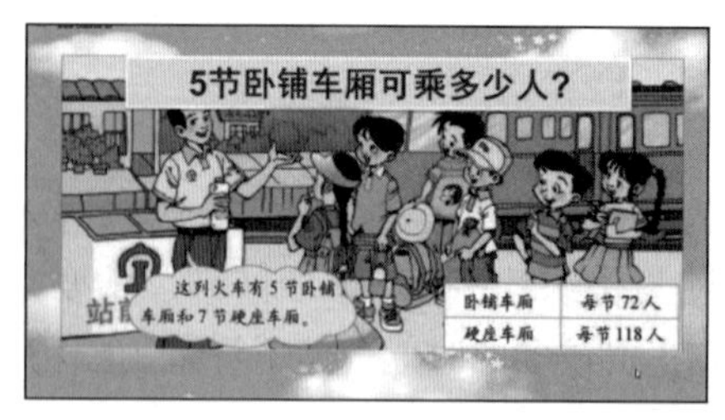

图 2-6　微课“乘火车——一位数乘三位数乘法”的导入

因为他练习滑旱冰很久了，于是同意了比赛。

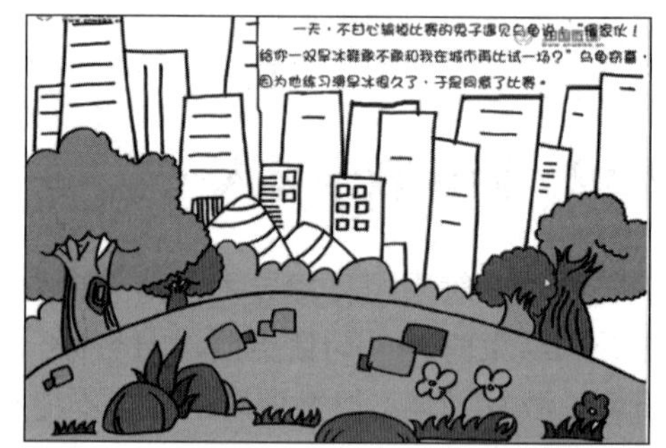

图 2-7　微课“制作新龟兔赛跑连环画——对插入的图片进行编辑”的导入

4. 问题导入

教师提出带有悬念的问题，学生强烈的求知欲被激起并由此转入新课。例如，在小学数学一年级上册微课“二十以内的进位加法——九加儿”中，教师就是设置悬念问题，激发学生的求知欲，如图 2-8 所示。

图 2-8　微课“二十以内的进位加法——九加儿”的导入

5. 游戏导入

教师根据教学内容，选择相关的小游戏和学生互动，向教学内容过渡，激发学生的学习兴趣。高尔基说：儿童具有玩乐的天性。在游戏中，儿童可以长知识，练体魄。游戏导入能充分激发学生的好奇心，吸引学生的注意力，让他们全身心地投入活动中去，并促使学生从具体形象思维到抽象思维，自己思考，自己理解，自己消化，自己吸收。例如，体育微课“体育课上的隐形器材——书包”中，教师采用通过书包完成的一个个小游戏和学生互动，激发学生的学习兴趣，如图 2-9 所示。

6. 温故导入

教师依据“温故知新”的教学原则，复习拓宽旧知识，架设攀登新知识高峰的梯子，激发学生对新知识的探究欲望。在具体导课时教师要善于联系和利用旧知识，把新旧知识加以比较，找出异同，以此设计导语，引出新知。例如，在人教新课标三年级语文下册“亡羊补牢”微课中，教师采用的就是温故导入法，如图 2-10 所示。

图 2-9　微课“体育课上的隐形器材——书包”的导入

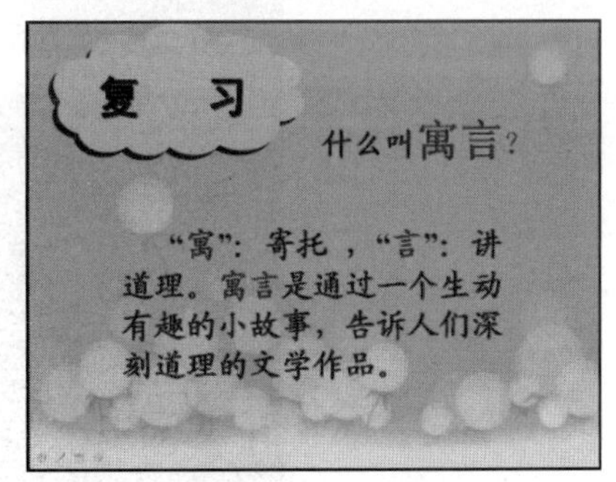

图 2-10　微课“亡羊补牢”的导入

2.2.3　微课教学内容

在前一章的概述中，可以看出微课具有“短、小、精、悍”的特点。相对于较宽泛的传统课堂，“微课”能使学习问题聚集，使主题突出，更适合教学需要，因此在“微课”教学内容的选择和处理上要更加谨慎。

1. 选择教学内容

在微课的设计中，教学内容的选择是第一步，也是最关键的一步。它反映了微课要集中表现或传递给学习对象什么样的内容。教学内容应该尽量选取学生通过自学理解不了、具有较大教学价值且相对简短又完整的知识。必要时教师可对教学内容进行适当的加工、修改和重组，使教学内容既精简又完整、教学目标既聚集又单一、教学形式策略多元、表现方式多样化，使其更适合用微课的方式来表达。因此教学内容的选择要遵守以下几个原则。

(1) 一个中心

牢牢记住以学生为中心，在教学内容的选择上要多思考学生要看什么、听什么，这样表达他听懂了吗？

(2) 两个原则

教学内容不仅要有用，通俗易懂，满足学习者的要求，让学生看得懂、学得会，同时也要有趣；在教学内容的表现形式上要新颖，吸引人，尽可能使抽象概念形象化、枯燥数字可视化，可融入动漫、影视、游戏等元素。

2. 微处理教学内容

选定教学内容后，再对其进行微处理。在这个环节，可以精细化设计，去掉不必要的描述，让阐述更精炼，反复推敲解说词，让解释更精确，创新方法，从特别的角度来阐述问题，让表达更精彩。

(1) 合理引用资源

处理教材时，可以从网上搜集资源为主题服务，如将一些视频、动画等借来使用。例如，在小学语文《威尼斯小艇》一文教学中，教师使用一段视频呈现威尼斯的真实情境，帮助学生理解课文，如图 2-11 所示。

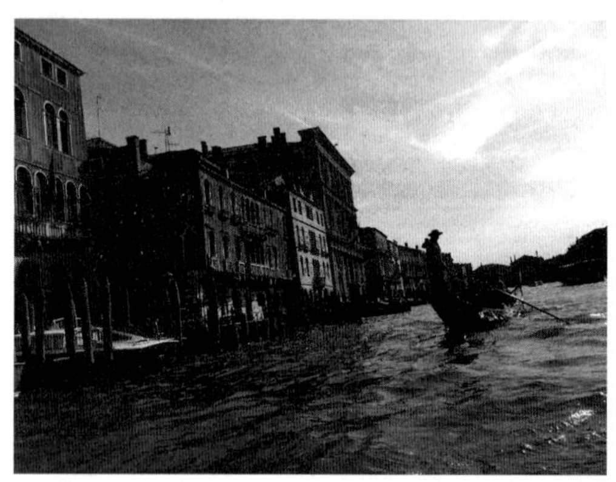

图 2-11　微课“威尼斯小艇”中的动画

(2) 关注基础知识

在教学内容的讲解中，要关注基本概念和关键技能的讲解。例如，在小学数学微课“长方体的认识”中，教师采用动画的方式详细地介绍了长方体，如图 2-12 所示；在小学信息技术微课“巧用格式刷”中，教师详细地阐述了关键技能格式刷的使用，如图 2-13 所示。

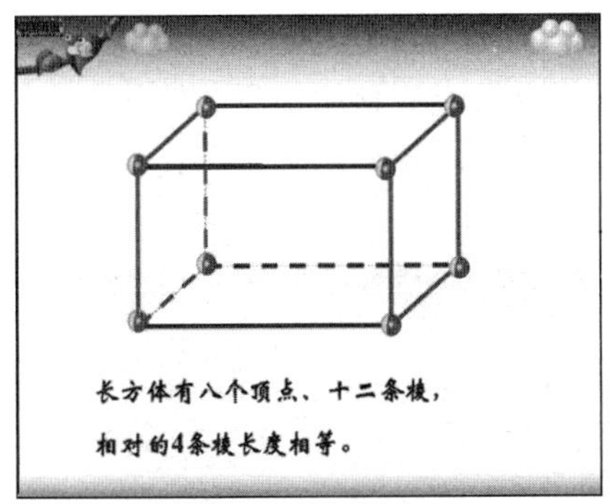

图 2-12　微课“长方体的认识”

图 2-13　微课“巧用格式刷”

(3) 用问题串联课程内容

在一些科目中，可通过一个问题的设置串联整个微课的内容，让整个教学内容有始有终，逻辑清晰明了。例如，在小学数学微课“圆的认识”中，教师从导入到小结整个教学过程中始终使用“车轮为什么是圆形的”这一问题贯穿整个微课，从问题的提出，到最后问题的解决，让学生感觉思路清晰，轻松认识圆，如图 2-14 所示。

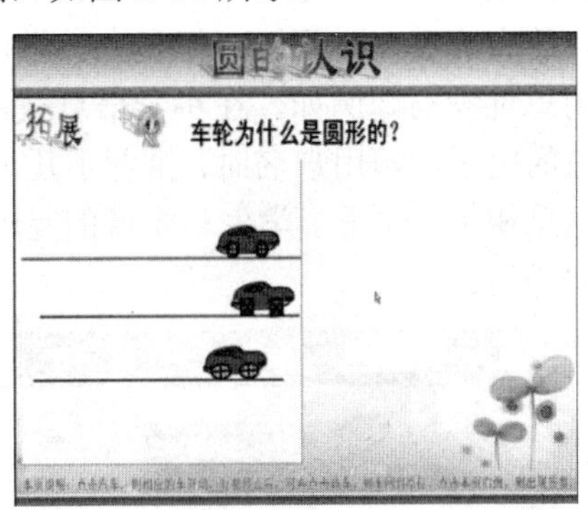

图 2-14　微课“圆的认识”

(4) 口语化的讲解

在微课的讲解过程中，尽量口语化讲解，尤其是面对低年级学生，对于一些概念理论的讲解，要尽可能地营造一对一的学习气氛。例如，在中学数学微课“角的概念与分类”中，整个微课是对概念的解释，教师基本使用口语化解释，而非书面语的理论解释，让学生更容易理解。

(5) 学习步骤完整

微课尽管“短小精悍”，但是它也符合学生的认知规律，具有完整的学习过程，所以在微课的教学内容处理过程中不要轻易跳过学习步骤，要符合学生的学习规律。

(6) 重点提示信息

在微课的教学内容处理过程中，面对有些“重中之重”的内容，教师可以给学生提示性的信息，如画线、做记号、关键词放大等。例如，在初中英语微课“定语从句”中，教师在讲解定语从句时，对“先行词”这一名词通过下划线和红色字体进行加重，提醒学生注意，如图 2-15 所示。

(7) 字幕补充说明

由于微课时间很短，可用字幕方式补充微课不容易说清楚的地方。例如，在中学信息技术微课“规范英文输入”中，教师在讲解找基准键时，就采用了字幕式补充的方式，让学生能够更快更准地记住键盘的基准键，如图 2-16 所示。

图 2-15　微课“定语从句”

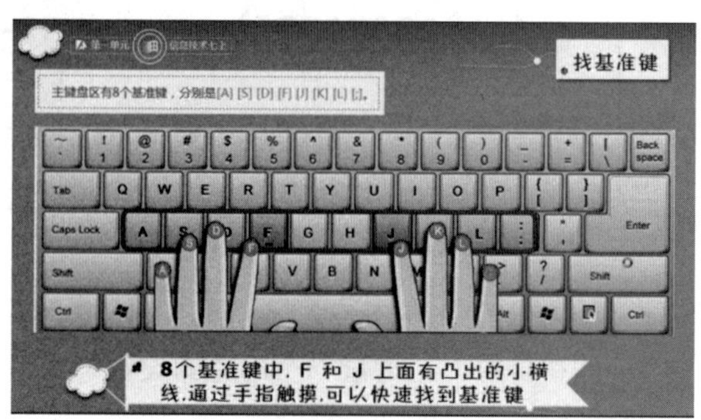

图 2-16　微课“规范英文输入”

(8) 加强教学互动

微课的内容精，时间短，但是在教学内容的处理过程中，要注意人与资源的互动，注重学生的思维参与。例如，在小学信息技术微课“申请邮箱报收获”中，教师在讲解怎样设置合适的电子邮箱用户名时，推荐了几个常用用户名的组合，从学生的学习和生活出发，与学生息息相关，注重了学生与资源的互动，让学生自动参与思考，达到最佳的上课效果，如图 2-17 所示。

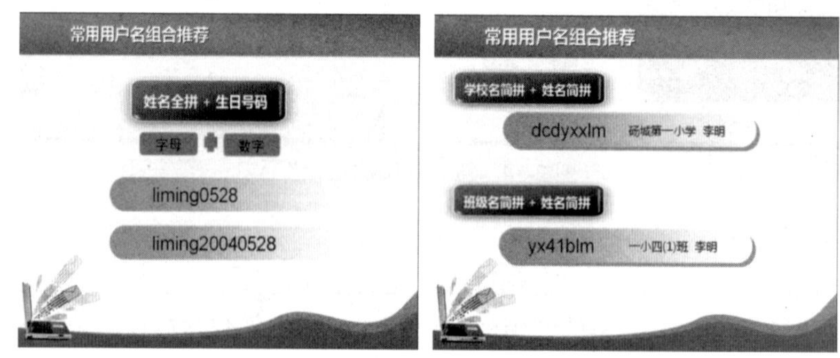

图 2-17　微课“申请邮箱报收获”

2.2.4　微课教学检测

教学检测是教师了解学生对本节知识掌握情况的一个重要手段，它是教学效果的反馈，在教学中有着非常重要的作用。无论是讲练结合、精讲精练的传统观念，还是新课程所倡导的师生互动、学生有效参与的新理念，都离不开及时的反馈与矫正。微课程尽管时间短，但是有效适时的教学检测，可让课堂达到事半功倍的效果。要想提高微课中教学检测的有效性，一定要调动学生的积极性，增强学生的自信心，激发学生的自豪感，这样学生才能乐学善思。可以采用以下两种灵活的检测形式。

1. 有效性的提问

提问是最常用的检测手段，力求每个问题的提出都能引发学生思考的兴趣和求知欲，对于重点和难点部分，可以采用反问的形式。提问还要有一定的针对性和普遍性，让学习能力较弱的学生也有展现的机会，让他们体验成功的喜悦，增强自信心。例如，在初中生物微课“探究——蚂蚁的通讯”中，教师在完成微课教学后，通过有效的提问，不仅让学生带着问题去思考蚂蚁的通讯依靠的是什么，而且拓展性地提出通讯在社会中的意义，从而达到有效的教学检测，如图 2-18 所示。

2. 有效性的练习

设计有效性的练习题，多加注重“一题多解”“一题多思”“一题多练”，体现“易错点”和“易混淆点”，使学生能够举一反三。这在微课中的使用率最高。例如，在一年级数学微课“做个百数表”中，教师在讲解完百数表后给出几个习题，让学生思考填写，通过学生的完成情况，直接掌握学生的学习情况，如图 2-19 所示。

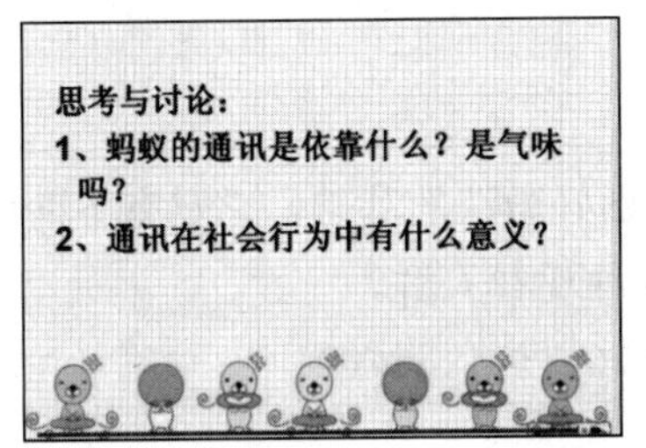

图 2-18　微课“探究——蚂蚁的通讯”

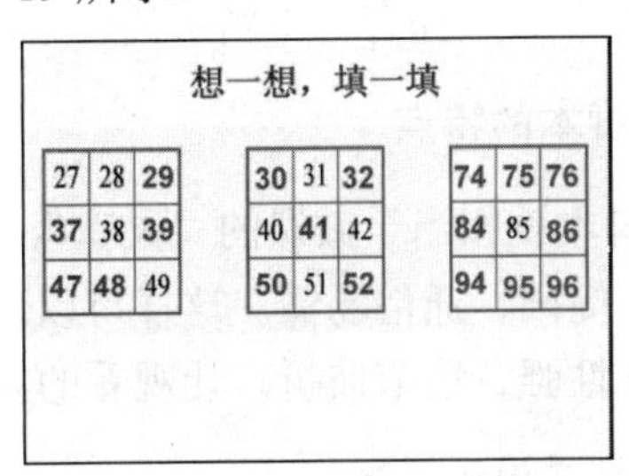

图 2-19　微课“做个百数表”

2.2.5　微课教学小结

在微课结束时要有简短的回顾和总结，它是教学内容要点的归纳，一般不超过一分钟。好的微课总结起到画龙点睛的作用，可以加深学生对所学内容的印象，减轻学生的记忆负担。在微课的小结中，因为前面重点内容的讲授占用了较多的时间，因此，微课小结不在于长而在于精，小结的方法要科学、快捷。

常用的小结方式包括概括式小结、悬念式小结、首尾呼应式小结等。

(1) 概括式小结

教师用简短的语言或思维图的方式，归纳梳理本节课的知识点，要求做到提纲挈领，全面准确，简明扼要。

(2) 悬念式小结

教师结合微课教学内容，提出一些有启发性、趣味性的问题，以激发学生的求知欲望，调动学生学习的积极性，起到使学生达到“欲知后事如何，且听下回分解”的教学效果。

(3) 首尾呼应式小结

教师根据教学内容，将课堂小结设计为与课堂导入时设置的悬念遥相呼应，以激发学生的学习兴趣，强化记忆。

2.3 微课脚本设计

正式录制微课视频之前，需要根据微课的课题、教学设计、媒体设计等来构思微课的流程，并逐步细化，最终形成详细的脚本文稿，具体包括画面、解说词、字幕、配乐等。有了详细的脚本，制作微课时就可以按部就班地进行，这样不仅大大提高了制作效率，而且减少了制作过程中出错或者返工等情况的发生。本节主要介绍如何编写微课脚本，让制作微课的过程事半功倍。

2.3.1 编写微课脚本

好的微课脚本是完成一节优秀微课录制的前提保障，是教师录制优秀微课的基础，就像一部好的电影必须拥有一本精彩的剧本。

1. 微课脚本的特点

微课的脚本就相当于微课的“灵魂”，是一部好微课的基础，它具有下面两个特点。

- 语言简洁、通俗易懂。这样可以适合各种观看人群。
- 交互性强、情节波折。让观看的人具有比较持久的兴趣。

2. 微课脚本设计模板

微课脚本具有自己的话语体系和表达方式，如何达到最佳的表达效果，建议按照如下流程来编写：

其中的过程环节，可以细化为教学环节、讲解词、画面字幕、用时 4 个维度，这样可以更精准地把握教学时间与教学过程。

编写脚本时可以结合流程，运用 Word 文字处理软件直接进行编写。这里提供一个大致的微课设计模板，如表 2-5 所示，各学科可根据实际情况进行适当的增减。教师可以根据自己的需要和喜好设计不同的模板。

表 2-5 微课脚本设计模板

录制时间： 年 月 日 午　　　　微课时间：5～10 分钟

系列名称	
本微课名称	
知识点描述	
知识点来源	□学科： 年级： 教材： 章节： 页码： □不是教学教材知识，自定义：
基础知识	听本微课之前需了解的知识：

(续表)

教学类型	□讲授型 □问答型 □启发型 □讨论型 □演示型 □联系型 □实验型 □表演型 □自主学习型 □合作学习型 □探究学习型 □其他		
适用对象	学生：本微课是针对本学科平时成绩多少分的学生？ □40 分以下 □40～60 分 □60～80 分 □80～100 分 □100～120 分 □120～150 分 教师：□班主任 □幼儿教师 □普通任课教师 □其他 其他：□软件技术 □生活经验 □家教 □其他		
设计思路			
教学过程			
	内容	画面	时间
片头 (20 秒以内)	内容：你好，这个微课重点讲解…… (注：微课面对个体，不面对群体，用“你好”不用“大家好”)	第 至 张幻灯片	20 秒以内
正文讲解 (4 分 20 秒左右)	第一节内容：	第 至 张幻灯片	秒
	第二节内容：	第 至 张幻灯片	秒
	第三节内容：	第 至 张幻灯片	秒
结尾 (20 秒以内)	内容：感谢你认真听完这个微课，我的下一个微课将讲解…… (注：1. 微课的单位为“个”；2. 微课的真正意义以“系列微课”体现，结尾应宣传您的下一个微课)	第 至 张幻灯片	20 秒以内
教学反思 (自我评价)			

实例 1 微课“美妙的数学模型”的脚本设计

高中数学微课“美妙的数学模型”的脚本内容详尽，其中教师采用 Flash 动画更加形象地展现几何体，排除学生畏难的情绪，让学生在直观的环境下轻松地学习，如表 2-6 所示。

表 2-6 微课“美妙的数学模型”设计

录制时间：2015 年 1 月 1 日　　　　微课时间：5 分钟

微课名称	美妙的数学模型——一道提高探究能力的三视图好习题
知识点来源	学科：数学　年级：高一　教材：按照课程标准设计，适合各版本教材 章节：必修 2 第一章第 3 节(三视图)
基础知识	简单几何体的三视图，由三视图还原实物图
教学类型	探究答疑型
适用对象	学生：高一学生 教师：普通任课教师
设计思路	在学完组合体的三视图后，教材从逆向思维的角度将这两节内容进行了有机的结合，使学生认图、识图的空间想象能力有了一定的提高，但如何利用三视图和实物图解决问题，同学们还是感到困难，因此制作了本微课

教学过程

	内容	画面	时间
片头 (20 秒以内)	内容：你好，本节微课是“美妙的数学模型——一道提高探究能力的三视图好习题”	第 1 张幻灯片	20 秒以内
正文讲解 (4 分 20 秒左右)	1. 分析： 在学完三视图后，我们已具备一定的认图与识图能力，但是对于仅给出一些几何体的信息，探讨其三视图和实物图的问题还感到困难，下面我们进行具体分析	第 2 张幻灯片	30 秒以内
	2. 点拨： (1) 由题中的信息，三个面，我们可以理解成从三个角度看的投影； (2) 通过这三个投影的信息大致绘出几何体的图形	第 3 张幻灯片	2 分 10 秒以内
	3. 展示： 利用 Flash 动画展示几何体	第 4 张幻灯片	1 分以内
	4. 分析： (1) 由三视图还原实物图时要注意观察，想象图形与几何体之间的联系，一般来说，采用以下思路：①先选择两个图形想象出一个大概的几何体；②将这个几何体进行改造以满足第三个图形的要求； (2) 由简单几何体画三视图时要注意三个图形的位置及实线和虚线的用法	第 5 张幻灯片	1 分以内

教学过程

	内容	画面	时间
结尾 (20 秒以内)	点评：这道题曾经在教材中出现过，是一道好题，既能对所学知识进行整合，又可以提高学生空间想象能力及探究能力	第 6 张幻灯片	20 秒以内
教学反思 (自我评价)	学生学到三视图这一节时，学习内容已经有深度与难度了，对于不喜欢三视图的学生，我觉得关键要解除他们畏难的情绪。本节课设计了美妙的几何模型，精彩的动画展示，让学生在直观的环境下轻松地学习，效果非常好		

实例 2　微课“Writing about yourself”的脚本设计

初中英语微课“Writing about yourself”的脚本设计，体现了教师扎实的基本功，采用幽默的情景图片，让学习更轻松易懂，让学生想去学，同时渗透了有效的学习策略，让学生的写作变得更容易，如表 2-7 所示。

表 2-7　微课“Writing about yourself”的脚本设计

设计人：　　　　　　　　　　　　　　　　　　　　　　　　微课时间：5 分钟

<table>
<tr><td>系列名称</td><td colspan="3">初中英语书面表达系列指导 1</td></tr>
<tr><td>本微课名称</td><td colspan="3">Writing about yourself (为自己写一个简介)</td></tr>
<tr><td>知识点描述</td><td colspan="3">学生将知道选取什么词汇、用哪些句子结构、从哪几个方面来写一个简介来介绍自己</td></tr>
<tr><td>知识点来源</td><td colspan="3">学科：英语　　年级：初一　　教材：江苏牛津　　章节：7A　Unit 1</td></tr>
<tr><td>基础知识</td><td colspan="3">听本微课之前需了解的知识：小学英语毕业水平</td></tr>
<tr><td>教学类型</td><td colspan="3">启发型　　自主学习型</td></tr>
<tr><td>适用对象</td><td colspan="3">学生：本微课是针对本学科初一上学期学生
教师：普通任课教师</td></tr>
<tr><td>设计思路</td><td colspan="3">Main task 是对本单元所学知识的系统性呈现，要求学生使用一般现在时态以第一人称写一个简介来介绍自己。采用“基于系统设计的碎片化学习方式”这一模式，帮助学生更准确地把握知识与知识之间的关系，弄清知识结构；根据输入输出理论，写与说属于输出的过程，听与读属于输入的过程，要输出必然先有足够的输入，所以我采用先听读后写的教学策略，并且按程序进行了词、句、段落和篇章的准备</td></tr>
<tr><td colspan="4">教学过程</td></tr>
<tr><td></td><td>内容</td><td>画面</td><td>时间</td></tr>
<tr><td>片头
(20 秒以内)</td><td>您好，这节微课重点讲解如何写简介来介绍自己。
After listening to this microlecture, you will be able to use what you have learned to write a profile to introduce yourself.</td><td>第 1 张幻灯片</td><td>20 秒以内</td></tr>
<tr><td rowspan="4">正文讲解
(4 分 20 秒左右)</td><td>第一节内容：了解写作要点
听 Millie 的简介回答问题。
读 Daniel 的简介来总结写作要点。
Listen to Millie’s profile and answer some questions.
Read Daniel’s profile to summarize a few key points of writing about yourself.</td><td>第 2 至 4 张幻灯片</td><td>60 秒</td></tr>
<tr><td>第二节内容：明确写作步骤
1. 你的第一步是去做“大脑风暴”，把你知道的有关外貌、爱好和性格的单词尽可能多地列出来，然后选择几条你最喜欢的。
Your first step is to brainstorm words about your appearance, hobbies and character by making the lists as long as possible, and choose what you like best.</td><td rowspan="2">第 5 至 7 张幻灯片</td><td rowspan="2">70 秒</td></tr>
<tr><td>2. 你的第二步是要会用 3 种常用的句子结构造句。(主系表，主谓，主谓宾结构)
3. 你的第三步是要知道如何分段。
Your third step is to know how to divide your passage into several paragraphs.</td></tr>
<tr><td>第三节内容：实施写作
Have a try.</td><td>第 8 至 14 张幻灯片</td><td>120 秒以内</td></tr>
</table>

(续表)

教学过程			
	内容	画面	时间
结尾 (20 秒以内)	感谢您认真听完这个微课，我的下一个微课将讲解如何描写自己的一天. Thank you for listening to this microlecture, my next microlecture will teach you how to write a passage about your day.	第 15 张幻灯片	20 秒以内
教学小结	1. 选取写作这个让大多数学生觉得值得学的教学目标，始终围绕课程标准，借助于系统设计，帮助学生更准确地把握选词方式、句子结构，使写作学习变得更有意义； 2. 采用幽默的情景图片让学习更轻松易懂，让学生想去学； 3. 渗透了学习策略的指导，例如，词汇归类头脑风暴记忆法、句子结构等，让原本难度大的写作变得容易学		

2.3.2 脚本内容的技术实现

优秀的脚本设计完成后，如何完美呈现，需要依托“课件、语音、录制合成、艺术性”等技术标准。了解并依据这些标准，是设计并制作一节好微课的基础。

1. 课件制作标准

课件是录屏式微课制作的核心内容。好的课件是好微课的基础。在设计微课的课件时可以依据以下几项标准。当然除课件制作外，制作其他类型微课时，视频画面中涉及的字体、字号、颜色搭配也可以依据这一标准。

(1) 字号

课件中的字号可根据以下标准设置。

- 标题字号：主标题：60～80；附标题：20～40。
- 正文字号：40±6(特殊情况例外)。
- 突出字号：如果同页出现大小不同的字，反差控制在±20 以内，例如，小字号为 40，最大字号不得超出 60，防止反差过大。

(2) 字体

字体的设置一定要醒目，字体粗，看得清，不要乱用艺术字。

- 推荐：方正综艺体、黑体、方正超粗黑简体等。
- 少用：宋体、隶书、行书等。

(3) 颜色搭配

课件的模板与背景的颜色需与字体颜色对比鲜明。在搭配颜色时，可依据图 2-20 所示的搭配方案，这些颜色搭配模式，其可视度更为清晰，既美观又能突显文字。

配色样例	白底黑字	配色样例	黑底黄字
配色样例	黄底黑字	配色样例	黑底白字
配色样例	绿底白字	配色样例	黄底蓝字
配色样例	蓝底白字	配色样例	紫底白字

图 2-20 配色样例

2. 微课语言规范

微课要在短时间内吸引学生的注意力，快速

实现教学目标，这对教师的教学语言提出了更高的要求。教师的语言是支撑微课的核心因素，要做到通俗易懂，科学规范。

(1) 通俗易懂

教学讲解过程中，尽量运用口语化讲解，少用古板、枯燥的书面语，使讲解更通俗易懂。

(2) 科学规范

语言讲解的规范表现在两个方面。一是要注意发音标准、声音清晰、语速适当；二是对知识的阐述要科学严谨。

(3) 感染力强

如果教师的语言风趣幽默，声音洪亮，有节奏感，富有感染力，则更能吸引学习者。

3. 微课面画标准

(1) 图画与布局

微课视频画面可分为下面 3 种布局，风格尽可能统一。

- 画图版：以画为主，又可分为以下几种。绘本版：画中加字，画中套字，适合于经典故事；小人书版：字画分离，上图下字或上字下图，图画占 80%，字占 20%，适合于电影故事。同一页一般不出现两幅图。
- 文字版：以字为主。
- 字画版：以字为主，有图作点缀。
- 混合版：介于上述之间。

(2) 视频内容

微课视频内容要完整，一般包括微课的封面、封底及课程等基本内容。还有一些微课，制作更全面，包含了知识点清单、目录页等内容，可以让学习者在观看微课前就对内容有初步的认识。

- 微课封面：播放时长不超过 5 秒钟，用于呈现微课名称、主讲教师单位、姓名等信息。
- 微课封底：呈现微课作者的联系方式等信息，时间长度一般也在 5 秒钟内。
- 知识点清单：列出本微课所涉及的知识点，便于学习者在看微课前就能对微课内容有初步的了解。
- 微课目录：主要呈现微课教学的目录，提供交互式菜单按钮，学习时可以根据需求自主选择相应的内容学习。

4. 视频录制标准

制作微课时，可以采用数码设备拍摄、录屏软件录制、软件合成、混合制作等不同方式。采用不同方法制作时，其在技术参数设置上也会略有不同。具体的视频录制标准参见第 1 章第 3 节内容。

5. 艺术性标准

微课作为在线教学视频，也需要满足在线学习者为达到学习目标、完成学习任务的积极情感体验。尤其是现今信息时代，数字化教育资源已颇为丰富，要提高微课的应用程度，必然要从学习者的角度出发，提高重视可用性设计的意识。

(1) 情境艺术

微课教学中可以巧妙设计情景性的教学活动，为学习者创设良好的学习情境。例如，在“灰姑娘”微课开始时，作者精心选用了几幅美国电影动画片《灰姑娘》中的经典彩色插图，加上一段轻松的背景音乐，构建一个给学习者的视觉、听觉带来唯美效果的童话情境，引人入胜，并为下文提问与讲解作铺垫。

(2) 排版艺术

微课课件也要注重画面的艺术性，提高微课的视觉效果。在 PowerPoint 课件中注意动静结合、图文并茂、字体和字号搭配、颜色搭配，以及字行、段距错落有致等原则与要求，会让课件更精美，更能吸引学习者的注意力，激发观看的兴趣。

(3) 语言艺术

微课教学中要注重教师讲解的专业性和艺术性，结合教学需要，选择适当的讲解节奏，语速流利，尽量避免出现口头禅。运用语言艺术来增强微课的艺术性，吸引学习者。

2.4 小结和习题

2.4.1 本章小结

本章是第一章的延续，阐述微课的基础概念和设计理念，进一步帮助学习者理解微课的内涵。具体的学习内容包括如何选题，规划一节好的微课；如何撰写教学设计和微课脚本；以及分析制作视频、课件等微课资源的技术参数。

- **微课初步规划**：重点分析选题的目的、意义，帮助学习者了解微课选题时需要考虑的因素。
- **微课教学设计**：介绍常见的微课教学类型，以及教学流程结构，并通过案例具体说明微课导入、小结、练习等环节的处理方法。
- **微课脚本设计**：重点分析微课脚本的作用及脚本的书写方法，并针对不同的制作方法，强调课件及微视频制作过程中的技术要求。

2.4.2 强化练习

一、选择题

1. 微课资源包除微视频外，还应包含相关的(　　)。

   A. 素材、课件及其源文件　　B. 教学设计、自主学习任务单

   C. 教学反思、练习测试及学生反馈　　D. 以上都包括

2. 优秀的微课应该满足(　　)。

   A. 在视频中嵌套大量的习题　　B. 内容尽可能发散

C. 有趣，能够引起学习的好奇心和兴趣　　D. 表现单一

3. 微课选题要小而精，可以围绕(　　)方面进行选题。

A. 易错点　　B. 重难点　　C. 考点　　D. 以上都包括

4. (　　)类型的微课适用于教师在课堂教学时，把实物或直观教具展示给学生，或做示范性实验。

A. 练习法　　B. 演示法　　C. 讲授法　　D. 讨论法

5. 在进行微课的选题时要注意(　　)。

A. 一节微课通常只讲一个知识点或典型问题　　B. 该知识点要足够“微”

C. 能够解决学习者的实际问题　　D. 以上都要注意

二、判断题

1. 微课非常适合碎片化学习。　　(　　)

2. 微课区别于课堂实录的主要特征是以学习者为中心，聚焦学习内容，并且满足学习者个性化学习的美好体验。　　(　　)

3. 只要掌握先进的信息技术就可以制作一节好的微课。　　(　　)

4. 微课切忌静态画面太多，停留太久。　　(　　)

5. 微视频应遵循音画同步、视听一致原则，切忌画面与语音讲解不匹配，视听互相干扰。　　(　　)

三、问答题

1. 微课教学流程常见的结构有哪些？请举例说明。

2. 微课选题应遵循的原则有哪些？

3. 如何理解微课脚本在微课制作过程中的作用？请根据自己的选题设计微课脚本。

第 3 章

微课制作准备

制作微课的目的是为学生提供充分的学习资源，要求在较短的时间内以清晰明了的形式讲解一个知识点、考点或实验等。因此，在选题、设计和编写脚本后，一般要根据脚本确定微课的制作思路和制作方式，要根据录制需要准备相应的硬件设备、教学素材等，为高效地录制出符合学生需求的高质量微课做准备。

本章内容

- 选择微课制作方式
- 准备微课制作环境
- 准备微课制作素材

3.1 选择微课制作方式

制作微课时，要针对不同的微课主题，选取一种或多种合适的教学方法，再根据教学方法选择合适的制作方式，恰当运用信息技术手段制作微课，达到帮助学生自主学习的目的。制作微课前，要明确微课的制作思路和方式，常见的微课制作方式有拍摄型、录屏型和混合型。

3.1.1 拍摄型微课

拍摄型微课，以拍摄知识点的教学过程为主要制作方式。使用拍摄工具制作微课，是最常用、最普遍的微课制作方式之一。在实际操作过程中要根据制作环境、拍摄工具、知识点内容等因素确定制作方式。

1. 板书+DV 摄像机方式

讲授某个知识点内容时，需要结合屏幕展示、板书、教学及实验操作的过程，如图 3-1 所示分别为在实验室和利用黑板在教室拍摄制作微课时的场景图。

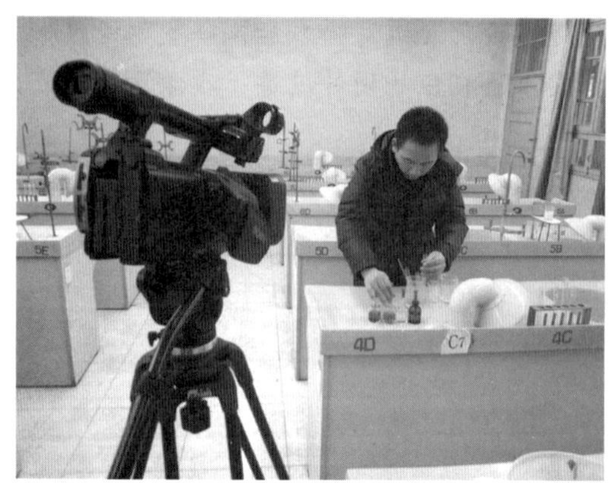

图 3-1 用摄像机拍摄微课场景图

需要准备的硬件有录像机、固定支架、白板或黑板、粉笔、教学课件及其他教学演示工具等，如图 3-2 所示。

2. 白纸+手机方式

通过验算、书写，结合讲解完成的教学过程，可以用摄像机或手机将整个教学过程拍摄下来，如图 3-3 所示为利用手机拍摄制作微课“尺规作图法”时的场景图。

图 3-2　DV 拍摄微课需要准备的设备

图 3-3　手机拍摄微课“尺规作图法”时的场景图

手机拍摄方式相对比较简单，需准备的物品主要有手机、支架、白纸和其他教具，如图 3-4 所示。

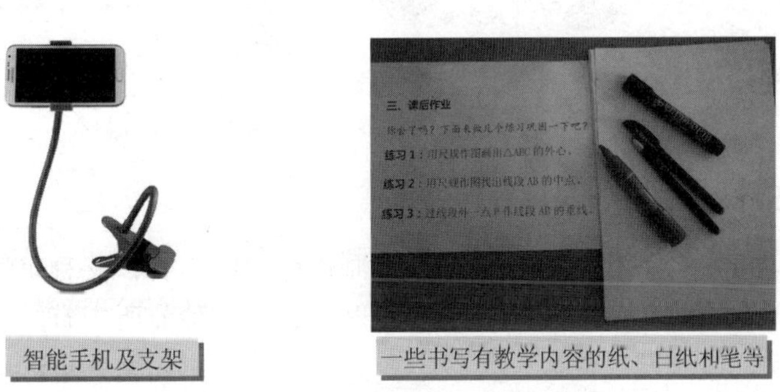

图 3-4　手机拍摄微课需要准备的物品

随着科技的发展，智能手机录制的视频效果也越来越好。用智能手机拍摄时，为保证画面平稳，最好用支架固定手机，远离强光刺激，不背光，适当打光，确保光线充足。

3.1.2　录屏型微课

录屏型微课是在教学知识点时，通过录屏软件等手段录制计算机屏幕信息，以此来记录知识点的教学过程。录屏型微课常见的制作方式有 PowerPoint 课件+录屏软件、手写板+SmoothDraw+录屏软件(可汗学院式)等。

1. PowerPoint 课件+录屏软件方式

PowerPoint 课件录屏型微课制作，首先要根据选定的教学主题搜集和加工素材，制作成课件，然后戴好耳麦，调整好麦克风的位置和音量，接着启动录屏软件，播放教学课件，执教者对照课件进行讲解，完成微课录制，如图 3-5 所示。

图 3-5　PowerPoint 课件+录屏软件制作微课场景图

该方式需要准备的软件和硬件有计算机、录屏软件、麦克风或带麦克风的耳机、教学课件等，如图 3-6 所示。

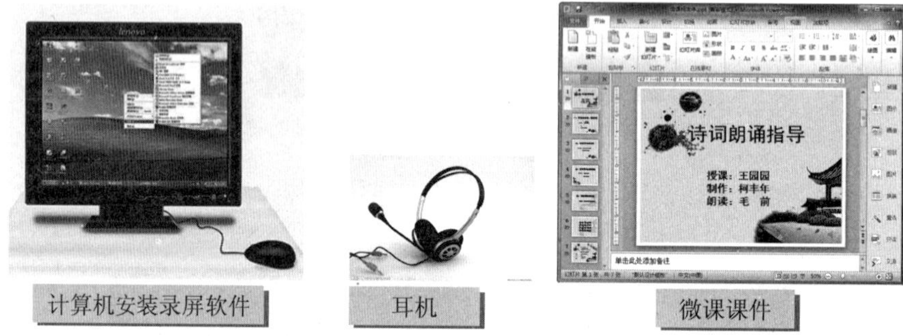

图 3-6　PowerPoint 课件录屏型微课需要准备的器材

2. 手写板+ SmoothDraw+录屏软件方式

手写板+SmoothDraw(画图软件)+录屏软件制作微课的模式，又称可汗学院型微课制作模式。哈佛大学毕业的萨尔曼·可汗在衣帽间里创造了一种前所未有的教育方式：用视频设备录制教学视频，放到网上供人们免费学习。在他的衣帽间里，可汗用耳麦、桌面录像软件 Camtasia Studio、手写板及绘图软件 SmoothDraw 录制了 4000 多个教学视频并放在网上。其录制场景如图 3-7 所示。

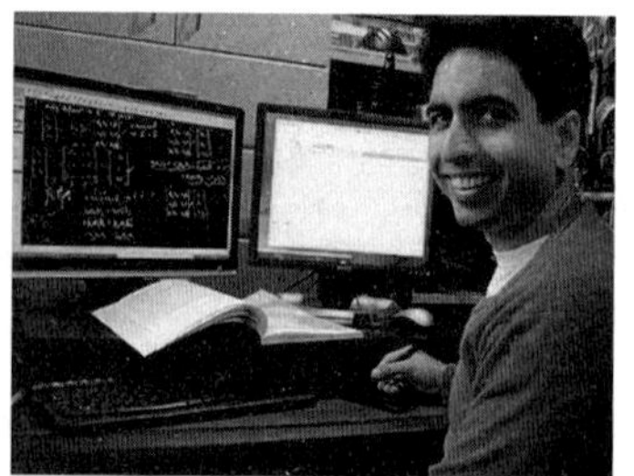

图 3-7　可汗学院模式录制微课场景图

由此可见，此种录屏型微课需要准备的器材和软件有计算机、录屏软件、带话筒的耳麦、手写板、绘图软件等，如图 3-8 所示。

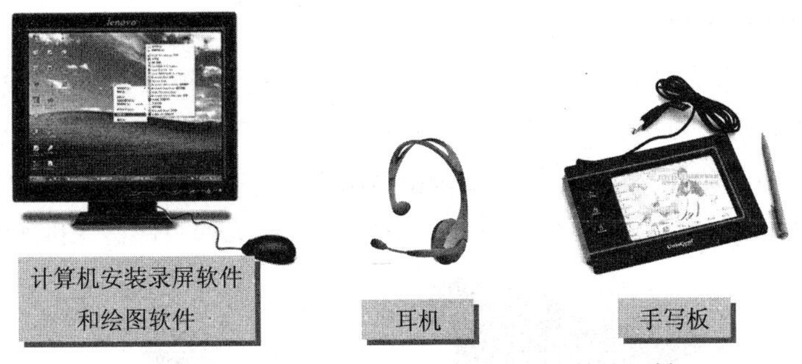

图 3-8　可汗学院式录屏型微课需要准备的器材

录屏型微课要充分利用鼠标或手写板的拖、点，配合解说，并适当使用画笔功能；知识点、题目等讲解要通俗易懂；声音要响亮，节奏感要强。

3.1.3　混合型微课

混合型微课，即综合使用拍摄和录屏等手段制作的微课，如在制作实验型微课时，讲解实验理论时可采用边放课件边录屏方式制作，教师演示操作时可采用拍摄方式制作。

实验型微课一般针对教学实验进行设计、操作与演示。例如，人教版高中《物理》选修 3-1“3.4 磁场对通电导线的作用力”一节中，在讲解“通电线圈在磁场中转动”知识点时，宜拍摄实验型微课，让学生直观地感受线圈在磁场中的受力条件，其微课效果如图 3-9 所示。

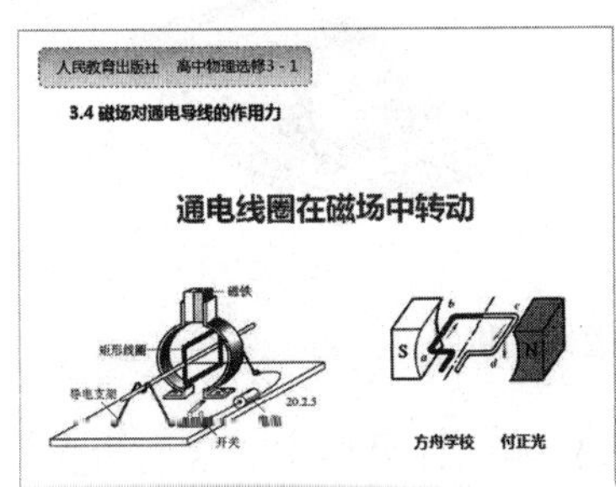

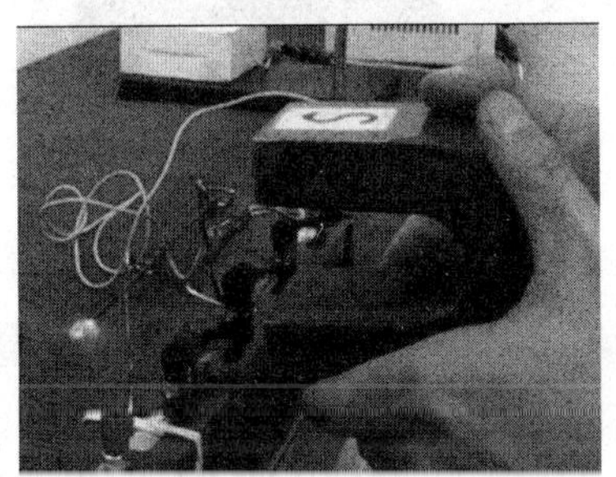

图 3-9　微课“通电线圈在磁场中转动”效果图

3.2　准备微课制作环境

制作微课时，前期的素材准备、处理，后期的微课制作与发布，都需要一定的硬件环境和软件环境作支撑。不同的制作方式，需要的硬件制作环境也不同，良好的硬件和软件环境可以大大提高制作效率。

3.2.1　硬件环境

微课所需的文本、图像、声音、视频等素材的采集和处理需要硬件支持，常用的硬件包括计算机、数码相机、摄像机、扫描仪、U 盘和移动硬盘、麦克风等设备。

1. 前期制作硬件准备

微课制作前期素材的采集需要一定的硬件支持，特别是视频、声音素材的采集需特定的设备来完成(如数码摄像机、数码相机、话筒、耳机、扫描仪等)。

- 数码摄像机。数码摄像机是制作拍摄型微课必不可少的设备。用数码摄像机录制教学视频，导入计算机后就可以用软件进行编辑了。常见的数码摄像机如图 3-10 所示。

图 3-10　数码摄像机

- 数码相机。当微课需要一些实景图片时，可以用数码相机拍摄下来，然后导入计算机中，等待后期加工处理。常见的数码相机如图 3-11 所示。

图 3-11　数码相机

- 麦克风。教师精彩的讲解需要通过麦克风传输到计算机中。常见的麦克风如图 3-12 所示。

图 3-12　耳机和麦克风

- 扫描仪。用扫描仪可以获取照片、课文的插图、报刊图片、手绘图画、邮票、杂志封面、实物图像、课文中的文字等，然后输入到课件中。常见的扫描仪如图 3-13 所示。

图 3-13　扫描仪

- 移动硬盘和 U 盘。在微课制作过程中，用 U 盘或者移动硬盘可以很方便地携带素材资料。U 盘和移动硬盘(如图 3-14 所示)都是一种移动存储产品，一般通过 USB 接口与计算机连接，实现即插即用，具有容量大、传输速度快、使用方便、存储可靠性高等特点。

图 3-14　移动硬盘和 U 盘

2. 后期制作硬件

微课的后期制作主要使用计算机(如图 3-15 所示)来进行文本、图像、声音、视频素材的加工和处理。计算机是微课制作中最基础的设备，其性能的优劣，将直接影响到微课课件和微课制作的效率，特别是微课后期进行视频处理时，视频处理的速度依赖计算机的性能。

图 3-15　常见计算机

3.2.2　软件环境

通过硬件设备采集文字、图片、声音、视频等素材后，需要相应的文字处理、图像处理、声音处理、视频处理、课件制作等软件来加工处理、合成。微课制作过程中涉及的常用软件如表 3-1 所示。

表 3-1　微课制作涉及的常用软件

软 件 名 称	软件主要功能
Word；WPS	文字处理软件
Photoshop；光影魔术手	图像处理软件
GoldWave；Cool Edit	声音处理软件
绘声绘影；Camtasia Studio	视频处理软件
Flash；3D Max；Authorware	动画制作软件
PowerPoint；几何画板；101 教育 PPT	课件制作软件
格式工厂	格式转换工具
维棠；硕鼠	视频下载工具

3.3　准备微课制作素材

制作微课前，应根据规划搜集微课和微课课件所需的文本、图像(图形)、声音、视频等素材。收集的各种素材要先进行一定的加工处理，以满足微课和微课课件的要求。

3.3.1　获取与加工文本素材

在制作微课课件时，各种标题、概念、计算公式、命题、说明等内容，都需要用文本来进行描述和表达。通过键盘录入、网络下载等手段获取文字素材后，需要对文字素材进行加工处理以满足微课及微课课件的需要。

实例 1　网上获取文字

网上有很多教学所需要的文本素材，可保存下来插入到课件中。微课课件“咬文嚼字”对应人教版高中《语文》必修五中的内容。本例主要介绍从网上复制文字到课件中的方法，课件效果如图 3-16 所示。

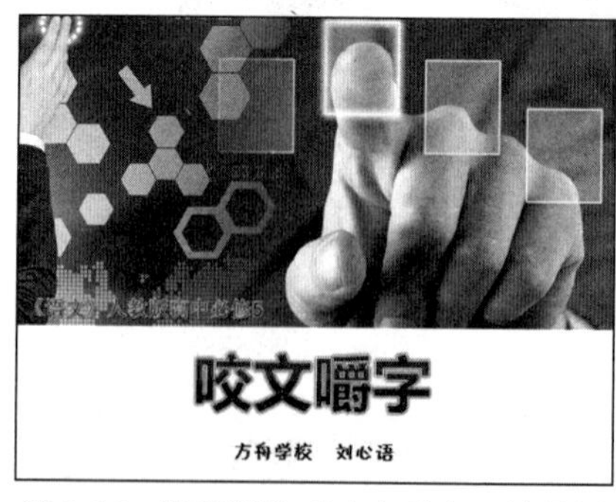

图 3-16　微课课件“咬文嚼字”效果图

要实现该课件的效果，可先打开网页，选择所需要复制的文字，再打开课件，将复制的文字粘贴到课件中。

跟我学

1. **复制文字**　打开 IE 浏览器，浏览网页，按图 3-17 所示操作，选中并复制文字。

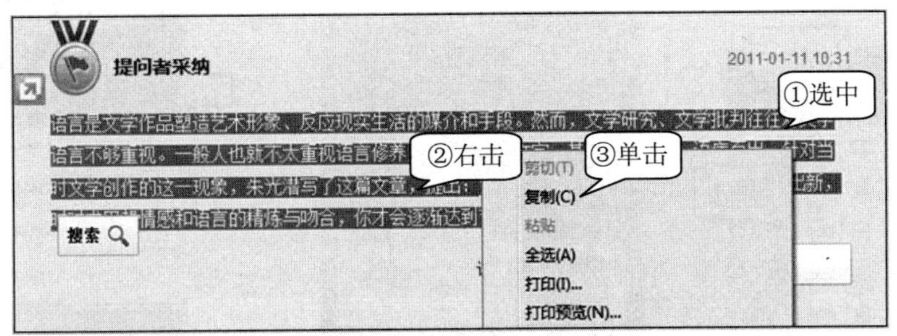

图 3-17　复制文字

2. **粘贴文字**　打开课件“咬文嚼字(初).pptx”，切换到第 2 张幻灯片，按图 3-18 所示操作，先粘贴复制的文字，再设置字体格式。

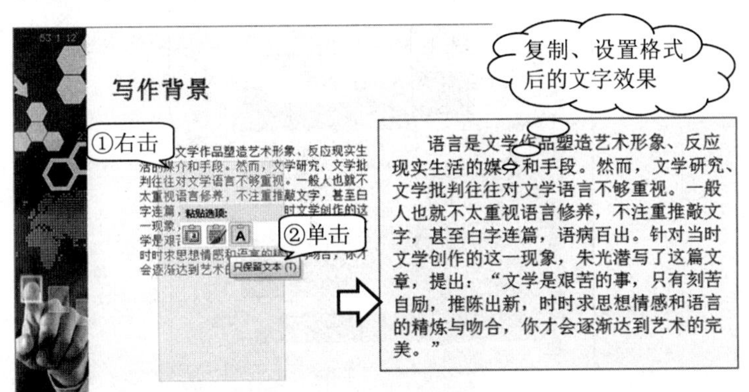

图 3-18　粘贴文字

实例 2　手机 QQ 软件扫描获取文字

当需要教科书中的文字内容时，可以先通过网络查找的方式查询，若查询不到所需的文字素材，还可以通过手机 QQ 软件获取书中的文本素材，这样可以节约大量的时间。

本例为通过手机 QQ 软件直接扫描获取人教版高中语文必修一的《荷塘月色》课文内容。

跟我学

1. **选择命令**　在智能手机上登录 QQ，按图 3-19 所示操作，选择“扫一扫”命令。
2. **发送文字**　将智能手机的镜头对准课本页面，按图3-20 所示操作，拍照提取文本素材后，发送给好友“我的电脑”。
3. **复制文本**　在计算机上登录相同账号的 QQ，按图 3-21 所示操作，复制文本素材后，粘贴到 Word 文档中保存即可。

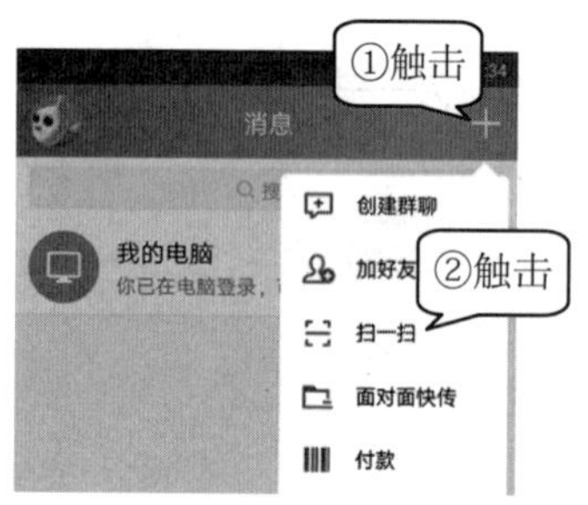

图 3-19　选择命令

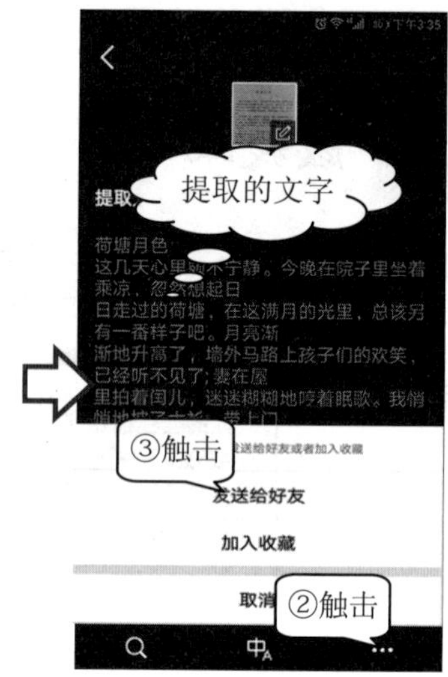

图 3-20　选择命令

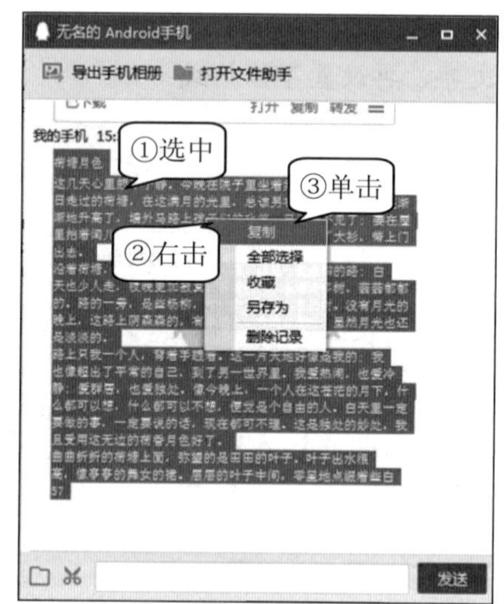

图 3-21　复制文本

知识库

1. 语音输入文本

输入大量汉字时，为了提高效率可以采用语音输入，下载、安装“讯飞语音输入法”软件后，连接好话筒，按图 3-22 所示操作，在说话的同时即可生成文字。

图 3-22　语音输入文本

2. 手写输入文本

输入汉字时，遇到不认识的字，可以用手写输入的方式进行输入，常见的输入法软件都支持手写输入，如图 3-23 所示为在 QQ 输入法中实现手写输入。

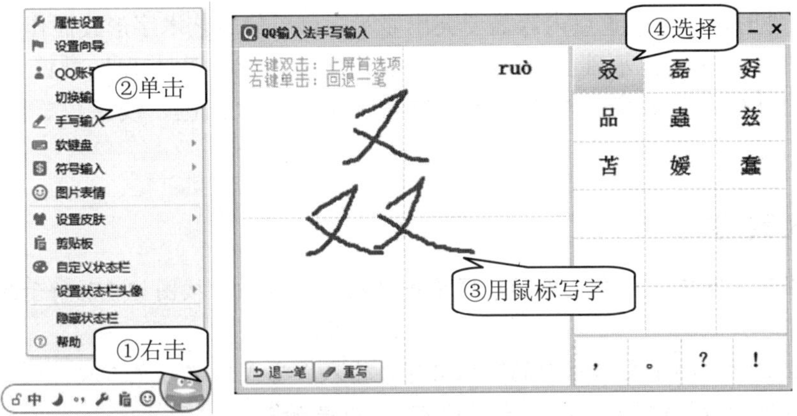

图 3-23　手写输入文本

实例 3　设置文字格式

文字格式设置是微课制作时最基本的操作，包括字体、字号、字形、颜色、段落、样式等。

本例是新人教版八年级《数学》课件“公式法解一元二次方程”内容，在制作微课课件封面时，需要添加教材的版本信息。封面效果如图 3-24 所示。

图 3-24　课件“公式法解一元二次方程”封面效果图

本实例的知识点就是在 PowerPoint 2016 软件中通过插入文本框，输入教材版本信息，并进行字体、字号、颜色及段落格式设置。

跟我学

1. **插入标题文本框**　运行 PowerPoint 软件，选择“插入”→“文本框”→“水平”命令，插入水平文本框，在文本框中输入文字，效果如图 3-25 所示。
2. **设置文字格式**　按图 3-26 所示操作，设置标题的文字格式。

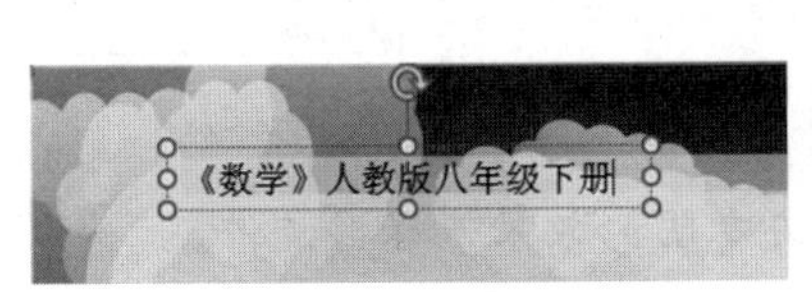

图 3-25　插入标题文本框

图 3-26　设置文字格式

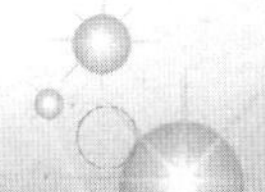

3. **调整文本框位置** 将鼠标指针移到文本框边缘，指针变成✥形状后，拖动文本框到合适位置，保存文件。

实例4 设置艺术字填充

制作课件时，课题或重点内容需要突出显示，可以使用艺术字形式制作。

本实例在实例3的基础上继续制作“公式法解一元二次方程”微课课件的封面。知识点是通过插入艺术字来修饰课题，并对艺术字的填充色、线条色、阴影效果进行设置。

跟我学

1. **选择艺术字样式** 在菜单功能区单击“插入”按钮，按图3-27所示操作，选择艺术字样式。
2. **添加文字** 删除文本框中的默认文字，输入“公式法解一元二次方程”文字，设置字体为“微软雅黑”，字号为“48磅”，效果如图3-28所示。

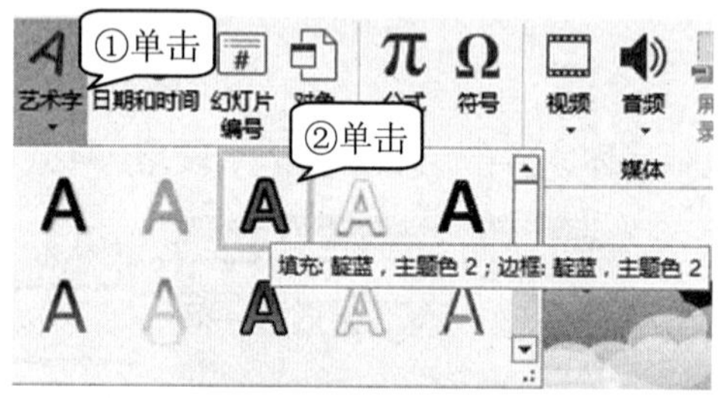

图3-27 选择艺术字样式

公式法解一元二次方程

图3-28 艺术字插入后效果

3. **修改填充色** 继续保持艺术字被选定状态，按图3-29所示操作，修改文字的填充色为“蓝色”。
4. **修改线条色** 按图3-30所示操作，修改线条颜色为“白色，背景1，深色15%”。

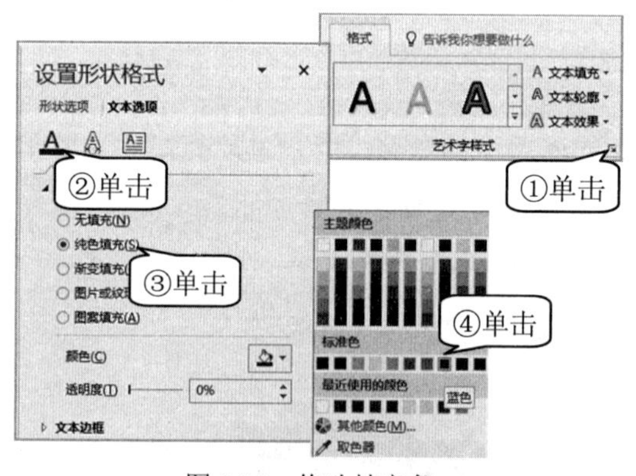

图3-29 修改填充色

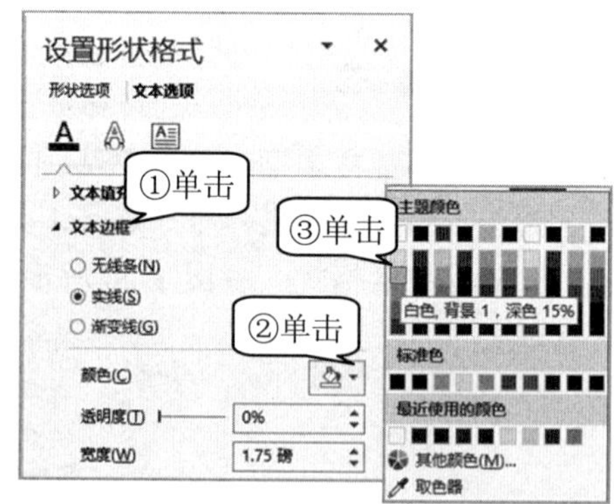

图3-30 修改线条色

5. **设置阴影效果** 按图3-31所示操作，设置艺术字文本阴影效果，保存文件。

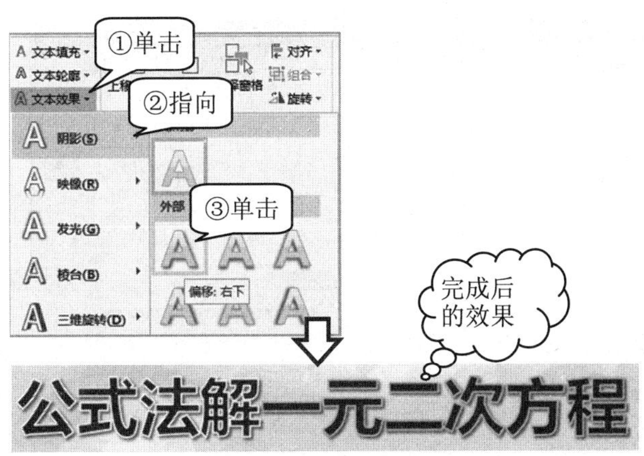

图 3-31　设置阴影效果

实例 5　新字体下载和载入

设置文字格式，离不开字体的设置，系统自带的字体较少，有时满足不了个性化设置的需求，可以从网上查找需要的字体。

本实例的知识点是通过百度搜索方正字体库字体，然后复制字体文件到系统的“C:\\Windows\Fonts”文件夹中，完成新字体载入的。

跟我学

1. **搜索字体**　打开浏览器，在百度上搜索字体，选择需要的字体下载即可，搜索方法按图 3-32 所示操作。

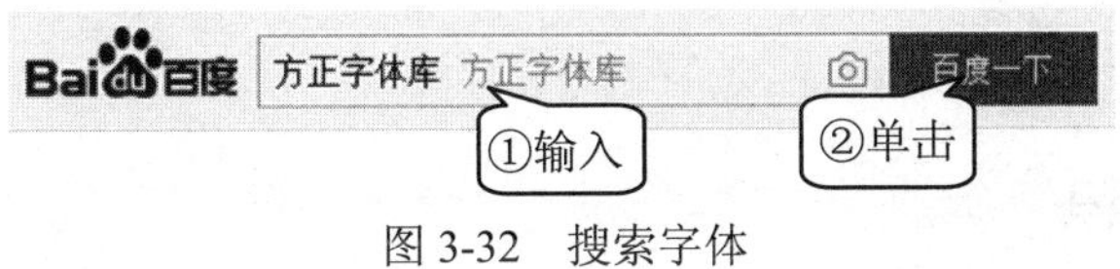

图 3-32　搜索字体

2. **复制字体文件**　找到下载的压缩文件，按图 3-33 所示操作，解压缩后，选中字体文件，复制字体文件。

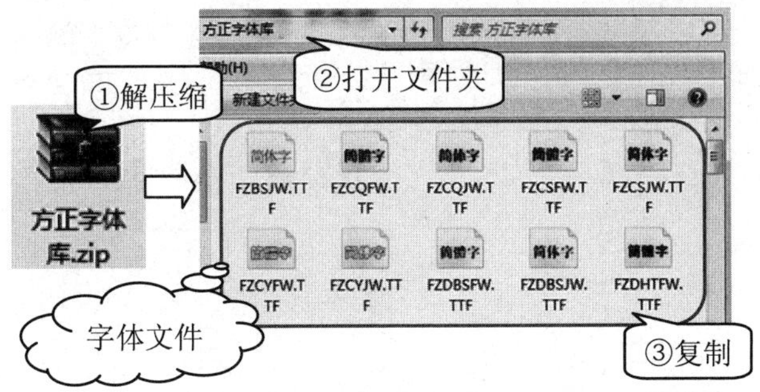

图 3-33　复制字体文件

3. **载入字体**　按图 3-34 所示操作，载入新字体到系统中。

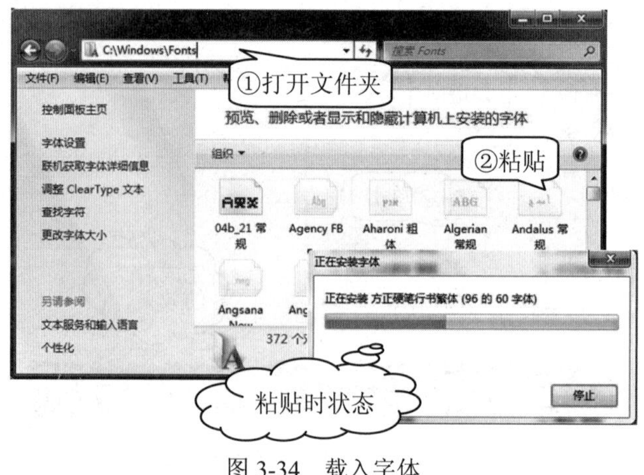

图 3-34　载入字体

4. 查看新字体　打开 Word 软件，按图 3-35 所示操作，查看新字体效果。

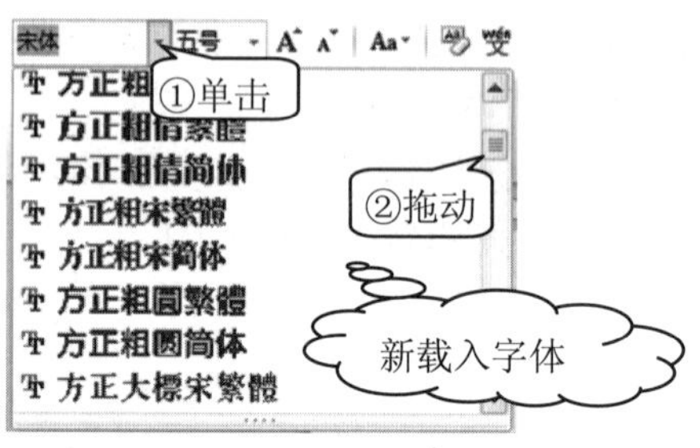

图 3-35　查看新字体

知识库

1. 清除艺术字格式

在 PowerPoint 2016 中，通过执行“清除艺术字”命令后，艺术字可转换为一般文字。单击“绘图工具”选项的 格式 按钮，选择“艺术字样式”组，按图 3-36 所示操作。

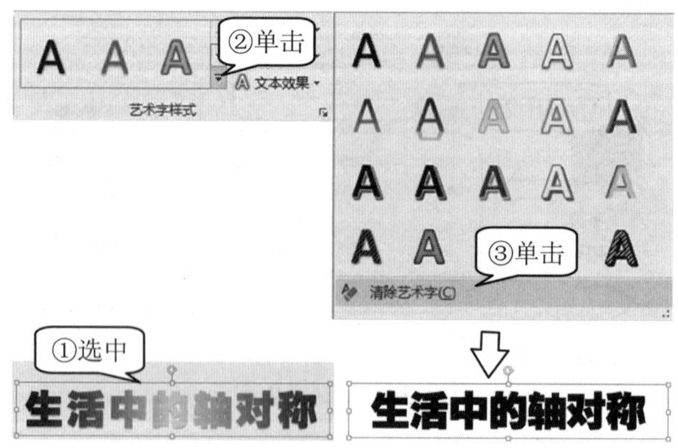

图 3-36　清除艺术字格式

2. 美化一般文字

一般文字通过设置和美化，也能具有“艺术字”的效果，例如先对一般文字设置艺术字样式，再通过“艺术字样式”→“文本效果”→“转换”→“上弯弧”命令设置，效果如图 3-37 所示。

设计遮阳棚 ⇨ 设计遮阳棚

图 3-37　美化一般文字

3.3.2　获取与加工图像素材

图形、图像是制作微课课件必不可少的素材，如背景、人物、界面、按钮等。而且图形和图像是学习者非常容易接受的信息，一幅图可以胜过千言万语，能形象、生动、直观地表现出大量的信息，帮助学习者理解知识，比枯燥的文字更能吸引读者。

实例 6　网上搜索图片

互联网是一个资源的宝库，从中可以得到很多有用的图像，用于制作课件。既可以从专门的图像网站上下载图像，也可以到与课件制作内容相关的网站上去查找。本例以制作五年级下册《美术》第 1 课“人民艺术家齐白石”课件为例，学习通过从网上搜索齐白石的作品图片。

本实例的知识点是打开“百度图片”(http://image.baidu.com)网站，然后搜索相关图片，并且保存。

跟我学

1. **搜索图片**　打开浏览器，进入“百度图片”(http://image.baidu.com)网站，按图 3-38 所示操作，搜索“齐白石作品”相关的图片。

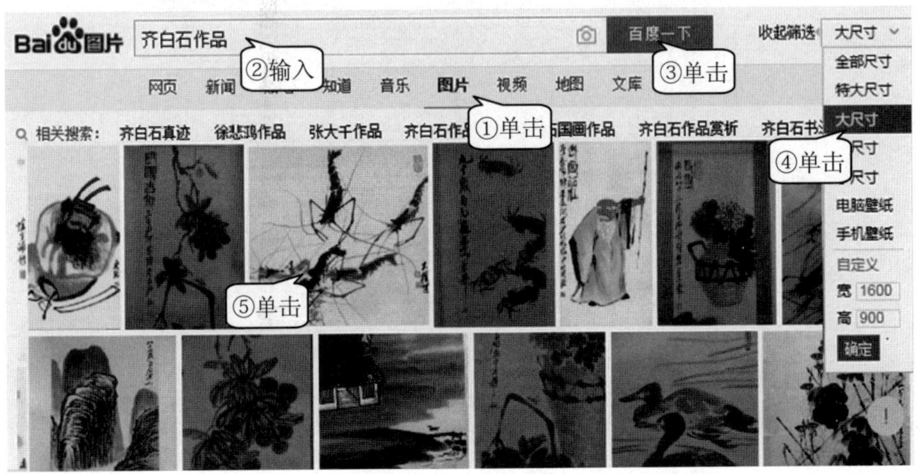

图 3-38　搜索图片

下载图片时，为了获取清晰的图片，选择尺寸稍大的图片，有利于提升课件的整体效果。

2. 保存图片 在搜索到的图片上右击，按图 3-39 所示操作，保存图片。

图 3-39　保存图片

实例 7　截取图片

有些软件(如现成的课件、教学光盘)在运行时，屏幕上会出现一些让人感兴趣的画面，可使用专用的截图软件将其截取下来，其中最常用的截图软件是 Snagit，该软件可截取整个屏幕、窗口，甚至是不规则窗口。本例从课件中获取到的图片效果如图 3-40 所示。

图 3-40　屏幕截取的图片

捕获图片时，需要先打开课件。当运行到所需要的图片时，停止运行，再按捕获键获取图片。

跟我学

1. **运行软件** 搜索、下载、运行 Snagit 软件。
2. **配置文件** 按图 3-41 所示操作，配置文件，准备捕获图像。
3. **开始捕获** 打开视频，当出现需要的画面时，按 Print Screen 键，在所需的画面上拖动出一个矩形框，松开鼠标，出现如图 3-42 所示的 Snagit 编辑器。

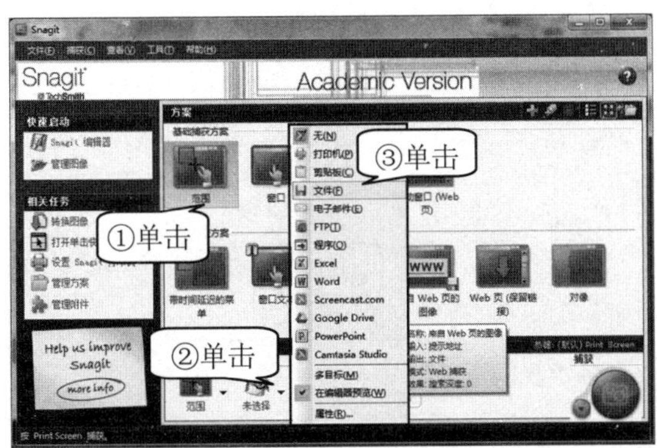

图 3-41 设置捕获选项

图 3-42 截取并编辑图像

4. **保存图片** 单击按钮，打开“另存为”对话框，选择保存位置并输入文件名，单击 保存(S) 按钮，将截取的图像保存为文件。

运行 QQ 软件后，可以按 Ctrl+Alt+A 键截图，直接粘贴到 PowerPoint 课件中，也可以粘贴到聊天框中，另存到计算机中。

实例 8 手机拍摄通过 QQ 导入

随着科技的发展和智能手机的普及，手机的拍照效果越来越好，人们已经习惯随时用手机进行拍摄。手机中的照片除用数据线导入到计算机外，还可以使用 QQ 软件把照片发送到计算机。

本例是把手机拍摄的图像素材，通过 QQ 软件功能导入到计算机。

跟我学

1. **拍摄照片** 按图 3-43 所示操作，用手机拍摄与微课主题相关的照片。
2. **选择接收设备** 运行手机中 QQ 软件，登录 QQ 账号，按图 3-44 所示操作，选择接收设备为“我的电脑”。

图 3-43 手机拍摄照片

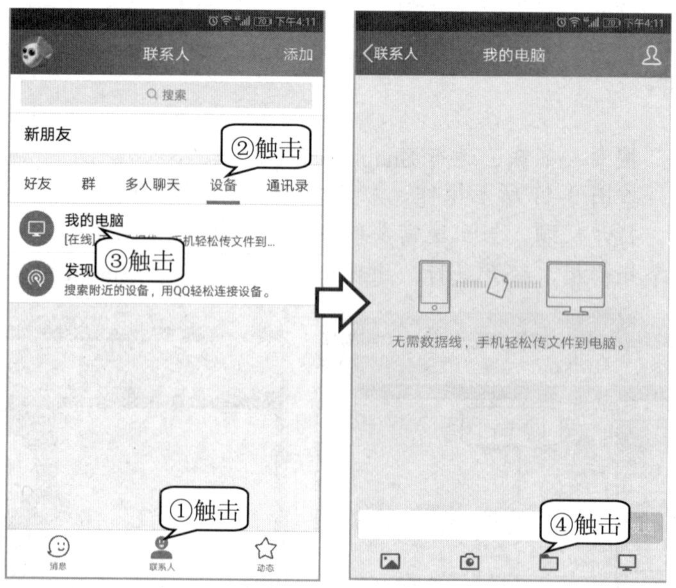

图 3-44　选择接收设备“我的电脑”

3. **发送照片**　按图 3-45 所示操作，发送手机中的照片。

图 3-45　发送手机照片

4. **查看照片**　在计算机中运行 QQ 软件，登录相同账号，在弹出的窗口中，按图3-46 所示操作，打开照片所在的文件夹，查看照片。

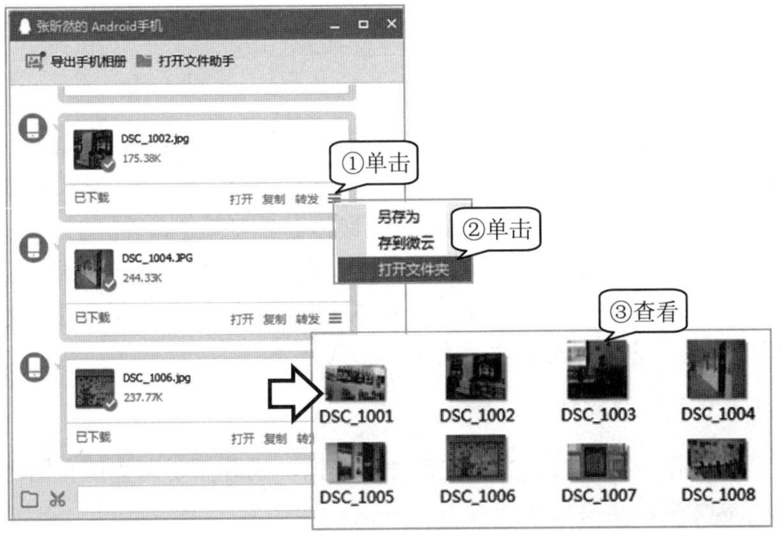

图 3-46　查看照片

5. **分类存放**　查找图像，并剪切到“图片素材”文件夹中。

知识库

1. 扫描图像

在书或报纸杂志中，有课件所需要用到的图片，可以通过扫描仪将图像扫描下来，存储在计算机中作为课件素材。在扫描图片时，先将书本中含有图片的一页放进扫描仪，然后打开扫描软件进行扫描。扫描完成后，自动生成一张图片文件。

- **打开扫描仪**　根据说明书，连接扫描仪到计算机，并打开扫描仪开关。
- **扫描图片**　打开扫描软件，按图 3-47 所示操作，扫描图片。

图 3-47　扫描图片

- **生成图片** 经过扫描之后，在指定的文件夹下产生一个相应的图片文件。

2. 使用 Print Screen 键截图

用键盘上的 Print Screen 键，可以截取屏幕图像。当按下该键时，系统会自动将截取的图像保存到剪切板中，粘贴后即可进行编辑。

- **抓取全屏** 直接按一下 Print Screen 键，即抓取全部屏幕图像。
- **抓取当前窗口** 按住 Alt + Print Screen 键，截取当前的活动窗口图像。
- **抓取菜单** 打开需要截取的菜单后，按下 Print Screen 键，粘贴到指定的软件后，删除不需要的部分，保留需要的部分。

实例 9 批量更改图像尺寸

在日常工作和生活中，有时需要指定尺寸的图像，或者需要调整现有图像的尺寸，利用“美图秀秀”软件可以修改尺寸。

本例内容是人教版二年级《语文》课件“黄山奇石”内容，为了利用网上下载的黄山风景图片素材，用“美图秀秀”软件的批处理功能，将素材文件夹中的所有图片批量更改图像尺寸为 800×600。

跟我学

1. **选择批量处理** 运行“美图秀秀”软件，选择“批量处理”。
2. **添加目标文件夹** 按图 3-48 所示操作，添加目标文件夹。

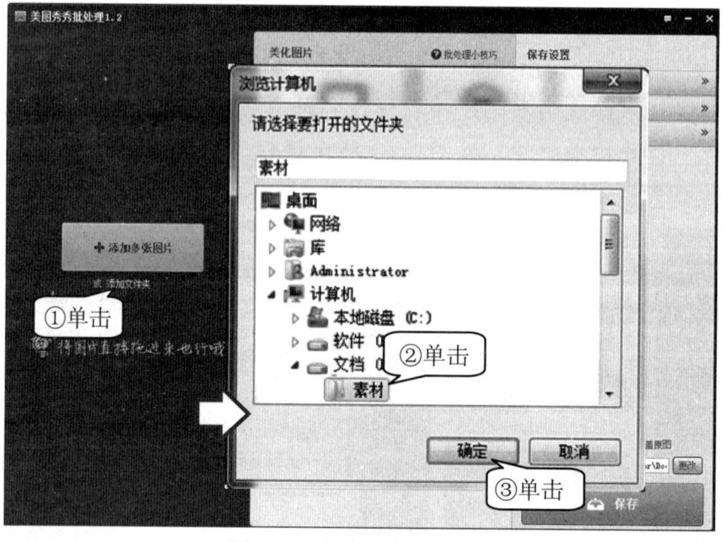

图 3-48 添加目标文件夹

3. **设置修改尺寸参数** 按图 3-49 所示操作，设置批量调整尺寸参数。

图 3-49　设置修改尺寸参数

4. **查看效果**　按图 3-50 所示操作，查看批量修改图像尺寸后的效果。

图 3-50　查看修改尺寸效果

实例 10　调整图像亮度与对比度

有时，素材库中扫描的图像过暗，以至于看不清图像上的内容；有时过亮，使图像的对比度下降，同样看不清图像上的内容。对于这些图像，在制作课件前要进行调整，从而满足课件制作的要求。

如图 3-51 所示为亮度和对比度调整前后的效果对比。

图 3-51　亮度和对比度不同的图像对比

跟我学

1. **选择文件** 运行“美图秀秀”软件，找到并打开素材文件“广播操.jpg”。
2. **调整图片** 按图 3-52 所示操作，调整图像的亮度和对比度。

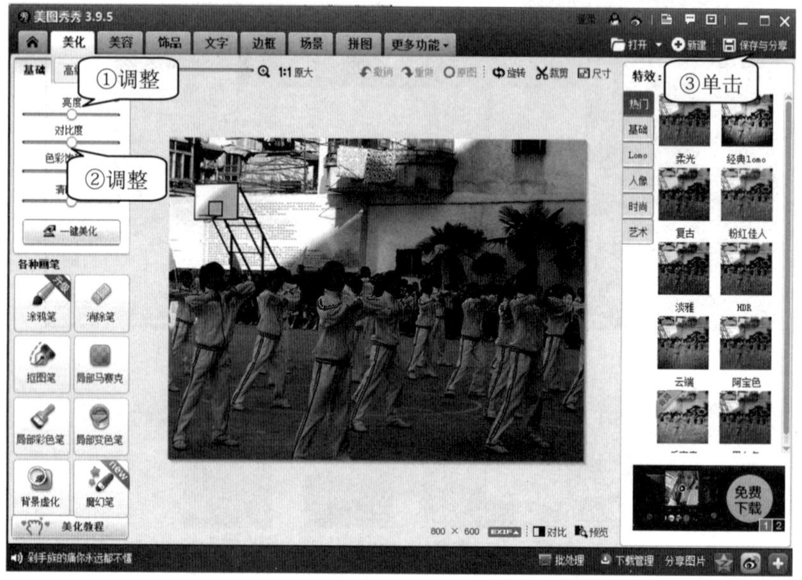

图 3-52 调整图片

3. **保存图片** 亮度和对比度调整好后，在右上角单击“保存与分享”按钮，自动生成新文件“广播操_副本.jpg”，如图 3-53 所示。

图 3-53 保存图片

实例 11 去除干扰元素

准备的素材图像中或多或少有些干扰元素，如网上下载的很多图片都有水印，拍摄的照片中抢镜的人物等，使用图像处理软件可以轻松去除这些干扰元素。

如图 3-54 所示的黄山风景素材图片，左图左下角有很明显的水印，右图所示为使用 Photoshop CS6 软件处理后的效果。

图 3-54 去除水印前后效果对比图

跟我学

1. 打开图片 打开 Photoshop CS6 软件，打开“去水印(前).jpg”文件。
2. 选中区域 按图 3-55 所示操作选中水印部分区域。

图 3-55 选中区域

3. **消除水印** 选择“编辑”→“填充”命令，按图 3-56 所示操作，消除水印。

图 3-56 消除水印

4. **保存文件** 将文件另存，取名为“去水印(后). jpg”。

实例 12 保留主体图案

制作课件时，为了突出图片中的主体，需要删除背景，利用 PowerPoint 2016 中的删除背景功能可以轻松抠出所需要的主体。

本案例将加工人教版三年级《语文》中“荷花”一课图片素材。为了突出荷花，需要删除荷花图片中的背景，保留主体荷花图案，删除背景后的效果如图 3-57 所示。

删除背景前　　删除背景后

图 3-57 保留主体图案前后对比效果图

跟我学

1. **插入图片** 打开 PowerPoint 2016 软件，新建文件，取名为“荷花.pptx”后，在第一张幻灯片中插入图片“荷花.jpg”。
2. **选择命令** 按图 3-58 所示操作，选择“删除背景”命令。

图 3-58　选择命令

3. **选定保留区域**　按图 3-59 所示操作，标记“要保留的区域”和“要删除的区域”后，保留更改。

4. **优化调整**　按图 3-60 所示操作，调整图片大小后，适当裁剪空白部分，保存文件。

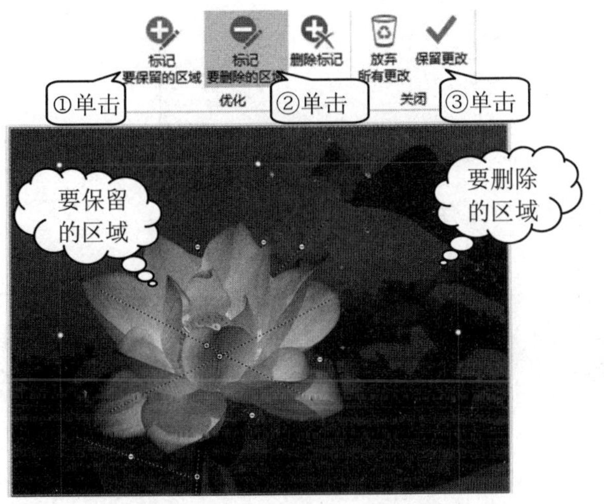

图 3-59　选择命令

图 3-60　优化调整

3.3.3　获取与加工声音素材

精彩的微课离不开生动的讲解，在微课中加入轻松的背景音乐，在课件中合理加入一些声音，都可以更好地表达教学内容，这些都有利于学习者保持兴奋状态、提高学习效率。

实例 13　网上获取声音

互联网是声音素材的宝库，在互联网上可以得到很多有用的声音素材，用于课件制作。既可直接从音乐网站下载，也可以通过搜索引擎查找相关音乐。

跟我学

1. **搜索音乐** 在浏览器地址栏中输入网址“http://mp3.sogou.com”，进入“搜狗音乐”网站，按图3-61所示操作，搜索音乐伴奏“让世界充满爱伴奏”。

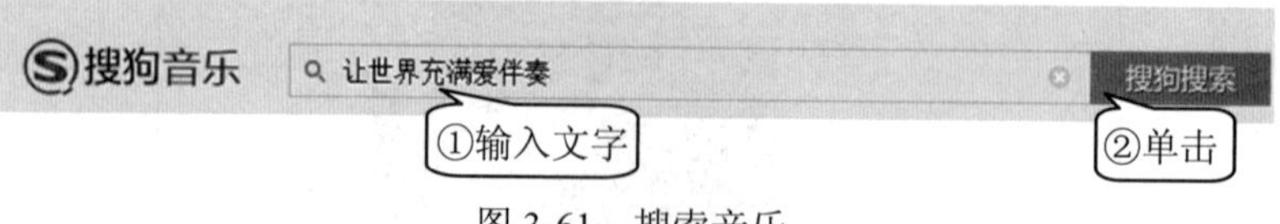

图3-61 搜索音乐

2. **打开链接** 按图3-62所示操作，单击需要下载的音乐，打开快捷菜单。

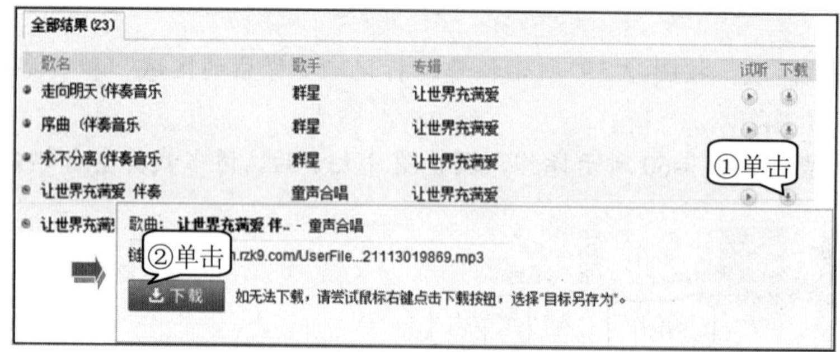

图3-62 打开快捷菜单

3. **保存音乐** 保存下载的音乐文件到指定的文件夹中。

实例14 录制声音

话筒是多媒体计算机的输入设备之一，用Windows自带的“录音机”程序，可以采集声音素材，操作方法也比较简单，但功能有限。这里不再采用该程序，改用功能更强大的音频处理软件GoldWave。

跟我学

1. **连接音频线** 将话筒和计算机的声卡正确地连接好，效果如图3-63所示。

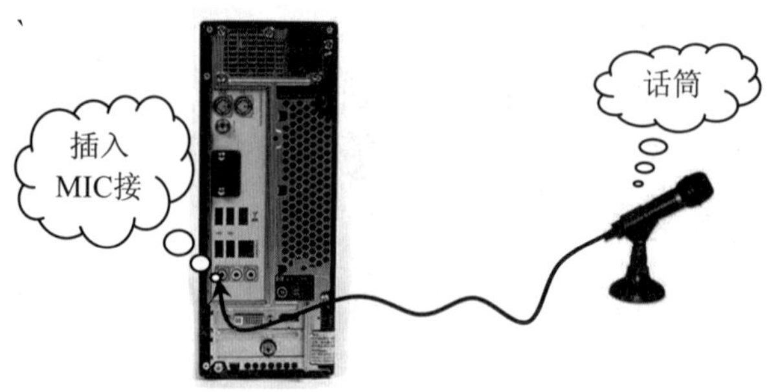

图3-63 连接音频线

2. **运行软件**　单击"开始"按钮，选择"程序"→ GoldWave 命令，运行 GoldWave 软件，使用界面如图 3-64 所示。

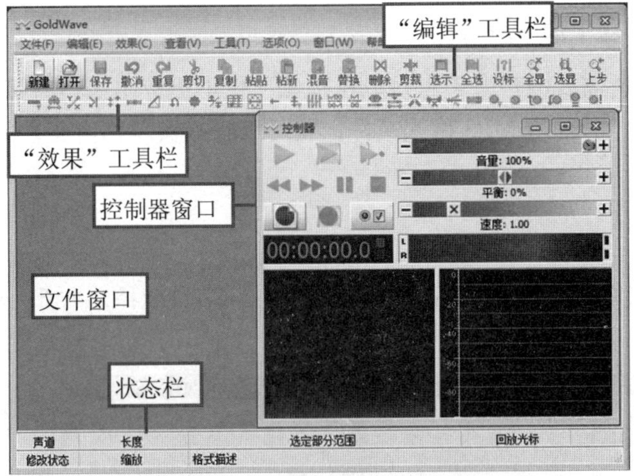

图 3-64　软件 GoldWave 使用界面

3. **新建文件**　单击"编辑"工具栏上的"新建"按钮，按图3-65 所示操作，新建一个声音文件。

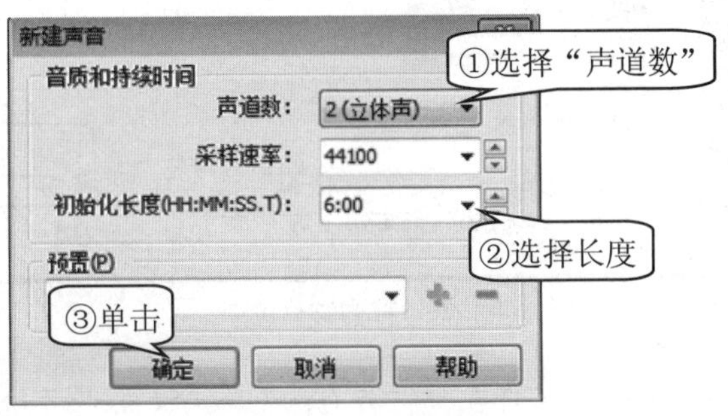

图 3-65　新建声音

4. **开始录音**　按图 3-66 所示操作，对着话筒进行录音。

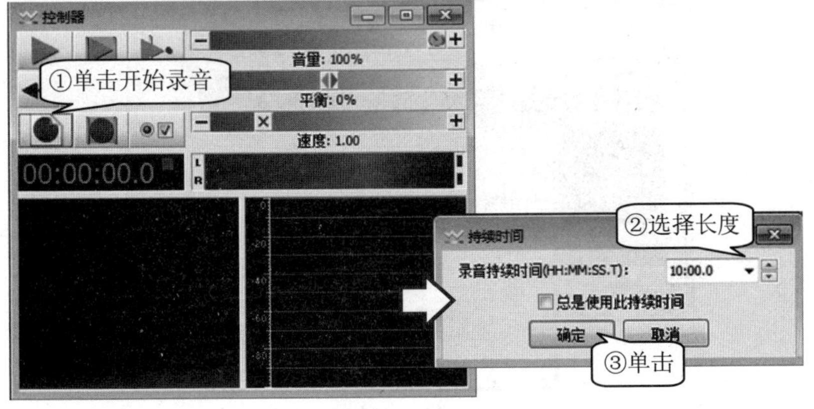

图 3-66　录音

5. **停止录音** 录音完成之后，单击“停止”按钮■，停止录音。
6. **保存文件** 选择“文件”→“保存”命令，打开“另存为”对话框，保存文件。

实例 15 从视频中提取声音

制作微课时，所需要的声音素材可以从视频文件中提取出来。直接用 GoldWave 软件打开视频格式文件，另存为.MP3 格式文件，就可以轻松实现声音文件的提取。

跟我学

1. **打开视频文件** 打开 GoldWave 软件，按图 3-67 所示操作打开“大自然的语言.mp4”文件。

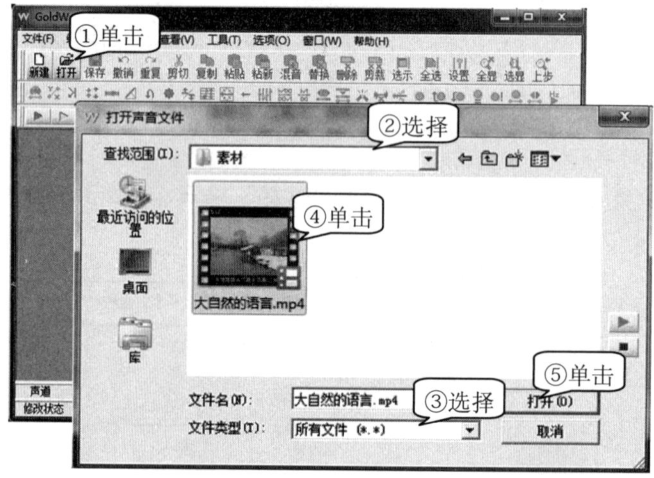

图 3-67 打开视频文件

2. **另存为音频文件** 选择“文件”→“另存为”命令，按图3-68 所示操作，保存声音文件为“大自然的语言.mp3”。

图 3-68 另存为音频文件

实例 16　截取声音片段

课件中所使用的声音，有时仅仅是某个声音文件的某一段。例如，语文的课文朗读，需要整篇朗读，也需要某一段课文的朗读，这就需要从一整篇朗读中将某一片段截取下来。

本实例内容是人教版八年级《语文》中课件“海燕”的内容，通过 GoldWave 软件来截取“海燕.wav”声音的片段。

跟我学

1. **打开文件**　运行 GoldWave 软件，选择“文件”→“打开”命令，打开“海燕.wav”声音文件。
2. **放大波形**　连续 5 次单击“编辑”工具栏上的“放大”按钮，将声音的波形图放大。
3. **选择片段**　按图 3-69 所示操作，选择声音片段的起始与结束标记部位。

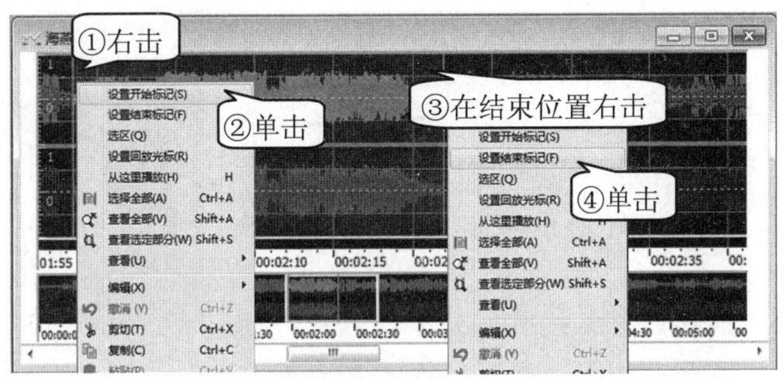

图 3-69　选择声音片段的范围

4. **复制片段**　单击“编辑”工具栏上的“复制”按钮，复制所选中的区域。
5. **粘贴片段**　单击“编辑”工具栏上的“粘贴”按钮，自动粘贴为一个新的声音文件，效果如图 3-70 所示。

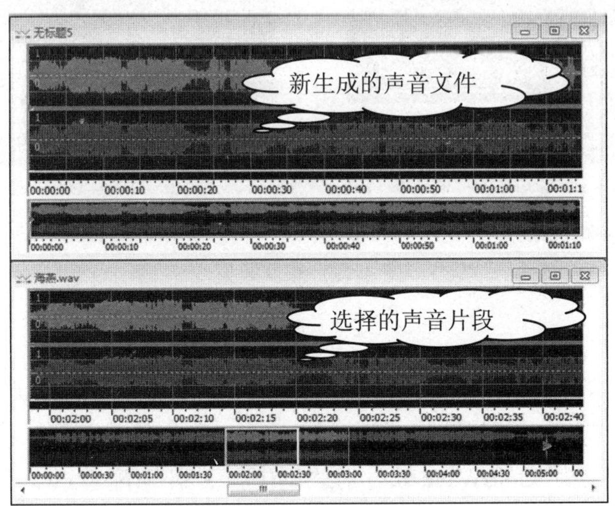

图 3-70　复制与粘贴声音片段

6. **保存文件** 选择“文件”→“保存”命令，保存文件，命名为“海燕_片段.mp3”。

“格式工厂”是一款多媒体格式转换软件，可以实现大多数音、视频等不同格式之间的相互转换。还具有设置文件输出配置，音、视频截取、合成等转换功能。

实例 17 调整音量

在制作课件时，特别是语文课件，需要课文的朗读音频素材，若声音素材的音量小，则会影响教学效果，用 GoldWave 可以轻松实现对音量的调整。

本实例内容是人教版八年级《语文》中课件“大自然的语言”的内容，通过用 GoldWave 软件调整课文朗读声音的音量大小。

跟我学

1. **选择命令** 运行 GoldWave 软件，打开“大自然的语言.mp3”文件，选择“效果”→“音量”→“更改”命令
2. **设置参数** 按图 3-71 所示操作，设置音量更改参数。
3. **测试效果** 调整前后的效果如图3-72 所示，达到需求后，另存文件为“大自然的语言(增加音量).mp3”。

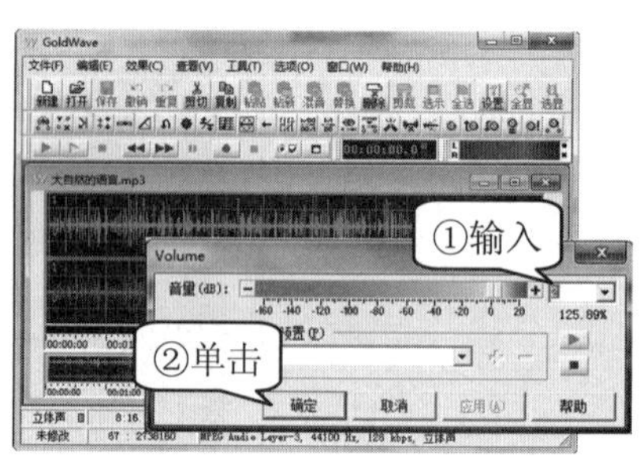

图 3-71 设置参数

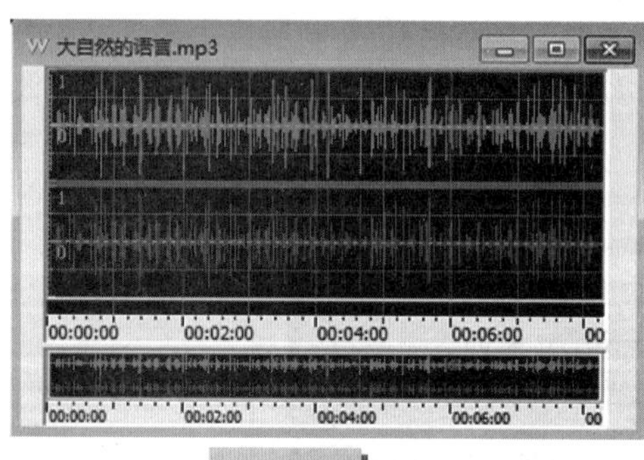

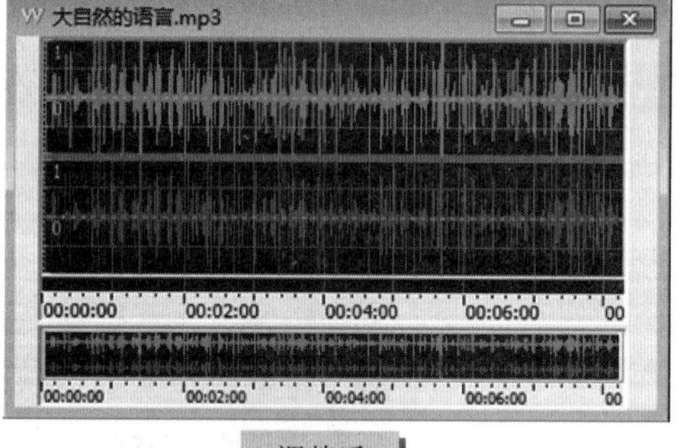

图 3-72 测试效果

实例 18 降噪

在嘈杂的环境下录制声音，肯定会产生噪声，要去掉声音中的噪声是一件很困难的事，利用 GoldWave 软件可以让噪声大大减少。

本实例主要内容是用 GoldWave 软件对“蜗牛与黄鹂鸟(配音).wav”文件进行降噪。

跟我学

1. **打开文件**　运行 GoldWave 软件，打开“蜗牛与黄鹂鸟(配音).wav”文件。

2. **声音处理**　选择“效果”→“滤波器”→“降噪”命令，打开“降噪”对话框，按图 3-73 所示操作，对声音文件进行降噪处理。

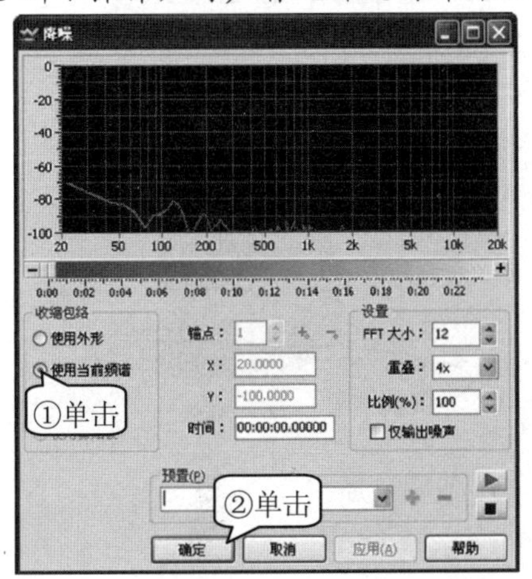

图 3-73　降噪处理

3. **前后比较**　将降噪前与降噪后的波形进行比较，效果如图3-74 所示。试听一下，降噪处理后的声音效果明显比降噪之前要好。

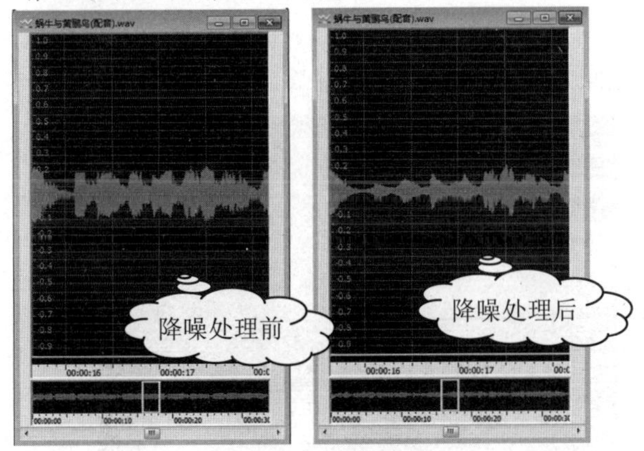

图 3-74　波形比较

4. **保存文件**　按 Ctrl+S 键，保存文件。

知识库

1. 听歌识曲

制作微课课件时，经常会使用到音乐，搜集音乐时有时候不知道曲目名称，给搜索带来了一定的难度，智能手机的很多软件具备“听歌识曲”功能，能够很轻松地识别出曲目，按图 3-75 所示操作，使用 QQ 音乐软件的“听歌识曲”功能辨别所需音乐。

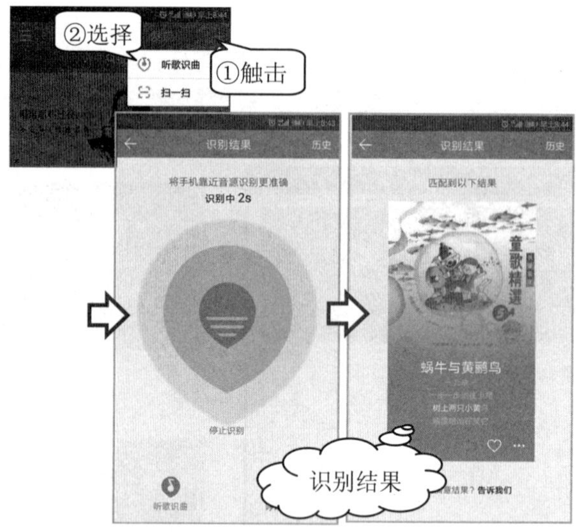

图 3-75　听歌识曲

2. 常用音频软件

使用计算机录制、处理声音，是中小学教师经常要做的工作，比较常用的几款音频软件有如下几种。

(1) Adobe Audition

该软件是 Adobe 公司开发的音频编辑工具，提供音频混合、编辑、控制和效果处理等。它功能十分强大，而且操作简单、便捷，软件界面如图 3-76 所示。

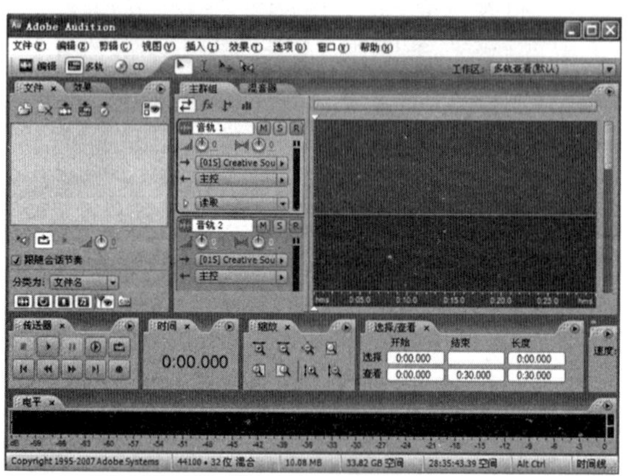

图 3-76　Adobe Audition 软件界面

(2) Cool Edit Pro 软件

该软件是音频处理软件，如图 3-77 所示。它可以打开 WAV、MPC、MP+、MP2、MP3、VOX、RAW、OGG、WMA、CDA 等扩展名的音乐文件，进行声波编辑、剪裁、混音等工作；还有完整的录音功能，可以从 CD、麦克风、立体混音装置、影片等来源录音。

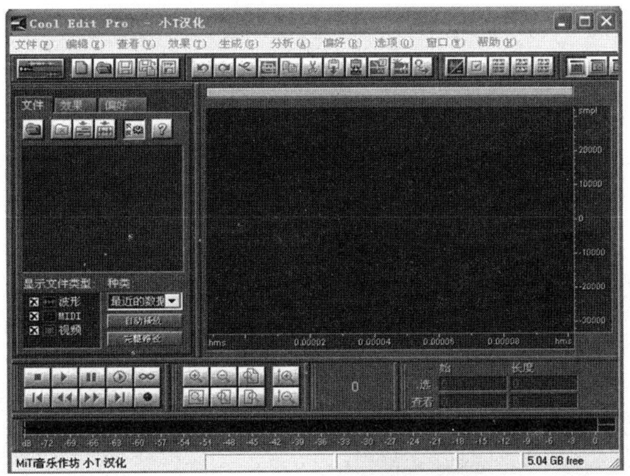

图 3-77　Cool Edit Pro 软件界面

3.3.4　获取与加工视频素材

用拍摄、下载等方式获取视频素材后，根据需要进行加工，如录制的微课教学视频需要裁掉无用的片段，从网上下载的视频只需要其中的一部分，多个视频片段需要进行整合等。

实例 19　网上获取视频素材

互联网上有很多精彩的视频，将这些视频下载下来用在课件中，可以使课件更具有魅力，更具有实用价值。

跟我学

1. **运行软件**　在计算机中安装视频下载工具“维棠视频下载”软件，并运行该软件。
2. **搜索视频**　打开“酷 6 网”(http://www.ku6.com/)，按图 3-78 所示操作，搜索高中化学实验“氯气实验室制法”视频。

图 3-78　搜索视频

3. **复制网址** 按图 3-79 所示操作，复制视频地址到剪贴板。

4. **下载视频** 切换到“维棠视频下载”软件窗口，单击“新建”按钮，按图3-80 所示操作，捕捉视频文件，单击“确定”按钮，开始下载视频文件。

图 3-79 复制网址

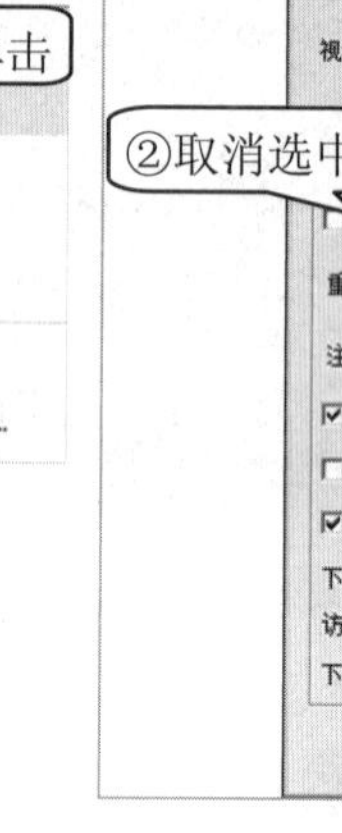

图 3-80 捕捉视频文件

实例 20 手机录制视频

使用手机拍摄视频，首先需要设置分辨率，然后对准活动进行拍摄，最后通过手机 QQ 导入到计算机。

跟我学

1. **设置分辨率** 进入手机主桌面，按图 3-81 所示操作，设置视频分辨率为 16:9 的宽高比。

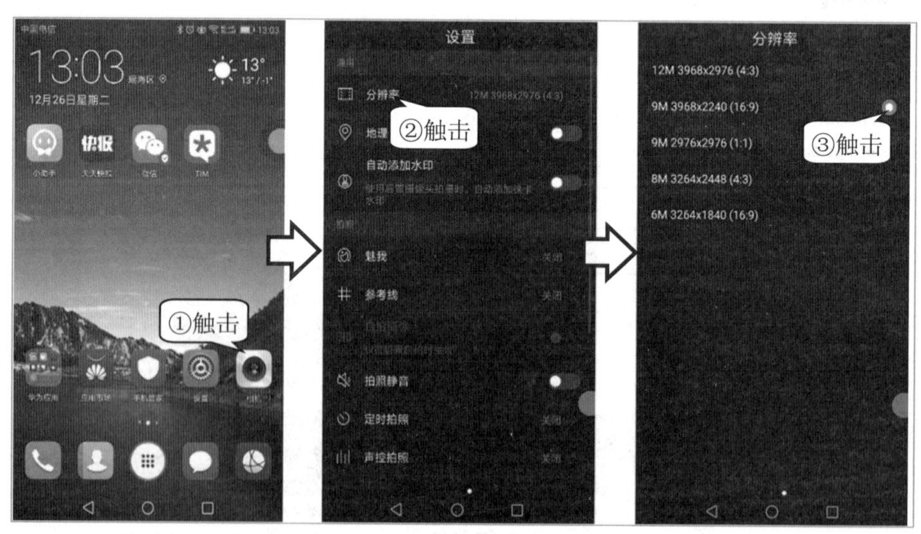

图 3-81 设置手机相机分辨率

2. **拍摄视频** 选择视频按钮，调整焦距和光线，对准活动主体进行拍摄，按图3-82 所示操作。

3. **QQ 同传视频**　运行手机 QQ，从联系人中找到“我的电脑”，按图 3-83 所示操作，同传视频。

图 3-82　使用手机拍摄视频

图 3-83　使用手机 QQ 同传视频

4. **存入计算机**　计算机端运行 QQ，自动打开与手机对话的窗口，按图 3-84 所示操作，将视频保存到“素材”文件夹。

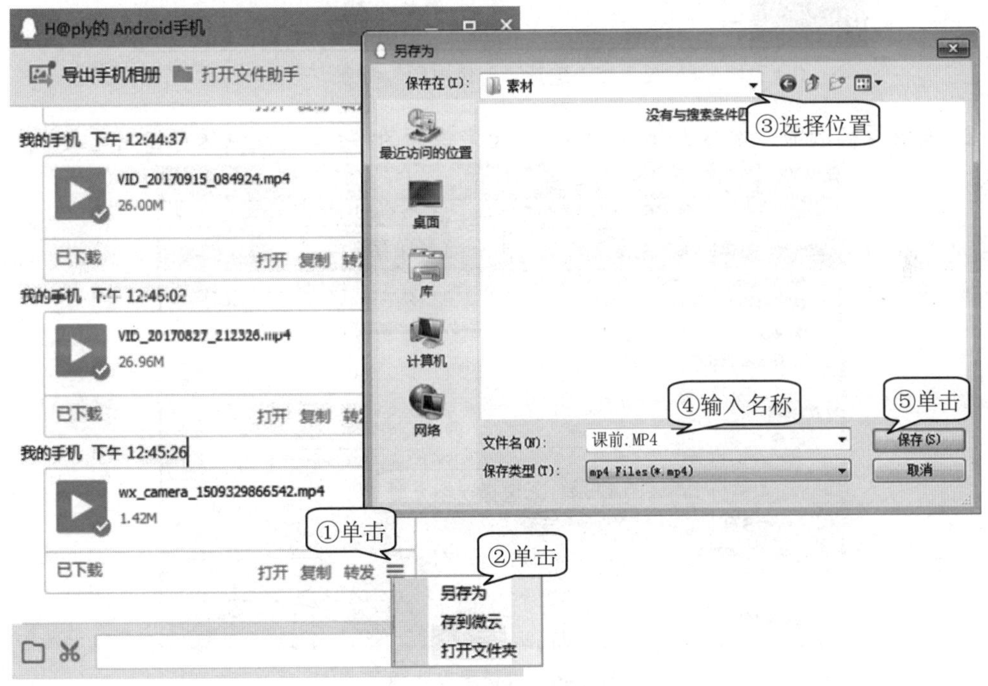

图 3-84　视频导入计算机

实例 21　课件转视频

用 PowerPoint 软件可以轻松实现把微课课件创建为视频文件，后期再进行配音讲解，即可轻松完成微课的制作。

本例是小学《美术》五年级下册“提袋的设计”一课的内容，知识点是用 PowerPoint 2016 软件导出 pptx 格式文件为视频格式文件。

跟我学

1. **选择命令** 打开“第 5 课 提袋的设计. pptx”文件，选择“文件”命令，按图 3-85 所示操作，选择“创建视频”命令。

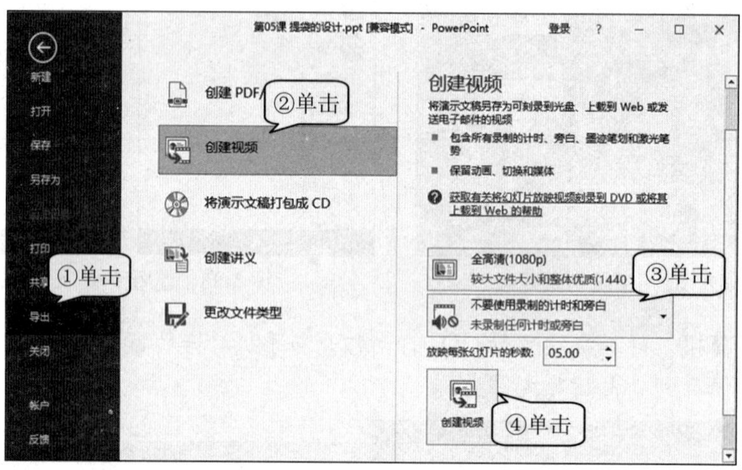

图 3-85 选择“创建视频”命令

2. **设置保存选项** 按图 3-86 所示操作，选定视频的格式，将视频保存在指定文件夹中。

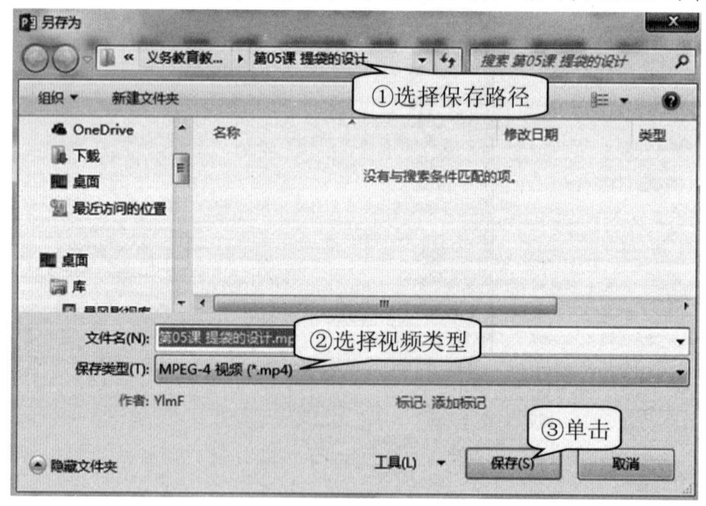

图 3-86 设置保存选项

实例 22 裁剪视频

如果从网上下载一段精彩的电影或者其他视频，但只想使用其中一段，就需要对视频进行裁剪。可以利用多款软件实现对视频的裁剪，本例将用一款简单的软件来处理。

跟我学

1. **添加视频**　按图 3-87 所示操作，添加“百家讲坛-李清照.mp4”，转换格式选择为“所有 转到 WMV”，输出位置设置为“D:\”盘根目录。

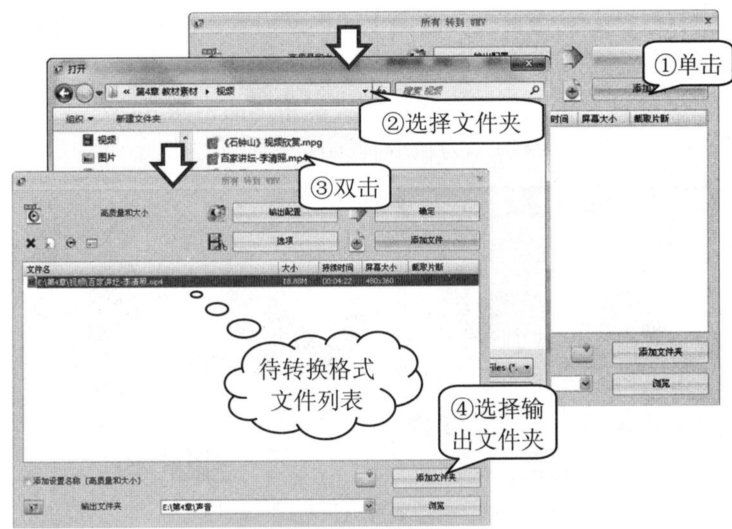

图 3-87　添加待转换格式文件

2. **截取视频**　按图 3-88 所示操作，设定截取片段的开始和结束时间点。

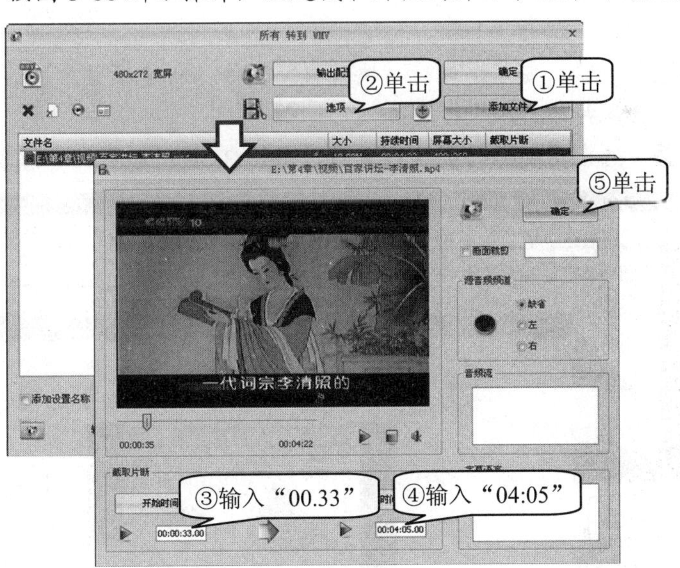

图 3-88　截取视频

3. **开始转换**　单击“开始”按钮，截取“百家讲坛-李清照.mp4”片段，保存在“D:\视频”盘中。
4. **关闭软件**　单击“格式工厂”窗口右上角的“关闭”按钮，关闭软件。

利用“格式工厂”软件不但可以截取视频片段，还可以使用“高级”→“视频合并”功能，把多个视频片段合并为一段视频。

实例 23　截取视频局部画面

在加工视频素材时，若只需要视频画面中的局部内容，如录制微课时画面过大，不需要的内容也被录下来，这时就需要截取视频的局部画面。

本例是通过“快剪辑”软件加工小学数学“三角形的内角和(微课片段).mp4”视频，截取视频的局部画面。如图 3-89 所示为截取视频局部画面对比图。

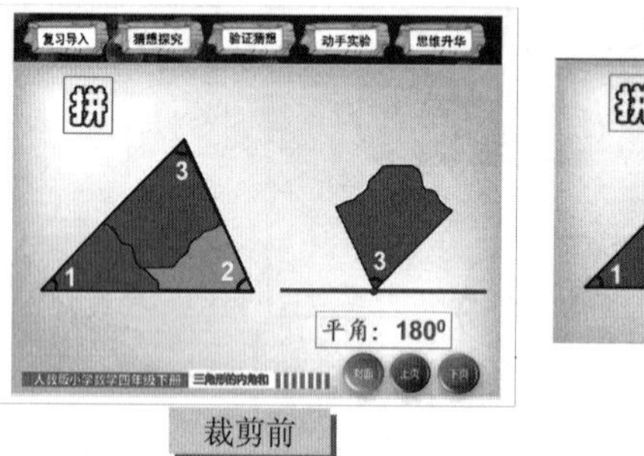

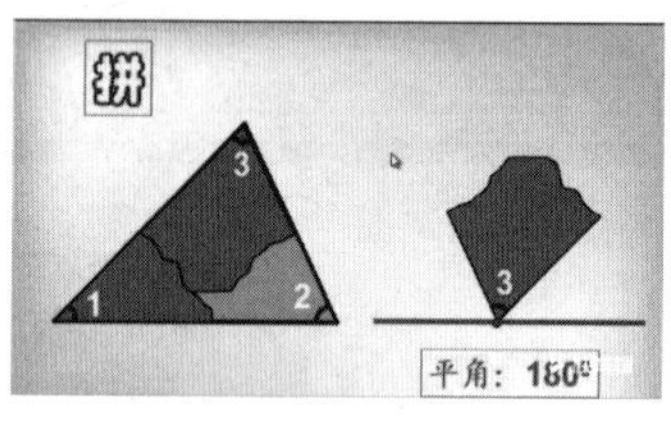

图 3-89　视频裁剪前后对比效果图

跟我学

1. **导入视频**　下载、安装、运行“快剪辑”软件，新建项目，并导入本地视频“三角形内角和微课片段.mp4”。
2. **裁剪视频**　选中需要裁剪的视频片段，按图 3-90 所示操作，裁剪视频。

图 3-90　裁剪视频

3. **裁剪视频**　按图 3-91 所示操作，裁剪视频。

图 3-91　裁剪视频

知识库

1. 转换视频格式

视频有多种格式，每一种格式都有着自己的优点与缺点，各种视频格式之间不可直接转换，但通过专业工具软件可以实现各种格式间的相互转换，下面使用“格式工厂”软件将 MP4 格式转换成 WMV 格式。

- **运行软件**　选择“开始”→“所有程序”→“格式工厂”命令，打开“格式工厂”软件使用界面。
- **添加视频**　从任务窗格中选择“视频”→“->WMV”按钮，按图 3-92 所示操作，添加待转格式的视频。

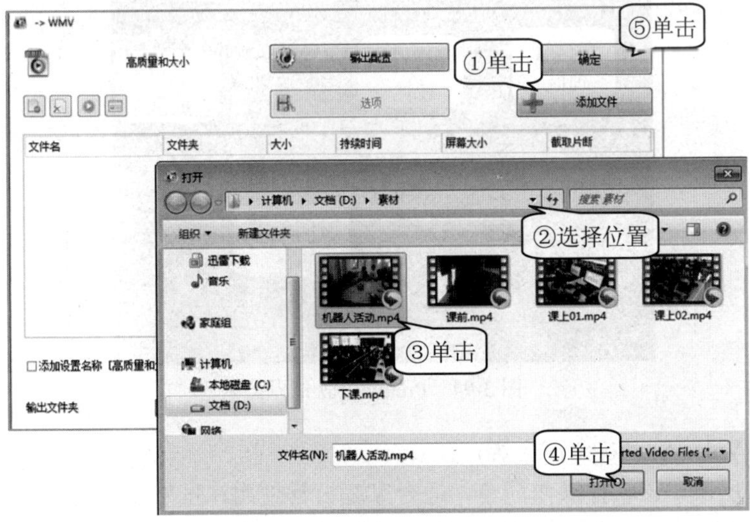

图 3-92　添加待转视频文件

● **开始转换** 按图 3-93 所示操作，转换视频格式为 WMV，打开输出文件夹，查看目标文件。

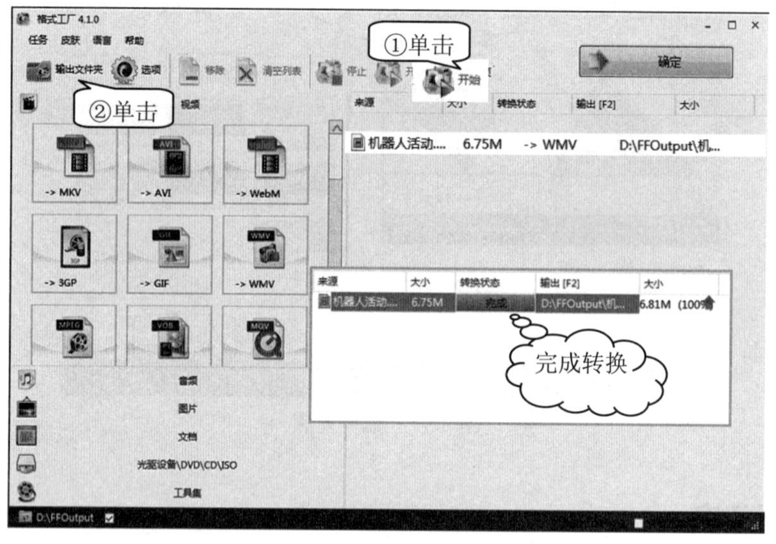

图 3-93 开始转换

2. 常用视频编辑软件

目前比较常用的非专业视频编辑软件包括 Windows 平台下的 Adobe Premiere、会声会影、Camtasia Studio 及 Mac OS 平台下的 iMovie。

(1) Adobe Premiere

该软件是常用视频编辑软件之一，由 Adobe 公司推出，广泛应用于广告制作和电视节目制作。Premiere 提供了易于操作的界面，非常丰富的音视频编辑功能，如图 3-94 所示，可以很方便地管理素材、编辑和处理素材、添加丰富的过渡效果和广泛的格式支持。

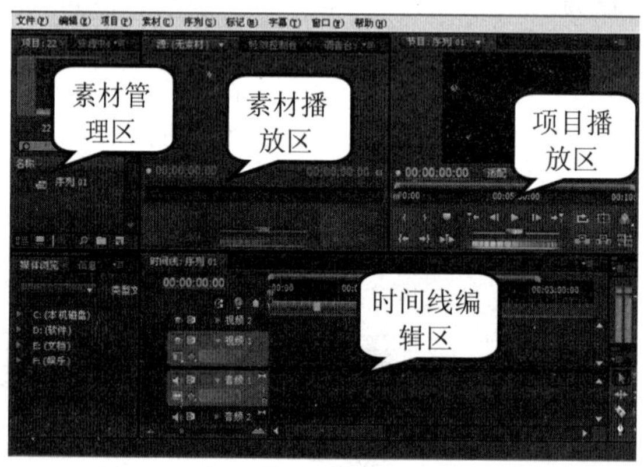

图 3-94 Premiere 软件界面

(2) Ulead Video Studio(会声会影)

如图 3-95 所示，该软件操作简单，适合家庭日常使用，虽然无法与专业视频处理软件媲美，但以简单易用、功能丰富等特点赢得了良好的口碑，在国内的普及度较高。

图 3-95　“会声会影”软件界面

(3) Camtasia Studio

该软件是一款专门捕捉屏幕影音的工具软件，如图 3-96 所示。它能在任何颜色模式下轻松地记录屏幕动作，包括影像、音效、鼠标移动的轨迹，解说声音等，可对视频片段进行剪接、添加转场效果，特别适合录制屏幕，制作微课。

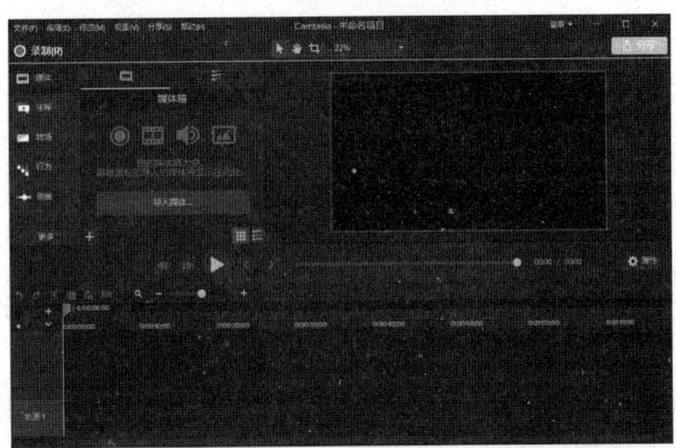

图 3-96　Camtasia Studio 软件界面

(4) iMovie

iMovie 是一款由苹果公司发布的视频剪辑软件，如图 3-97 所示，支持在手机和平板电脑等移动设备上编辑视频。iMovie 的界面非常简洁，操作简单，并且内置了许多主题，方便调用，每个主题都匹配了一套相应的标题和转场效果及专用的声音轨道。

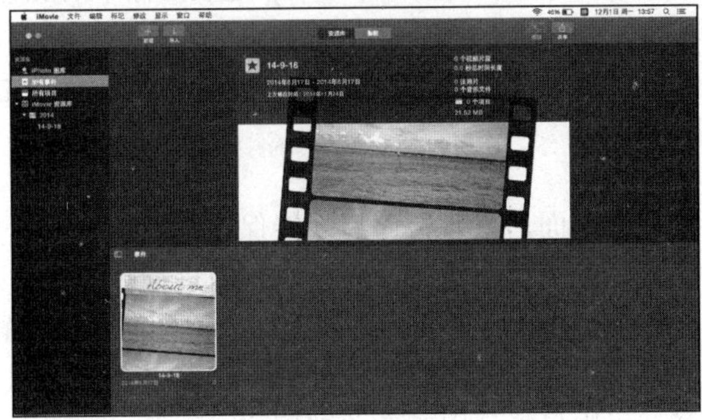

图 3-97　iMovie 软件界面

3.4 小结和习题

3.4.1 本章小结

本章介绍了微课常见的制作方式和微课及微课课件素材的获取与制作的方法，具体包括以下主要内容：

- **选择微课制作方式**：介绍了几种常见的微课制作方式，如拍摄型微课、录屏型微课及两者混合型微课制作方式，并介绍了这几种制作方式所需要的相关器材。
- **准备微课制作环境**：分别从微课制作的硬件环境和软件环境两个方面进行了介绍。硬件环境包括获取文本、图像、声音、视频等素材所涉及的硬件；软件环境包括处理文本、图像、声音、视频及常用工具软件。
- **准备微课制作素材**：通过大量实例分别介绍了文本、图像、声音、视频等素材的获取与处理方法。

3.4.2 强化练习

一、选择题

1. 下列扩展名中，音频处理软件处理不了的格式是(　　)。

A．WAV　　B．MID　　C．DOC　　D．MP3

2. 对于正在制作和以后需要继续编辑的图像，要将其保存的格式为(　　)。

A．GIF　　B．BMP　　C．PSD　　D．JPEG

3. 如果要对一篇课文进行录音，外界环境嘈杂，下列可进行降噪处理的软件是(　　)。

A．Photoshop　　B．Flash　　C．Cool Edit　　D．Word

4. 下列能对文件进行压缩的软件是(　　)。

A．Photoshop　　B．Word　　C．GoldWave　　D．Winzip

5. 当利用 Photoshop 选取图像中的一部分时，可以用到的工具是(　　)。

A．缩放工具　　B．裁剪工具　　C．移动工具　　D．画笔工具

6. 某教师在准备微课资源时，当利用 Photoshop 选取图像中的颜色相同或相近区域时，需要用到的工具是(　　)。

A．魔棒工具　　B．磁性套索工具　　C．裁切工具　　D．画笔工具

二、判断题

1. 正在播放的网络视频画面，只有暂停后才能保存画面。　　(　　)
2. “光影魔术手”软件在浏览图像时，不能对图像进行任何操作。　　(　　)
3. 使用 Photoshop 软件可以对图像进行透视剪切，修复照片梯形缺陷。　　(　　)
4. 一段音频文件，通过消除噪音音频文件处理，文件将变小。　　(　　)
5. 使用网络搜索时，每次只能使用一个关键词。　　(　　)

三、问答题

1. 要获取课件中所需的声音素材有多种途径，请列举其中 3 种。
2. 简要说说在 Photoshop 中如何将图 3-98 中的左图制作成右图。

图 3-98　用 Photoshop 制作图片

第 4 章

制作微课课件

微课课件是指在微课教学过程中所用到的多媒体教学课件，通常只围绕一个小的知识点进行设计、制作。整个微课课件只为解决一个核心问题，没有过多的铺垫和渲染，使得重点突出、短小精悍，非常有利于移动学习和泛在学习。优秀的微课课件，有助于提升微课的吸引力，增加微课教学的效果。

本章内容介绍如何使用 PowerPoint 2016 制作微课课件，通过具体实例，介绍使用 PowerPoint 2016 软件制作课件的基础知识和操作方法，包括微课课件的设计、美化；微课课件的动画、交互设置及放映与输出等。希望读者能够举一反三，制作出精美实用的微课课件。

本章内容

- 制作课件内容
- 美化课件页面
- 设置课件动画
- 控制课件交互
- 生成课件视频

4.1 制作课件内容

制作微课课件，通常要根据微课知识点和掌握学情的基础上先规划，后制作。课件内容的规划包括确定主题结构、规划课件内容、准备微课素材等。制作微课内容就是将文字、图片、声音、视频等多媒体素材进行整合、加工，从而形成微课作品。

4.1.1 规划课件内容

制作微课课件复杂而细致，一个好的微课课件不仅要外观漂亮，还要主题明确、条理清晰。一般情况下，制作课件要先确定主题与结构，然后规划页面，再用相关软件制作课件内容。

1. 确定主题结构

微课课件应该以微课教学内容为主题，围绕教学目标、教学对象设定课件的内容，要注意突出核心内容、详略得当，篇幅不能太长，要有利于教师将教学问题说透、说充分。如图 4-1 所示，为全国信息化大赛微课一等奖作品，选择的是幼儿园趣味美工活动，主题是“水染花纹纸”。

图 4-1 确定微课主题

确定好主题之后，还要考虑采用什么结构才能使形式和内容完美结合。重点是要抓住教学中的关键因素，如此才能把握住整个课件的基本结构和框架。如图 4-2 所示，围绕“水染花纹纸”这个主题，分别从“材料准备、制作步骤和方法、作品欣赏”几个方面来介绍，在做课件时也可按照这种逻辑结构来搭建课件的框架。

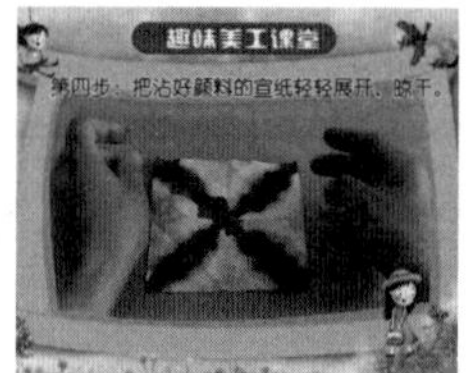

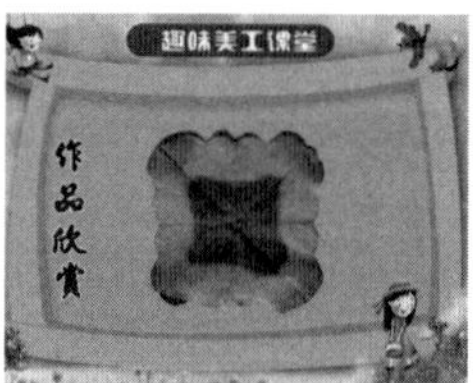

图 4-2 确定微课框架

在教学中，比较常见的微课课件结构是“总—分—总”三段式结构。

- 总：即导入，提出教学问题，明确教学内容，包括微课的封面、导入、目录、目标页等。
- 分：即内容讲授，分析问题，采用教学手段解决问题。
- 总：即结论，总结归纳问题，包括小结、结束页等。

2. 确定课件内容

微课课件的主题、结构确定后，就可以搜集素材，为课件添加内容了。一个完整的课件，包括以下几方面的内容。

- 封面页：封面页是第一眼印象，很重要，所以一定要美观、大方。一般封面上要有课件的标题、制作时间、制作人姓名、制作日期等，如图 4-3 所示。
- 目录页：微课课件使用目录，可以使课件的结构更加清晰，帮助读者全面了解课件的内容，如图 4-4 所示。

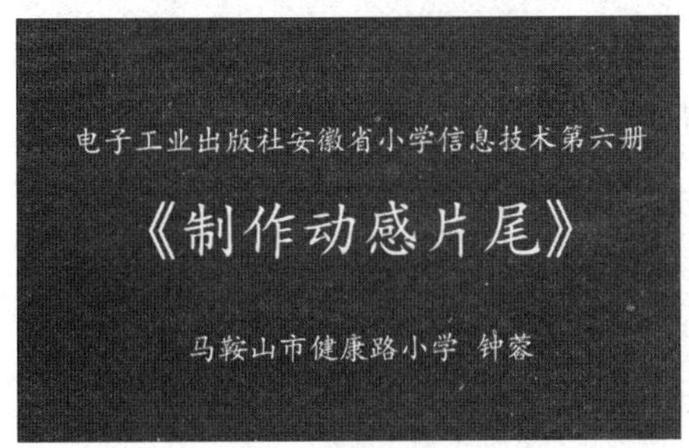

图 4-3　封面页

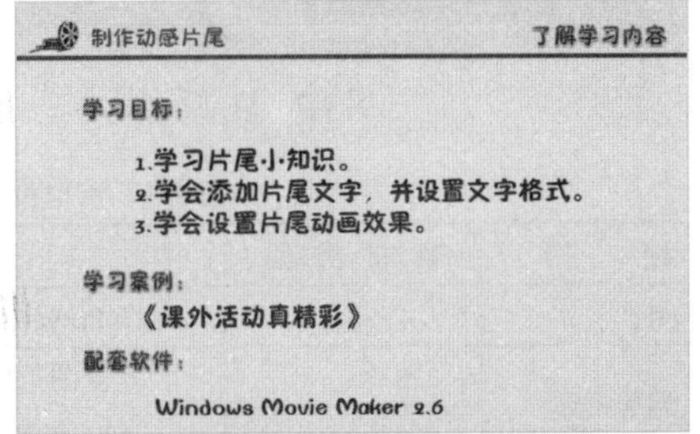

图 4-4　目录页

- 过渡页：也称转场页，一般根据目录来制作，放在每一章节的前面，用来着重显示即将介绍的内容，如图 4-5 所示。
- 内容页：内容页是课件中最主要的部分，占据了课件中绝大多数篇幅，可以是文字，也可以是图片、表格、视频等素材的组合与设计，如图 4-6 所示。

图 4-5　过渡页

图 4-6　内容页

- 总结页：总结页是对整个课件的内容进行归纳和总结，也可以是对教学重点、难点的再次重申，如图 4-7 所示。
- 结束页：结束页一般包括致谢词、联系方式等，如图 4-8 所示。

3. 准备课件素材

微课内容确定以后，就可以围绕内容搜集、准备素材，课件的素材有文字、图像、声音、视频、动画等类型。首先要进行素材的搜集，常用的方法有网上搜索、下载；使用录音、录像设备拍摄、录制；借助软件在现有素材中截取；使用特殊软件进行设计、制作等方式。对于搜集来的素材，往往不能直接使用，还需要对素材进行二次加工和处理。

表 4-1 列举了“制作动感片尾”微课课件中，部分页面的素材类型及搜集、处理的方法。

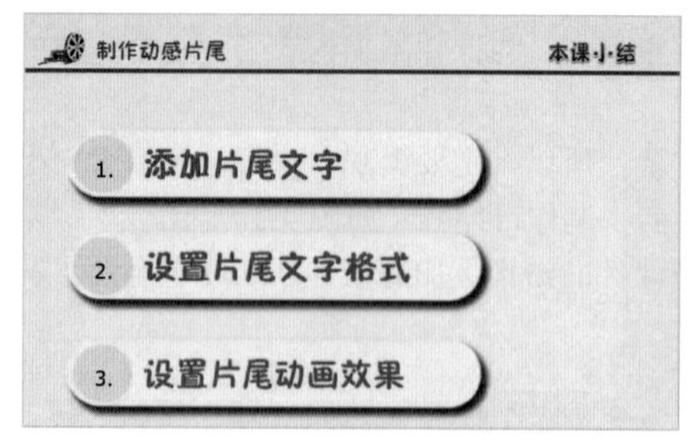

图 4-7　总结页

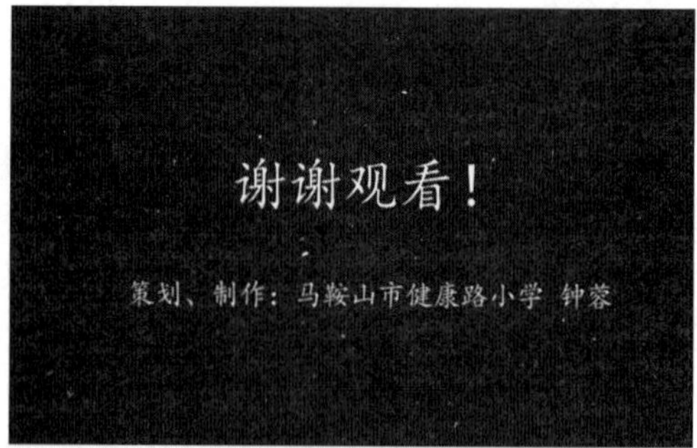

图 4-8　结束页

表 4-1　素材类型及加工处理方法

结　构	素材类型	加工处理
封面	文本	在 PowerPoint 中直接录入文本、编辑
温馨提示	图片	耳麦图片通过网上下载，音量控制按钮通过计算机截屏
	配音	使用麦克风，通过录音软件录制、剪辑
结构分析	视频	网上下载动画视频，通过视频编辑软件截取其中片段
制作方法	操作演示	屏幕录制软件录制操作过程，通过视频编辑软件进行编辑

4. 选择制作软件

可以制作课件的软件有很多，如 PowerPoint、Authorware、Flash 等，本书选择使用 PowerPoint 最新的 2016 版软件来介绍制作微课课件的方法，因为 PowerPoint 操作简单、易学，且内置了丰富的多媒体处理功能和动画、交互效果，能较好地满足一般教学要求。

安装 PowerPoint 2016 后，单击“开始”按钮，选择“所有程序”→Microsoft Office 2016→PowerPoint 2016 命令，运行该软件，进入如图 4-9 所示的 PowerPoint 2016 软件界面。

图 4-9　PowerPoint 2016 软件界面

可以看出，PowerPoint 软件界面由快速访问工具栏、标题栏、功能选项卡和功能区、视图区、幻灯片编辑区、状态栏等部分组成，下面对 PowerPoint 软件中各个部分分别做简单介绍。

- 快速访问工具栏：默认情况下，快速访问工具栏位于工作界面的左上方，用于快速执行某些操作，如保存、撤销、恢复等。
- 标题栏：标题栏位于快速访问工具栏的右边，用于显示当前课件的文件名。其右侧则是“最大化”“最小化”和“关闭”3 个窗口控制按钮。
- 功能选项卡和功能区：PowerPoint 软件中所有的操作命令都分类集合在功能选项卡中，单击功能选项卡即可显示相应的功能区，如“开始”选项卡中包含剪贴板、幻灯片、字体、段落、绘图和编辑区域，如图 4-10 所示。

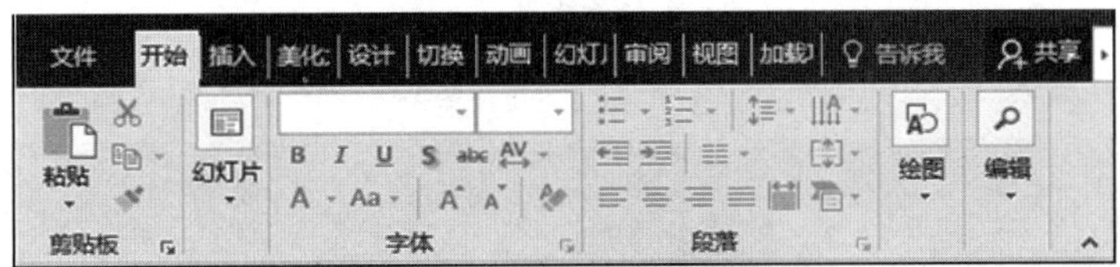

图 4-10　功能选项卡和功能区

- 视图区：用以显示幻灯片的一些信息和切换幻灯片。
- 幻灯片编辑区：幻灯片编辑区是 PowerPoint 工作界面中最大的组成部分，主要用于编辑单张或是多张幻灯片，可以在编辑区进行输入文字、插入图片等操作。
- 状态栏：状态栏位于工作界面的下方，主要用于显示当前幻灯片页数、显示模式、显示比例等信息。如图 4-11 所示为视图切换按钮，单击这些按钮可以快速地切换视图方式和放映演示文稿。如图 4-12 所示为“显示比例控制区”，使用这些按钮可以调节窗口大小。

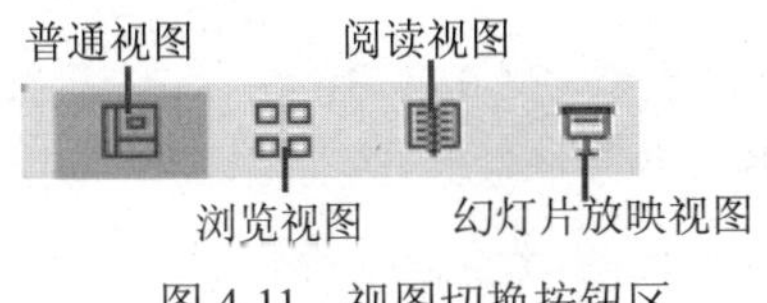

图 4-11　视图切换按钮区

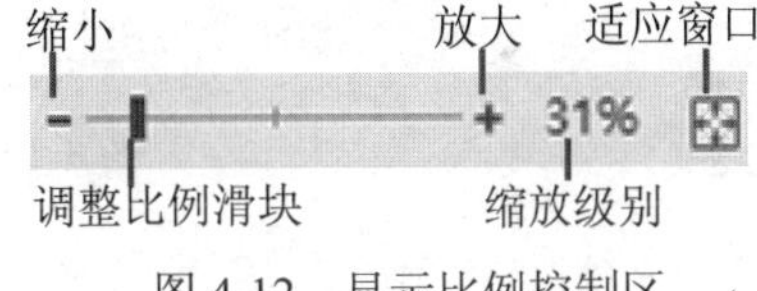

图 4-12　显示比例控制区

4.1.2　添加文字图片

在制作课件时，最常用的操作就是输入文字和插入图片。本节内容将分别介绍添加文字、编辑文字的方法，以及图片的插入与设置方法。

实例 1　制作“粉印版画的制作方法”课件封面

本例主要介绍制作“粉印版画的制作方法”课件封面的方法，课件封面非常简单，由课件标题、制作人姓名、制作时间和插图等几部分组成，课件封面效果如图 4-13 所示。

图 4-13　课件封面效果图

在制作时，可利用 PowerPoint 提供模板，统一课件的整体背景。本例的主要任务是在幻灯片中添加文字内容，再插入图片对封面进行装饰。

跟我学

添加文字

课件封面上的文字主要有教材的版本信息，微课的标题、授课人、授课时间等信息，这些都可以通过 PowerPoint 软件中的文本框来输入。

1. **运行 PowerPoint** 单击“开始”按钮，选择“所有程序”→Microsoft Office 2016→PowerPoint 2016 命令，运行该软件。
2. **设置幻灯片大小** 按图 4-14 所示操作，设置幻灯片大小为“宽屏(16:9)”。

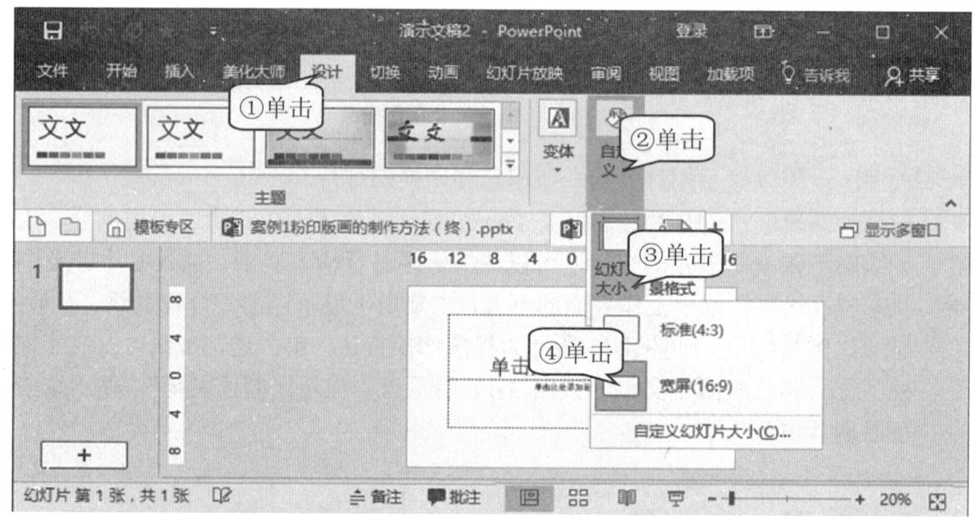

图 4-14 设置幻灯片大小

3. **选择幻灯片主题** 按图 4-15 所示操作，选择幻灯片的主题为“基础”。

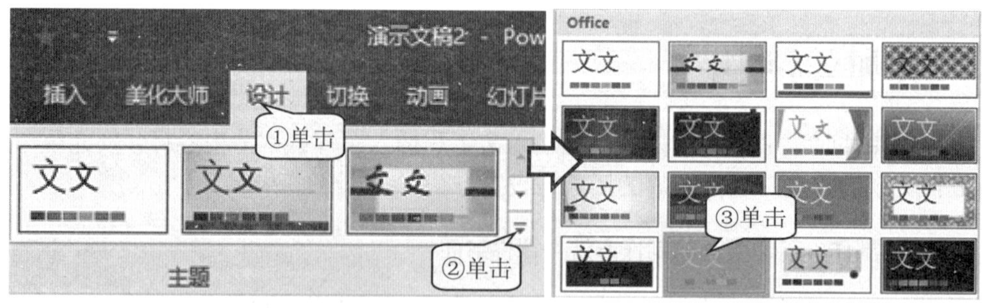

图 4-15 设置幻灯片主题

4. **输入标题** 按图 4-16 所示操作，输入课件封面的标题“粉印版画的制作方法”。
5. **设置字体字号** 选中标题文字，按图4-17 所示操作，设置标题的字体为“方正艺黑简体”，字号为 60。

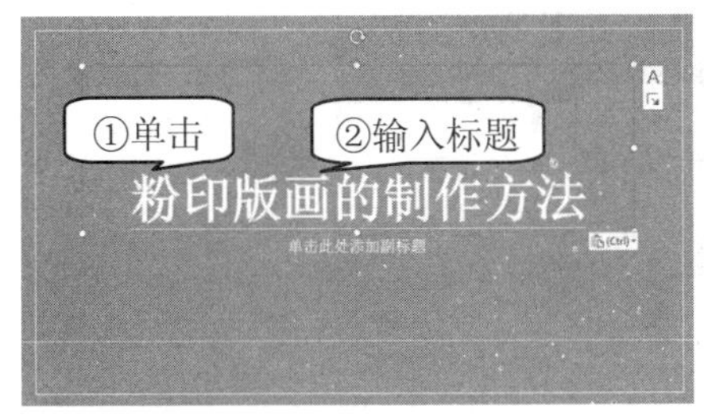

图 4-16　输入课件标题

图 4-17　设置字体字号

6. **设置文字格式**　按图 4-18 所示操作，设置标题文字的艺术字样式。

7. **输入授课人**　用同样的方法输入“授课人：方舟”，并设置文字的字体为“书体坊米芾体”，字号为 32，颜色为黑色，效果如图 4-19 所示。

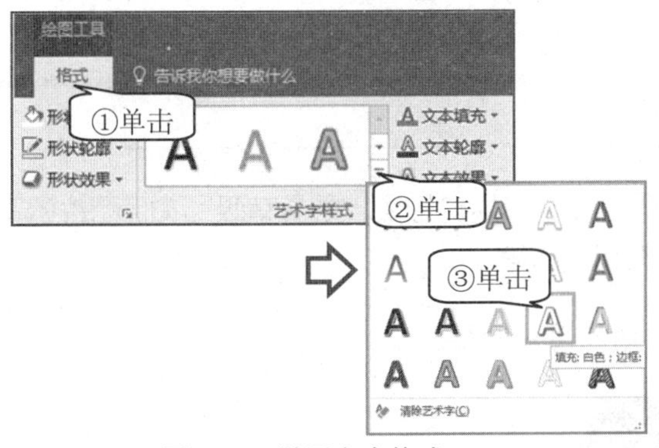

图 4-18　设置文字格式　　图 4-19　设置授课人文字格式

8. **插入文本框**　按图 4-20 所示操作，插入文本框，输入文字“全国义务教育课程标准美术实验教科书 人美版 第七册第 16 课”。

图 4-20　插入文本框

9. **设置文字格式**　设置文字的字体为“微软雅黑”，字号为 18，颜色为白色，加粗，阴影，效果如图 4-21 所示。

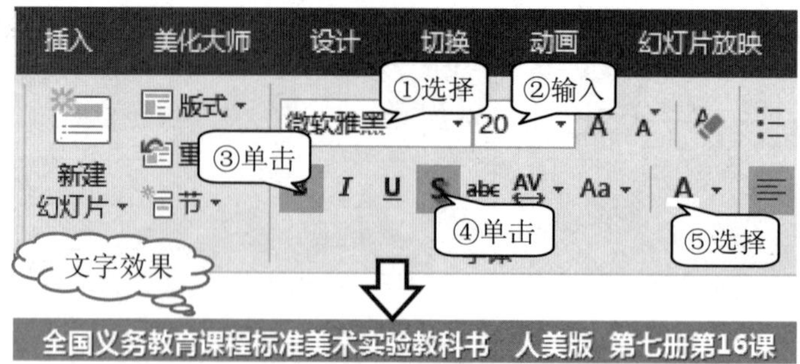

图 4-21　设置其他文字格式

如果要去掉不需要的文字，可以按 Backspace 键删除光标前面的文字；对于不需要的文本框，则可以单击选中文本框，按 Delete 键删除。

插入图片

在课件封面中插入图片，可以使得封面更加生动形象，更具有吸引力。图片的基本操作包括调整图片的大小、位置、裁剪和旋转等。

1. **插入图片**　按图 4-22 所示操作，插入图片素材。

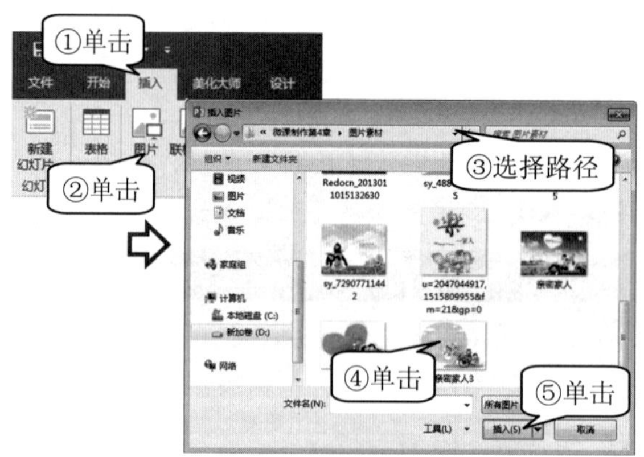

图 4-22　插入图片

2. **调整图片大小和位置**　选中图片，调整图片的大小和位置，效果如图 4-23 所示。
3. **设置叠放次序**　按图 4-24 所示操作，设置图片的叠放次序为“置于底层”。

图 4-23　调整图片大小和位置

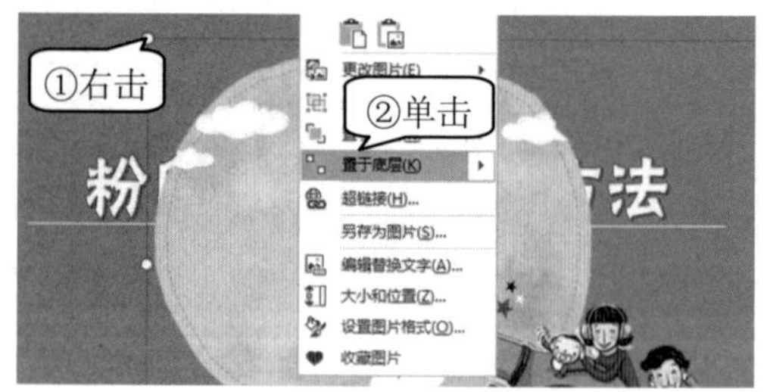

图 4-24　设置图片叠放次序

4. 保存文件　选择“文件”→“保存”命令，选择路径，将课件重命名并保存。

知识库

1. 调整文本框

对插入的文本框，可调整其大小、位置、角度等。如图 4-25 所示，拖动文本框 4 条边上的 4 个圆形控制点，可调整文本框的宽度和高度；拖动四角的 4 个圆形控制点，则可同时调整宽度和高度。

拖动文本框上方的旋转控制点，则可旋转文本框，使文本框倾斜放置。如果要移动文本框，可将鼠标指针移到文本框的边框上，当鼠标指针变成十字箭头时，如图 4-25 所示，按下鼠标左键拖动，即可移动文本框。

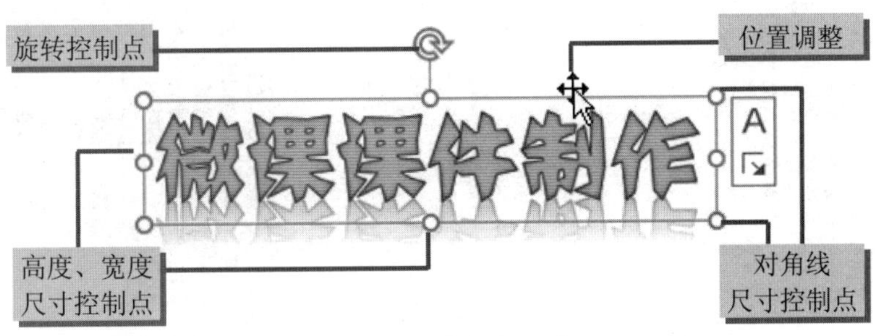

图 4-25　文本框的调整

2. 应用主题

选择幻灯片主题时，在“设计”选项卡的功能区单击某个主题样式后，即可将该主题应用于课件中的所有幻灯片。有时，如只想将主题样式应用于某张或某几张幻灯片，可先选中幻灯片，再按图 4-26 所示操作，将主题应用于选定的幻灯片。

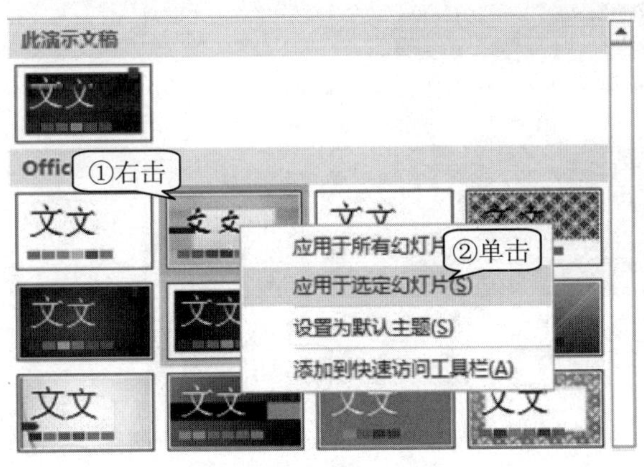

图 4-26　选择应用主题

3. 设置文字格式

当选中文本框中的部分文字后，在选中文字的旁边会自动弹出设置文本格式的工具栏，如图 4-27 所示，方便用户进行文字格式的设置。

图 4-27　文本设置的浮动工具栏

要设置文本字体、字号、颜色等，可通过单击相应按钮右边的小三角形▾设置，在弹出的下拉列表中选择合适的设置即可，如图 4-28 所示。

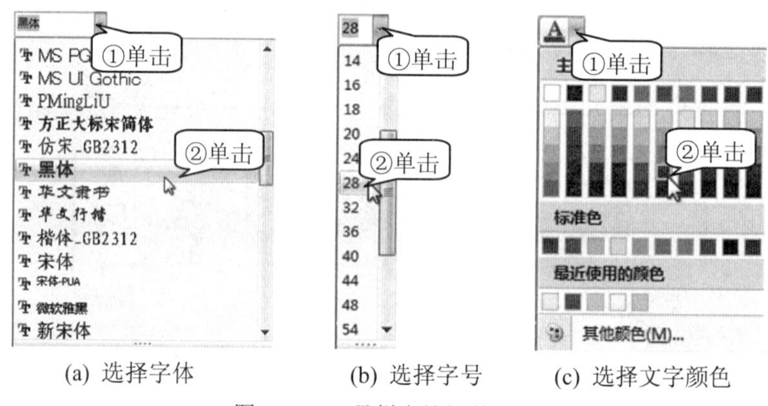

(a) 选择字体　　(b) 选择字号　　(c) 选择文字颜色

图 4-28　工具栏上按钮的用法

4. 调整行距

为了美观和浏览得清晰，常常需要调整艺术字或文本框中文字的行距，为了实现这个功能，可先选中需要调整的文字，按图 4-29 所示操作，调整文本行距。

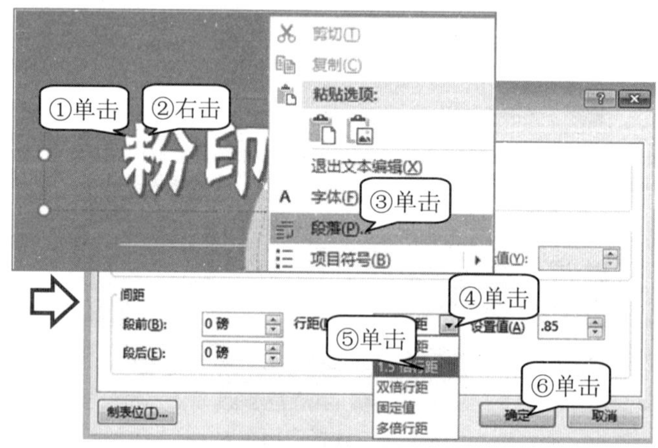

图 4-29　调整文本行距

5. 利用“图片样式”修饰图片

插入外部图片后，双击图片，切换到“格式”选项卡，其中提供了一个“图片样式”

功能区，可方便快速地修饰图片。如图 4-30 所示为同一张图片添加了不同的修饰效果。“图片样式”功能区右边的几个功能按钮可自由定义修饰图片：“图片形状”功能按钮可将图片套到 PowerPoint 形状中；“图片效果”功能按钮可设置三维、阴影等效果。

图 4-30　“图片样式”功能修饰的图片示例

4.1.3　添加声音素材

制作课件时，除使用静态文字、艺术字、图形和图像等对象外，还可以添加声音，让课件有声有色，给学生带来听觉享受，进一步提升课件的表现力。

实例 2　三峡

课件“三峡”是人教版八年级《语文》上册第 26 课的内容，本实例是该课课件的“朗读”幻灯片，通过此实例主要介绍添加声音的方法和技巧，如图 4-31 所示。

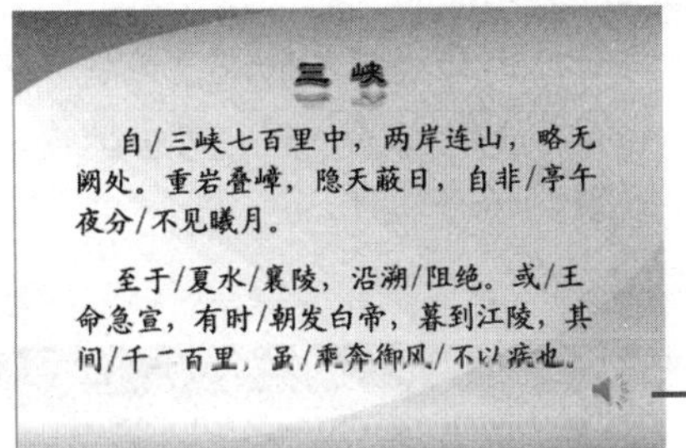

插入声音文件显示为“喇叭”图标

图 4-31　幻灯片“朗读”效果图

制作此幻灯片，先插入朗读课文的声音文件，然后将声音文件图标移至幻灯片之外，避免幻灯片在放映时看到“喇叭”图标。

在制作课件前，要先将声音复制到课件所在的文件夹中，然后再通过“插入”菜单将素材插入到幻灯片。这样可避免在演示课件时，由于找不到素材路径而不能播放的情况。

跟我学

插入音频

在课件中插入符合主题的音乐或声音有两个途径：一是文件中的音频，二是剪贴画音频。

1. **插入文件音频** 运行 PowerPoint 软件，打开课件“三峡”，切换至“朗读”幻灯片(1)，按图 4-32 所示操作，插入“《三峡》朗读.mp3”。

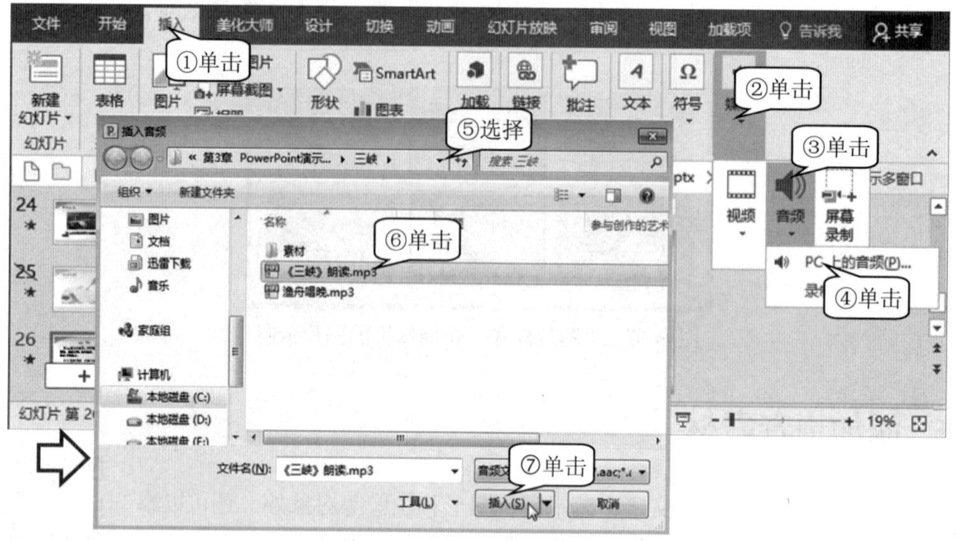

图 4-32 插入文件音频

将课件复制到其他计算机上播放时，其中用到的音频素材也需要一同复制，因此，为便于管理，可以先将音频文件复制到“课件\声音素材”文件夹中。

2. **调整图标位置** 将插入声音文件的图标拖至幻灯片的左下方，效果如图 4-33 所示。
3. **自动播放属性** 切换至“朗读”幻灯片(1)，按图 4-34 所示操作，设置音频属性为放映时隐藏且自动播放，按 Ctrl+S 键，保存课件。

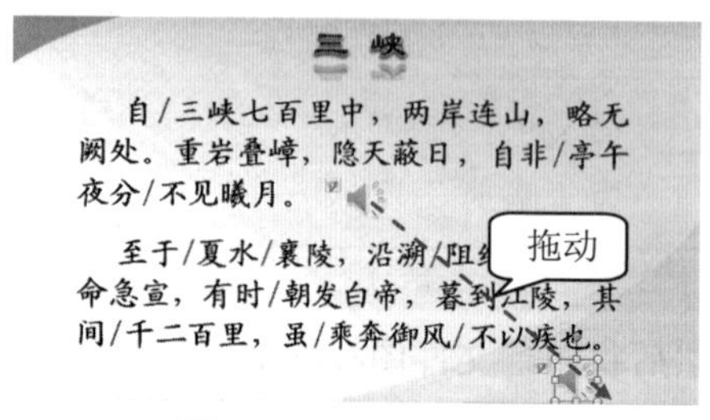

图 4-33 调整图标位置

图 4-34 设置音频播放属性

编辑音频

在课件中插入的音频，其内容往往过长，需要剪裁音频，才能取得适合该幻灯片的主题内容。

1. **剪裁音频** 切换至“朗读”幻灯片(1)，右击“喇叭”图标，按图4-35 所示操作，监听播放到“不以疾也”时，暂停，剪裁音频。
2. **复制音频** 按图 4-36 所示操作，将“朗读”幻灯片(1)中插入的音频“《三峡》朗读.mp3”

复制到“朗读”幻灯片(2)中。

图 4-35　剪裁音频

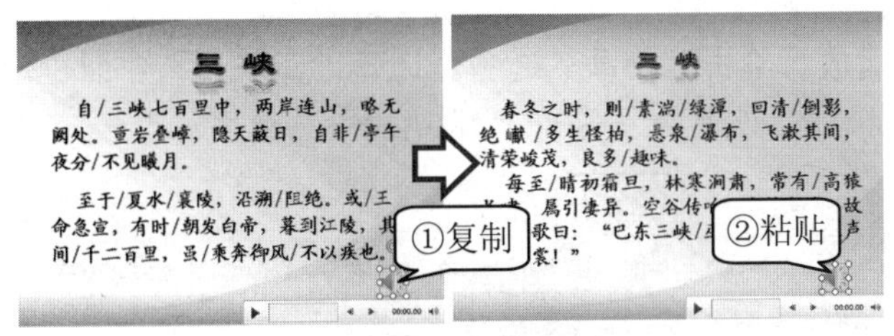

图 4-36　复制音频

3. **剪裁音频**　切换至“朗读”幻灯片(2)，单击“喇叭”图标，选择“播放”选项卡中的“剪切音频”命令，按图 4-37 所示操作，剪裁音频。

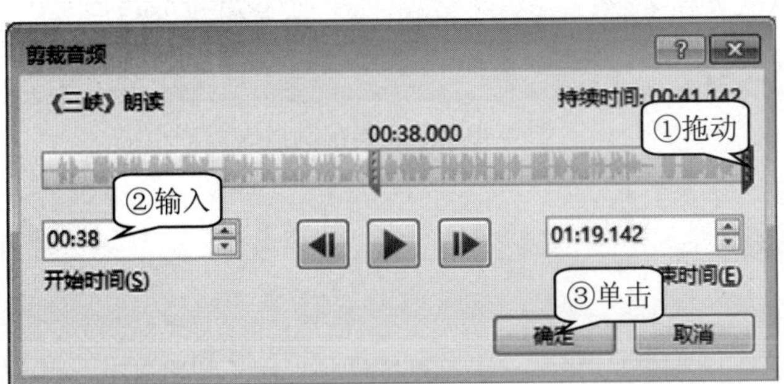

图 4-37　剪裁音频

控制背景音乐播放

为提高背景音乐的播放效果，通过音频工具“播放”选项中的命令和“动画”选项中的“触发”命令，进一步控制音乐播放。

1. **选中音乐图标**　切换至“三峡”课件中的“早发白帝城”幻灯片，选中背景音乐“渔舟唱晚.mp3”图标，效果如图 4-38 所示。
2. **控制音乐播放**　单击“音频工具”下的“播放”选项，按图 4-39 所示操作，在“编辑”组设置：淡入 5 秒，淡出 10 秒，在“音频选项”组设置“开始”为“自动”。

图 4-38　选中音乐图标效果

图 4-39　控制音乐播放

"开始"设置为"自动"，幻灯片在播放时，"背景音乐"会自动播放。为较好地控制背景音乐的播放，常常用"触发器"来控制。

3. **触发器控制播放**　单击"动画"选项，选择"高级动画"组中的"触发"命令，按图 4-40 所示操作，设置触发器为"'图片 2' 播放图标"。

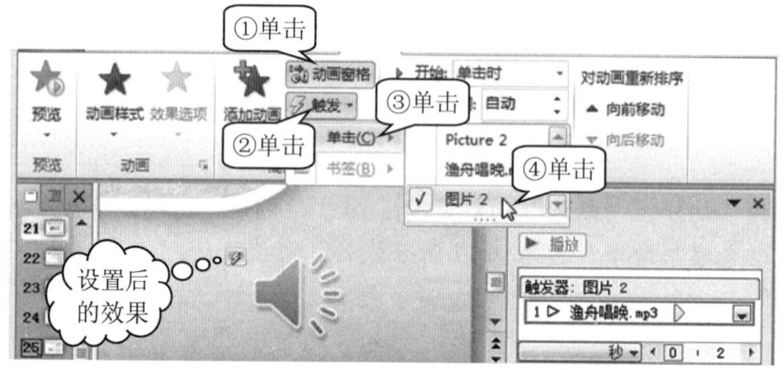

图 4-40　触发器控制播放

知识库

1. 录制音频

如图 4-41 所示，在制作微课课件时，有时需要将当前幻灯片的内容直接录制成声音旁白，可以在 PowerPoint 软件"插入"选项卡中，选择"音频"→"录制音频"命令来进行录制，录制后的声音会直接插入到当前幻灯片中。

图 4-41　录制音频

2. 内录声音

如果没有音乐的任何有效信息，则从网络上获取音乐文件的可能性不大，而外录音乐的杂声太大，效果差，因此可采用内录音乐的方式，将音乐播放一遍，用 Windows 自带的"录音机"软件录制声音，将录制声音保存后，再重新插入到课件中，即可解决问题。

- **打开录音设备**　按图 4-42 所示操作，右击任务栏托盘区“音量控制”图标，打开“录音设备”设置对话框。
- **显示禁用设备**　按图 4-43 所示操作，在空白处右击，选择“显示禁用的设备”选项，此时会显示“立体声混音”设备。

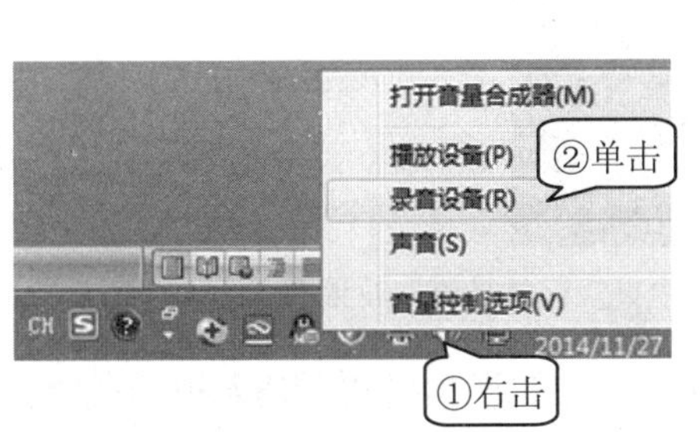

图 4-42　打开录音设备

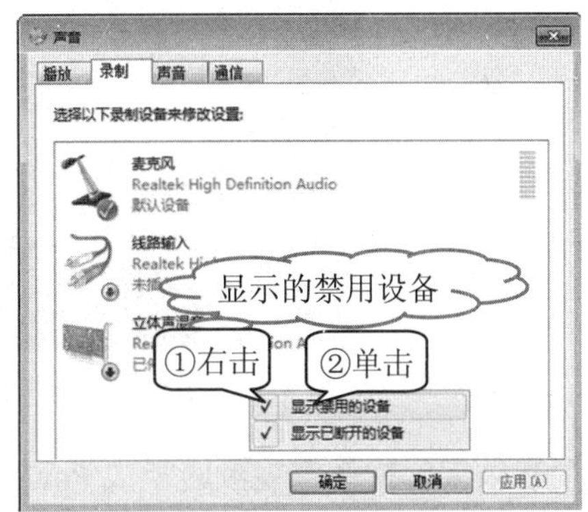

图 4-43　显示禁用设备

- **启用混音设备**　按图 4-44 所示操作，启用立体声混音，单击确定按钮完成设置。

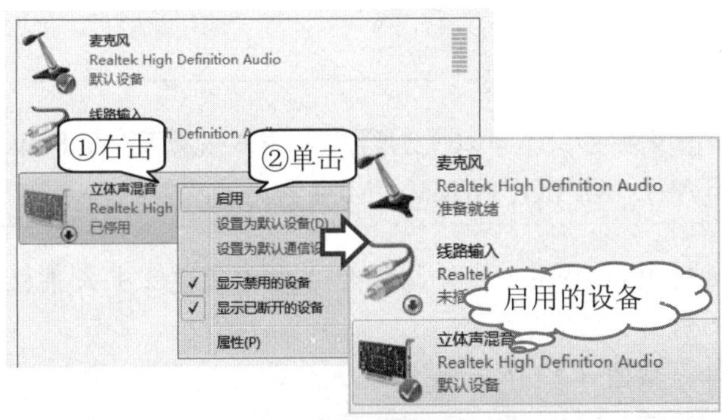

图 4-44　启用混音设备

- **录制音乐**　运行“录音机”软件，播放要内录的音乐文件，按图 4-45 所示操作，录制结束后，单击“停止录制”按钮，保存文件。

图 4-45　录制音乐

4.1.4　添加视频素材

在课件中添加各种多媒体素材，可以使幻灯片变得更加生动有趣，尤其是添加视频后，课件会增色很多，其观赏性也会大大提高。

实例 3　秦始皇建立中央集权的措施

本例是初中《历史》七年级上册第 14 课“秦始皇建立中央集权的措施”课件的内容，为课件添加视频素材，使微课内容更丰富，效果如图 4-46 所示。

图 4-46　课件“秦始皇建立中央集权的措施”效果图

使用视频编辑软件将视频转换成 PowerPoint 支持的视频格式，插入视频后调整其大小和位置，通过参数设置控制视频的播放。

跟我学

插入视频

除可以插入声音文件外，还可以在幻灯片中插入视频文件，PowerPoint 支持多种格式的视频文件，如 AVI、MPEG、WMV、MP4 等。

1. **打开文件**　运行 PowerPoint 软件，打开“秦始皇建立中央集权的措施.pptx”课件，选择第 2 张幻灯片。
2. **插入视频文件**　按图 4-47 所示操作，插入外部视频文件“中华上下五千年秦始皇.flv”。

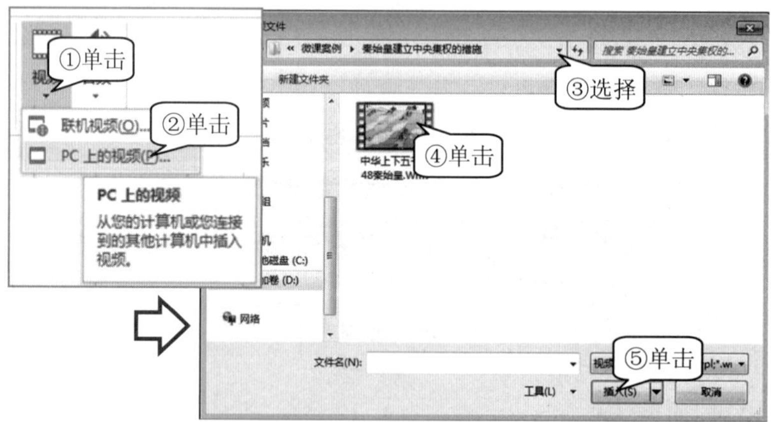

图 4-47　插入视频文件

3. **调整视频大小**　按图 4-48 所示操作，调整视频窗口大小和位置。

图 4-48　调整视频大小和位置

4. **添加播放按钮**　选择“插入”选项卡中的“图片”命令，选择插入“播放.png”图片，调整图片到视频文件下方，效果如图 4-49 所示。

图 4-49　添加视频播放按钮

编辑和控制视频播放

与声音一样，可以根据需要对影片进行剪辑，同时为了更好地控制和操作课件中的影片，还可以设置影片播放的控制按钮。

1. **剪裁视频**　在幻灯片中选中插入视频，按图4-50 所示操作，设置播放开始时间为“53 秒”，结束时间为“2 分 55 秒”。

图 4-50　剪裁视频

2. **控制视频播放**　按图 4-51 所示操作，在“视频选项”组中设置“音量”为“中”，选中“播完返回开头”复选框。

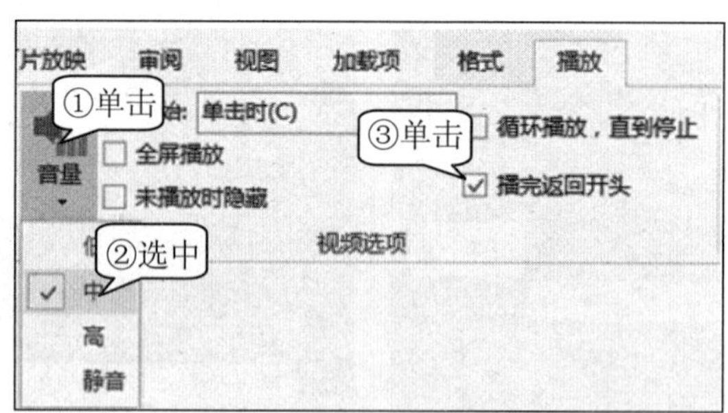

图 4-51　控制视频播放

3. **触发器控制播放**　单击“动画”选项，选择“高级动画”组中的“触发”命令，按图 4-52 所示操作，设置触发器的“播放”按钮，制作完成后，按 Ctrl+S 键，保存课件。

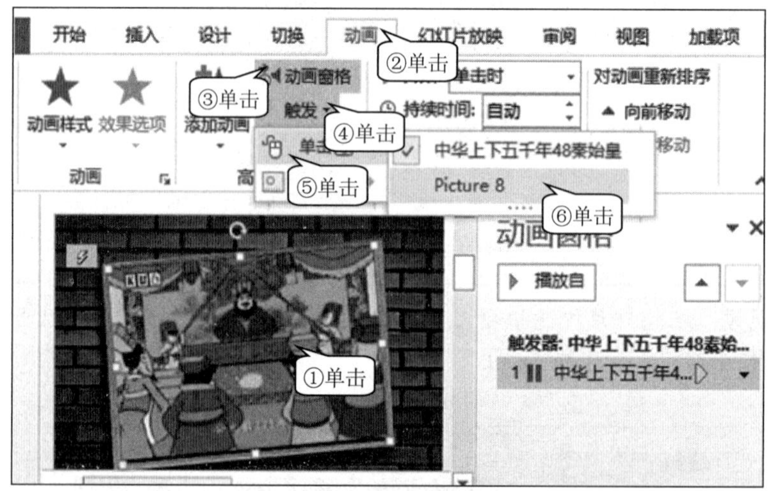

图 4-52　触发器控制播放

1. 视频文件格式

通俗地讲，视频就是电影、电视、VCD 和录像的画面，视频包括模拟视频和数字视频，课件中用的是数字视频。直接插入幻灯片中可播放的格式有 AVI、MPEG、MPG、ASF 和 WMV 5 种，其他视频格式文件需要通过“视频转换器”(如“狸窝全能视频转换器”)转换成其他可播放格式。

2. 屏幕录制

在制作微课课件时，通过录制屏幕的方式获取视频是常用的方法，如在演示微课课件时，配上讲解的旁白，就是一个简单的微课视频。

- **配置录屏参数**　下载、安装、运行“屏幕录像专家”软件，按图 4-53 所示操作，配置参数。

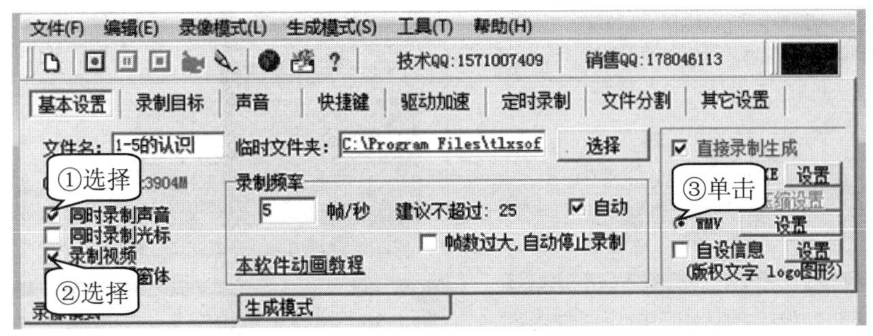

图 4-53　配置录屏参数

- **开始录屏**　按图 4-54 所示操作，单击“开始录制”按钮后，边操作边讲解，结束后双击任务栏右下角的![]按钮，结束录制。

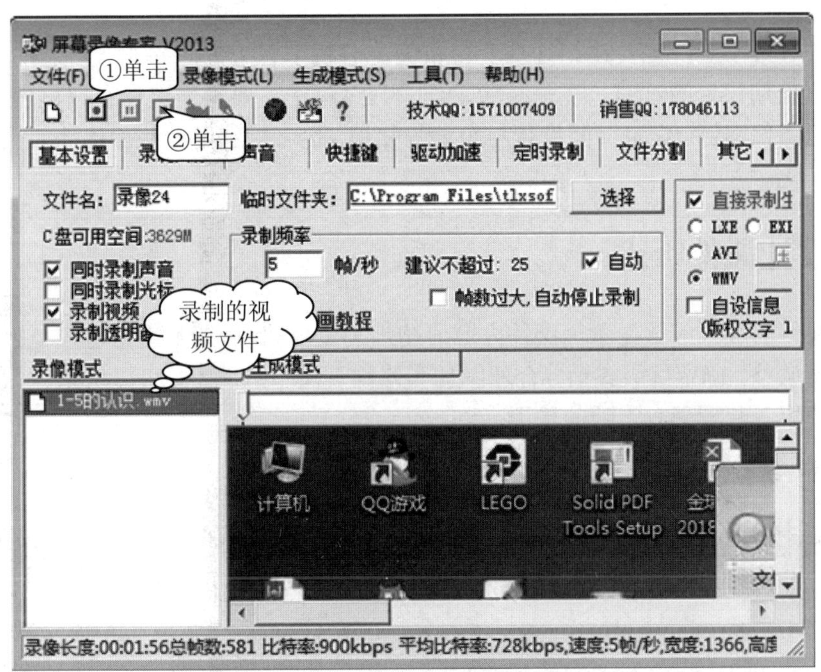

图 4-54　录制视频

- **编辑视频**　右击录制的视频文件，可以对视频进行另存为、格式转换、截取等操作。

创新园

1. 参照图 4-55 所示效果，在 PowerPoint 软件中，输入文字，插入图片，完成小学数学一年级上册第三单元第 1 课“1-5 的认识”微课课件内容制作。

2. 参照图 4-56 所示效果，打开“投掷标枪交叉步.pptx”文件，运用所提供的视频素材，完成小学体育与健康微课课件内容制作。

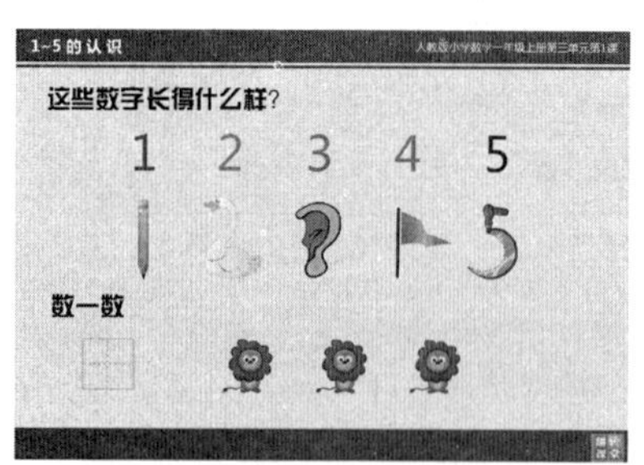

图 4-55 “1-5 的认识”微课课件内容

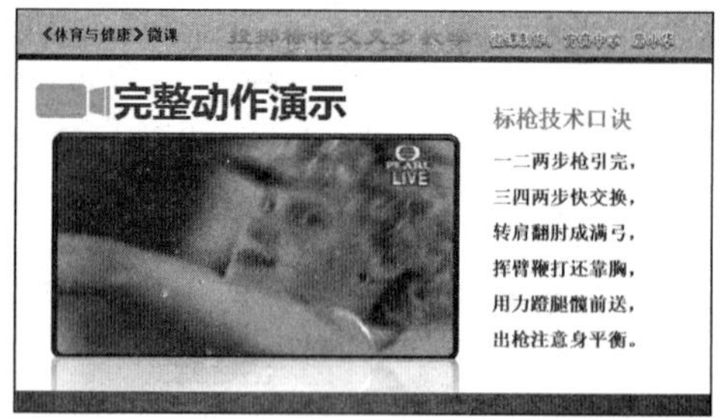

图 4-56 “投掷标枪交叉步”微课课件内容

4.2 美化课件页面

制作幻灯片不难，但要让幻灯片变得精美，对初学者来说，并非一日之功，需要一个循序渐进、长期积累的过程。在平时的工作学习过程中，要善于整理和搜集素材，多浏览一些精美的课件案例，学习页面设计与布局的知识，也可以利用一些美化插件来进行美化。

4.2.1 设计课件版式

微课课件的版式应该在添加课件内容前初步确定，以免后期不满意造成大量的重复调整。确定好版式后，合理添加和修饰页面中的元素，可以增强课件整体效果，起到画龙点睛的作用。

实例 4 苏州园林的特点

“苏州园林”是人教版八年级《语文》上册第三单元第 11 课的内容，本实例是该课件的其中一张幻灯片。接下来通过讲解此实例介绍课件幻灯片的美化方法和思路，如图 4-57 所示。

图 4-57 课件“苏州园林”版式布局图

微课课件的美化采用先整体后局部的原则，即先通过页面设置调整课件页面的大小、版式，使整个课件形成统一的风格，在此基础上再对每张幻灯片中的文字、图片等元素进行布局、调整。

跟我学

调整页面设置

制作课件之前，首先要进行页面设置，通过页面设置可以设计出横版、竖版、宽屏等效果。

1. **新建幻灯片**　运行 PowerPoint 软件，打开课件“苏州园林”，定位到第 4、5 张幻灯片中间，选择“插入”→“新建幻灯片”命令，新建一张空白幻灯片。
2. **调整页面设置**　选择“幻灯片”，按图 4-58 所示操作，调整幻灯片的显示比例为“宽频 16:9”。

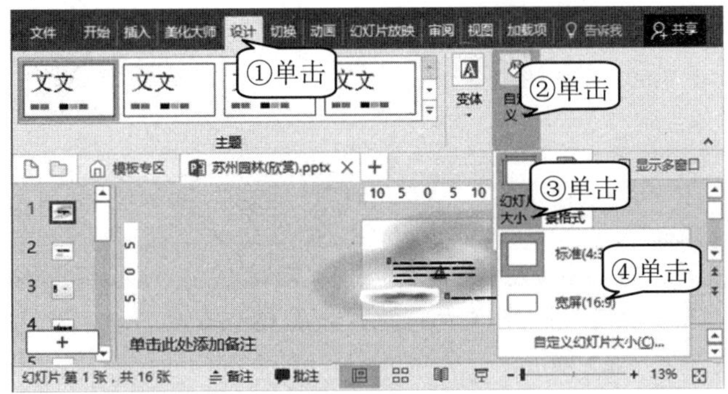

图 4-58　调整显示比例

添加课件内容

课件的内容包括设置背景、添加图片、输入文字等，将内容添加到合理位置，可以看到初步布局效果。

1. **设置背景**　在幻灯片空白处右击，选择快捷菜单中的“设置背景格式”命令，在弹出的对话框中，按图 4-59 所示操作，设置幻灯片背景。

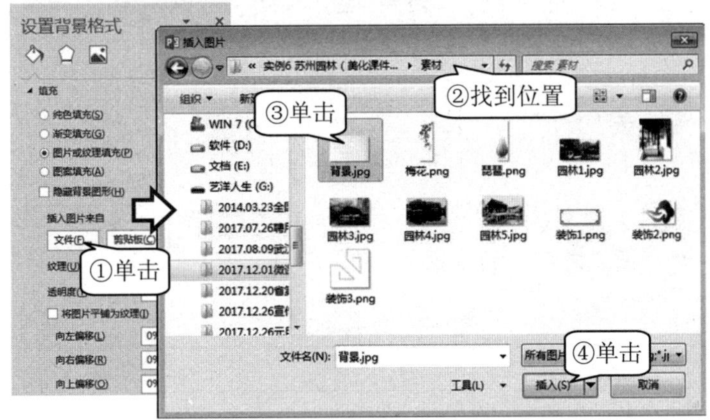

图 4-59　设置幻灯片背景

2. **插入图片** 选择“插入”选项卡中的“图片”命令，按图 4-60 所示操作，插入幻灯片中的所有图片。

3. **调整图片** 分别选中每个图片，调整大小和位置，效果如图 4-61 所示。

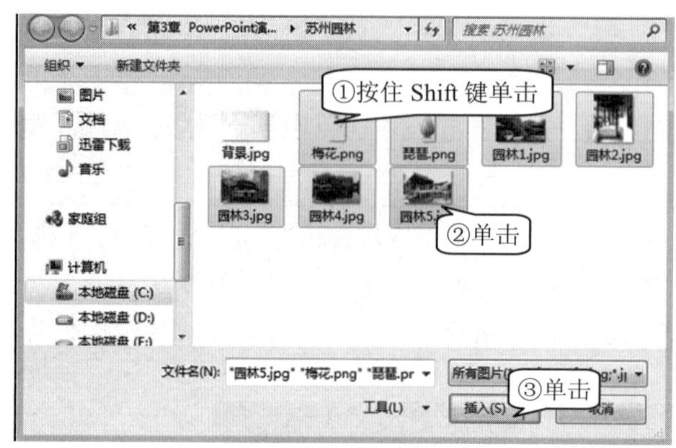

图 4-60 插入图片

图 4-61 调整图片效果

可按住 Alt 键精确裁剪图片，在调整图片位置时，可以按住 Ctrl 键和方向键，精确定位图片的位置。

4. **添加文字** 选择“插入”选项卡中的“文本框”命令，插入幻灯片中的标题和文字内容。效果如图 4-62 所示。

图 4-62 添加文字

5. **设置文字属性** 分别选中文本框，按表 4-2 所示的参数，设置“标题文字 1”“标题文字 2”和“正文文字”的属性。

表 4-2 文字属性信息表

项 目	字 体	字 号	字符间距	行 距
标题文字 1	华文中宋	28 磅	加宽 3 磅	单倍行距
标题文字 2	Arial	11 磅	普通	单倍行距

(续表)

项　目	字　体	字　号	字 符 间 距	行　距
正文文字	楷体	12 磅	普通	1.5 倍行距

绘制装饰图形

通过插入矩形、线条，并配合合理的颜色设置，可以让课件幻灯片的版式、布局更加清晰，更有层次感。

1. **绘制矩形边框**　按图 4-63 所示操作，拖动鼠标，在幻灯片中绘制矩形图形。

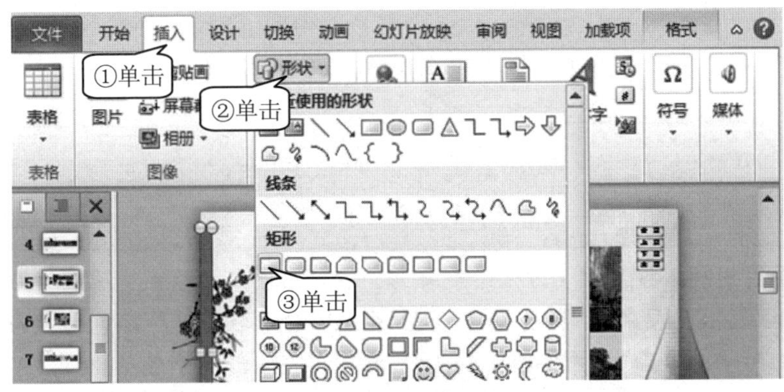

图 4-63　绘制矩形

2. **设置矩形属性**　按图 4-64 所示操作，设置矩形图形的“形状填充”为“红色”，再用相同的方法，设置“形状轮廓”为“无轮廓”，移动矩形图形到适当的位置。

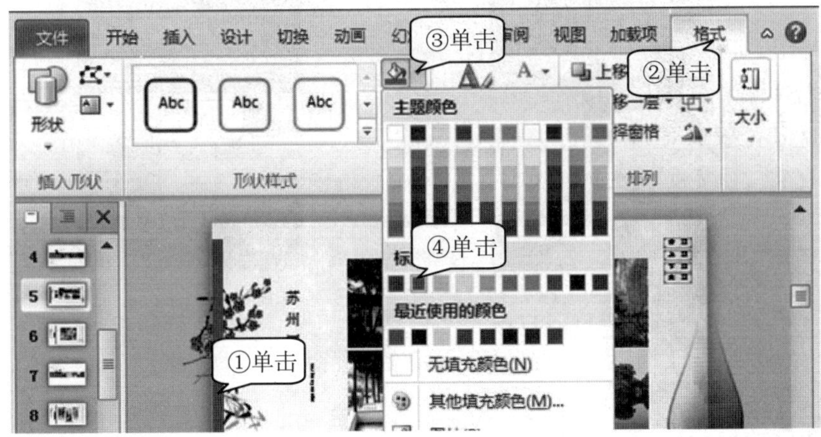

图 4-64　设置矩形图形属性

运用图形进行幻灯片装饰时，根据需要可以改变图形的透明度，还可以调整图形与主体内容之间的叠放层次，达到最佳的视觉效果。

3. **制作其他图形、线条**　用相同的方法，绘制其他矩形图形和线条，设置属性，调整位置，效果如图 4-65 所示。

图 4-65　制作好的图形、线条元素效果

使用“形状”命令中的“直线”工具装饰幻灯片时，还可以更改线条形状的“粗细”“虚线”等属性。

4. **制作图片衬图**　按步骤 1 方法绘制矩形，在“绘图工具格式”选项卡中设置图形的宽度为“21.65 厘米”，高度为“12.72 厘米”，“形状填充”颜色为“灰色”，“形状轮廓”为“无轮廓”，并按图 4-66 所示操作，将图形置于底层。

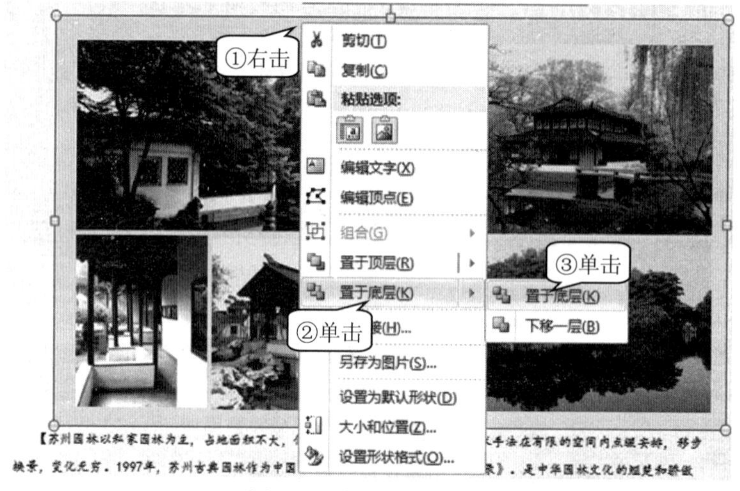

图 4-66　插入图片衬图

添加装饰图片

装饰图片可以有效地填补幻灯片的空缺，让整个版面看起来更丰富，但装饰图片不宜过多、过于花哨，位置和大小要适中。

1. **插入装饰图片**　选择“插入”选项卡中的“插入来自文件的图片”命令，按图 4-67 所示操作，插入装饰图片。
2. **调整图片位置**　将插入的装饰图片调整大小后移到适当的位置。

3. **复制旋转图片**　将插入的“装饰 3”图片选中，选择“开始”选项卡中的“复制”“粘贴”命令。选中复制后的图片，按图 4-68 所示操作，垂直旋转图片，并将图片移到“衬图”的右上角位置。

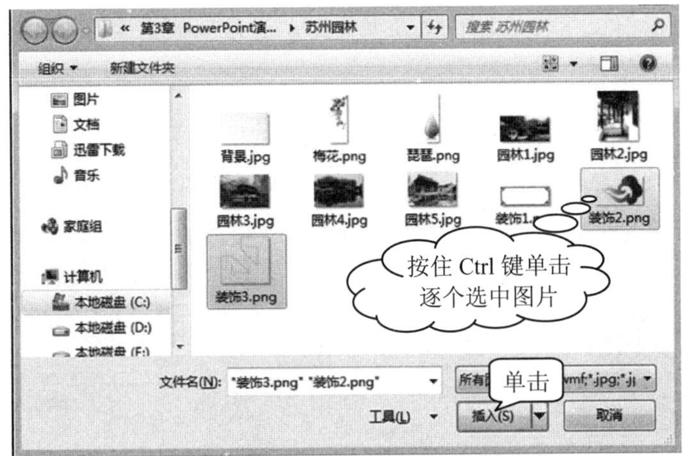

图 4-67　插入装饰图片

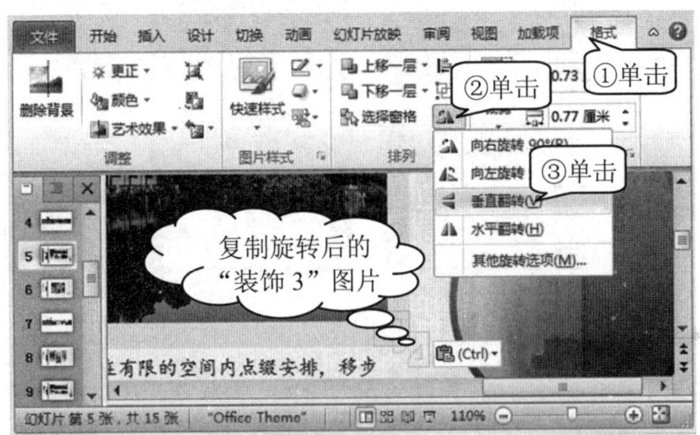

图 4-68　复制、旋转装饰图片

4. **制作其他图片**　用相同的方法，完成其他装饰图片的制作，将文件另存为“苏州园林(终).pptx”，放映效果如图 4-69 所示。

图 4-69　课件放映效果

4.2.2 统一课件风格

统一课件风格可以让课件更精美，可读性更强，课件的风格包括页面的版式、色调、字体样式等。在制作微课课件前，通常会根据课件内容选择合适的模板，在此基础上进行制作。

实例 5　重力的方向

本例要制作的课件是有关初中物理的内容，教师根据教学需求制作了一个课件。一开始制作的课件仅仅是知识点的罗列，图片风格不统一，文字字体、字号也比较乱，很难吸引人的注意力，需要对课件风格进行统一，美化前后的对比效果如图 4-70 所示。

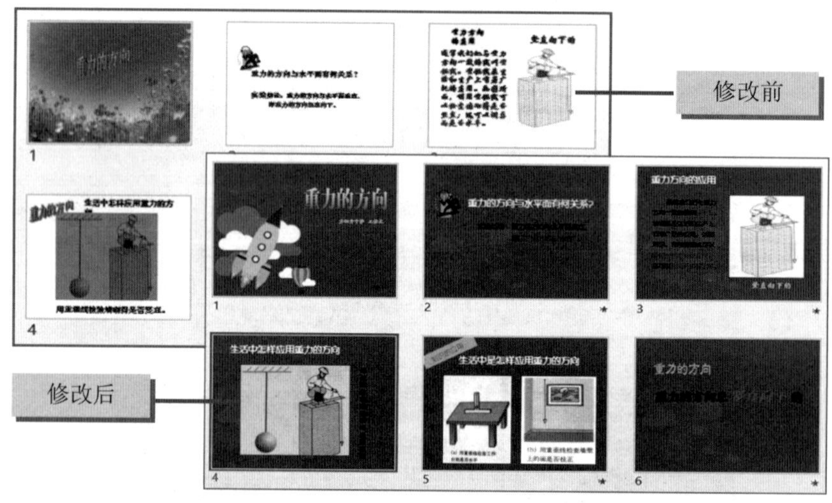

图 4-70　课件“重力的方向”美化效果对比图

对于课件制作的初学者来说，下载并安装“PPT 美化大师”软件，使用软件中提供的模板，可以快速统一课件风格。

跟我学

选择模板

课件的内容很重要，但把课件做得漂亮可以让观众更有兴趣，更赏心悦目。制作时只要从“PPT 美化大师”软件模板库中选择自己需要的模板就可以了。

1. **打开文件**　下载、安装“PPT 美化大师”软件，运行 PowerPoint 软件，打开“重力的方向.pptx”课件。
2. **打开模板库**　按图 4-71 所示操作，打开“PPT 美化大师”软件的模板库。

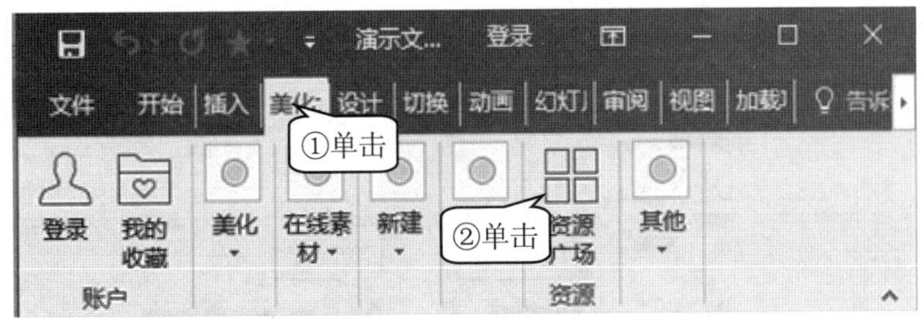

图 4-71　打开模板库

3. **查看模板**　按图 4-72 所示操作，查找合适的模板，双击可以放大浏览该模板。

图 4-72　查看模板

4. **应用模板**　按图 4-73 所示操作，将选择的模板应用到当前幻灯片中。

图 4-73　应用模板

5. **调整封面版式** 切换到第 1 张幻灯片，按图 4-74 所示操作，设置幻灯片版式为“标题幻灯片”。

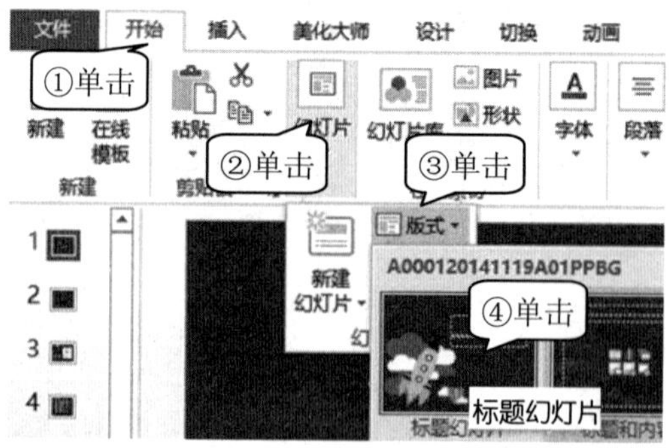

图 4-74 调整封面版式

统一文字

在课件中，文字表达也要简洁、易读、显示清晰，让所有人都能看清楚。利用“PPT 美化大师”软件的字体替换功能，还可以统一幻灯片的文字格式。

1. **修改标题文字** 选中标题文字，按图 4-75 所示操作，重新设置艺术字的格式。再设置标题文字的字体为“方正粗宋简体”，适当调整大小和位置。

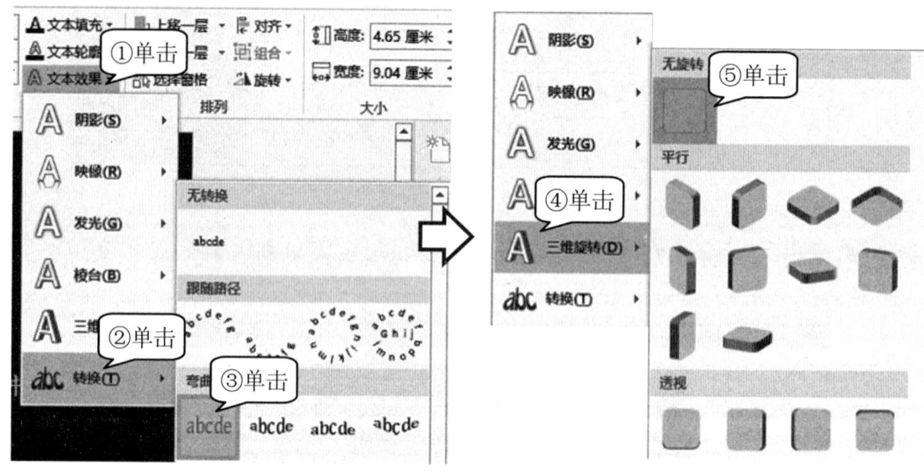

图 4-75 设置艺术字格式

2. **统一其他标题文字** 切换到第 2 张幻灯片，按图 4-76 所示操作，设置第 2 至第 8 页标题文字的字体为“方正细珊瑚简体”，字号为 36。
3. **设置其他正文字体的格式** 用同样的方法，设置第 2 至第 8 页正文部分文字的字体为“幼圆”，字号为 26。
4. **调整文字颜色及位置** 查看每页幻灯片的内容，对文字部分进行颜色、位置的调整，做到美观、简洁。
5. **保存课件** 按 Ctrl+S 键，保存课件，播放测试课件。

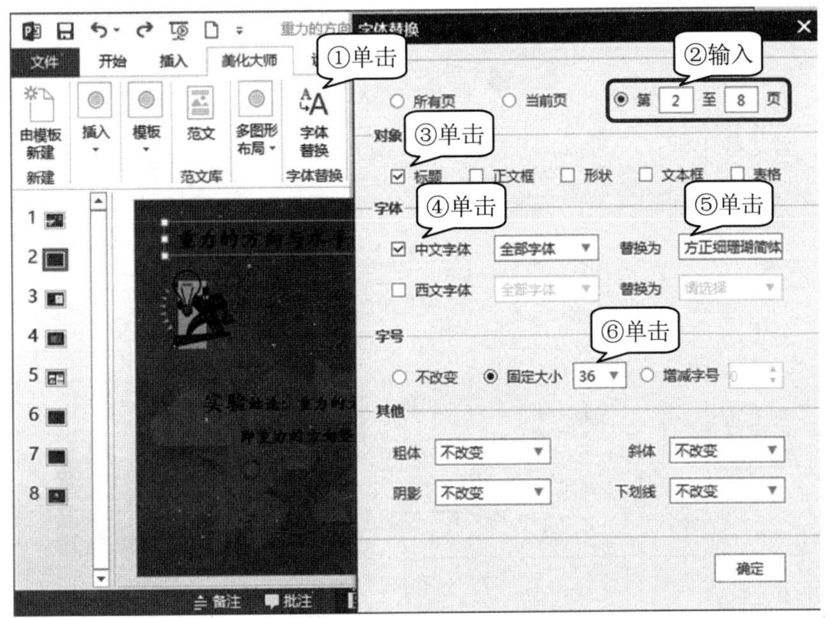

图 4-76　设置其他页面文字格式

4.2.3　制作课件目录

为了增加播放的效果，可以在制作课件时添加目录页，让观众了解课件的知识框架。在制作课件时，目录的标题一定要清晰，逻辑关系要明确。

实例 6　显微镜的使用

本课件的内容是初中生物“显微镜的使用”，本例要制作的是为课件添加一个目录页，让观众对显微镜的使用有一个大致的了解，效果如图 4-77 所示。

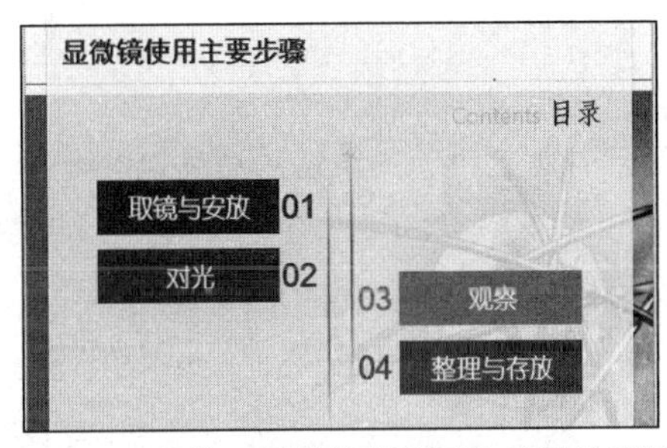

图 4-77　课件“显微镜的使用”目录效果图

通过本例的学习，学会使用“PPT 美化大师”软件素材库，快速制作微课课件目录，并在此基础上根据需要做一定的修改。

跟我学

选择目录样式

在美化课件整体风格后，可以根据需要，针对个别页面进行一些调整。“PPT 美化大师”软件提供了很多在线的页面样式，供用户选择。

1. **打开课件**　打开需要添加目录的课件“显微镜的使用.pptx”，切换到第 2 张幻灯片。
2. **打开幻灯片库**　按图 4-78 所示操作，浏览幻灯片库中的目录页样式。

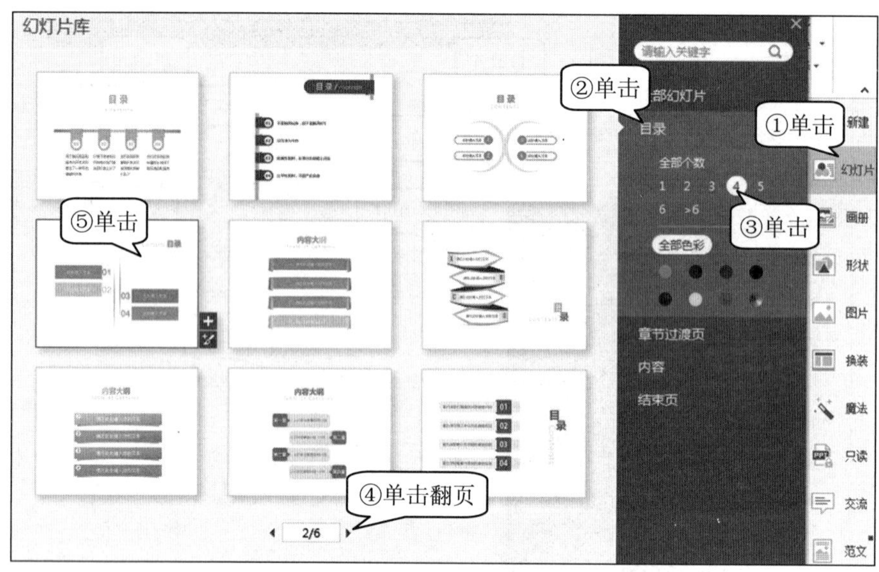

图 4-78　查看幻灯片库

3. **选择幻灯片目录样式**　按图4-79 所示操作，选择合适的目录页样式插入到当前幻灯片中。

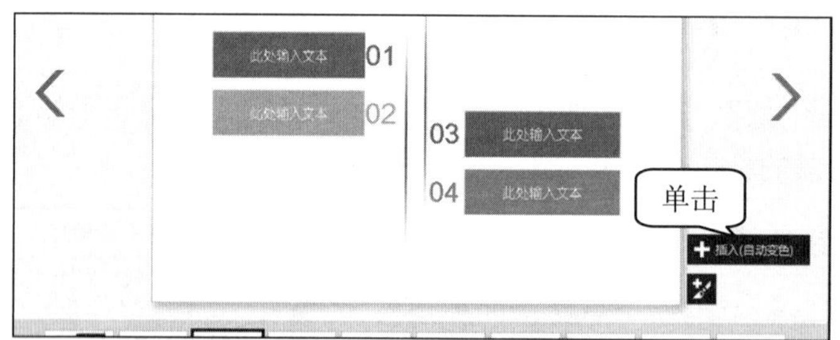

图 4-79　应用幻灯片库

在应用幻灯片库中的页面样式时，有两种选择方式：“插入(自动变色)”和“插入(保留原色)”，一般情况下，为了保持整体风格的统一，都会选择“插入(自动变色)”方式。

编辑目录

选择好目录页样式后，再根据课件内容的需要，对目录进行编辑，输入目录的具体文字内容。

1. **设置目录页版式**　切换到目录幻灯片，按图 4-80 所示操作，设置目录页的版式。
2. **输入目录标题**　在标题框内输入文字“显微镜使用主要步骤”，并设置文字的格式为“微软雅黑”，32 号，加粗，效果如图 4-77 所示。
3. **输入其他文本**　依次输入其他 4 个小标题，并调整文字的格式为“幼圆”，28 号，加粗，按 Ctrl+S 键，保存课件。

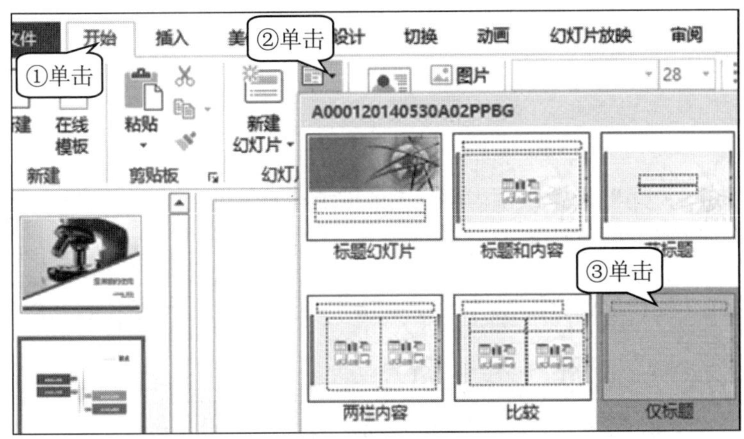

图 4-80　设置目录页版式

4.2.4　添加装饰元素

课件要想做得美轮美奂，提升视觉感观的效果，就需要添加一些装饰美化的图片和图形。“PPT 美化大师”软件提供了非常多的相关素材，可以轻松地完成幻灯片的美化。

实例 7　熟悉而陌生的力

本例要制作的课件是初中《物理》九年级复习课中的一个知识点“力的认识”，复习的内容多以文字为主，长时间观看容易视觉疲劳，可以适当添加一些图片或图形，以提高幻灯片的吸引力，添加装饰元素后的效果如图 4-81 所示。

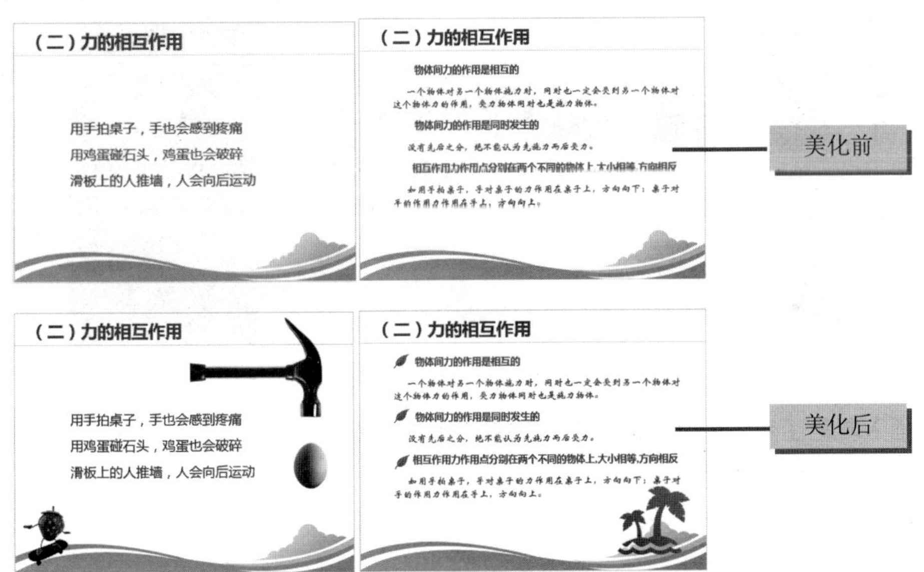

图 4-81　课件美化前后效果对比图

通过本课件学习应用“PPT 美化大师”软件中的美化功能，先添加装饰图片，再添加装饰图形，以得到我们想要的课件效果，给枯燥的复习课带来一些乐趣。

跟我学

添加图片

“PPT 美化大师”软件也提供了添加图片的功能，可以添加本地计算机中的图片，也可以选择互联网上的图片素材。

1. **打开课件** 运行 PowerPoint 软件，打开“熟悉而陌生的力.pptx”课件，切换到第 3 张幻灯片。
2. **打开图片库** 按图 4-82 所示操作，打开“PPT 美化大师”软件的图片库。

图 4-82 打开图片库

3. **搜索和插入图片** 按图 4-83 所示操作，在搜索框内输入关键词“鸡蛋”，在线搜索需要的图片素材，插入到幻灯片中，并调整图片大小和位置。

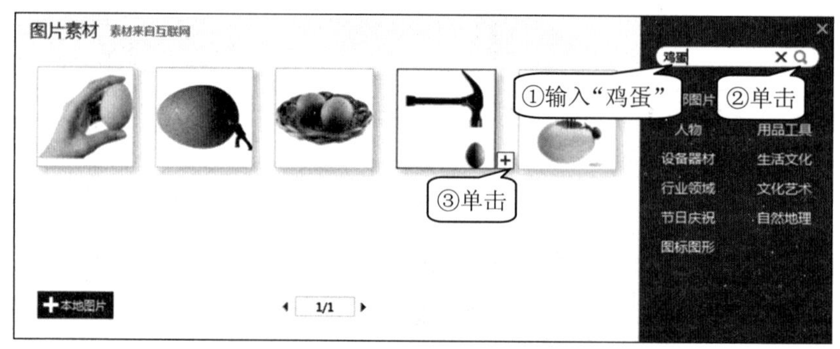

图 4-83 搜索和插入图片

4. **插入其他图片** 用同样的方法，搜索“滑板”图片，并插入到幻灯片中，调整大小和位置，效果如图 4-81 所示。

添加形状

“PPT 美化大师”软件为用户提供了很多不同类别的图形，可以直接选择，快速绘制，还可以进行各种编辑，以更好地突出幻灯片的主题。

1. **打开形状库** 单击 PowerPoint 课件右侧栏中的 形状 图标，打开“PPT 美化大师”

软件形状库。

2. **分类查找形状**　按图 4-84 所示操作，打开植物分类图形，翻到第 5 页，选择树叶图案，插入到当前幻灯片中。

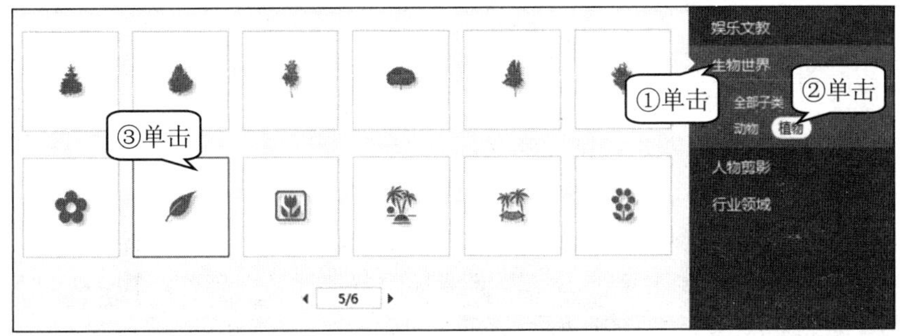

图 4-84　查找形状

3. **设置形状格式**　选中形状，按图 4-85 所示操作，设置树叶形状的颜色为“绿色”，调整大小和位置，再复制 2 个树叶形状，并移至合适的位置。

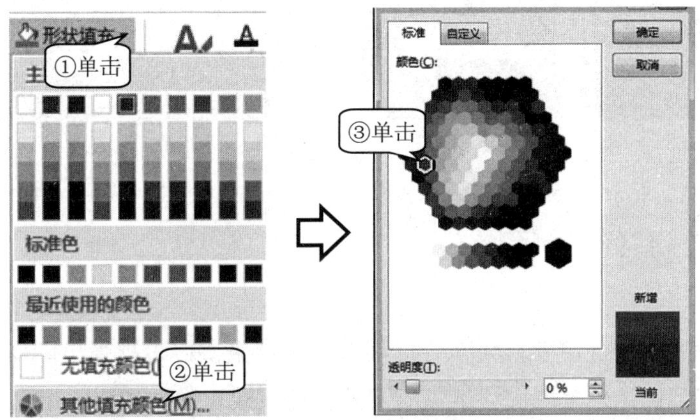

图 4-85　设置形状格式

4. **插入其他形状**　用同样的方法，再插入一个形状，调整颜色、大小和位置，效果如图 4-86 所示，保存课件作品。

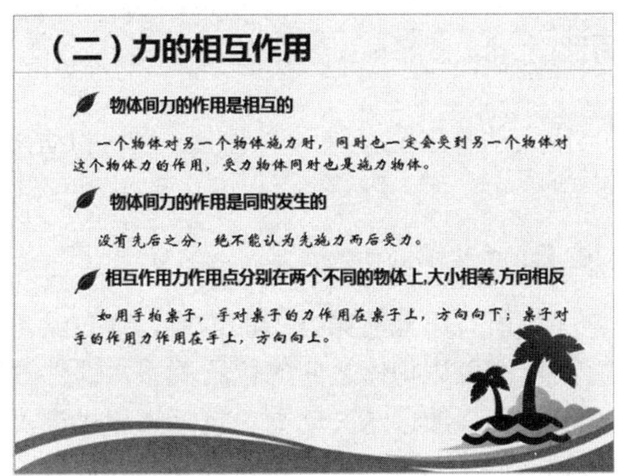

图 4-86　插入形状后的效果图

为了方便对齐、定位，可以选中多个对象，选择“格式”选项卡中的“排列”→“对齐”命令进行对齐。

创新园

1. 参照图 4-87 所示的效果，创建和美化文本框，插入和美化艺术字、图片，制作七年级《语文》上册“走一步，再走一步”微课课件的封面。

2. 参照图 4-88 所示的效果，插入文字、图片，运用“PPT 美化大师”目录素材，完成八年级《语文》上册“红星闪耀中国”微课课件内容制作。

图 4-87 “走一步，再走一步”微课课件封面

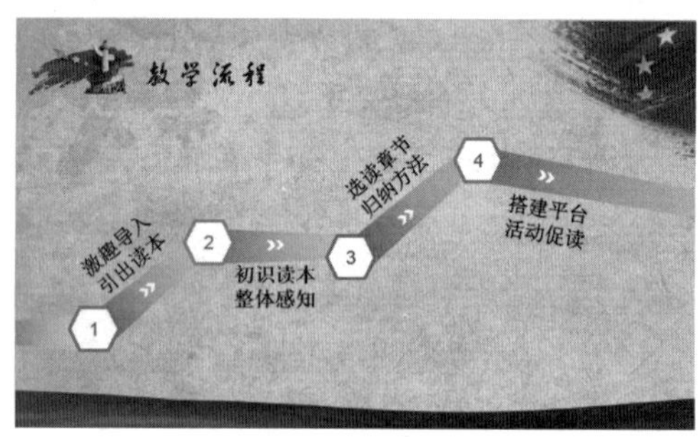

图 4-88 “红星闪耀中国”微课课件内容

4.3 设置课件动画

动画是课件中经常使用的技术之一，利用动画技术可以吸引学生的注意力，突出教学内容中的重点和难点，极大地调动学生的学习兴趣，改善教学效果。

在 PowerPoint 中，动画可大致分为两种类型：一种是在一张幻灯片播放过程中使用的动画，称为“片内动画”，通过“自定义动画”功能来实现；另一种是在一张幻灯片播放完，切换到另外一张幻灯片时的动画，称为“片间动画”，利用“幻灯片切换”功能来实现。

4.3.1 添加片内动画

在 PowerPoint 中，自定义动画主要有进入、退出、强调和动作路径等几种不同性质的动画类型。

实例 8 Shopping for Food

本课件制作的是小学《英语》第七册第八课的内容，通过给幻灯片中的对象添加自定义动画效果，让学生学会用英语表达物体之间的位置关系，课件效果如图 4-89 所示。

本例的主要任务是学习如何添加自定义动画，包括添加“进入”动画、“路径”动画、“退出”动画，以及如何编辑自定义动画、调整动画的顺序等。

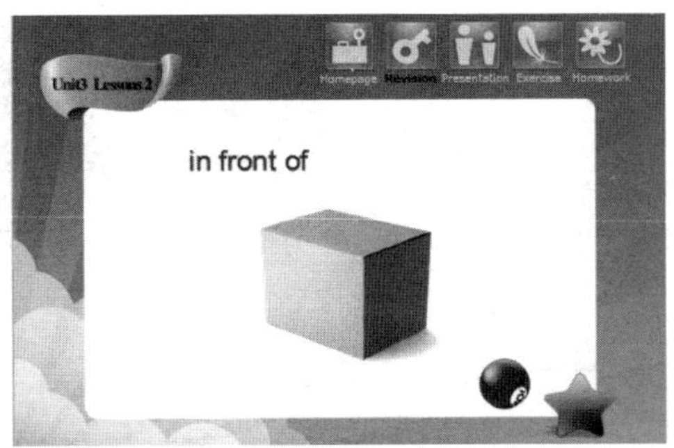

图 4-89　课件“Shopping for Food”效果图

跟我学

设置进入动画

“进入”动画，就是在幻灯片放映时，该对象通过一种动画方式进入到画面中，并最终显示在预定好的位置上。

1. **打开课件**　打开“Shopping for Food.pptx”课件，切换到第 2 张幻灯片。
2. **打开“自定义动画”窗格**　按图 4-90 所示操作，打开“自定义动画”窗格。

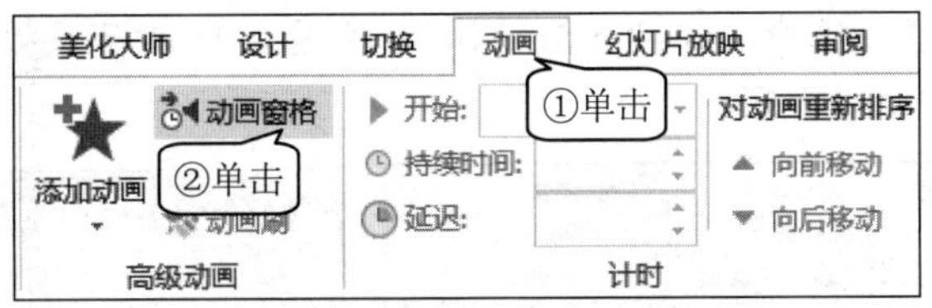

图 4-90　打开“自定义动画”窗格

3. **添加“进入”动画**　选中文字“in front of”，按图 4-91 所示操作，为文字添加“进入”动画中的“飞入”效果。

图 4-91　添加“进入”动画

4. **设置动画效果**　按图 4-92 所示操作，设置文字进入效果为“自左侧飞入”，开始时间为“上一动画之后”。

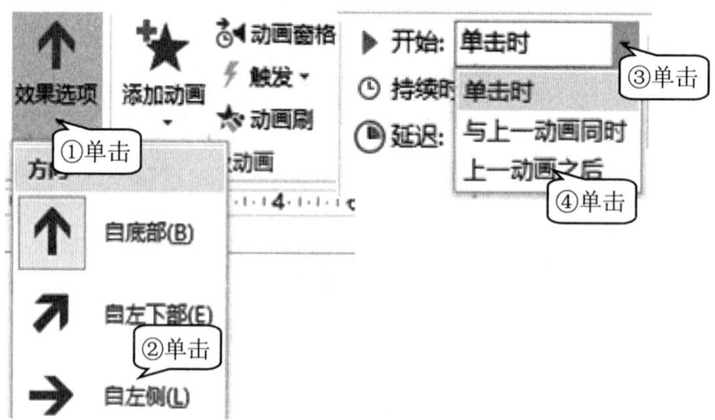

图 4-92　设置自定义动画效果

为对象添加不同的动画效果时，单击动画选项卡中的“效果选项”后出现的调整内容和选择命令是不一样的。

设置退出动画

设置文字对象的退出效果，使得文字对象以指定的动画方式从当前幻灯片中消失。

1. **添加“退出”动画**　选中文字“in front of”，按图 4-93 所示操作，为文字添加“退出”动画中的“飞入”效果。

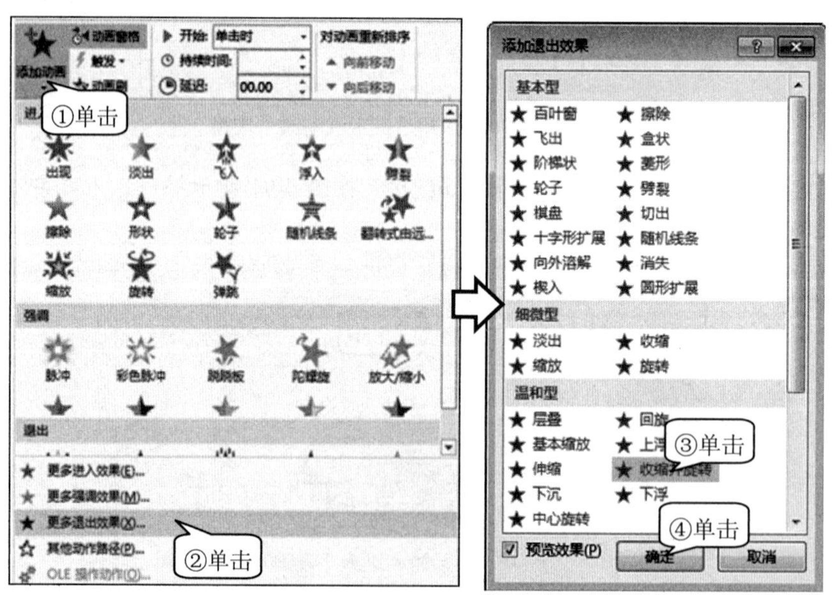

图 4-93　添加“退出”动画

2. **设置动画效果**　设置文字自定义动画的开始时间为“上一动画之后”。
3. **预览效果**　为文字设置好动画效果之后，可以按图 4-94 所示操作，预览动画的效果。

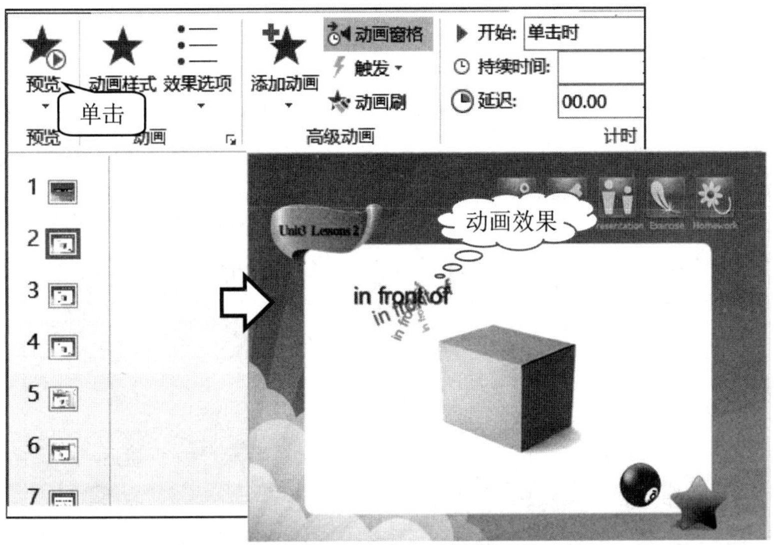

图 4-94　预览动画效果

设置动作路径动画

自定义动画还可以为对象指定运动的路径，或是自定义路径，使得对象沿着指定的路径在幻灯片中运动。

1. **选择路径效果**　选中红球，按图 4-95 所示操作，选择“自定义路径”。
2. **绘制路径**　在幻灯片中按住鼠标左键，拖动绘制红球运动的路径，最后双击鼠标完成绘制。在预览动作效果后，会显示出动作的路径，效果如图 4-96 所示。

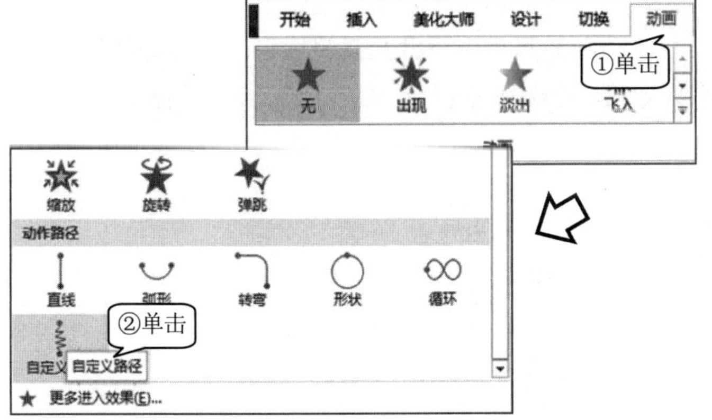

图 4-95　选择“自定义路径”动画效果

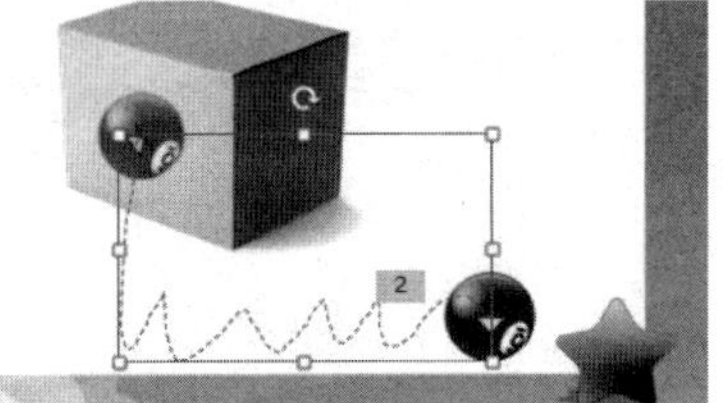

图 4-96　绘制动作路径

调整动画播放顺序

在同一张幻灯片中可以添加多个动画效果，在预览所有对象动画效果后，可根据需要对动画的播放顺序进行调整，使动画效果设置更合理。

1. **选中动画效果**　在动画窗格中，选中第 2 个动画效果 1★ 文本框 27: in fr... 选项。

为对象设置动画效果后，在该对象的左上角会出现 1、2、3……这些数字是按照设置动画的先后顺序依次出现的。数字 0 表示该动画是该幻灯片上第 1 个自动播放的动画效果。

2. **调整动画顺序** 按图 4-97 所示操作，将第 1 个动画效果移动到第 2 个动画效果的位置，按 Ctrl+S 键，保存设置好的动画效果的课件。

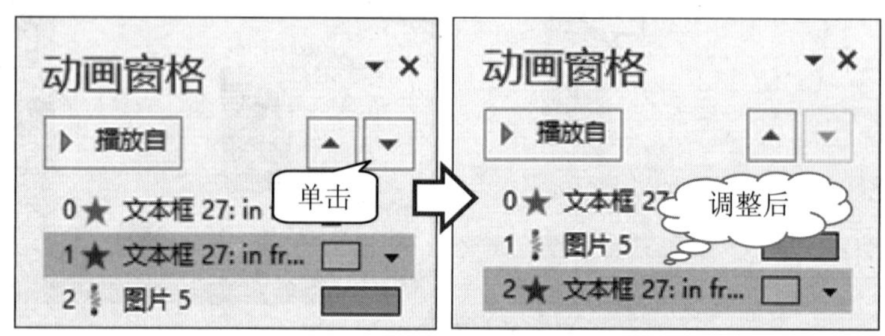

图 4-97 调整动画播放顺序

知识库

1. 不同对象的“效果选项”

不同的对象、动画效果，其“效果选项”对话框中的内容也会有所不同，如图 4-98 所示。例如，在图 4-98(a)所示的“弹跳”效果选项对话框中，可设置“声音”“动画播放后”等相关参数，如果对文本框设置了弹跳效果，还可设置文本框中的文字是整体、按词、按字或按字母出现；而在图 4-98(b)所示的“放大/缩小”效果选项对话框中，除能完成前面的设置外，还可设置放大/缩小的尺寸、动画的起止平稳度及播放后自动翻转等效果。

(a) “弹跳”动画效果选项对话框

(b) “放大/缩小”动画效果选项对话框

图 4-98 不同动画效果对话框

2. 删除动画效果

如果对设置的动画效果不满意，可以删除设置的动画效果。在右侧的“动画窗格”中，先选中要删除的动画效果，单击上方的“删除”按钮，或是按 Delete 键，即可删除选中的动画效果。

3. 批量设置自定义动画

如果先同时选中几个对象，再进行自定义动画的设置，可批量设置对象的自定义动画，设置后,这些对象的动画将同时播放。在 PowerPoint 中有一个类似于“格式刷”功能的动画刷按钮，“动画刷”的使用方法与“格式刷”相同，它能大大提高效率，节省时间。

4.3.2　设置片间动画

幻灯片的切换效果是指，课件放映时从一张幻灯片切换到下一张幻灯片时所显示的动画效果，它使得页面切换不再单调，而是生动、有气势。

实例 9　探索动画原理

本例制作的课件是初中《信息技术》中的一个知识点“探索动画原理”，为使课件过渡更自然，设置了幻灯片切换动画效果，效果如图 4-99 所示。

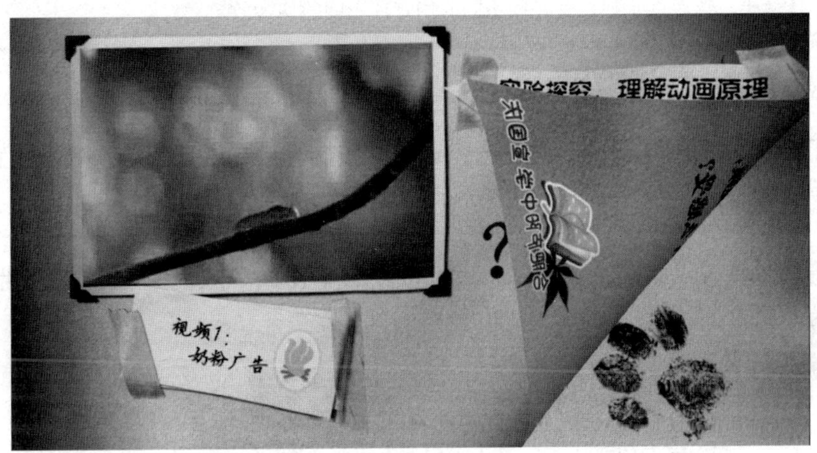

图 4-99　课件“探索动画原理”切换效果

本课件首先为所有幻灯片设置切换效果，再单独设置封面的切换效果，使整体风格既统一，又不乏味。

跟我学

设置切换效果

默认情况下，幻灯片之间是没有动画效果的，可以通过“切换”选项卡中的“切换到此幻灯片”组中的各项命令添加切换效果。

1. **打开课件**　打开“探索动画原理.pptx”课件，切换到第 2 张幻灯片。
2. **设置切换效果**　按图 4-100 所示操作，设置所有幻灯片的切换效果为“剥离”。

3. **设置封面切换效果** 切换到第 1 张幻灯片，用同样的方法设置封面幻灯片的切换效果为“悬挂”。

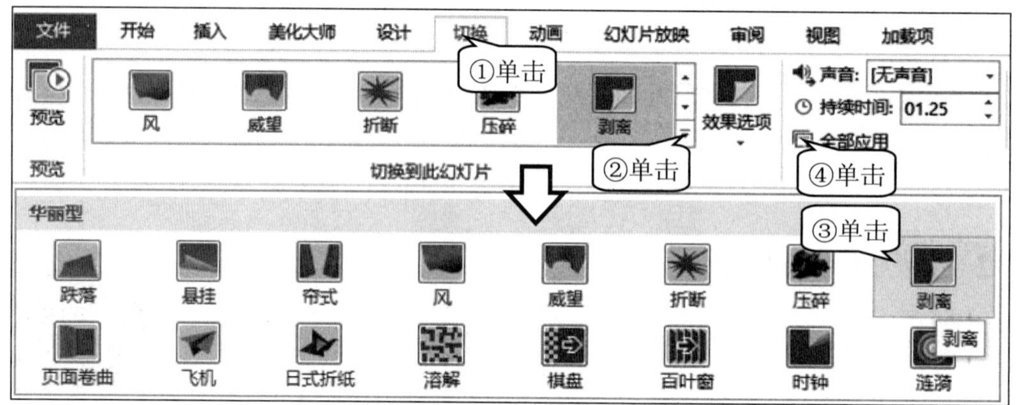

图 4-100 设置“剥离”切换效果

设置不同切换效果时要注意次序，先用“全部应用”功能设置好多数幻灯片的切换效果，然后再单独设置一些不同的幻灯片之间的切换效果。

编辑切换效果

为幻灯片添加页面切换动画之后，还可以根据需要为所选的切换效果设置声音效果、切换的速度，以及幻灯片的切换方式。

1. **设置切换声音** 切换到第 5 张幻灯片，按图 4-101 所示操作，设置幻灯片切换的声音为“箭头”。

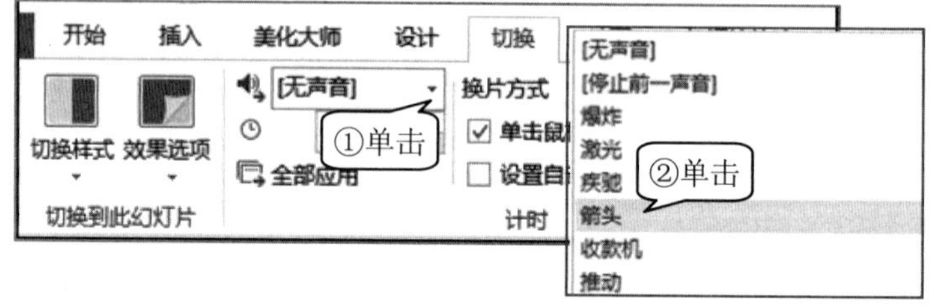

图 4-101 设置幻灯片切换声音

幻灯片切换时除可选择系统自带的声音外，还可以选择“其他声音”选项，添加来自文件的外部声音。

2. **设置切换方式** 选择第 10 张幻灯片，按图 4-102 所示操作，设置自动换片方式，时间为 8 秒钟。

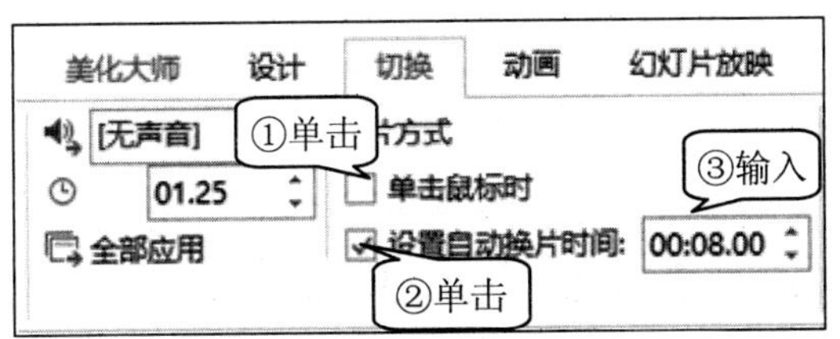

图 4-102　设置幻灯片切换方式

幻灯片切换方式中若同时选中“单击鼠标时”复选框和“设置自动换片时间”复选框，则表示满足这两个条件中任意一个，都可以切换到下一张幻灯片。

3. 保存课件　设置切换效果和切换方式后，单击“保存”按钮，保存课件。

知识库

1. 设置幻灯片之间的切换效果

在上述步骤 2 中，如果最后不是单击“全部应用”按钮，则设置的切换效果仅仅应用于当前幻灯片，也就是从上一张幻灯片切换到当前幻灯片时使用该效果。

2. 制作自动演示课件

有时，需要制作整个课件能够从头至尾自动演示，并且反复循环的效果，这种课件的制作要注意以下 3 个方面的设置。

- 对片内的每个自定义动画，为了使其能自动播放，需要在其“计时”选项中选择“之后”，并适当延时，如图 4-103 所示。这样每个自定义动画就能在前一动画之后自动播放，并稍作延时，以便能观看清楚。

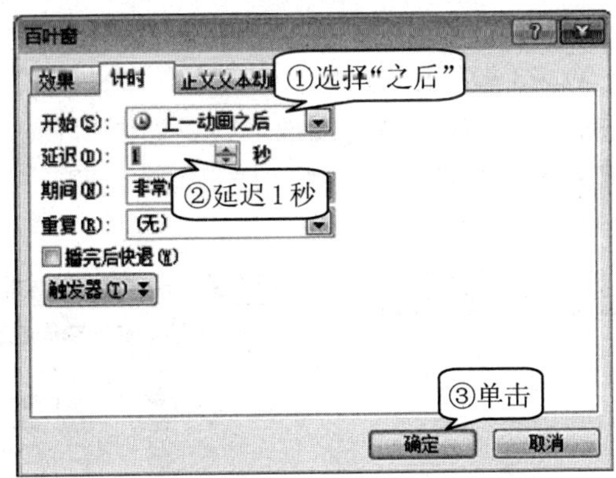

图 4-103　自定义动画的“计时”选项区

- 对于片间动画，要使其能自动换片，在“幻灯片切换”窗格的“换片方式”选项区，按图 4-104 所示操作，就能使课件每隔 10 秒自动切换幻灯片。

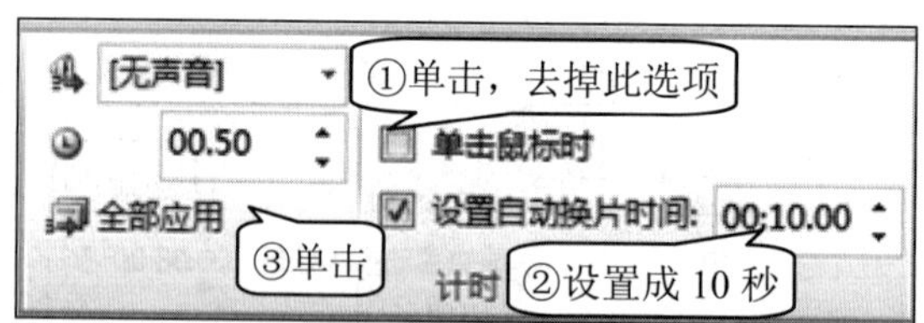

图 4-104　设置“换片方式”

- 选择“幻灯片放映”→“设置幻灯片放映”命令，弹出“设置放映方式”对话框，按图 4-105 所示操作，即可使播放结束后，再回到开头重复播放。

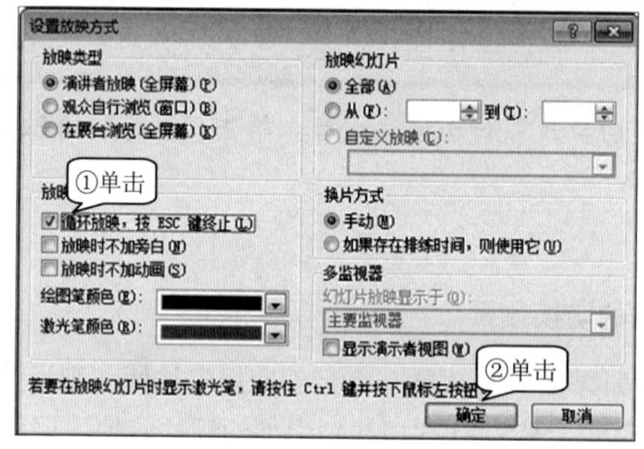

图 4-105　设置“循环放映”放映方式

3. 设置切换时需注意的问题

在给课件设置切换效果或自定义动画时，切忌设置得太纷繁复杂、华而不实。动画的设置应结合课件所表现的教学内容，为教学服务，太花哨的动画效果和伴音有可能适得其反，反而分散学生的注意力，影响课件的使用效果。

创新园

1. 打开“投掷标枪交叉步.pptx”文件，先放映完成页面的效果，使用自定义动画功能，添加步法演示示范的动画效果，并能够自动播放，效果如图 4-106 所示。

2. 打开“1～5 的认识.pptx”文件，先放映完成页面的效果，使用自定义动画功能，制作 5 的分成演示动画，效果如图 4-107 所示。

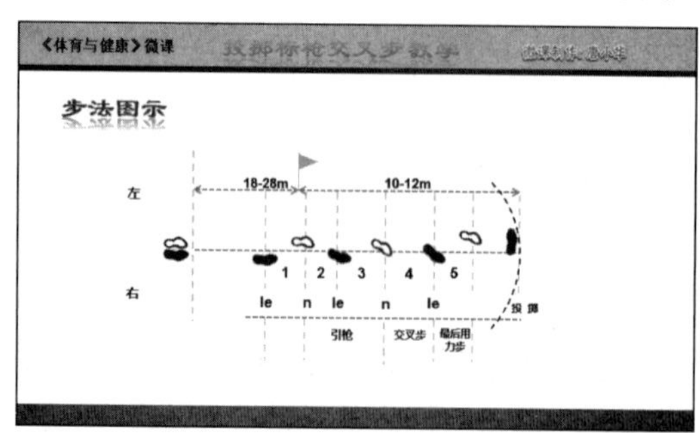

图 4-106　“投掷标枪交叉步”课件封面

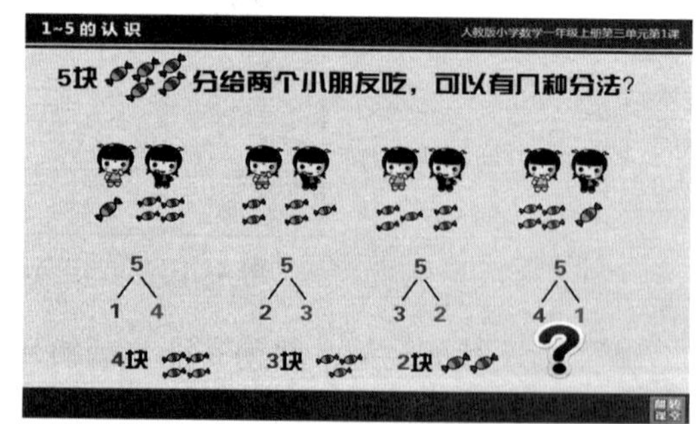

图 4-107　“1～5 的认识”课件内容

4.4　控制课件交互

在微课课件中添加多种对象，并进行编辑和美化，再为幻灯片添加精彩的片内和片间动画效果，就可以放映观看了，但是只能从头到尾按顺序播放。有时可以通过设置“超链接”或“动作”，按照课件内在逻辑来演示课件，从而达到更理想的教学效果。另外，利用上节所学的自定义动画中触发器的功能还可以制作多种交互式效果，如放大图片、制作选择题等，实现教学上的互动。

4.4.1　创建超链接

使用超链接可以在演示课件时通过单击提前设定的对象，从而指向特定位置或是某个文件。它可以轻松实现幻灯片间的任意切换，也可以实现不同程序的跳转。设置超链接的对象可以是文本、图形或是图片等，超链接的目标可以是本文档中的位置，也可以是外部的文件。

实例 10　诗四首

本例内容是初中八年级《语文》课件“诗四首”，如图 4-108 所示。为了能根据教学需要，灵活放映，在目录页设置了超链接。

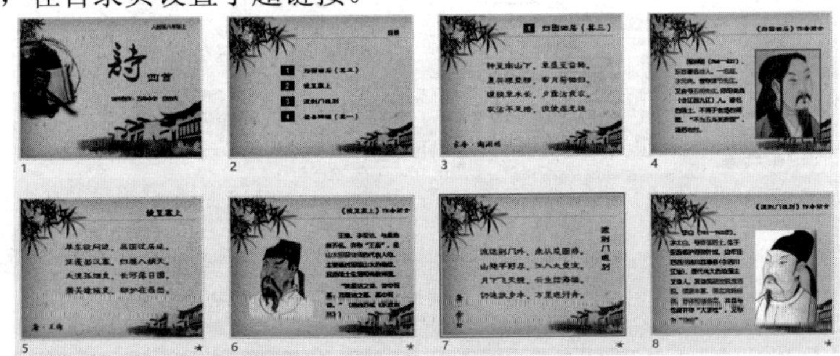

图 4-108　课件“诗四首”效果图

第 2 张目录上为四首诗的名字，添加超链接，课件放映时即可跳转到相应古诗的介绍页面，并且通过“返回”按钮，能快速返回到主目录。

跟我学

插入超链接

为文本设置超链接，类似网页中的超链接，单击文本对象即可以很快切换到目的页面，同时也可单击返回图片超链接，切换到目录页。

1. **打开课件**　打开配套光盘上的课件“诗四首(初).pptx”课件，切换到第 2 张幻灯片。
2. **选择“超链接”命令**　右击第一个文本框，按图 4-109 所示操作，选择“超链接”命令。

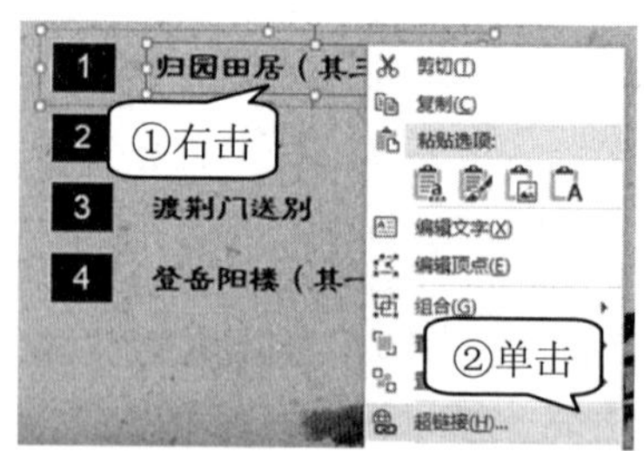

图 4-109 选择“超链接”命令

选中需要设置超链接的对象后，在 PowerPoint 顶部的工具栏中选择“插入”选项卡，单击“链接”组的“超链接”按钮也可打开“超链接”对话框。

3. **设置超链接** 在弹出的“插入超链接”对话框中按图 4-110 所示操作，设置链接的目标幻灯片。

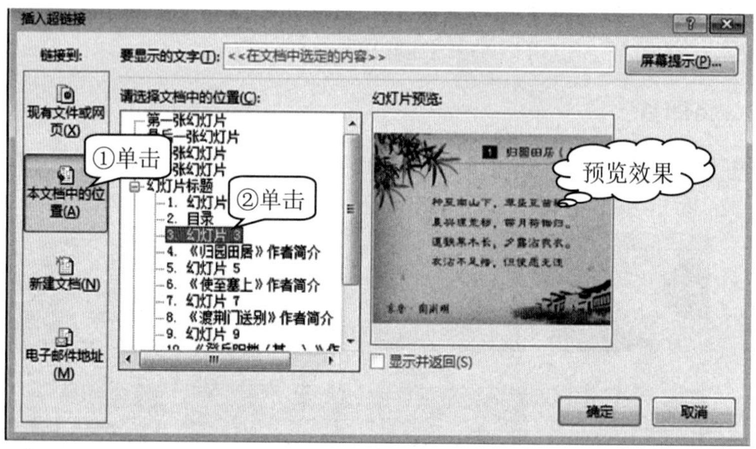

图 4-110 “插入超链接”对话框

4. **完成目录超链接** 用同样的方法为其余 3 个古诗标题设置超链接效果，分别链接到第 5、7、9 张幻灯片。

在创建超链接时，还可以设置相应的屏幕提示信息。具体操作方法是，在“插入超链接”对话框中，单击“屏幕提示”按钮，在打开的设置“超链接屏幕”提示对话框中输入提示信息即可。

设置超链接动作

用户可以根据需要设置超链接动作，并做一定的编辑，如添加播放链接声音、鼠标单击动作等。

1. **选择动作命令** 切换到第 4 张幻灯片，右击“返回”图片，按图 4-111 所示操作，选择“动作”命令。

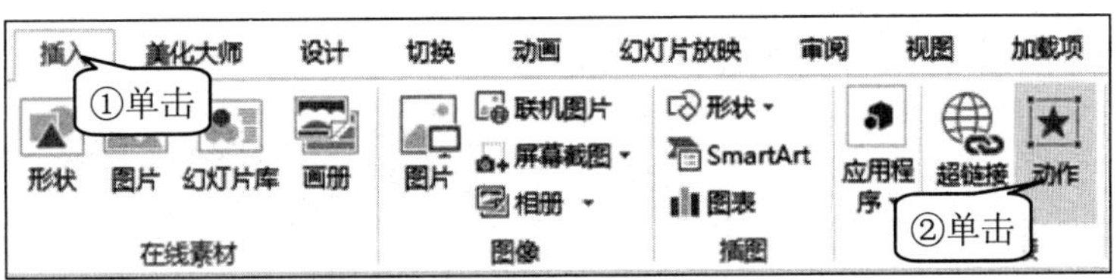

图 4-111　选择“动作”命令

2. **编辑动作链接**　按图 4-112 所示操作，设置链接目标为第 2 张幻灯片“目录”，链接声音为“单击”。

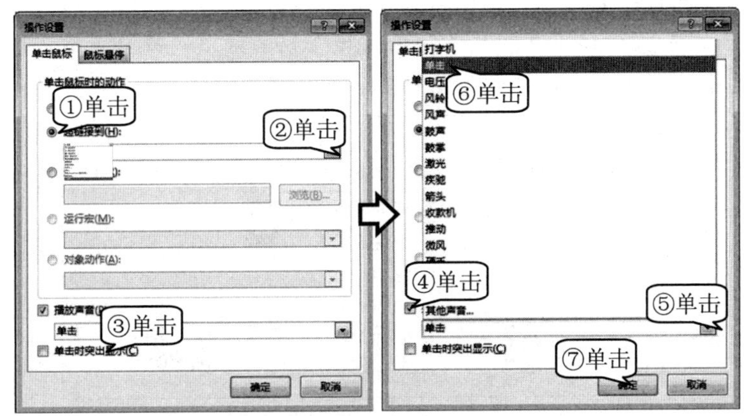

图 4-112　编辑动作链接效果

3. **设置其他动作**　复制设置好超链接动作的“返回”图片，粘贴到第 6、8、10 张幻灯片中，并调整到合适位置。

4. **测试超链接**　按 F5 键放映课件，测试超链接设置效果，全部检查没有问题，则可以单击“保存”按钮，保存课件。

知识库

1. 为文本对象设置超链接

这里的文本对象指的是课件中使用的文本框和艺术字，为它们设置超链接时，要注意一定要先选中整个文本对象，而不是部分选中。

两者的差别如图 4-113 所示，图 4-113(a)是选中整个对象的效果，图 4-113(b)是部分选中的效果。它们的区别是，前者的边框是实线，而后者是虚线。如果要选中整个文本对象，必须将鼠标指针指向对象的边框，当鼠标指针变成图 4-113(a)所示的十字箭头时单击即可。

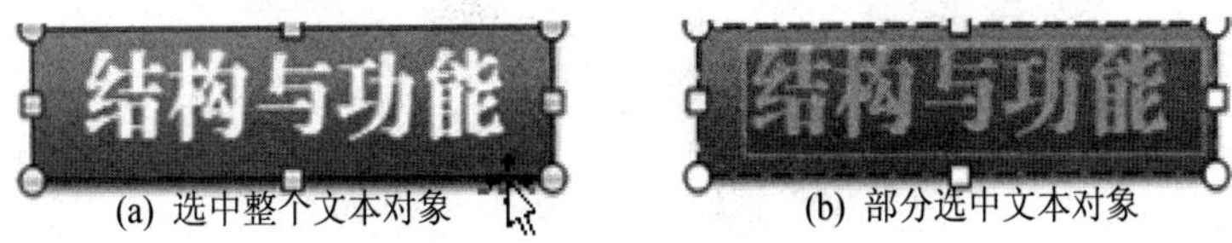

(a) 选中整个文本对象　　(b) 部分选中文本对象

图 4-113　文本对象的选择

如果不选择整个文本对象，设置超链接后，文本对象会变色，而且有下画线，影响课件的美观和整体配色设计，两者效果对比如图 4-114 所示。

(a) 选中整个对象设置超链接

(b) 部分选中对象设置超链接

图 4-114 文本对象的选择不同造成不同超链接效果的对比

2. 删除和编辑修改超链接

当不再需要某个超链接时，可将其删除。按图4-115 所示操作，利用“取消超链接”命令即可删除超链接。在图4-115 所示的快捷菜单中，选择“编辑超链接”命令，进入“编辑超链接”对话框，可重新编辑修改超链接的相关设置。

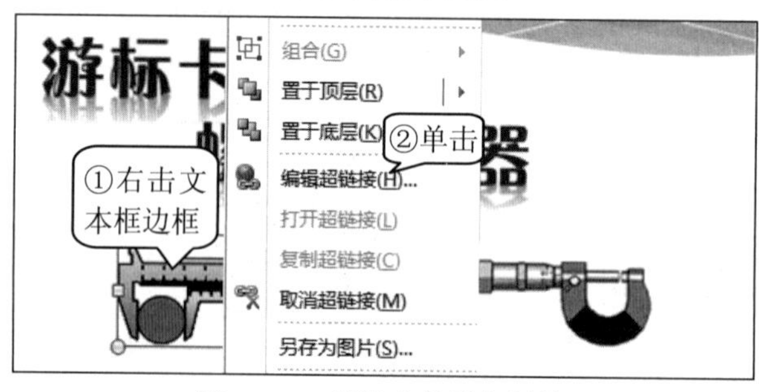

图 4-115 删除和编辑超链接

4.4.2 添加触发交互

在 PowerPoint 中还可以使用触发器实现微课课件的交互性，即通过单击一个对象触发另一个对象的功能。触发器可以是文本框、图形或图片等，触发的对象则可以是声音、影片、动画等。触发器的使用极大地增强了演示者和观众的互动性。

实例 11 平移练习

教学中经常要让学生做一些练习，如选择题、填空题等，本例制作的就是七年级《数学》上册“平移”这节课当中的练习题课件，课件效果如图 4-116 所示。

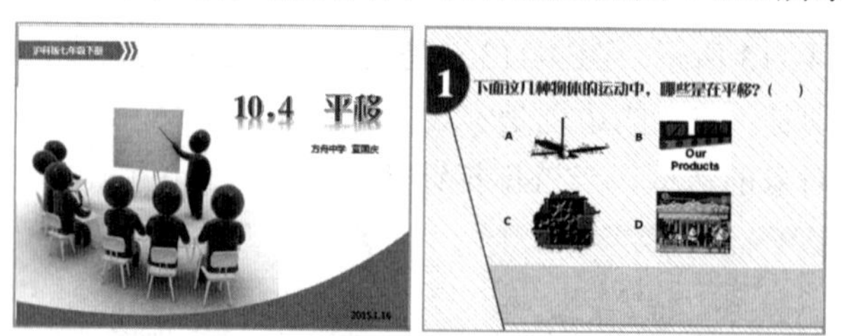

图 4-116 课件“平移练习”效果图

本例的主要任务有两个，一是通过触发器完成选择题的制作，二是制作放大显示图片的效果。希望读者能举一反三，完成其余练习题的制作。

制作选择题

使用触发器可以制作简单的选择题，在本例中即用触发器来控制判断“对”与“错”文本对象的播放。

1. **打开课件**　打开配套光盘上的课件“平移练习(初).pptx”课件，切换到第 2 张幻灯片。
2. **新建判断文本框**　按图 4-117 所示操作，在当前幻灯片上单击，插入文本框。

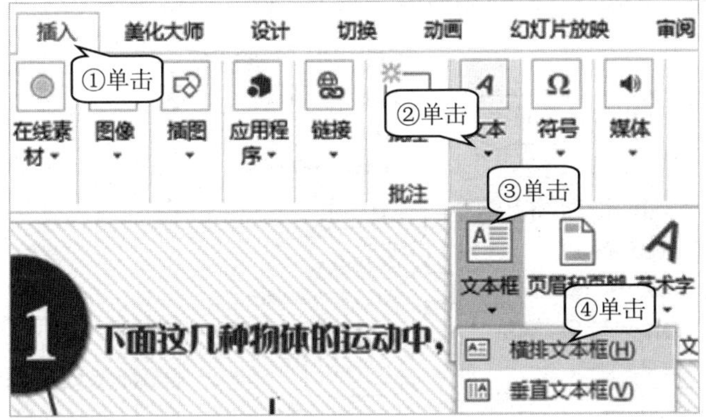

图 4-117　插入文本框

3. **插入✓符号**　按图 4-118 所示操作，在文本框内插入✓符号。

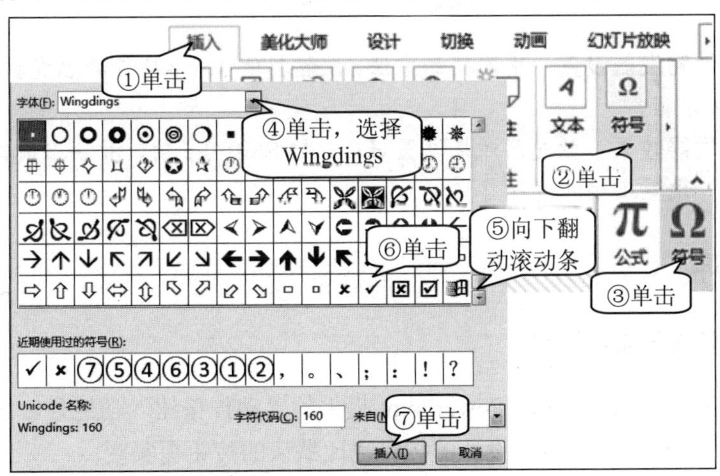

图 4-118　插入符号

4. **插入×符号**　用同样的方法，再插入一个文本框，插入×符号。通过复制、粘贴共得到 3 个×符号文本框。
5. **添加动画效果**　设定 4 个符号文本框的自定义动画效果均为自右侧“飞入”，动画窗格中显示的内容如图 4-119 所示。

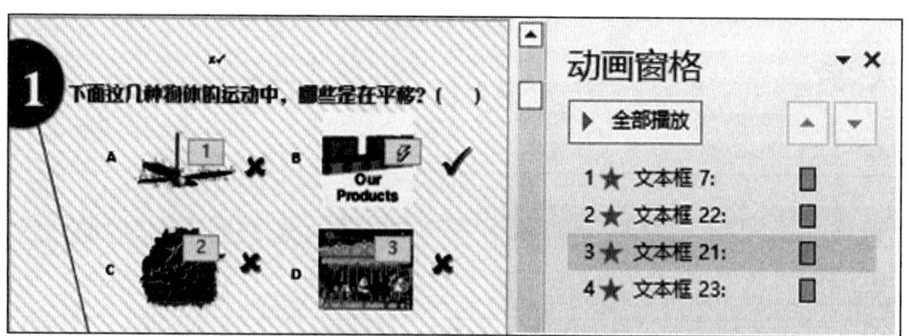

图 4-119　添加自定义动画

6. **设置触发器**　按图 4-120 所示操作，设置✓符号的触发器为选项 B 文本框。

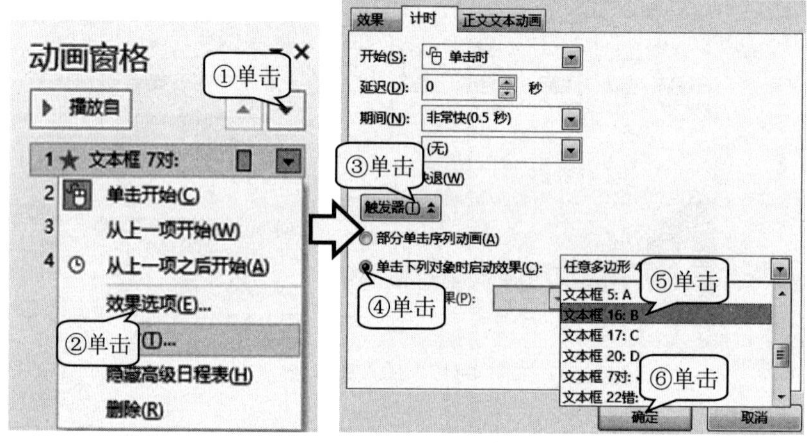

图 4-120　设置触发器

7. **完成其他触发器设置**　用同样的方法，设置其他 3 个✗符号的触发器分别为选项 A、C、D 文本框。
8. **测试触发器效果**　触发器效果设置好后，按 Shift+F5 键，放映当前幻灯片，预览播放效果，设置正确即可保存文件。

知识库

1. 利用自选图形制作按钮

在利用按钮交互时，除使用 PowerPoint 提供的“动作按钮”功能外，还可利用自选图形来模拟实现，不仅更加自由，设计的按钮也比默认的按钮更美观。

如图4-121(a)所示为自选图形制作的几个按钮示意。其中的文字是先右击自选图形边框，再在快捷菜单中选择“添加文字”命令来完成的。制作好按钮后，利用“动作设置”或者“超链接”功能来给按钮设置链接效果即可。

2. 利用按钮图片制作按钮

除前面介绍的方法外，一些素材光盘或者素材网站上也提供很多按钮图片，利用这些

按钮图片也可以制作交互按钮。如图4-121(b)所示的就是利用按钮图片制作的按钮。其中的文字是利用文本框添加上去的，设置链接的方法与前面介绍的相同。

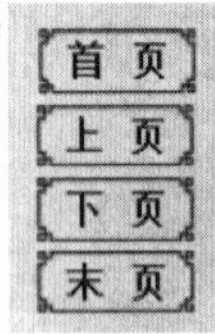

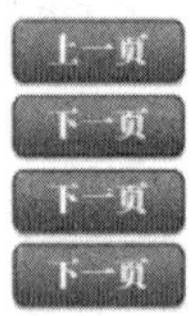

(a) 自选图形按钮

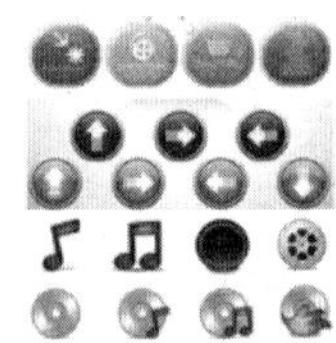

(b) 图片按钮

图 4-121　按钮样式图

1. 打开“桂林山水.pptx”文件，如图 4-122 所示，切换到目录页，为文本框对象添加超链接，放映课件时，单击相应的文本框可以跳转到对应的页面。

2. 打开“苏州园林.pptx”文件，先放映预览作品效果，切换到如图 4-123 所示页面，使用触发器功能，实现课件放映时，单击按钮可以切换欣赏照片。

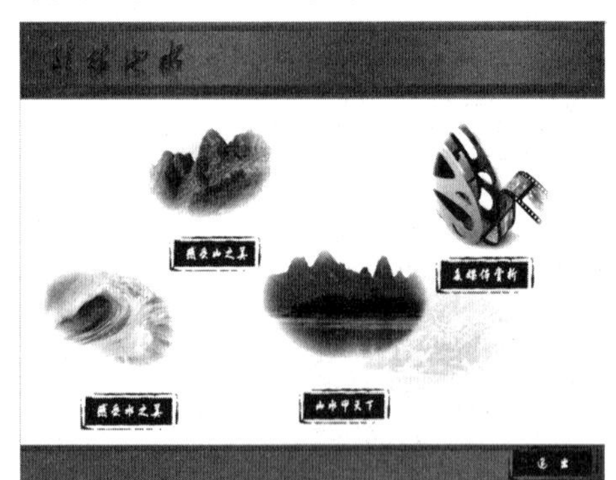

图 4-122　“桂林山水”微课课件目录

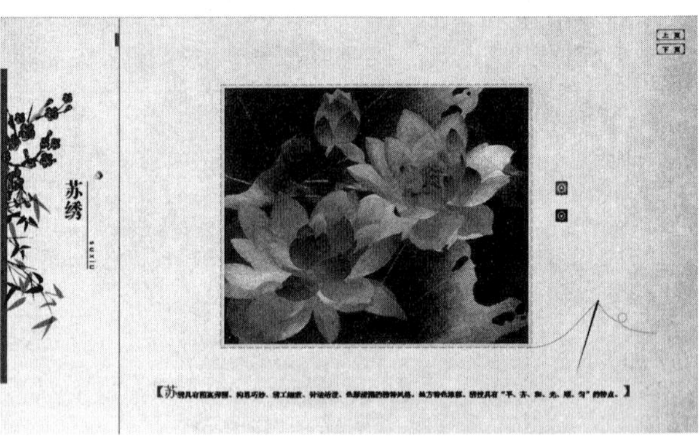

图 4-123　“苏州园林”课件页面

4.5　生成课件视频

微课课件制作完成后，最终还是要通过幻灯片放映的方式来查看效果，与学生互动。使用制作好的课件可以录制微课，也可以直接生成、导出微课视频。

4.5.1　放映微课课件

PowerPoint 中幻灯片放映类型包括演讲者放映(全屏幕)、观众自行浏览(窗口)和展台浏览(全屏幕)3 种方式，可以根据不同的需求，选择不同的放映类型，并做设置。

实例 12　诗词朗诵指导

“诗词朗诵指导”是初中《语文》微课课件，课件中针对朗读时要注意的几点都做了讲解，并录制了旁白，课件效果如图 4-124 所示。

首先根据教学活动设置放映方式，根据放映的进度配合自己的讲解录制旁白，录制结束后旁白内容会以声音文件的方式插入到每张幻灯片中。

图 4-124　课件“诗词朗诵指导”效果图

跟我学

设置放映类型

制作好的课件应根据不同的需要，设置不同的放映方式，以达到更好的播放效果。

1. **打开课件**　打开 PowerPoint 课件“诗词朗诵指导.pptx”。
2. **设置放映方式**　按图 4-125 所示操作，设置课件的幻灯片放映方式，单击 确定 按钮。

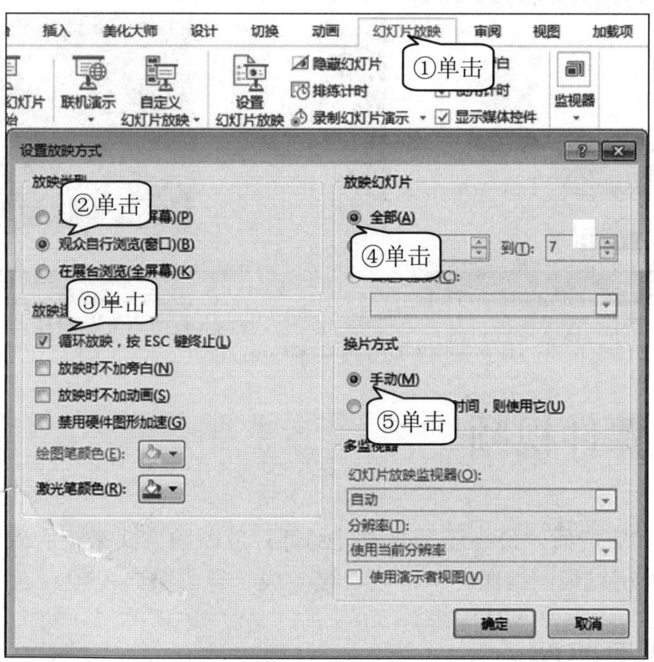

图 4-125　设置放映方式

使用“观众自行浏览(窗口)”模式放映幻灯片，单击幻灯片右下角的◙和◙按钮可对幻灯片进行切换。

录制幻灯片演示

在制作课件时，可使用“录制幻灯片演示”功能，将要解说的内容录制在幻灯片中。

1. **选择幻灯片演示**　按图 4-126 所示操作，选择“录制幻灯片演示”命令。

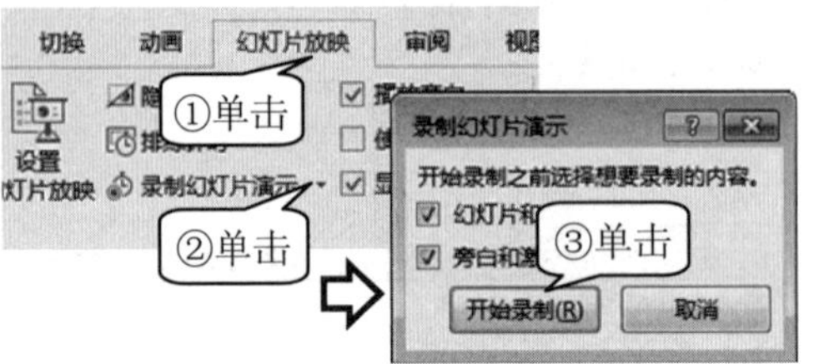

图 4-126　选择“录制幻灯片演示”命令

2. **录制语音旁白并计时**　单击“开始录制”按钮后，即可通过麦克风进行录音，当一张幻灯片的旁白录制完成后，可单击鼠标左键切换到下一张幻灯片，效果如图 4-127 所示。
3. **完成录制**　录制完成后，每张幻灯片的右下角会出现一个声音图标，播放时就可以听到录制的声音，效果如图 4-128 所示。

图 4-127　录制语音旁白

图 4-128　完成语音录制后的效果

4. **保存课件**　观看放映后，没有问题即可保存文件。

4.5.2　导出微课视频

制作完成的课件，可以根据需要转换成不同类型的文件，如图片、PDF 文档、视频等。下面仍以“诗词朗诵指导”课件为例，学习将课件输出为不同文件的方法。

输出为图片文件

PowerPoint 2016 可以将课件中的幻灯片另存为图片文件，以供使用，如 gif、jpg、tif 等格式的图片都可以生成。

1. **打开文件**　打开配套光盘中的“诗词朗诵指导.pptx”课件。
2. **选择另存为图片**　选择“文件”→“另存为”命令，打开“另存为”对话框，选择图片要保存的路径，按图 4-129 所示操作，另存为 jpg 格式的图片文件。

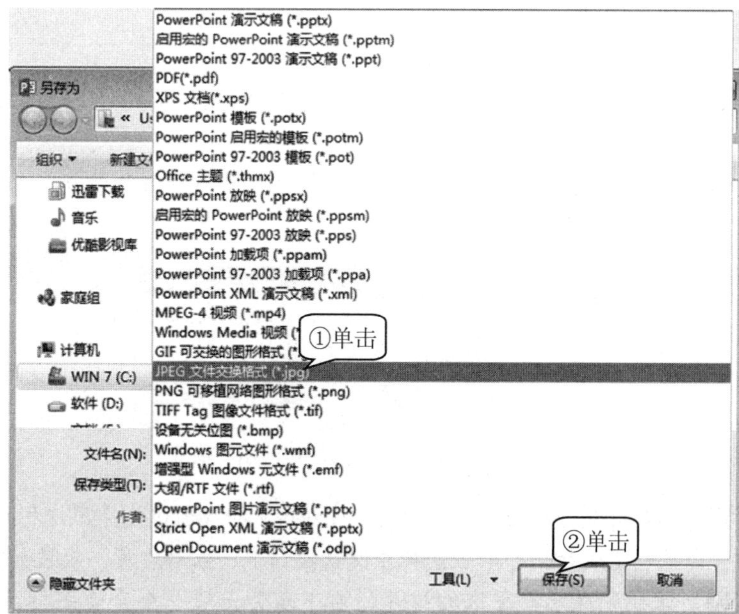

图 4-129　另存为图片文件

3. **保存图片**　按图 4-130 所示操作，完成所有幻灯片的保存。

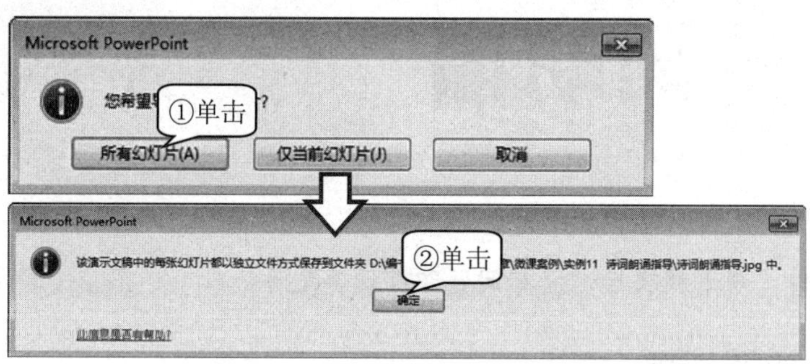

图 4-130　完成所有幻灯片的保存

4. **查看保存图片**　打开图片所在的文件夹，查看图片，效果如图 4-131 所示。

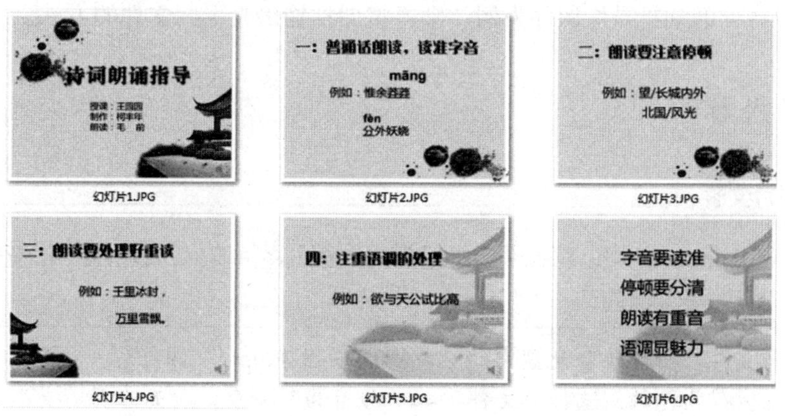

图 4-131　查看图片效果

导出为视频

用户还可以将录制好语音旁白的微课课件，直接导出为视频文件，以便于观看。

1. **创建视频** 选择“文件”→“导出”命令，按图 4-132 所示操作，选择“创建视频”命令。

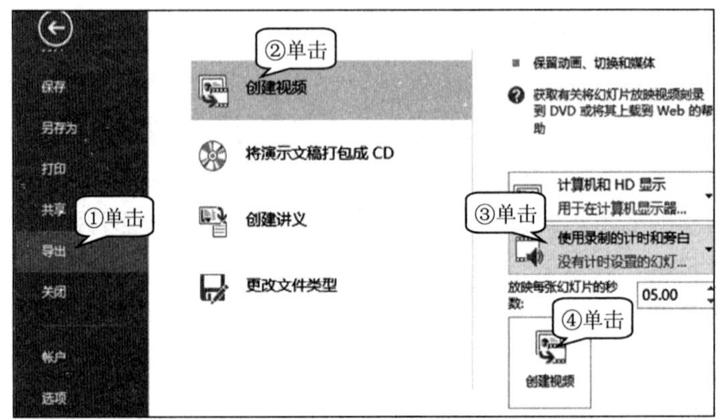

图 4-132 创建视频

2. **设置保存选项** 按图 4-133 所示操作，选定视频的格式，将视频保存在指定文件夹中。

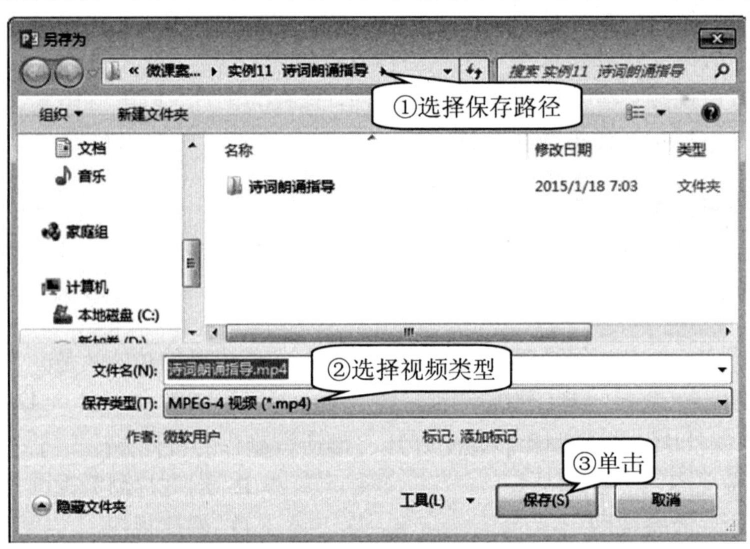

图 4-133 设置保存选项

3. **创建视频** 视频的保存根据文件大小不同，创建时间也不同，文件越大，时间越长。“诗词朗诵指导.pptx”课件视频创建过程如图 4-134 所示。

图 4-134 创建视频

4.6 小结和习题

4.6.1 本章小结

本章通过一些具体实例，从制作添加课件内容、动画效果及交互效果等几个方面，对使用 PowerPoint 课件制作的基本知识和操作技巧进行系统介绍。最后通过完整实例，从整体上把握课件的设计，进一步提高制作技巧。本章需要掌握的主要内容如下。

- **制作课件内容**：学会制作静态幻灯片上的素材添加方法，主要有文字的添加和设置，图形、图像的插入、调整、组合等；学会在课件中添加影片和声音等；另外还要掌握幻灯片模板、背景的设置方法等。
- **美化课件页面**：学会设置课件版式、美化课件元素，幻灯片母版，巧用“PPT 美化大师”软件让课件更美观，并形成独特的风格，从而提高课件制作质量，增强学生的学习兴趣。
- **设置课件动画**：熟练利用“自定义动画”制作具有动态效果的课件，利用“幻灯片切换”功能设置幻灯片之间的过场动画。
- **控制课件交互**：熟练利用“动作设置”和“超链接”制作非线性播放的课件，能按照教学的需要快速便捷地展示教学内容，辅助教学。
- **生成微课视频**：学会将制作的微课课件，保存为图片、PDF 等格式文件；学会将课件导出为视频，作为微课素材。

4.6.2 强化练习

一、选择题

1. 在 PowerPoint 中，如果要给课件选择主题，应该选择的功能区是(　　)。
   A. 开始　　B. 视图　　C. 动画　　D. 设计
2. 在同一课件中，要复制和删除幻灯片，最适合操作的视图是(　　)。
   A. 普通视图　　B. 幻灯片浏览视图
   C. 幻灯片放映视图　　D. 阅读视图
3. 要在课件中输入数学表达式或函数，可以选择的命令是(　　)。
   A. 符号　　B. 特殊符号　　C. 批注　　D. 公式
4. 要给自定义动画配上声音，应使用的命令是(　　)。
   A. “单击开始”　　B. “现实高级日程表”　　C. “计时”　　D. “效果选项”
5. 在 PowerPoint 中，幻灯片中的对象设置的动画，也称为(　　)。
   A. 片间动画　　B. 片内动画　　C. 动画　　D. 切换
6. 制作一个对象沿着一个曲线运动，可选择自定义动画的动画类型是(　　)。
   A. 进入效果　　B. 强调效果　　C. 退出效果　　D. 动作路径

7. 为便于整体控制，当幻灯片中的细小对象较多时，可以将对象按需要进行(　　)。
   A. 组合　　B. 取消组合　　C. 修饰　　D. 排列
8. 在放映课件时，能直接跳转到放映某张幻灯片的键盘操作是(　　)。
   A. 空格键或向右、向下光标键　　B. 退格键或向左、向上光标键
   C. 数字编号+Enter 键　　D. Esc 键
9. 用 PowerPoint 制作课件，下列说法错误的是(　　)。
   A. 设置了动作设置或超链接后，不可以删除
   B. 动作设置不仅可以设置单击鼠标左键时交互，还可以设置鼠标移过时交互
   C. 动作设置不仅可以链接到其他课件中的幻灯片，还可以链接到其他应用程序
   D. 动作按钮实际上是带有超链接的形状
10. 用 PowerPoint 制作课件，制作步骤一般是(　　)。
   ① 美化课件和设置动画效果　② 设计提纲　③ 放映调整　④ 制作幻灯片
   A. ①②③④　　B. ②①④③　　C. ②③④①　　D. ②④①③

二、判断题

1. 在 PowerPoint 中输入文字通常要先插入文本框。(　　)
2. PowerPoint 功能区按钮是根据不同的选项卡进行切换的。(　　)
3. 在幻灯片浏览视图中双击某张幻灯片，可以直接切换到普通视图。(　　)
4. 课件中所有幻灯片的背景都是一样的，不能改变部分幻灯片的背景。(　　)
5. 双击图像对象，功能区会自动切换到与图像相关的“格式”功能。(　　)
6. 自定义动画的速度一旦设定，将不能改变。(　　)

第 5 章

录屏型微课制作

录制屏幕型微课简称“录屏型微课”，它是通过录制计算机屏幕的显示过程与麦克风获取的声音来制作微课的。这类微课的制作相对比较简单，教师稍加培训就可以掌握，而且一般由教师本人就可以独立完成。因此，它是教师最常用的制作微课的方法。

本章内容

- 用 PowerPoint 课件生成微课
- 用 Camtasia Studio 录制微课
- 用电子白板录制微课
- 用平板电脑录制微课

5.1 用 PowerPoint 课件生成微课

目前，使用 PowerPoint 课件来展示教学过程仍是教师最为常用的一种方法。将教师的教学语言与 PowerPoint 课件的屏幕展示过程结合在一起，录制成短小的微课，既容易制作，又能满足大部分的学科知识点教学。接下来介绍如何使用 PowerPoint 2016 软件添加旁白并录制这种类型的微课。

5.1.1 录制旁白

使用 PowerPoint 2016 软件打开课件，通过排练计时的方式播放课件，并且按照微课脚本录制旁白，再将排练好的演示文稿导出视频，从而完成微课的主体视频部分。

实例 1 “的、地、得”的用法与区别

本例制作苏教版小学《语文》教材的微课“‘的、地、得’的用法与区别”，对于这一知识点，无须过多的演示来呈现，通过 PowerPoint 课件将“的、地、得”3 个字的用法与区别说明清楚，简单有效，效果如图 5-1 所示。

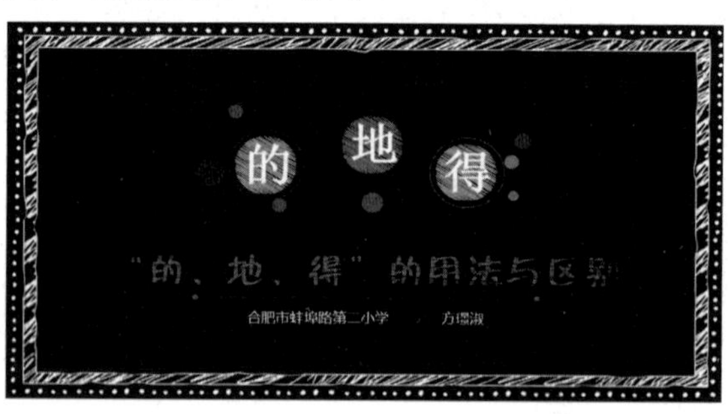

图 5-1 课件“‘的、地、得’的用法与区别”效果图

本实例是录制教师在演示 PowerPoint 课件中的讲解过程，按照排练计时的方式播放制作好的微课课件，与此同时，录制微课讲解过程的旁白，最后使用 PowerPoint 软件导出视频。

跟我学

录制旁白

微课课件调试好，所有页面的切换和对象动画均使用鼠标单击出现，然后使用录制排练计时，同时录制旁白。

1. **打开课件** 运行 PowerPoint 2016 软件，选择“文件”→“打开”命令，打开文件“‘的、地、得’的用法与区别.pptx”课件。

2. **准备旁白**　撰写微课脚本，准备好讲解过程的旁白。

3. **调试课件**　播放幻灯片，设置页面的切换效果及对象动画均为“单击鼠标时”，反复调试课件。

4. **开始录制**　选择“幻灯片放映”菜单，按图 5-2 所示操作，开始录制。

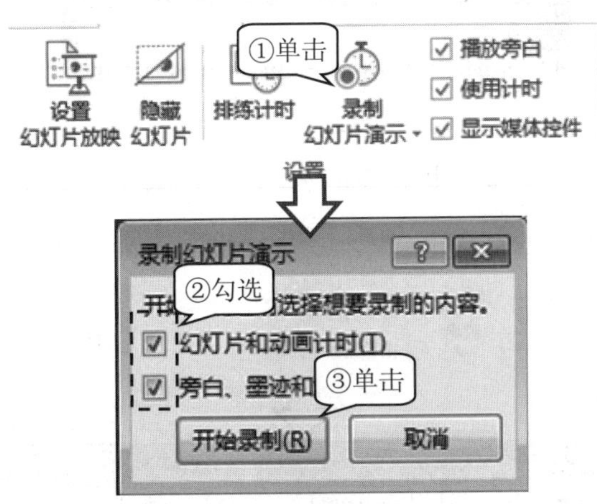

图 5-2　录制幻灯片演示

5. **批注讲解**　在播放演示文稿过程中，按图 5-3 所示操作，一边录制旁白，一边添加批注讲解。

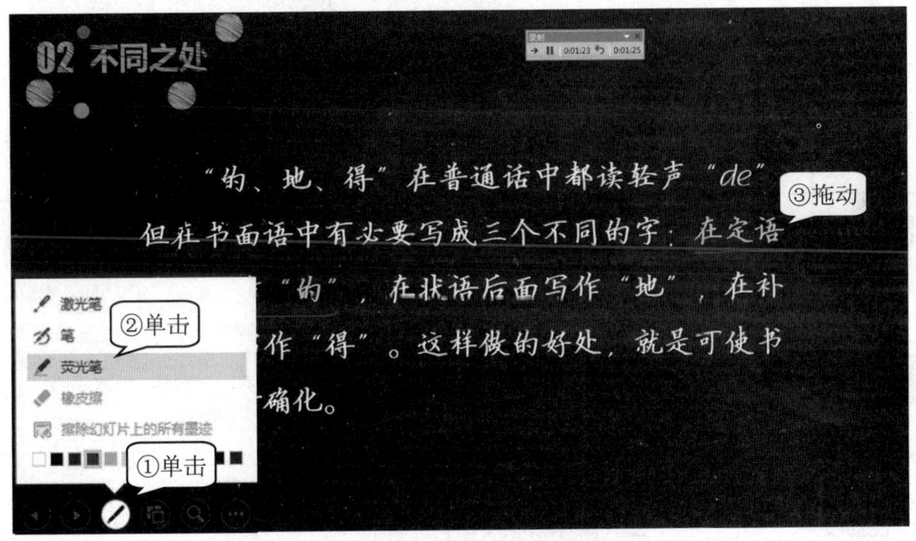

图 5-3　添加批注讲解

导出视频

旁白录制好后，会在每张幻灯片上自动生成旁白声音，再根据需求对旁白声音进行裁剪，调节音量，然后导出为 MP4 视频。

1. **调节音量**　选择第 2 张幻灯片，按图 5-4 所示操作，反复试听，调节旁白音量大小。

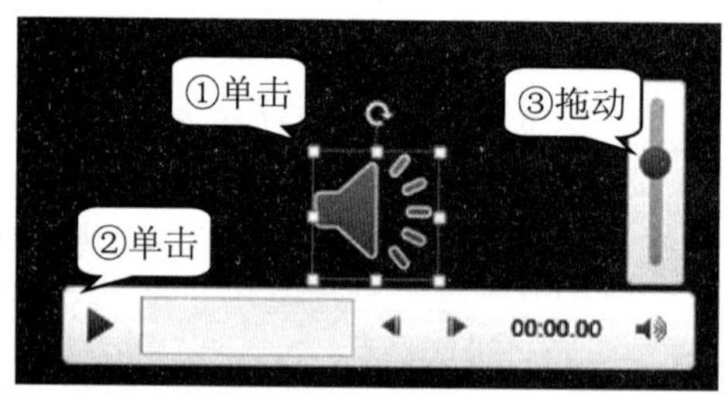

图 5-4　调节音量

2. **裁剪音频**　选择旁白声音，按图 5-5 所示操作，裁剪音频，保留需要的音频部分。

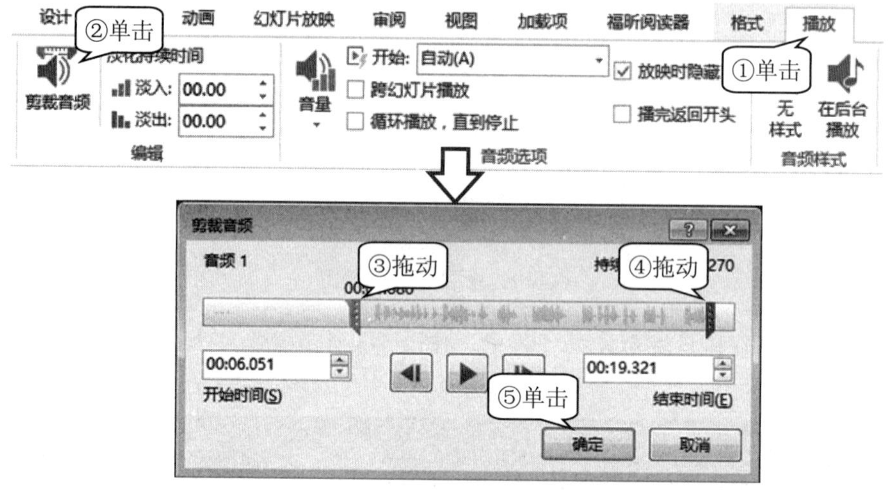

图 5-5　裁剪旁白音频

3. **创建视频**　选择“文件”→“导出”命令，按图 5-6 所示操作，导出视频。

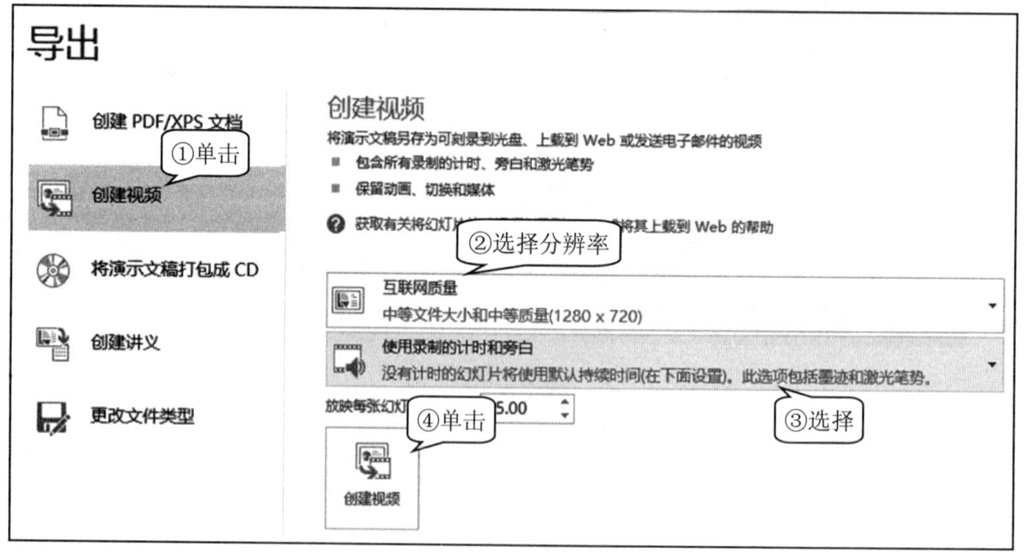

图 5-6　创建视频

知识库

1. 排练计时

排练计时一般用于放映幻灯片的过程，如同排练节目一般，PowerPoint 会记录每张幻灯片放映的时间，最后放映幻灯片时，会按照预先排练的时间自动切换幻灯片。录制排练计时的工具条如图 5-7 所示。

图 5-7　录制排练计时的工具条

2. 裁剪音频工具

在 PowerPoint 中可以对音频进行简单的裁剪，裁剪音频的工具如图 5-8 所示，但是如果需要进行多段裁剪，就需要把幻灯片声音提取出来，使用专业的音频处理软件进行操作。

3. 转换视频

视频格式有很多，而 PowerPoint 软件导出的视频只能是 mp4 或 wmv 格式，如果微课需要的格式不是这两者其一，就需要使用视频格式转换工具进行转换。

- **运行软件**　双击计算机桌面上的“格式工厂”快捷图标，启动软件。
- **选择目标格式**　按图 5-9 所示操作，选择微课转换的目标格式为 flv 格式。

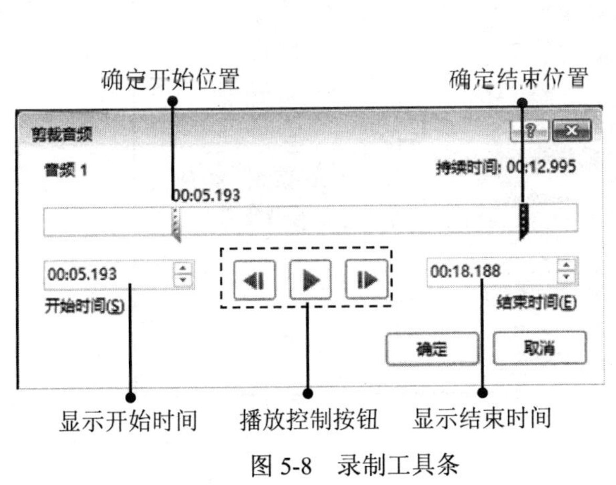

图 5-8　录制工具条

图 5-9　选择视频目标格式

- **选择原视频**　按图 5-10 所示操作，选择微课转换的原视频。

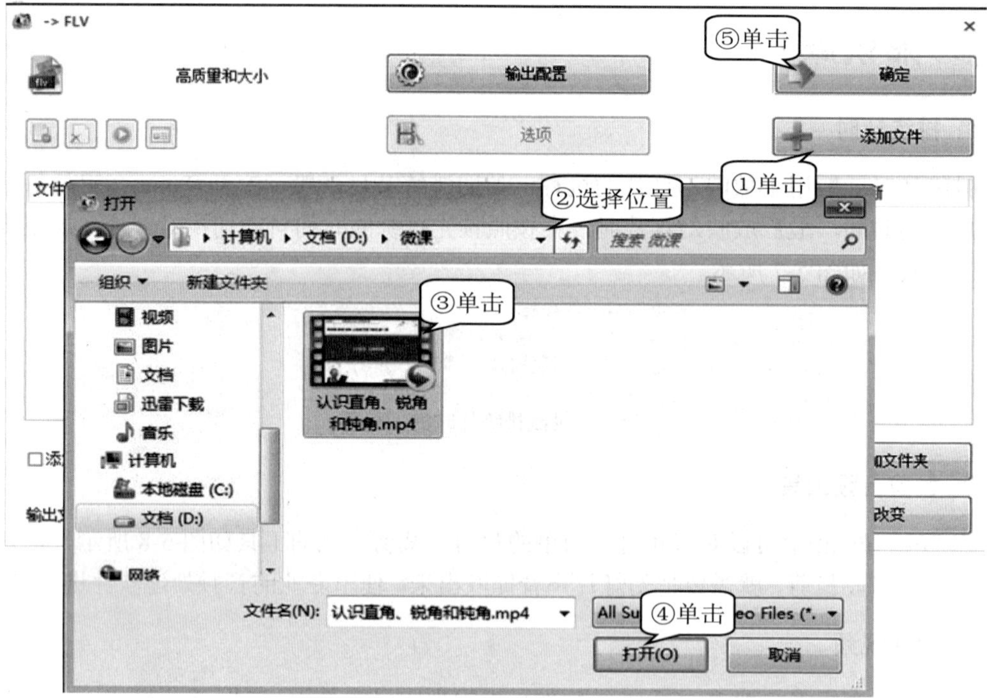

图 5-10　选择原视频

- **开始转换**　单击软件主界面“开始”按钮，开始转换视频格式。
- **查看目标视频**　当转换进度显示“完成”后，按图 5-11 所示操作，查看目标视频文件的位置。

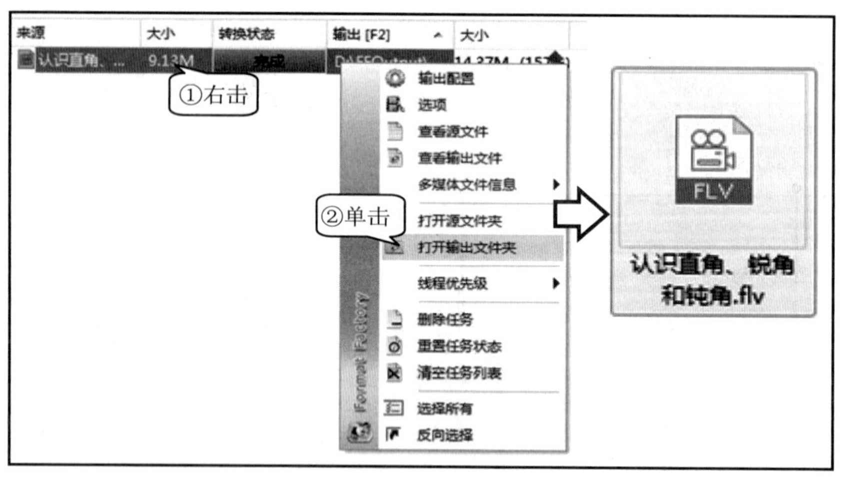

图 5-11　查看目标视频

5.1.2　编辑视频

使用 PowerPoint 生成的视频，只能进行简单的音频裁剪，无法裁剪视频，如果需要删掉一部分视频，或者裁剪多余的画面、添加微课片头等，则必须使用视频编辑软件。

实例 2　声音的产生

本例是沪科版初中《物理》八年级教材的内容，微课效果如图 5-12 所示，通过此微课，讲解声音产生的原理。对生成的视频进行剪辑，并裁剪视频两边的黑边。

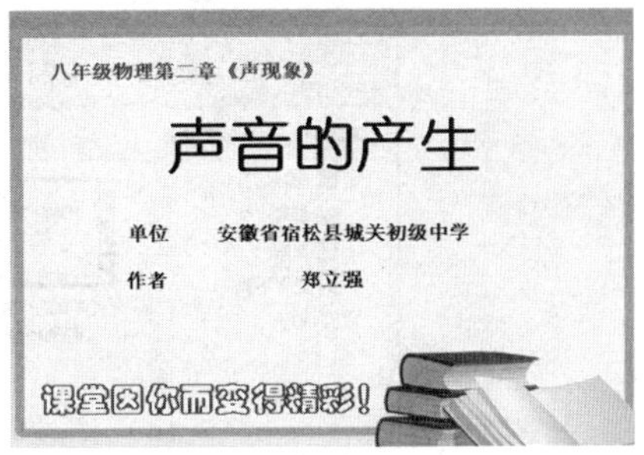

图 5-12　微课“声音的产生”效果图

对于这一知识点，使用 PowerPoint 软件生成视频。由于 PowerPoint 不具有视频编辑功能，创建的微课视频若有空白或者多余内容，则需要使用专业视频编辑软件进行裁剪，本例选择“快剪辑”软件进行编辑，裁剪多余部分，以及剪切画面等。

跟我学

导入微课

运行“快剪辑”软件，新建工程，导入 PowerPoint 录制生成的微课视频。

1. **运行软件**　选择“开始”→“所有程序”→“快剪辑”命令，打开“快剪辑”软件，其使用界面如图 5-13 所示。

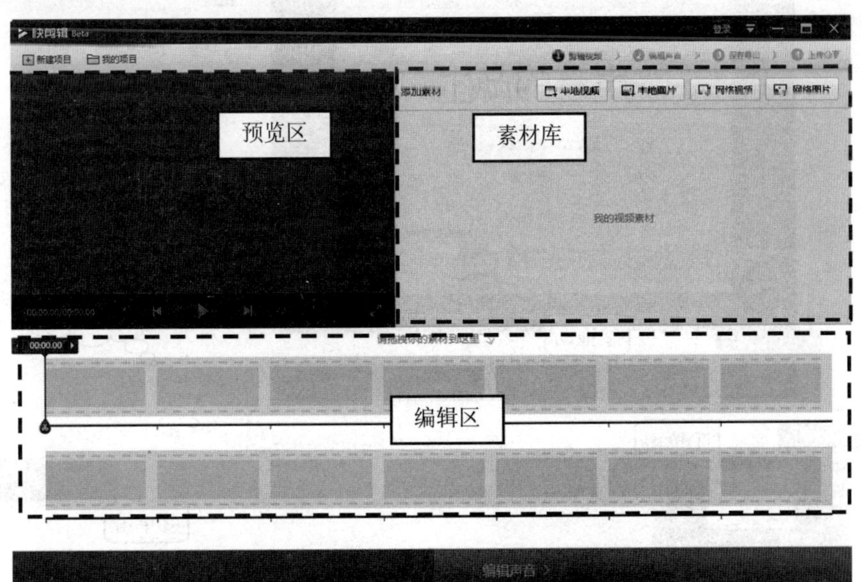

图 5-13　“快剪辑”软件使用界面

2. **导入视频** 按图 5-14 所示操作，导入“声音的产生.mp4”视频文件。

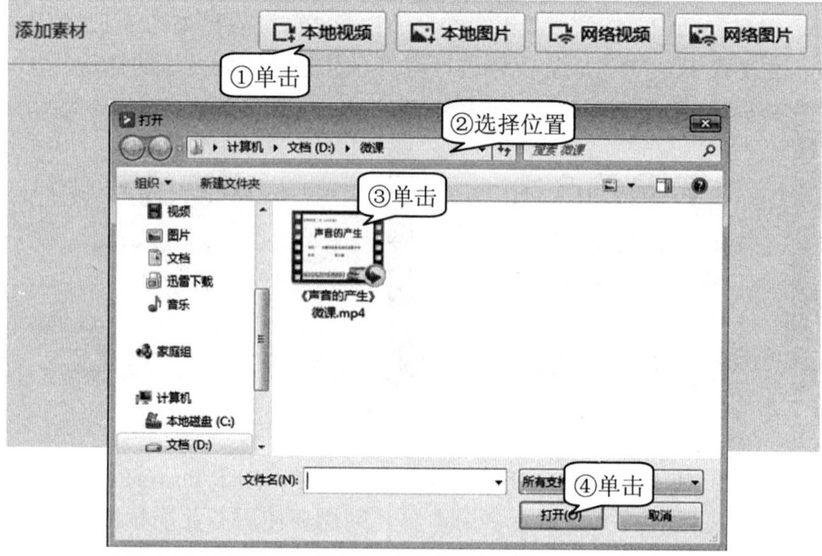

图 5-14 导入视频

编辑微课

运用“快剪辑”软件进行编辑，剪切删除微课视频中不需要的片段，裁剪视频中的画面，突出微课的主题。

1. **剪切视频** 运行“快剪辑”软件，在“编辑区”轨道中选定视频，按图5-15 所示操作，将微课视频中录制失败的部分删掉。

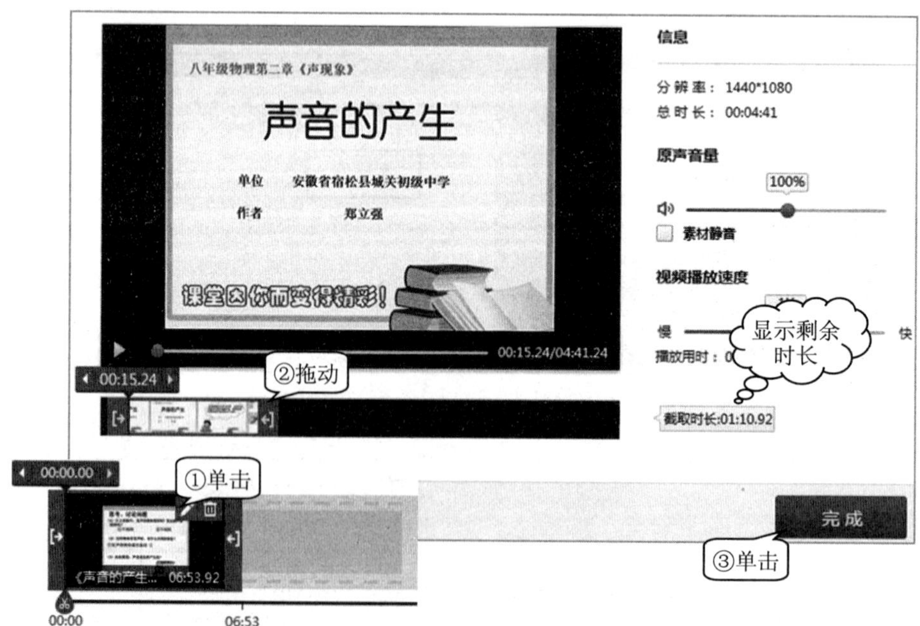

图 5-15 剪切视频

2. **裁剪画面**　选择视频，打开编辑窗口，按照图5-16 所示操作，裁掉视频画面两边的黑边。

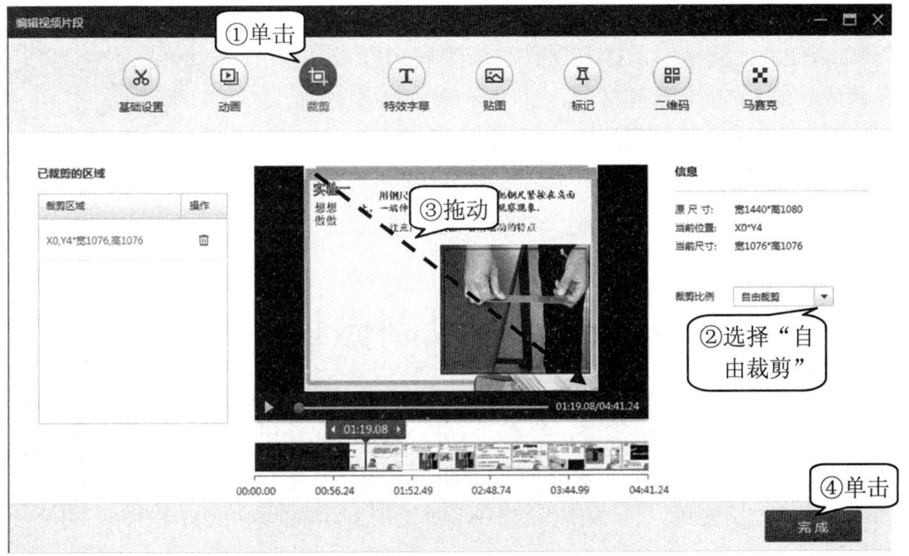

图 5-16　裁剪视频画面

3. **导出视频**　按图 5-17 所示操作，选择“保存导出”命令，导出编辑好的视频。

图 5-17　导出视频

创新园

1. 在 PowerPoint 软件中，打开课件“修改病句”，效果如图 5-18 所示，设计微课脚本对白，在 PowerPoint 中添加旁白，录制演示过程，导出视频。

2. 运行“快剪辑”软件，打开录制的微课视频“修改病句.mp4”，预览视频，裁剪掉录制失败的部分。

图 5-18　课件“修改病句”效果图

5.2　用 Camtasia Studio 录制微课

使用 PowerPoint 软件录制微课，要求所有内容均在课件中展示，如若需要录制操作计算机的过程，或者在 Flash 等软件中的操作步骤，PowerPoint 软件便无法完成。本节主要介绍如何使用 Camtasia Studio 软件录制录屏型微课。

5.2.1　调试录制环境

使用 Camtasia Studio 软件进行录制之前，需要先选择录制环境，准备麦克风等录音设备，设置声音属性。

跟我学

1. **测试麦克风**　将麦克风连接到计算机，右击桌面右下角的图标，选择“录音设备”选项，在图 5-19 所示的界面中以正常说话音量进行测试。

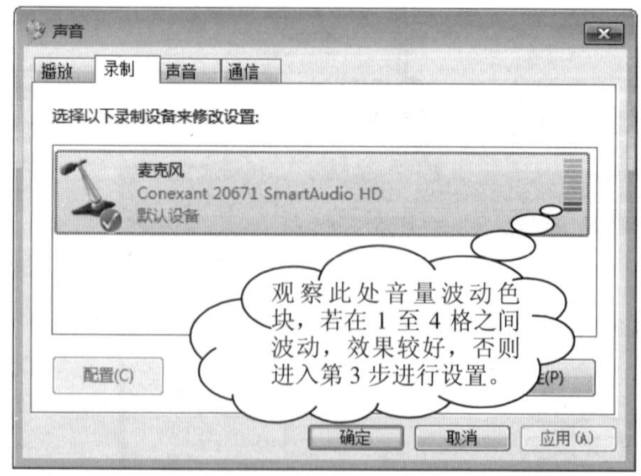

图 5-19　测试麦克风

2. **设置麦克风**　若麦克风测试的效果不佳，按图5-20 所示操作，进行设置。设置完后继续进行测试，满意后单击“确定”按钮，关闭对话框。

图 5-20　设置麦克风

5.2.2　录制与剪辑视频

首先安装好 Camtasia Studio 软件，按照编写好的微课脚本，录制演示 PowerPoint 课件过程，再进一步剪辑录制好的视频，从而完成微课的主体视频部分。

实例 3　反射与反射弧——录制

“反射与反射弧”是人教版《生物》七年级下册第六章第 3 节的内容，对于这一知识点，通过 PowerPoint 课件中的动画过程让学生理解反射的形成过程会较为直观，课件如图 5-21 所示。

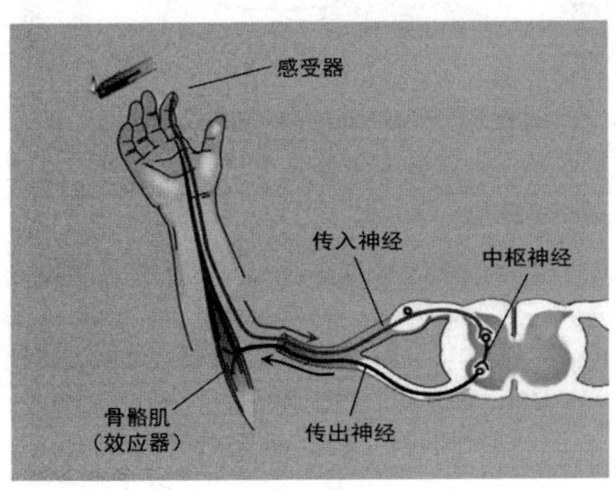

图 5-21　课件“反射与反射弧”效果图

首先，准备好录制微课的课件，然后开始录制在演示 PowerPoint 课件中的讲解过程，并将录制的视频进行剪辑。

跟我学

录制过程

打开制作好的“反射与反射弧.ppt”课件，使用Camtasia Studio软件录制教师使用该PowerPoint课件演示并讲解的过程。

1. **运行 Camtasia Studio 软件** 双击桌面上的图标，运行 Camtasia Studio 软件，在欢迎窗口中选择“录制 PowerPoint”选项，打开要录制的课件“反射与反射弧.ppt”。
2. **开始录制** 在 PowerPoint 软件中，选择“加载项”→“录制”命令，按图 5-22 所示操作，开始录制。

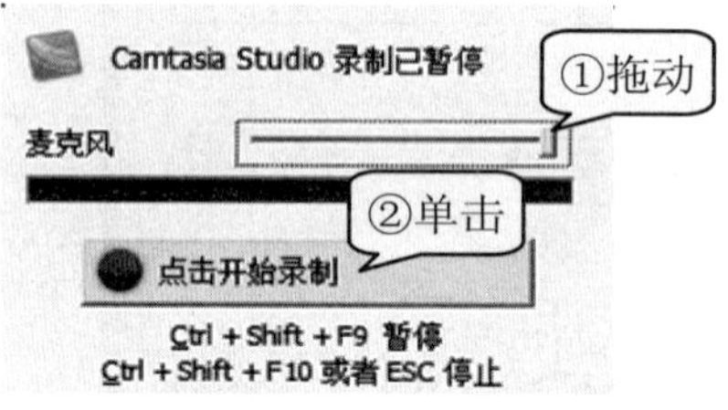

图 5-22 开始录制

3. **停止录制并保存** 教师从课件第一张幻灯片开始边演示边讲解。当最后一张幻灯片播放完后，按图 5-23 所示操作，停止录制并保存视频。

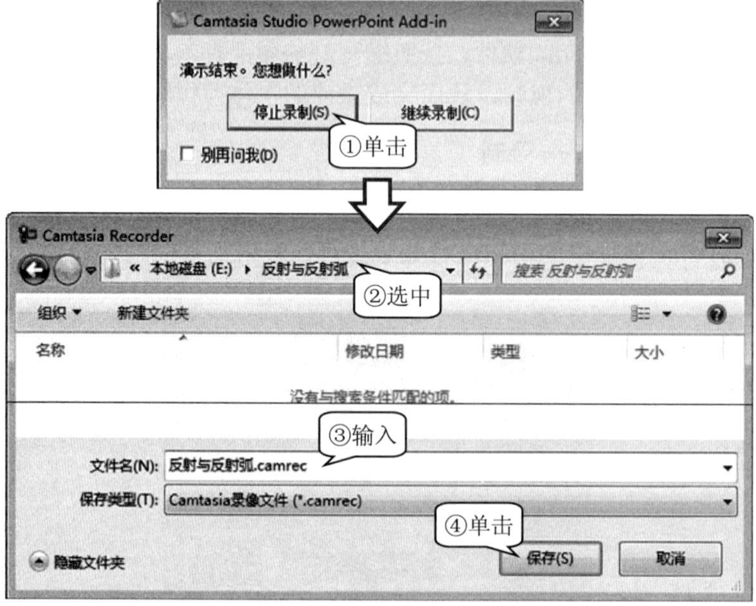

图 5-23 停止录制并保存

4. **准备编辑视频**　按图 5-24 所示操作，进行编辑视频前的准备。

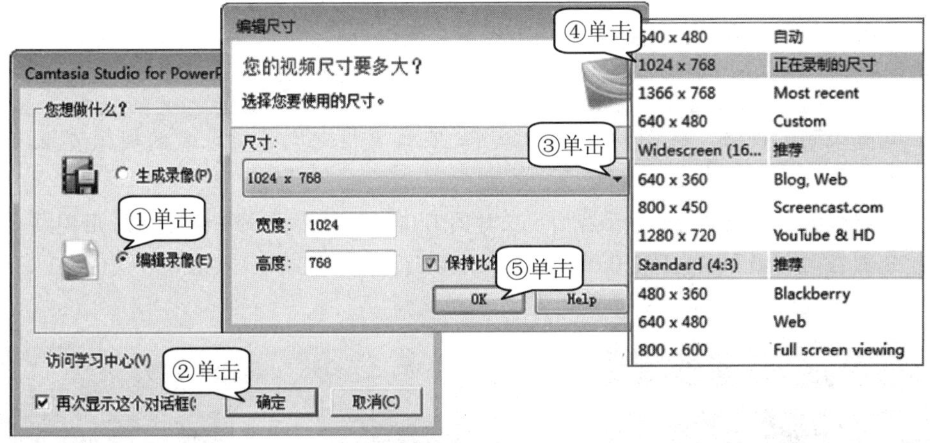

图 5-24　准备编辑视频

5. **删除音频 2**　按图 5-25 所示操作，将音频 2 删除。

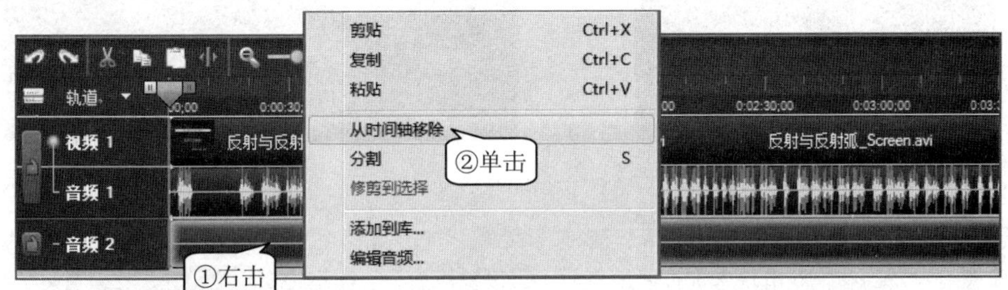

图 5-25　删除音频 2

6. **保存项目**　按图 5-26 所示操作，将编辑项目保存为“反射与反射弧.camproj”。

图 5-26　保存项目

剪辑视频

通过浏览视频过程，找到有问题的位置，进行视频分割，再将分割出的不需要的视频片段删除。

1. **浏览录制的视频**　按图5-27所示操作，在预览框中浏览所录制的视频过程，了解所录制视频需要剪辑的时间位置。
2. **分割视频**　按图5-28所示操作，在时间0:00:08;07位置处分割视频。用同样的方法，分别在时间0:00:16;19、0:00:45;00、0:00:55;23、0:03:38;17、0:03:50;19、0:03:58;07、0:04:08;25、0:04:40;23位置处再次分割视频。

图 5-27　浏览录制的视频

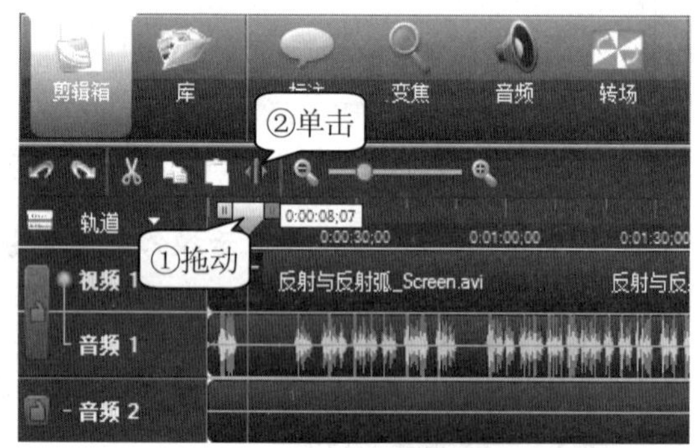

图 5-28　分割视频

在拖动滑块来定位时间点时，可以使用放大、缩小按钮来缩放时间轴的时间刻度，以便更精确地定位时间点。

3. **删除视频片段**　按图5-29所示操作，删除0:00:08;07 ~ 0:00:16;19时间段的视频片段。用同样的方法删除 0:00:45;00 ~ 0:00:55;23、0:03:38;17 ~ 0:03:50;19、0:03:58;07 ~ 0:04:08;25、0:04:40;23 ~ 末尾时间段的视频片段。
4. **保存项目**　选择"文件"→"保存项目"命令，将剪辑后的结果保存到项目文件中。

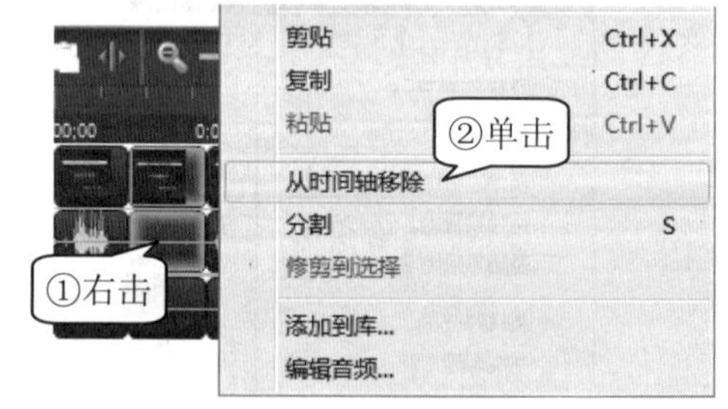

图 5-29　删除视频片段

知识库

1. 录制工具条

使用 Camtasia Studio 软件录制屏幕上的过程，还可以使用"录制屏幕"命令来进行。在录制前对如图 5-30 所示的"录制工具条"进行设置后，按下录制按钮"rec"即可进行录制。

2. 剪视频

除用分割视频的方法对视频进行剪辑外，还可以直接使用"剪"命令对视频进行剪辑。按图 5-31 所示操作，即可将所选区间的视频直接删除。

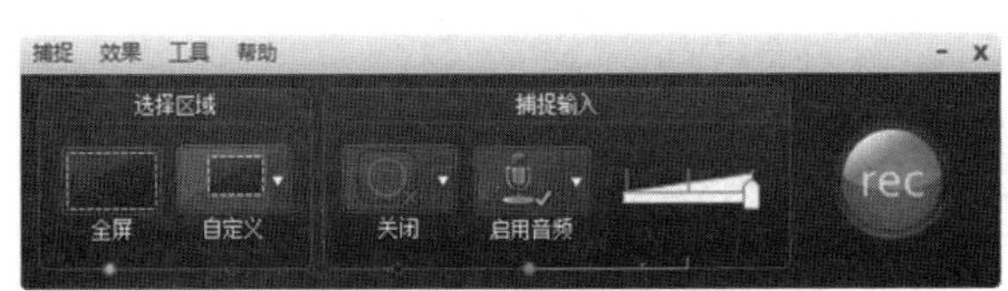

图 5-30　录制工具条

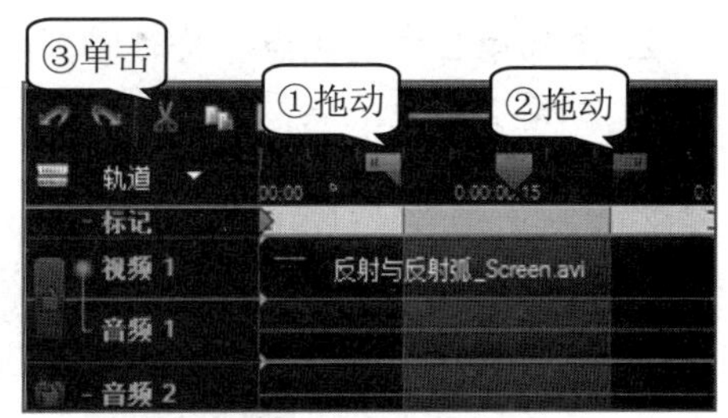

图 5-31　裁剪视频

5.2.3　添加变焦与标注

在 Camtasia Studio 软件中提供了变焦与标注的功能，这些功能可以使屏幕上的重点内容突出显示，从而帮助学生理解微课中讲述的知识点。

实例 4　反射与反射弧——添加标注

本实例是在已完成屏幕录制并对视频进行初步剪辑后，对其中的重点内容添加变焦与标注，使微课中的重点内容与讲解过程更加醒目、突出。

跟我学

添加变焦

在变焦面板中可以通过添加关键帧在时间轴中添加变焦点，通过设置变焦比例、时间段及变焦区域来突出屏幕中某区域内容。

1. **添加第 1 个变焦点**　将时间轴滑块移至时间 0:01:48;10 处，按图 5-32 所示操作，添加第 1 个变焦点。

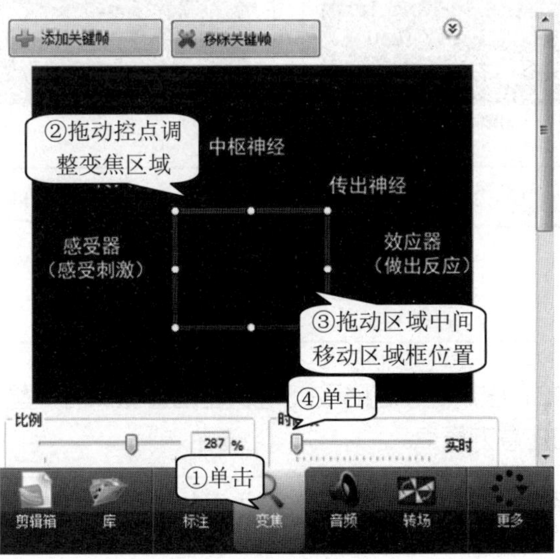

图 5-32　添加第 1 个变焦点

2. **添加第 2 个变焦点** 将时间轴滑块移至时间 0:01:53;22 处，按图 5-33 所示操作，添加第 2 个变焦点。

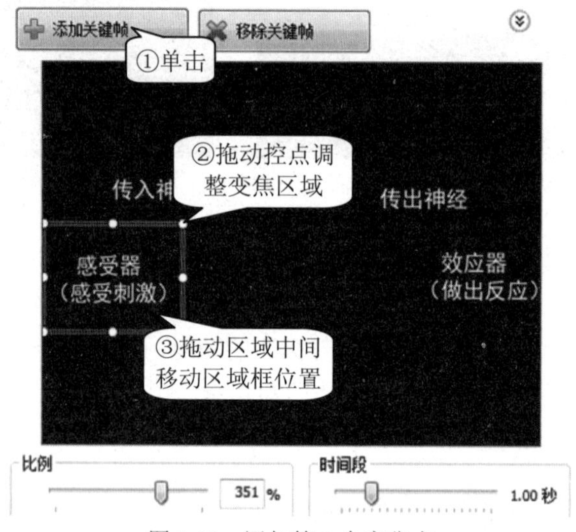

图 5-33 添加第 2 个变焦点

3. **添加其他变焦点** 参照第 2 步操作，分别在时间 0:01:56;08、0:01:58;16、0:02:00;11、0:02:02;21、0:02:06;04 处添加变焦点，并设置变焦区域框的大小与位置。时间 0:02:02;21 与 0:02:06;04 处添加的变焦点设置效果如图 5-34 所示。

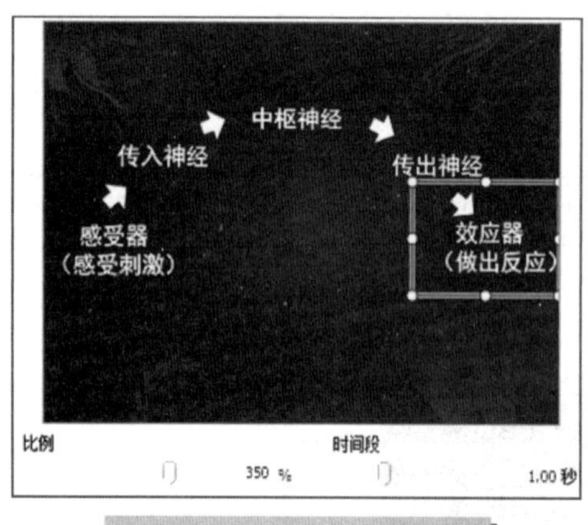

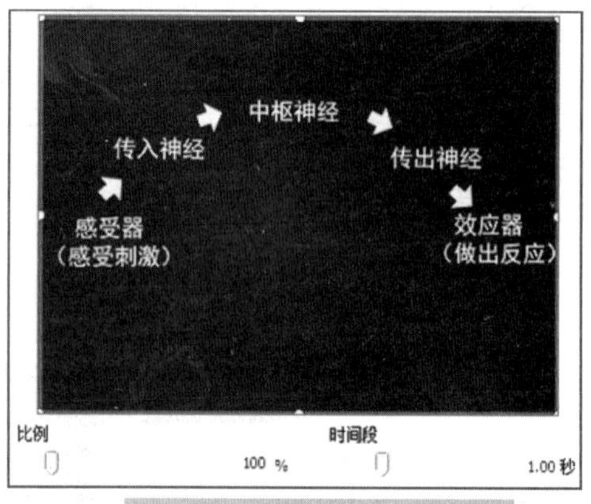

图 5-34 添加其他变焦点

添加标注

为录制的视频中的某时间段添加标注，可以在观看微课时提醒学生注意重点的语句与概念，引导学生的注意力焦点。

1. **添加手绘效果标注** 将时间轴滑块移至时间 0:02:44;15 处，按图 5-35 所示操作，添加画线标注。

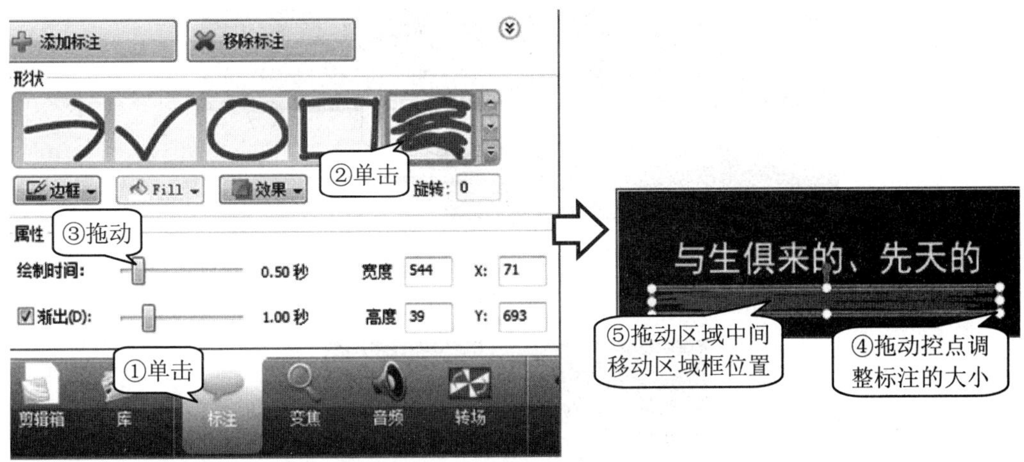

图 5-35　添加手绘效果标注

2. **添加聚光灯效果标注**　将时间轴滑块移至时间 0:02:54;29 处，按图 5-36 所示操作，添加聚光灯效果标注。

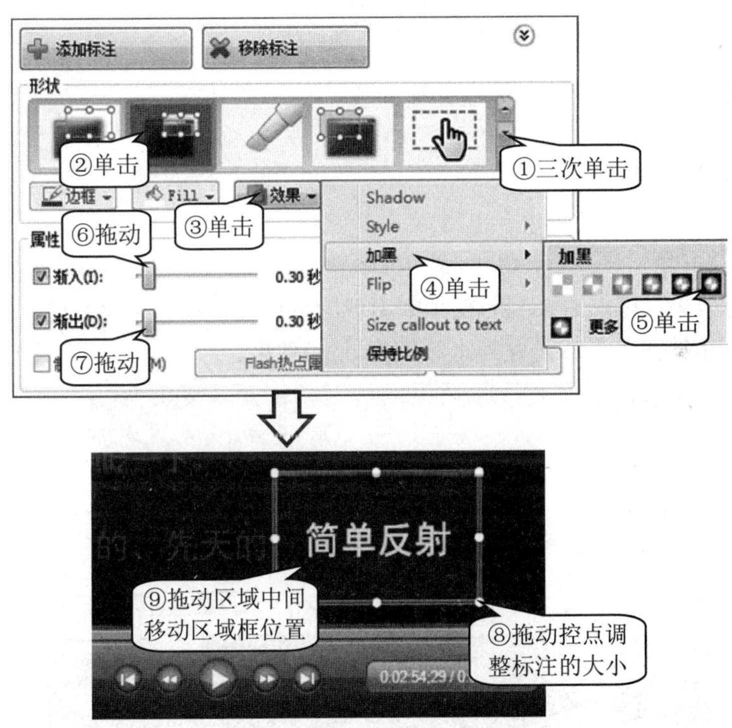

图 5-36　添加聚光灯效果标注

3. **设置标注延时**　按图5-37 所示操作，分别设置手绘效果与聚光灯效果，标注延时为 0:00:07;06 和 0:00:04;01。

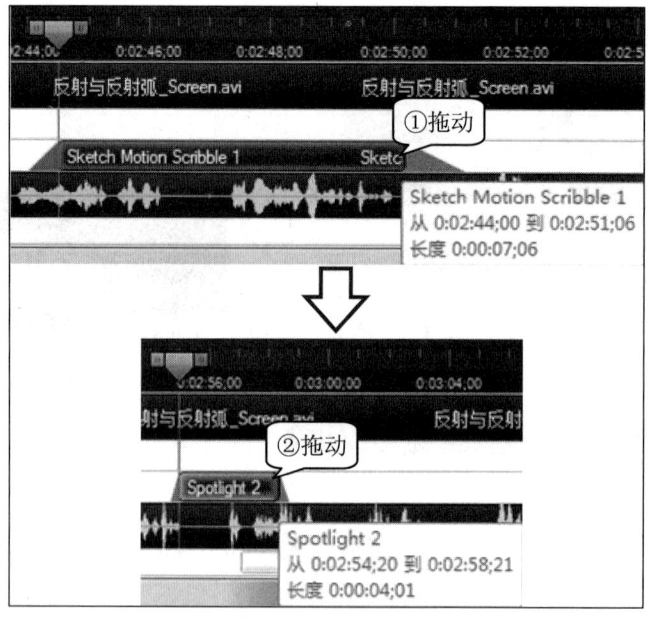

图 5-37　设置标注延时

4. 保存项目　按 Ctrl+S 键，保存项目。

知识库

1. 光标效果

使用“光标效果”可以为录制的视频中出现的鼠标动作设置效果，如按图 5-38 所示操作，即可将鼠标指针在单击时设置为水波纹(Ripple)效果。

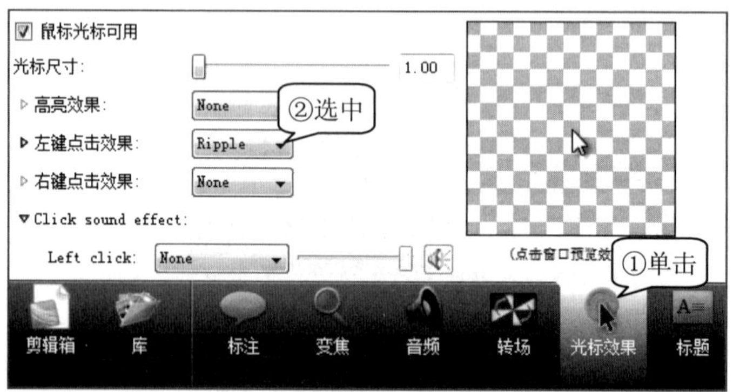

图 5-38　光标效果设置

2. 添加标题

可以通过 Camtasia Studio 软件中的“标题”功能，为录制的视频添加片头与片尾标题。按图 5-39 所示操作，即可添加片尾标题“谢谢观看”。

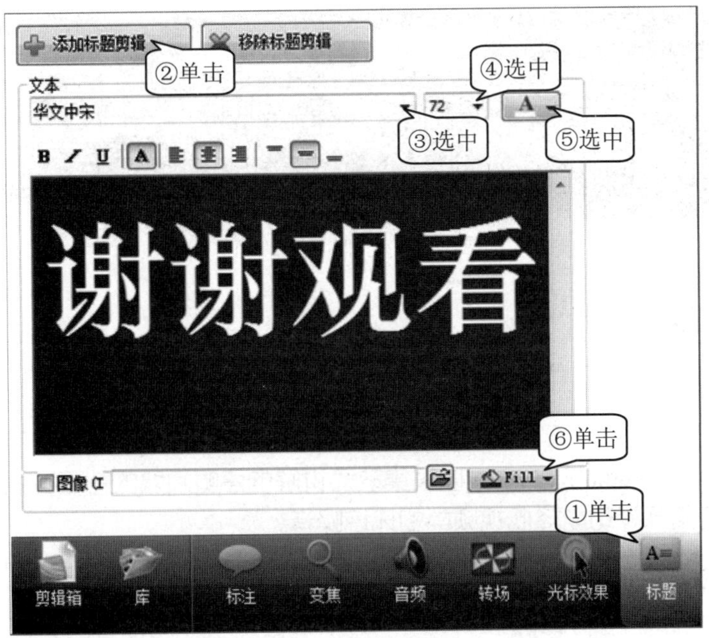

图 5-39　添加标题

5.2.4　处理微课声音

通常，在刚刚录制好的微课视频中，教师通过麦克风录制的声音会有一些瑕疵，如环境的噪音、麦克风的电流声、咳嗽声等，这就需要对录制好的微课视频中的音频部分单独进行处理，以保证学生在观看微课时更清楚地听到教师的讲解，更好地理解微课的内容。

实例 5　认识直角、锐角和钝角

本实例是苏教版小学《数学》二年级教材的内容，微课如图 5-40 所示，使用 Camtasia Studio 录制时的环境比较嘈杂，需要对声音进行处理，如去除噪音、增加音量等操作。

图 5-40　微课“认识直角、锐角和钝角”效果图

首先，对微课视频中的音频部分进行降低噪音与去除杂音的处理，再适当提高音量，处理后的音频 1 效果如图 5-41 所示。

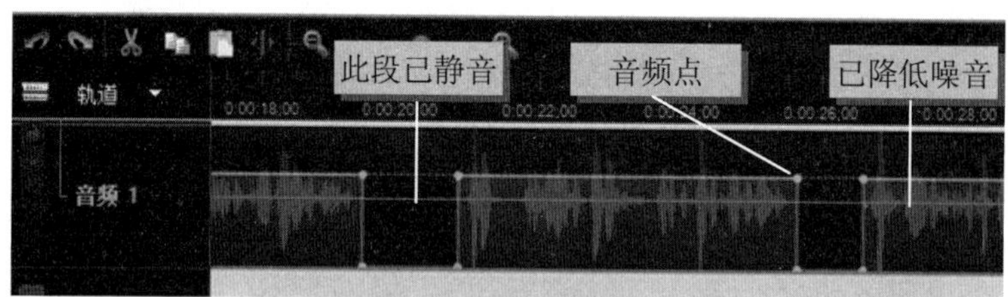

图 5-41　处理后的音频 1

跟我学

降低噪音

在 Camtasia Studio 软件中可以采集教师讲解的停顿间隙的音频数据作为降低噪音的样本，再使用降噪功能降低视频中的环境噪音。

1. **开启降噪功能**　按图 5-42 所示操作，开启“使用降噪”功能。

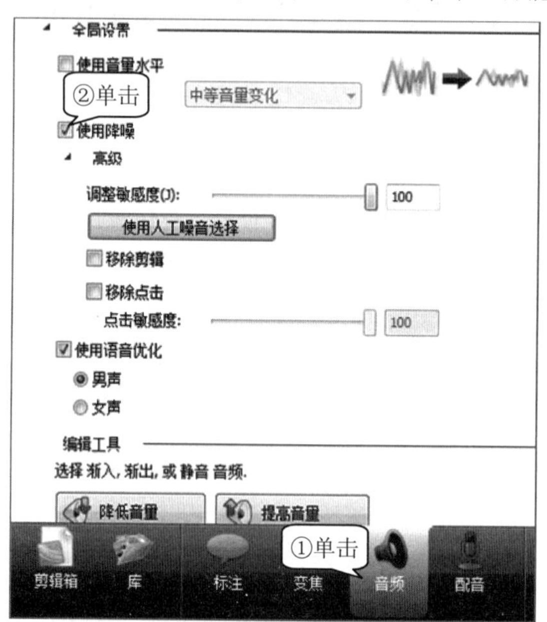

图 5-42　开启降噪功能

2. **选择噪音采样区域**　按图 5-43 所示操作，选择没有人声的空白区域作为噪音采样区域。

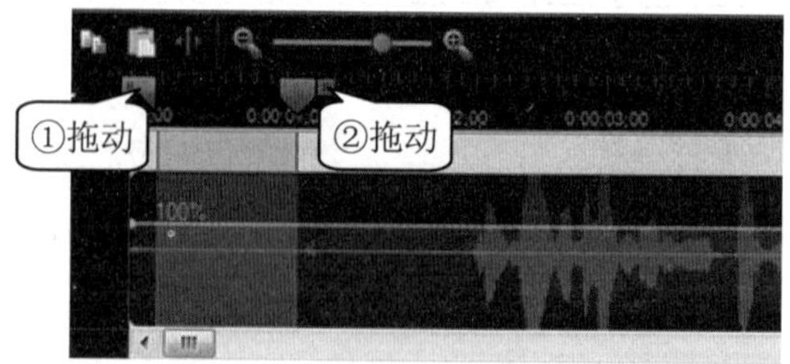

图 5-43　选择噪音采样区域

3. **噪音采样**　按图 5-44 所示操作，把选中的空白区域设置为噪音采样样本。

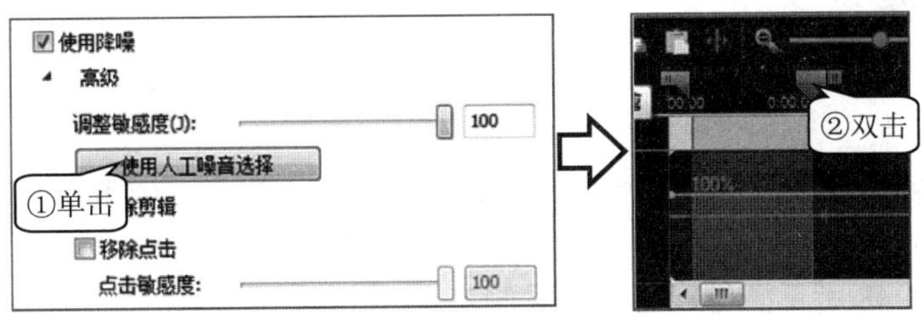

图 5-44　噪音采样

4. **调整敏感度**　按“播放”按钮试听降噪后的效果，若感觉人声较为失真，则按图 5-45 所示操作，重新调整敏感度。用此方式反复试听与调整，直至满意。

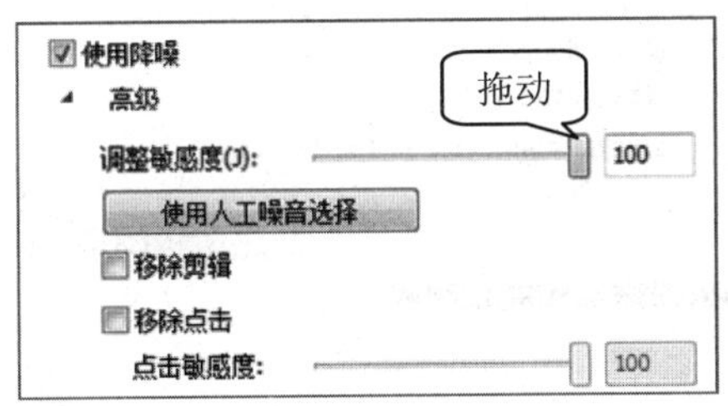

图 5-45　调整敏感度

去除杂音

对于视频中出现的点击鼠标、咳嗽及移动物品的杂音，可以选中杂音出现的区域，使用静音功能将其去除。

1. **选择杂音区域**　按图 5-46 所示操作，选择杂音出现的区域。
2. **设置静音**　按图 5-47 所示操作，将所选区域声音设置为静音。

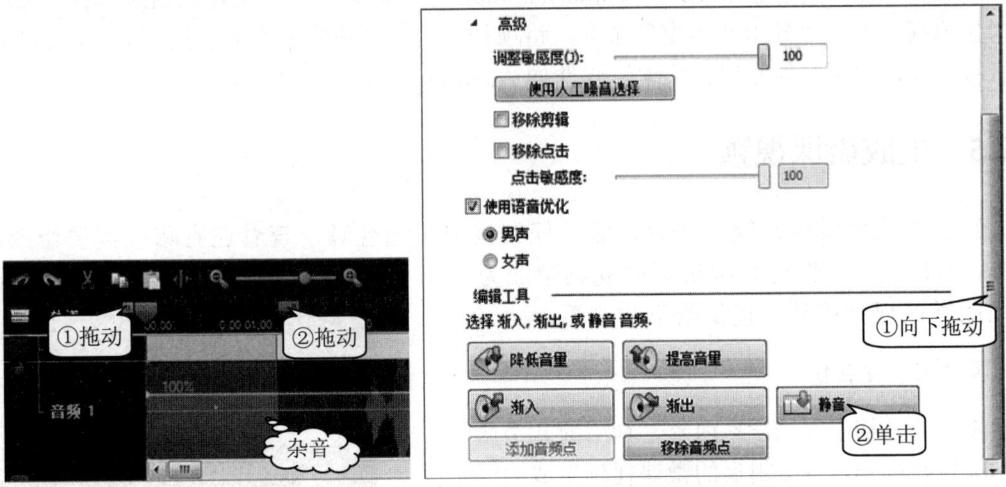

图 5-46　选择杂音区域　　图 5-47　设置静音

3. **保存项目**　按 Ctrl+S 键，保存项目。

知识库

1. 配音

当录制的视频中有小段讲述的声音有失误，可以在“配音”中重新录制小段音频放入音频 2，将音频 1 中原声音片段设置为静音，再将重新录制的音频 2 片段放到合适的时间位置即可。按图 5-48 所示操作，可重新录制声音到音频 2 轨道。

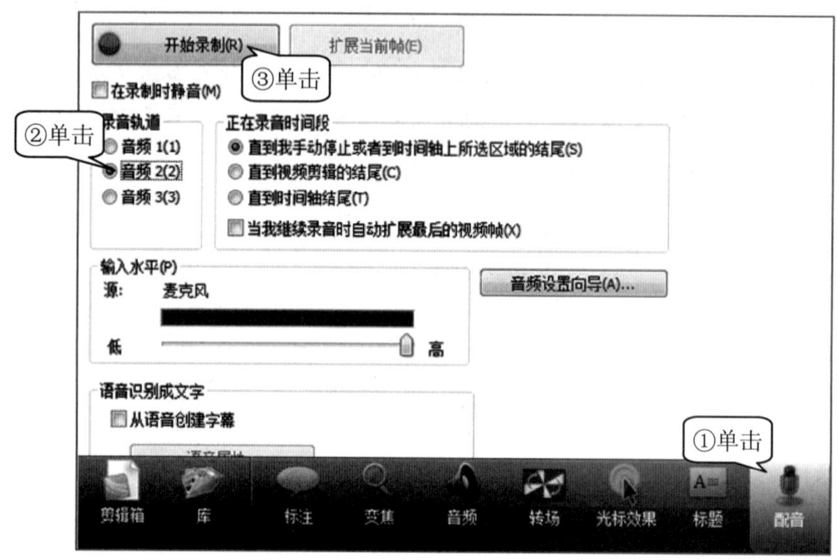

图 5-48　配音

2. 导出音频

如果录制的声音质量较差，用 Camtasia Studio 软件较难处理，也可以通过选择“文件”→“生成指定”→“导出音频为”命令，将项目中的一个或多个音频轨道单独或混合导出为音频文件，再用其他专用音频编辑软件如 Audition 等进行再次编辑。

5.2.5　生成微课视频

经过视频剪辑与音频处理后，应当仔细播放一遍视频，查看还有哪些需要修改的地方，确认无误后即可将编辑后的视频生成为一个独立的微课视频成品，提供给学生观看。

实例 6　化合价

本实例是初中《化学》内容，利用前几节所学，录制编辑好视频，将编辑后的微课视频生成为一个独立的微课视频成品。生成后的微课视频效果如图 5-49 所示。

图 5-49　微课“化合价”视频效果图

对于已有课件首页作为片头的微课，可以添加片尾部分，使微课更加完整，生成后分享，选择合适的视频格式和视频质量，导出视频。

跟我学

1. 打开生成向导　选择“分享”→“本地”命令，按图 5-50 所示操作，完成生成向导的第一步。

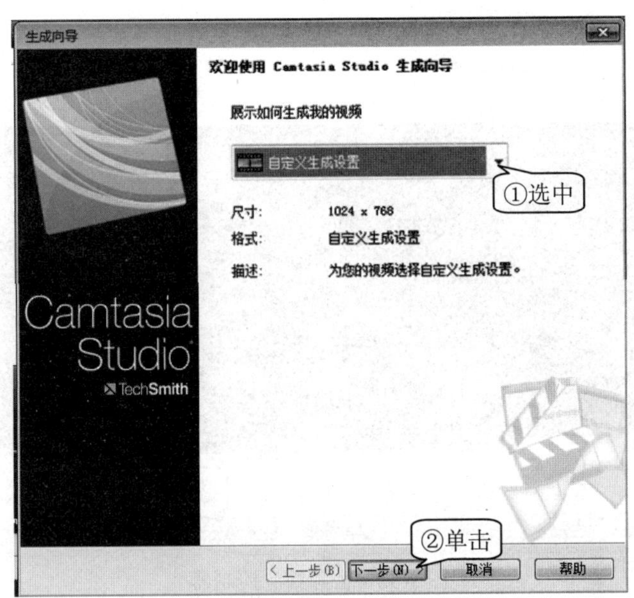

图 5-50　打开生成向导

2. 选择视频格式　按图 5-51 所示操作，选择微课的视频格式。

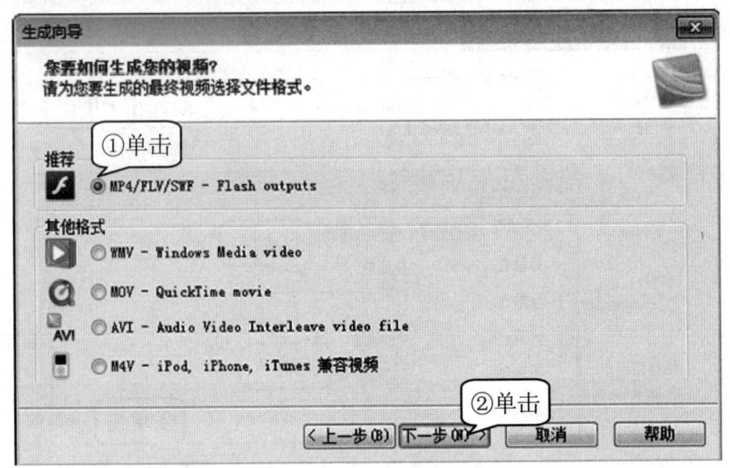

图 5-51　选择视频格式

3. 去除播放控制器　按图 5-52 所示操作，去除播放控制器。

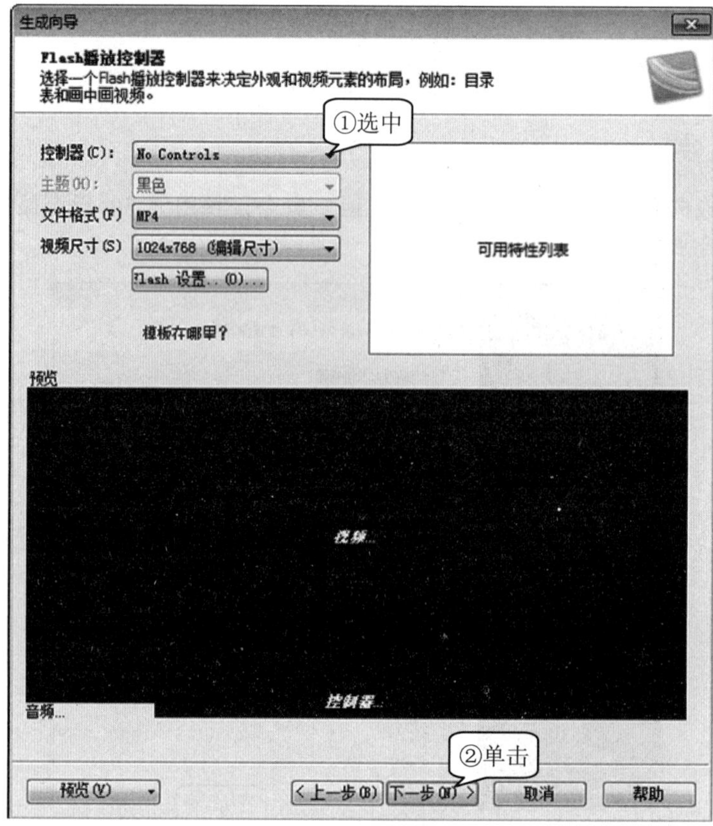

图 5-52 去除播放控制器

4. 添加视频信息　按图 5-53 所示操作，添加视频信息。

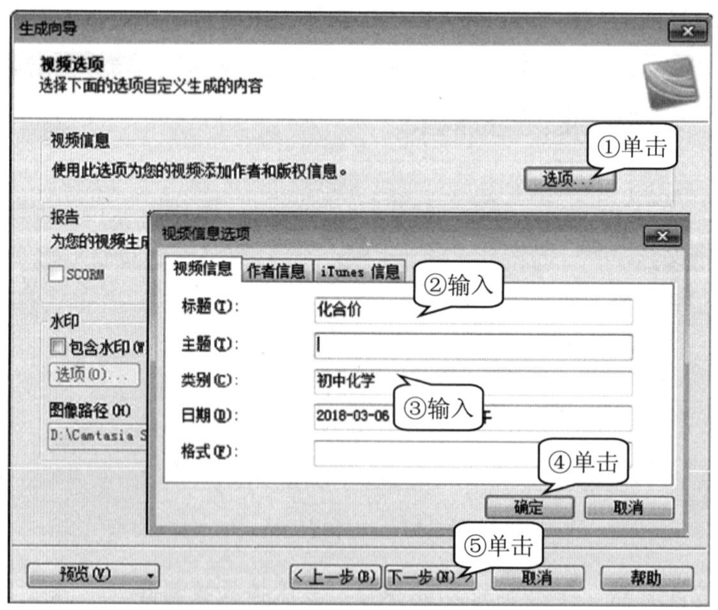

图 5-53 添加视频信息

5. **生成视频**　按图 5-54 所示操作，生成视频。

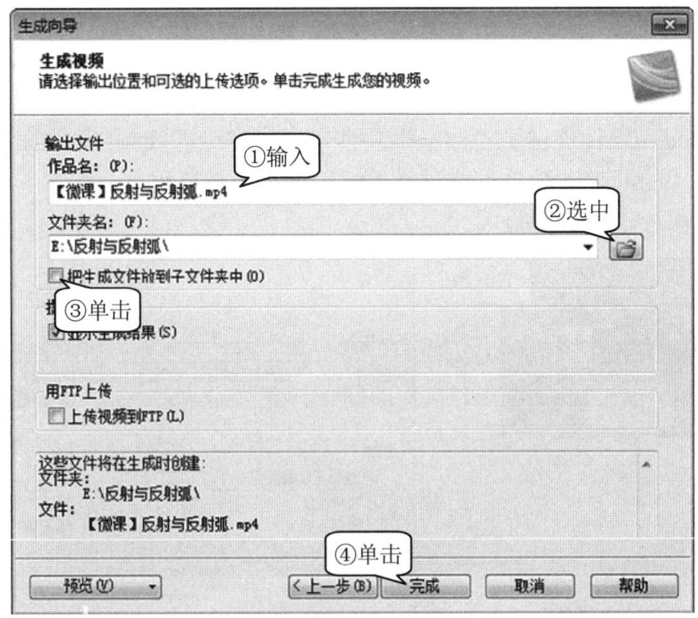

图 5-54　生成视频

6. **播放视频**　按图 5-55 所示操作，观看微课视频。

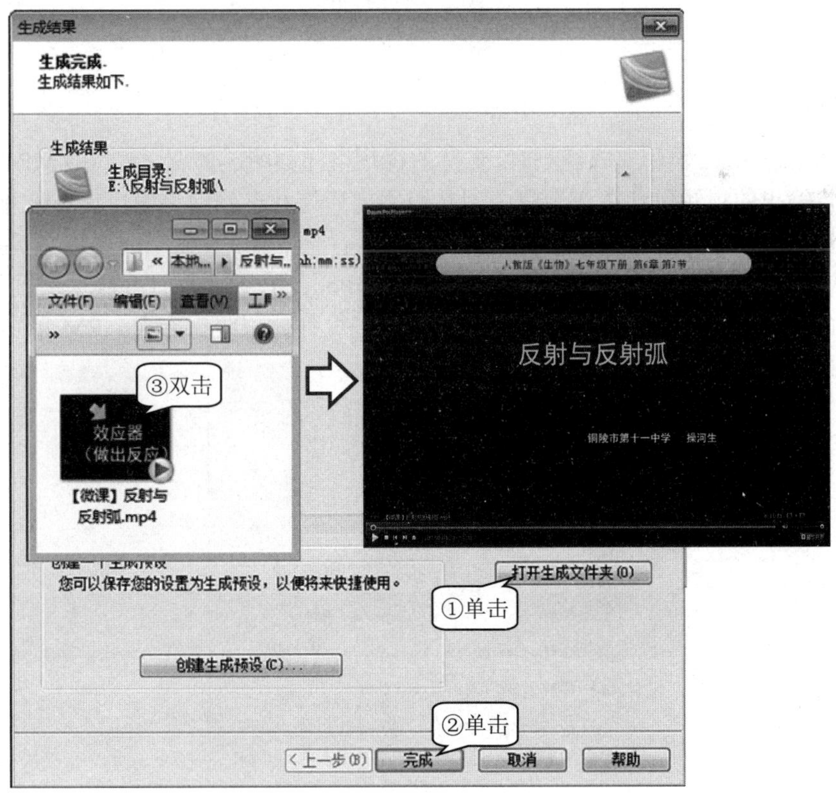

图 5-55　播放视频

知识库

1. 添加测验题

Camtasia Studio 软件提供了“测验”功能，通过在微课视频中添加相关的测验题，可以让学生观看微课的同时进行自我检测，了解知识点的掌握程度。按图 5-56 所示操作，即可打开“测验”面板，编辑测验题。

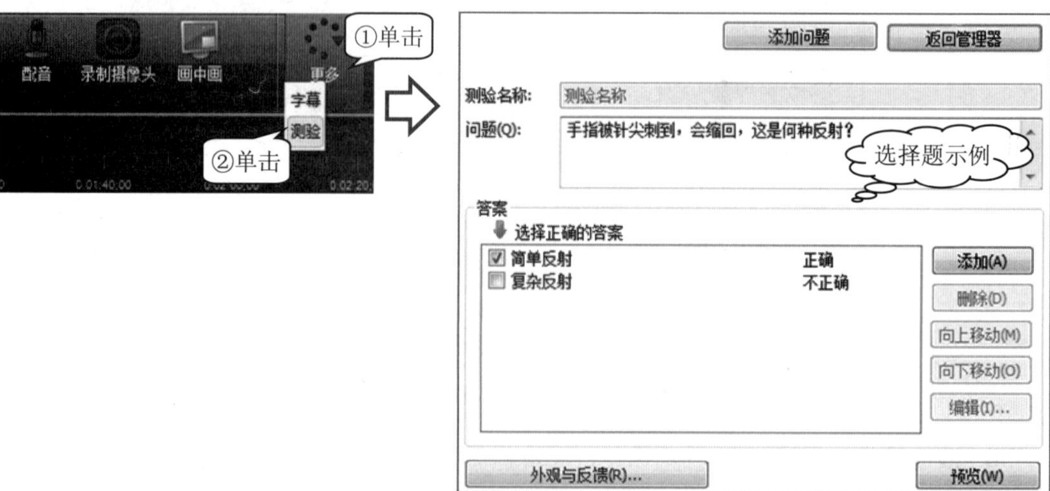

图 5-56　添加测验题

2. 视频格式

在Camtasia Studio 软件生成视频时，支持的视频格式如图 5-57 所示。其中 MP4/FLV/SWF 选项可以将输出的视频包含在资源包中，从而方便后期共享到网络中。WMV 格式压缩比高，视频也相对清晰，文件体积较小。MOV 格式具有跨平台、存储空间要求小等技术特点，日常生活中在数码相机等设备使用较多。M4V 是 iPod、iPhone 及 iTunes 兼容的视频格式。AVI 格式的优点是调用方便、图像质量好，缺点是文件体积较为庞大。RM 格式可以较为自由地调整压缩比率从而适合不同场合。

图 5-57　视频格式

创新园

1. 打开课件“原子的构成”并播放，课件效果如图 5-58 所示，使用 Camtasia Studio 软件进行录屏，录制微课“原子的构成”。

2. 录制生成“原子的构成.camrec”文件，再使用 Camtasia Studio 软件预览视频，裁剪视频，去除声音噪音。

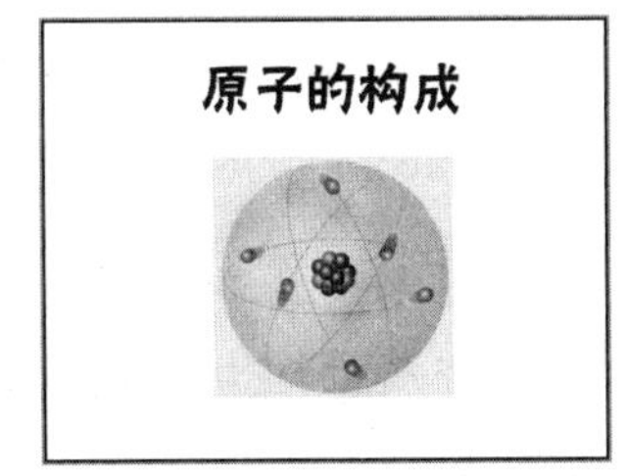

图 5-58　课件“原子的构成”效果图

5.3　用电子白板录制微课

目前，越来越多的教室配备了电子白板，电子白板以其良好的交互性获得了许多教师的青睐，使用电子白板课件进行课堂教学也成为许多教师常用的教学手段。教师使用 NoteBook 课件进行讲解，边讲述边使用会声会影软件来录制微课。

5.3.1　录制与剪辑视频

首先根据已编写好的微课脚本与制作好的 NoteBook 课件，划分出录制微课的阶段。其次安装好“会声会影”软件，根据划分好的阶段分段录制微课视频，再对录制好的视频进行剪辑。

实例 7　平行线判定方法一——录制剪辑

“平行线判定方法一”是人教版《数学》七年级下册第五单元第 2 节的内容，在这一知识点中需要通过作图的方法让学生理解平行线的绘制与判定方法。本实例是录制教师在电子白板课件中的操作与讲解过程，并将录制的视频进行剪辑。

跟我学

录制前准备

根据微课脚本与白板课件划分录制的阶段，并对麦克风进行设置。

1. **划分录制阶段**　根据“平行线判定方法一微课脚本.doc”与“平行线判定方法一微课课件.notebook”，将要录制的微课视频划分为 3 个阶段进行录制，划分阶段如图 5-59 所示。

第一阶段	录制课件第 1、2 页讲解过程
第二阶段	录制课件第 3、4 页讲解过程
第三阶段	录制课件第 5、6 页讲解过程

图 5-59　划分录制阶段

2. **设置麦克风**　测试麦克风录音效果，若效果不佳，可参照 5.2.1 中设置麦克风部分的方法进行相应的设置。

录制讲解过程

打开已经制作好的“平行线判定方法一微课课件.notebook”，再使用会声会影软件按已划分的录制阶段进行分段录制。

1. **打开白板课件**　找到光盘中的“平行线判定方法一微课课件.notebook”文件，双击打开。
2. **打开会声会影**　双击桌面上的图标，运行“会声会影”软件。
3. **录制第一段视频**　按图 5-60 所示操作，开始录制第一阶段视频。

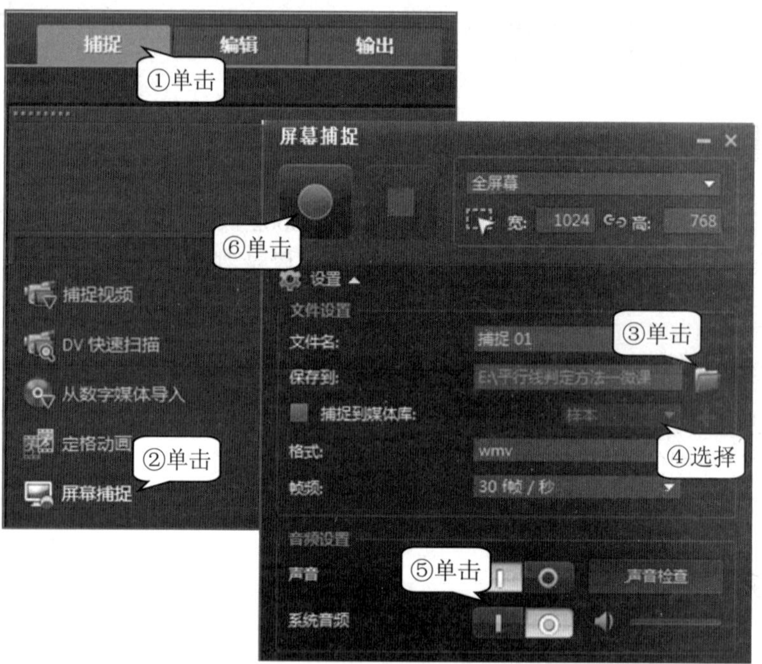

图 5-60　录制第一段视频

4. **完成第一段录制**　按照微课脚本的设计，一边演示微课课件内容，一边讲解，讲解完课件第 2 页后，按 F10 键结束录制，并在弹出的视频所在文件夹中将“捕捉 01.wmv”改名为“平行线判定方法一(第 1 段).wmv”，效果如图 5-61 所示。
5. **完成第二、三段录制**　按照第 4 步的方法，完成第二段、第三段微课视频录制，并分别将保存的视 o 频文件进行改名，效果如图 5-62 所示。

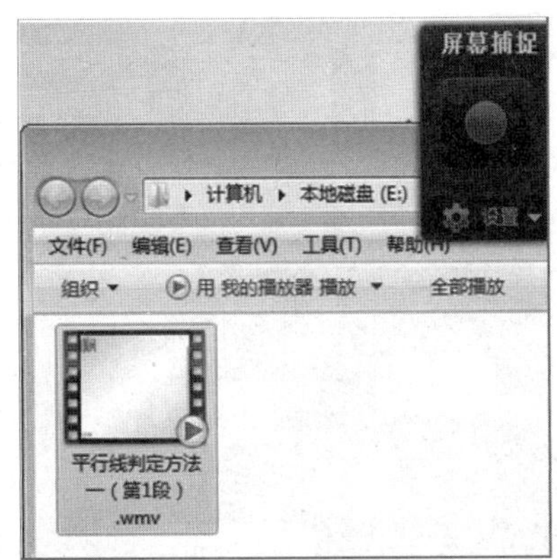

图 5-61　完成第一段录制

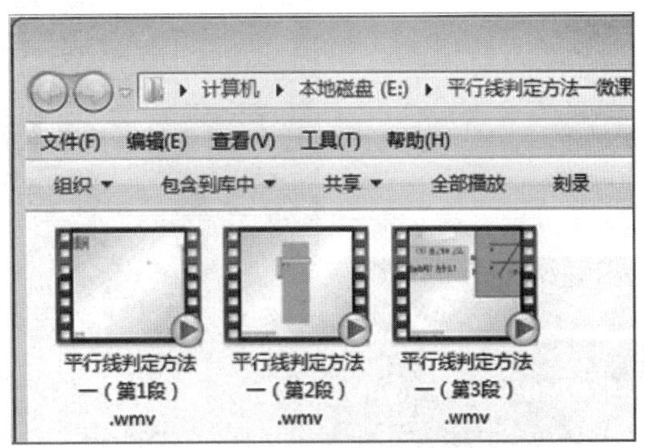

图 5-62　完成第二、三段录制

剪辑视频片段

在“会声会影”软件中导入录制的 3 个视频片段，并在时间轴视图中浏览、剪辑。

1. **导入视频片段**　退出“屏幕捕捉”对话框，按图 5-63 所示操作，导入前面录制的 3 个视频片段。

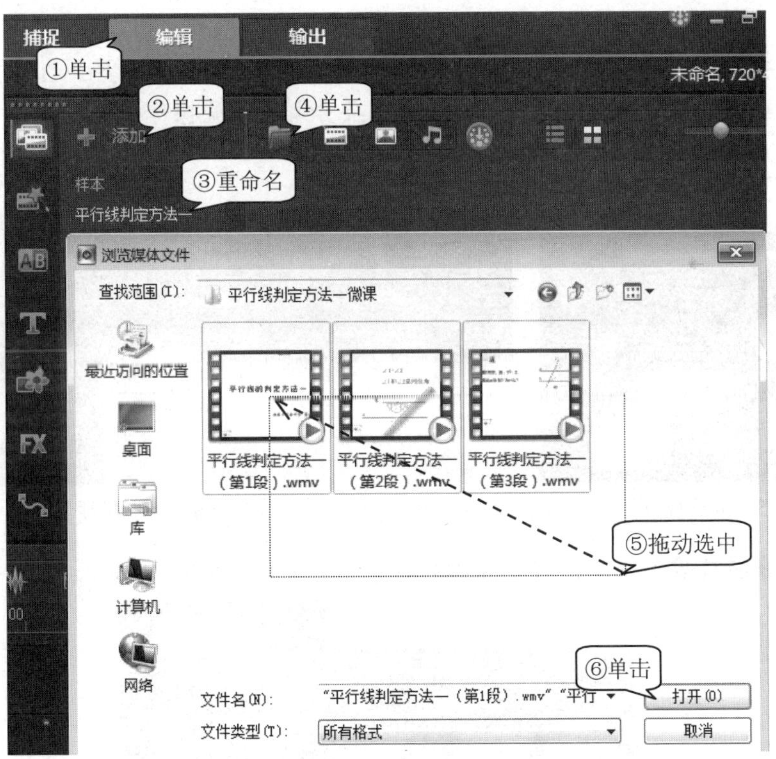

图 5-63　导入视频片段

2. **插入视频片段**　按图 5-64 所示操作，以录制时间的顺序，分别将 3 个视频片段插入到时间轴视图中。

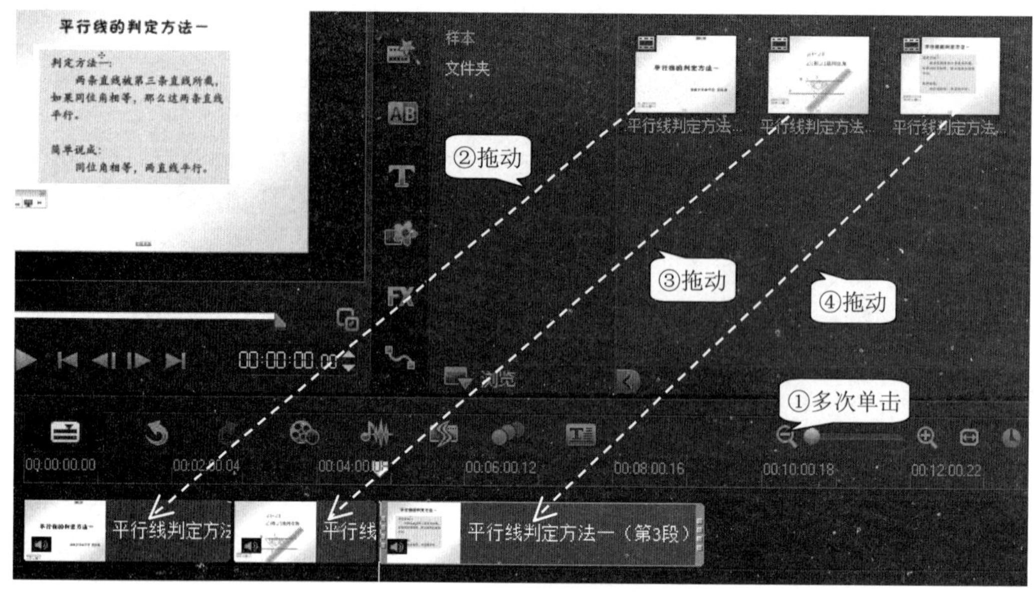

图 5-64　插入视频片段

3. **浏览视频**　选中第一段视频，按图5-65 所示操作，浏览录制的第一段视频，观察是否有不满意需要剪去的部分。

4. **分割视频**　通过工具按钮缩放时间轴，找到需要剪去的位置，按图 5-66 所示操作，分割视频片段。在每一处需要分割的位置操作一次。

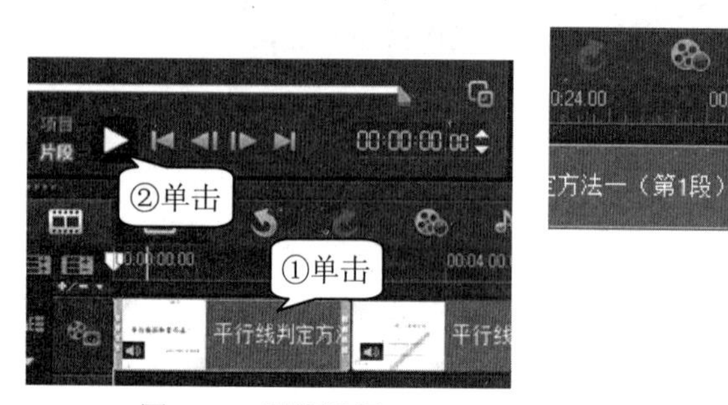

图 5-65　浏览视频

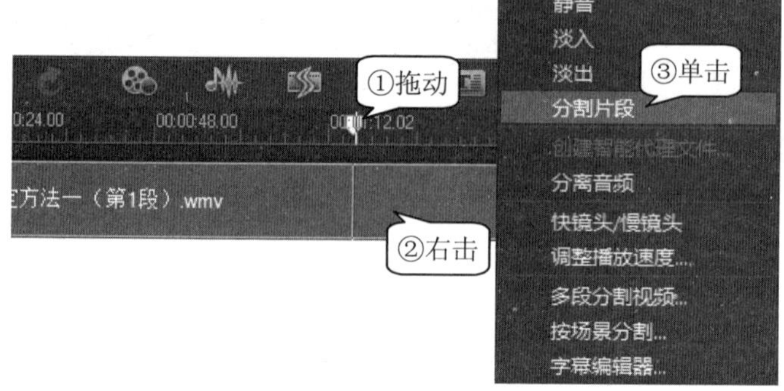

图 5-66　分割视频

5. **删除视频片段**　按图 5-67 所示操作，将不需要的视频片段删除。

图 5-67　删除视频片段

6. **剪辑其他视频片段**　按照步骤 3、4、5 的操作方法，剪辑第二、三段视频片段，最终效果如图 5-68 所示。

图 5-68　剪辑其他视频片段

7. **保存项目**　选择“文件”→“保存”命令，将视频剪辑后的结果保存到指定项目文件中。

知识库

1. 分段录制

使用分段录制的方式，可以使教师在一次录制的过程中减少失误的次数，从而方便对录制的视频进行剪辑。尤其是在使用白板课件时，教师要一边操作，一边讲解，失误的次数比使用 PowerPoint 课件录制要多，通过分段录制的方式，不仅可以减少对视频的剪辑工作，而且可以让教师细化录制过程，使录制过程更有条理。

2. 保存项目文件

在使用会声会影编辑微课的过程中，可以将编辑视频、处理音频的状态以项目文件的方式保存下来。项目文件记录的是存放制作视频所需要的所有信息，包括项目属性、使用素材的链接位置及它们在影片中的组织关系。在剪辑视频的过程中，即使在时间轴中删除了部分视频片段，也不会影响项目文件链接的源视频文件。

5.3.2　处理微课声音

录制好的微课视频仅仅对图像部分进行剪辑还是不够的，要想学生在观看微课时更清楚地听清教师的讲述，还需要对微课中的声音进行处理。

实例 8　平行线判定方法一——处理声音

本实例是在前一实例的基础上，对微课“平行线判定方法一”进行声音处理，以保证教师的讲解更加清晰。

跟我学

分离音频

对视频中的声音进行处理前，需要先将视频中的音频分离出来，以便于进行下一步的处理。

1. **输出音频**　运行“会声会影”软件，按图5-69 所示操作，将多段视频中的音频信息输出到文件保存。

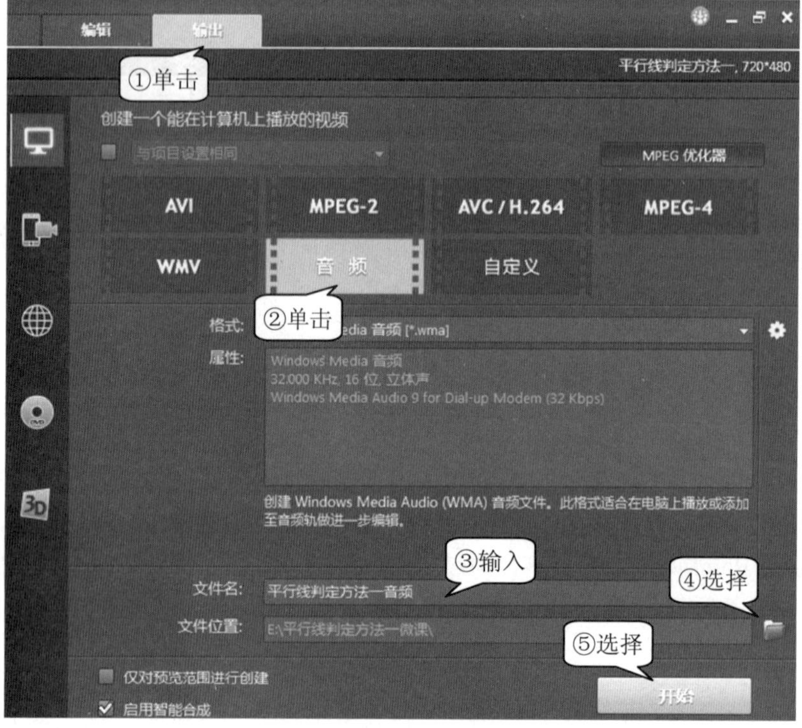

图 5-69　输出音频

2. **设置视频静音**　单击“编辑”选项卡，按图 5-70 所示操作，将第一段视频片段设置为静音。用同样的方法设置其他视频片段为静音。

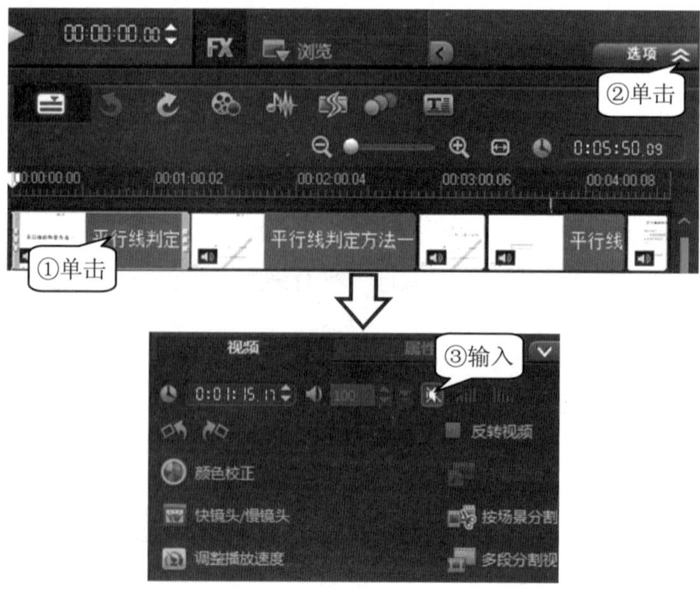

图 5-70　设置视频静音

3. **导入音频**　按图 5-71 所示操作，将第 1 步输出的音频文件导入媒体文件夹“平行线判定方法一”中。

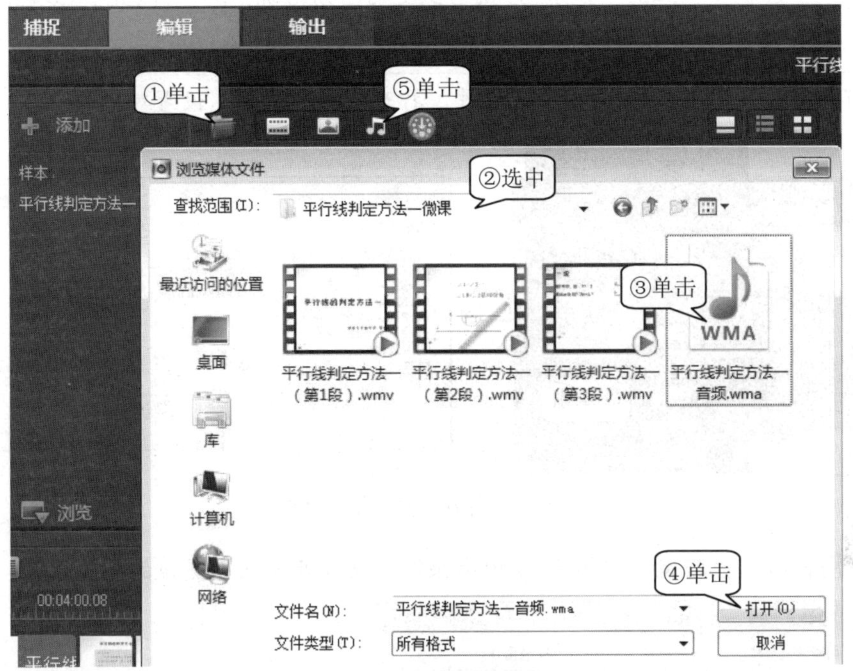

图 5-71　导入音频

4. **插入音频**　按图 5-72 所示操作，将“平行线判定方法一音频.wma”声音插入时间轴中的声音轨道上。

图 5-72　插入音频

使用音频滤镜

选中声音轨中单独的音频素材，就可以使用音频滤镜中的多种功能来改善原音频的质量。

1. **打开音频滤镜** 按图 5-73 所示操作，打开“音频滤镜”设置对话框。

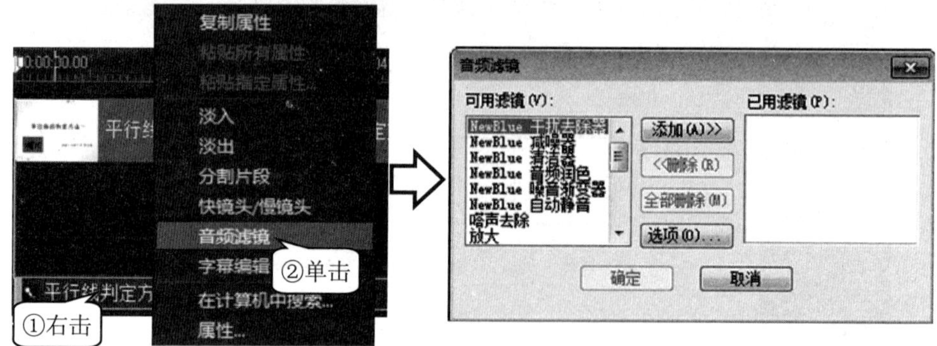

图 5-73 打开音频滤镜对话框

2. **使用音频润色滤镜** 按图 5-74 所示操作，设置音频润色滤镜的相关选项。

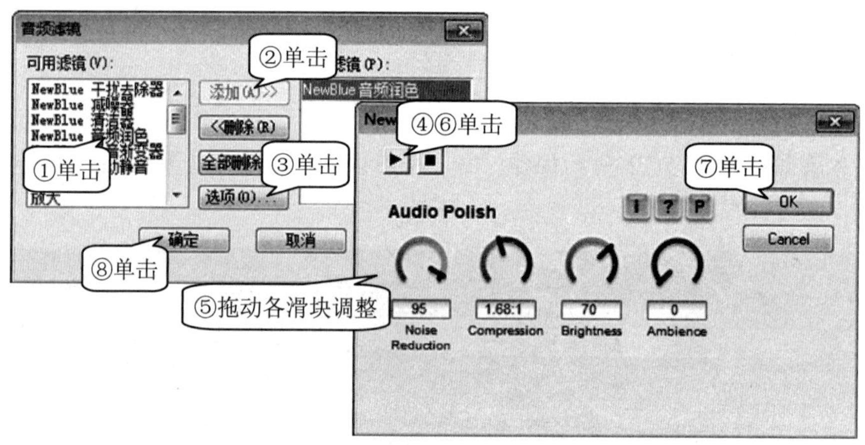

图 5-74 使用音频润色滤镜

3. **保存项目** 选择“文件”→“保存”命令，保存项目文件。

知识库

1. 放大音量

若录制的声音音量过大或过小，可以使用“音频滤镜”中的“放大”功能将声音轨中的音量放大或缩小。按图 5-75 所示操作，可将音量放大到原音量的 2 倍。

2. 降低噪音

若录制的声音噪音较大，可以通过“音频滤镜”中的“减噪器”功能降低噪音。按

图 5-76 所示操作，可以适度降低声音中的噪音。

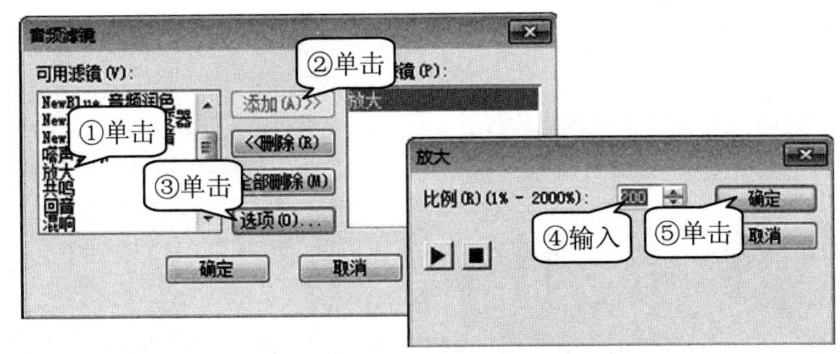

图 5-75　放大音量

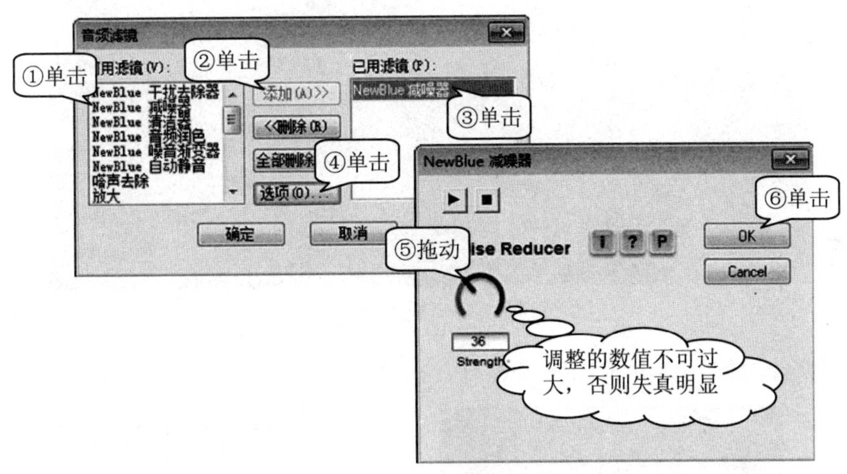

图 5-76　降低噪音

5.3.3　完成微课视频

经过剪辑视频与处理音频后，还需要对微课添加片头与片尾，以使微课更加完整。最后还需要将整个编辑好的微课视频过程输出，保存为一个独立的微课视频成品，即可提供给学生观看。

实例 9　平行线判定方法一——完善微课

本实例将在处理完微课“平行线判定方法一”音频的基础上，对该微课添加片尾。最后将微课视频进行输出保存，生成一个完整的微课视频以供学生观看。

跟我学

添加片尾

为使微课更加完整，应当给微课添加片头与片尾。对于已有课件首页作为片头的微课，可以添加片尾部分，使微课更加完整。

1. **插入颜色**　按图 5-77 所示操作，将颜色(9,13,172)插入视频轨的末尾。

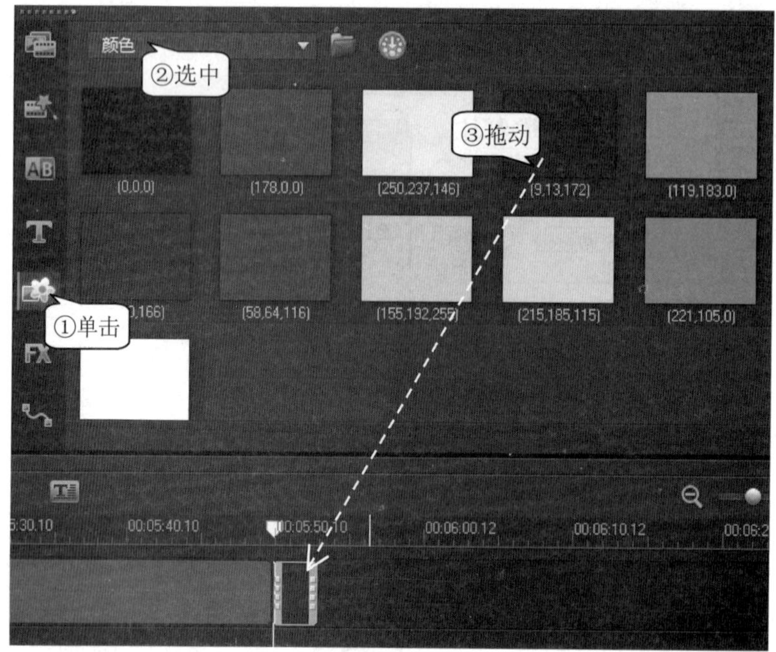

图 5-77　插入颜色

2. **设置持续时间**　按图 5-78 所示操作，设置颜色的持续时间为 5 秒。

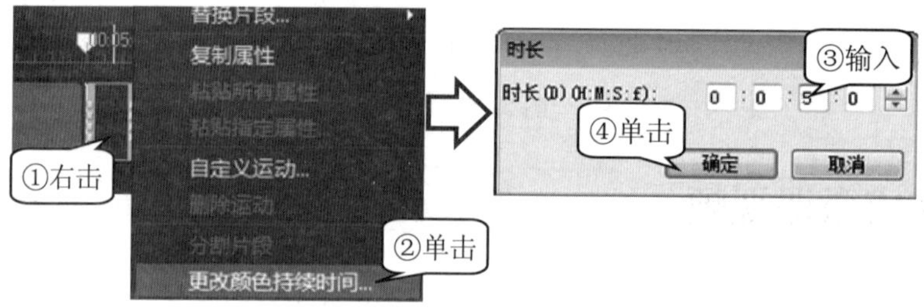

图 5-78　设置持续时间

3. **输入文字**　按图 5-79 所示操作，输入文字“谢谢观看”，拖动文字框到合适的位置。

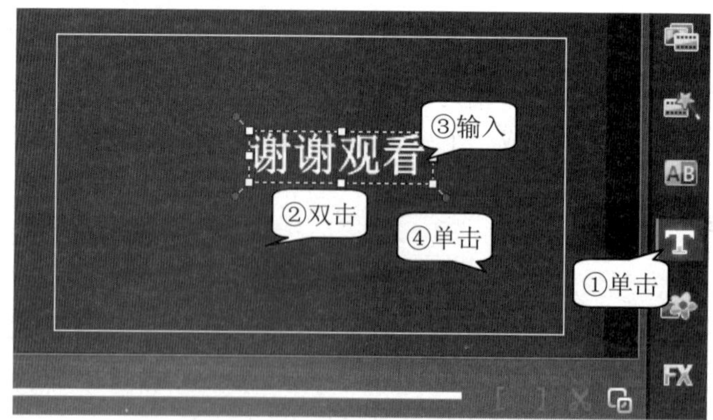

图 5-79　输入文字

4. 设置文字格式 按图 5-80 所示操作，设置文字格式。

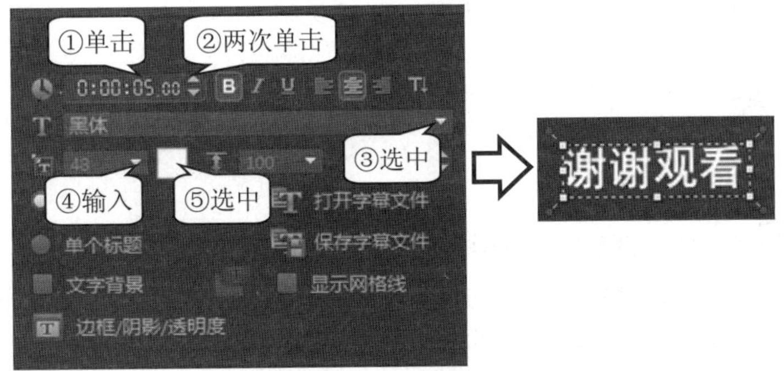

图 5-80 设置文字格式

输出视频

为使学生可以方便地观看微课视频，需要将已经编辑好的项目文件中的内容进行混合输出，生成一个单独、完整的微课视频。

1. 输出微课视频 按图 5-81 所示操作，输出微课视频。

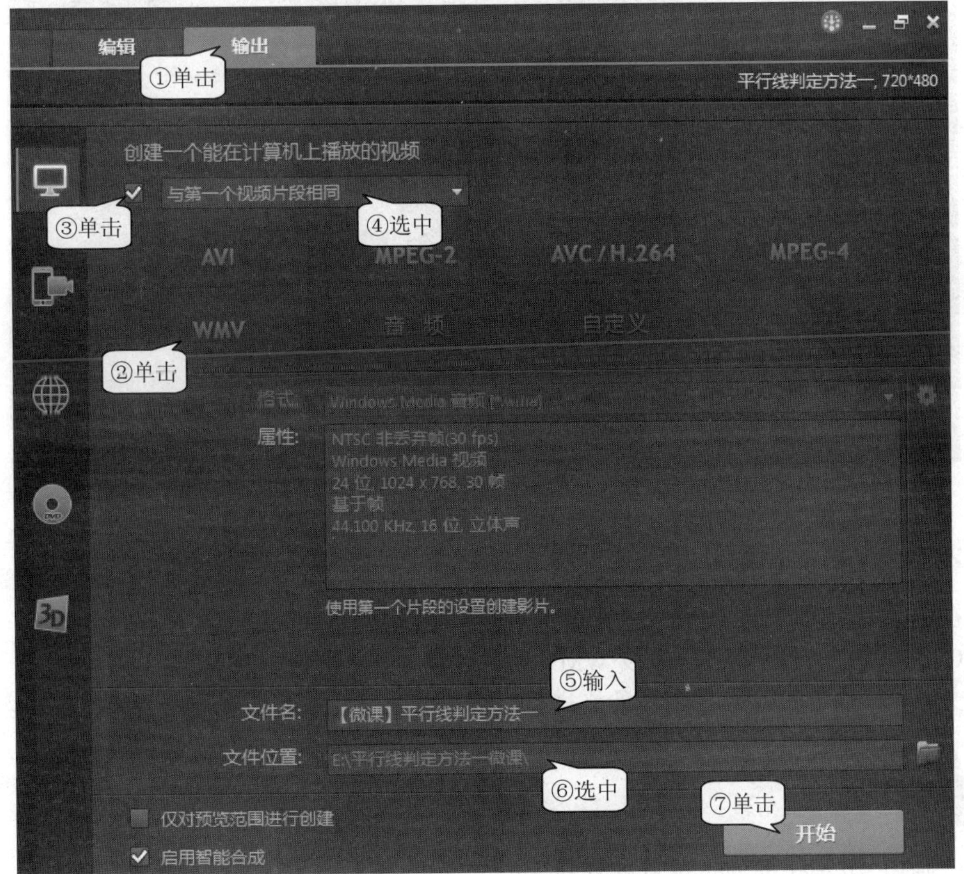

图 5-81 输出微课视频

2. **查看微课视频** 打开“E:\平行线判定方法一微课”文件夹，双击“【微课】平行线判定方法一.wmv”图标，查看生成的微课视频。

知识库

1. 为移动设备输出视频

在“输出”选项卡的“设备”选项中，可以将微课输出为移动设备，如平板电脑、智能手机等常用格式的视频，以适合学生在移动设备上观看。按图5-82所示操作，即可将微课输出为适合平板电脑或大屏幕智能手机观看的分辨率为1920×1080的MPEG-4 AVC格式视频文件。

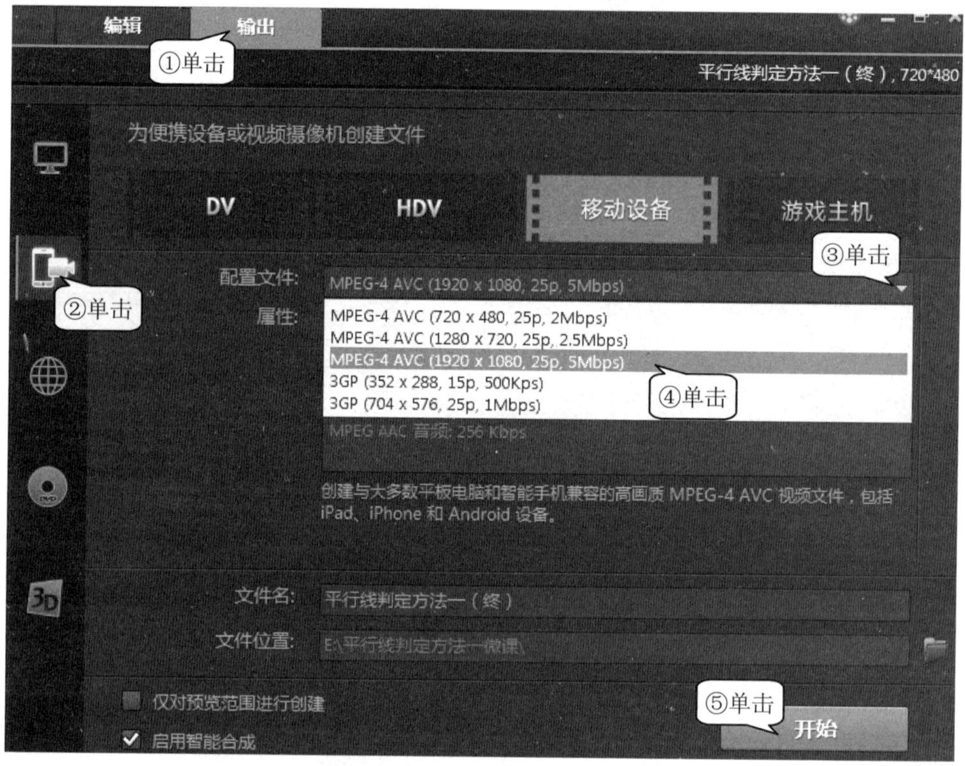

图5-82　为移动设备输出视频

2. 自定义视频格式

在“输出”选项卡的“计算机”选项中，除可以生成常规的AVI、MPEG2、AVC/H.264、MPEG-4及WMV格式的视频外，还可以用自定义方式，输出如图5-83所示的格式的视频。

图5-83　自定义视频格式

创新园

1. 使用SMART Notebook软件打开“几何图形.notebook”文件，全屏运行课件，效果如图5-84所示，再使用“会声会影”软件进行录制。

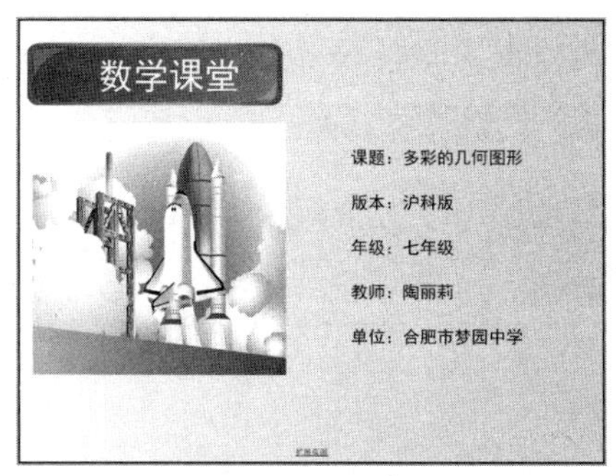

图 5-84　课件“多彩的几何图形”效果图

2. 在“会声会影”软件中为录制的微课视频，添加片头和片尾各 5 秒时间，导出视频选择 mpg 格式，分辨率为 1280×720。

5.4　用平板电脑录制微课

平板电脑 iPad 是教师制作“微课”的好助手，使用方便简单，教师只要动动手指就可录制微课。iPad 的屏幕就像传统教室的黑板，教师可以在上面边板书边进行课程讲解，使用 iPad 平板中的 APP，录制屏幕中的内容，导出分享微课视频。

5.4.1　录制微课

iPad 平板电脑录制微课视频，需要安装第三方软件，本节使用 Educreations 软件录制。Educreations 软件主要有颜色画笔、橡皮擦、导入、录制等工具，使用者不需要掌握高深的拍摄和编辑技巧，单击“开始录制”按钮后，在屏幕上写字、画画，所有记录和语音都会被录下来，生成视频形成微课，与在白纸上与他人讲述 样简单。

实例 10　连加

本节以人教版小学《数学》一年级上册“连加”为实例，讲解如何用 Educreations 制作“连加”微课。使用 Educreations 制作微课的流程如图 5-85 所示。

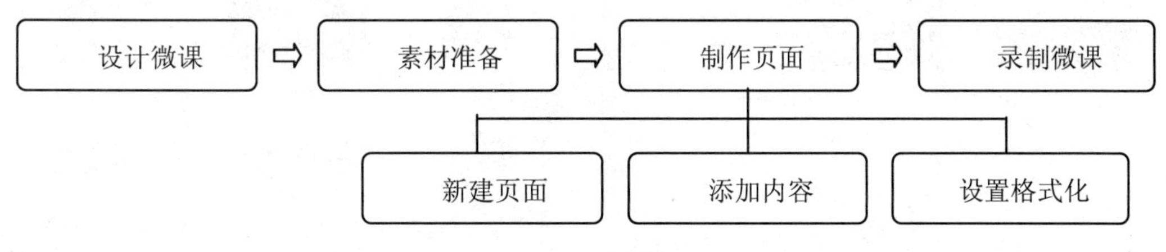

图 5-85　制作流程

这节微课的知识点是教会“连加”算式的计算方法。解决问题的设计比较简单，由情境图引入问题—边讲解边书写呈现计算过程—小结算法巩固练习 3 个环节组成，需要 5 个课件页面。微课的运行顺序和效果如图 5-86 所示。

图 5-86　微课“连加”效果图

跟我学

安装软件

在平板电脑上录微课前要安装相应的 APP，打开 APP Store，查找、下载并安装 Educreations。

1. 打开 APP Store　按图 5-87 所示操作，打开 APP Store。

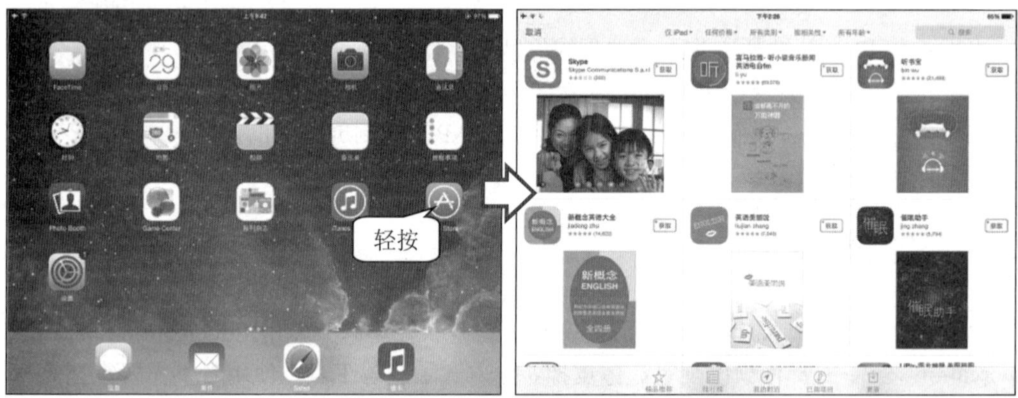

图 5-87　打开 APP Store

2. 查找 Educreations　按图 5-88 所示操作，在 APP Store 中查找 Educreations。

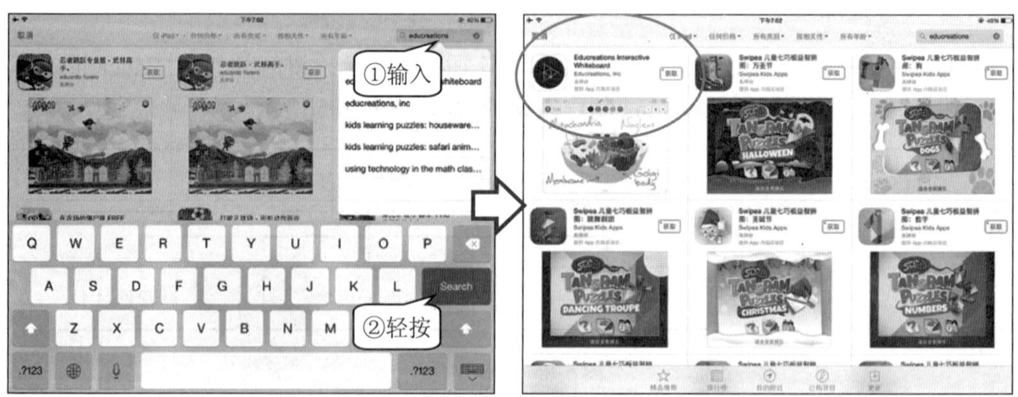

图 5-88　查找 Educreations

3. **安装 Educreations**　按图 5-89 所示操作，系统自动安装 ShowMe APP。

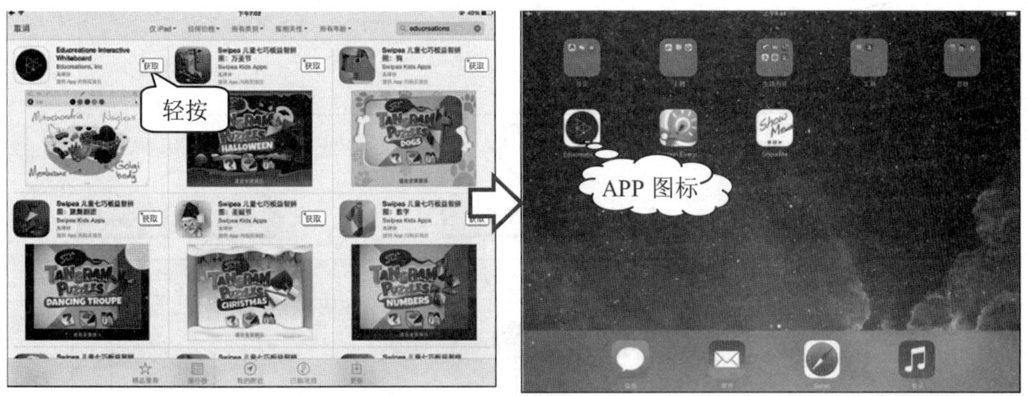

图 5-89　安装 Educreations

运行软件

安装好APP后，可直接轻按图标，启动Educreations，在主界面轻按按钮+，进入录制界面，即可开始录制微课。

1. **认识主界面**　轻按 iPad 主屏幕上的 Educreations 图标，运行 Educreations 软件，弹出如图 5-90 所示的 Educreations 主界面。

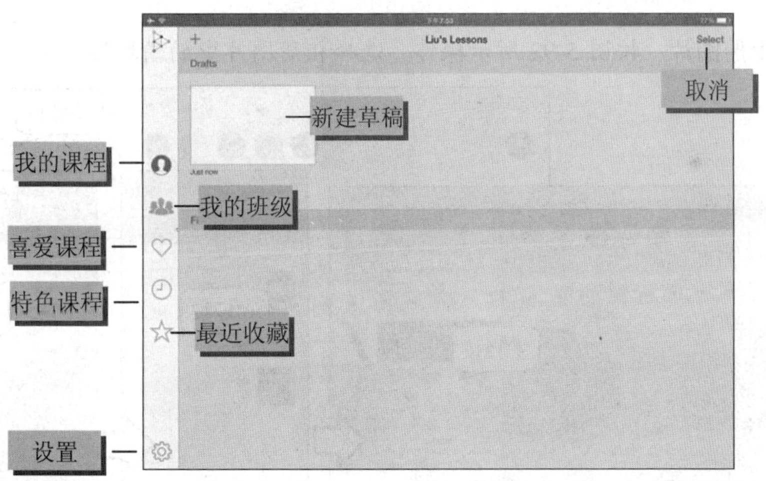

图 5-90　Educreations 主界面

2. **进入录制界面**　按图 5-91 所示操作，轻按“+”，新建微课，进入录制界面。

导入图片

Educreations可以导入图片，图片导入的方法包括：导入相机图片，上网查找，Dropbox，Google Drive下载等方式。

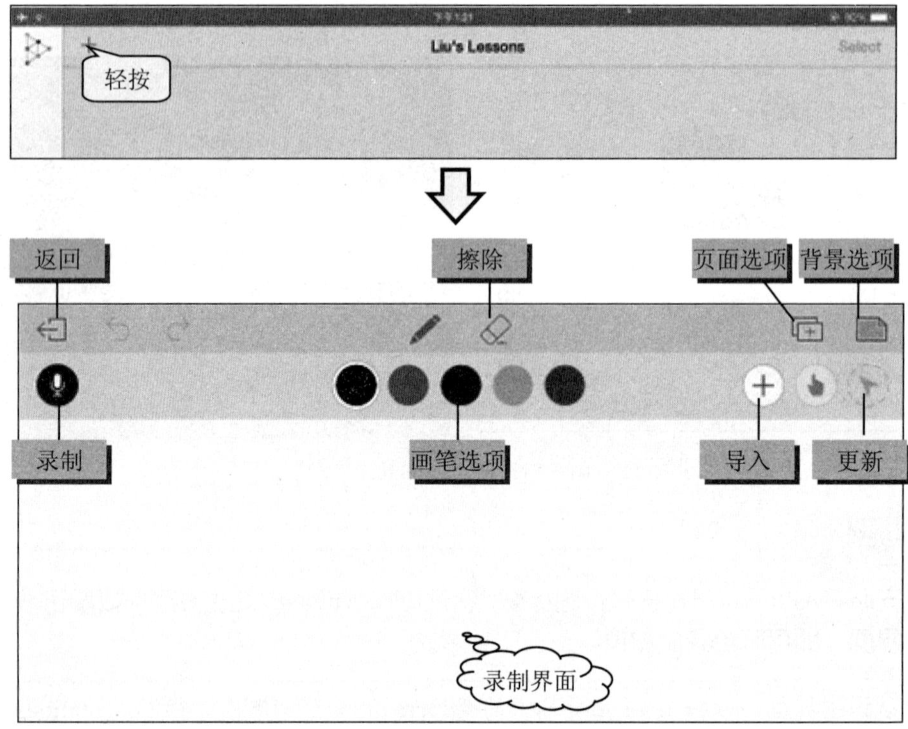

图 5-91　新建微课

1. **导入相册图片**　按图 5-92 所示操作，选择相册图片中的情境图。

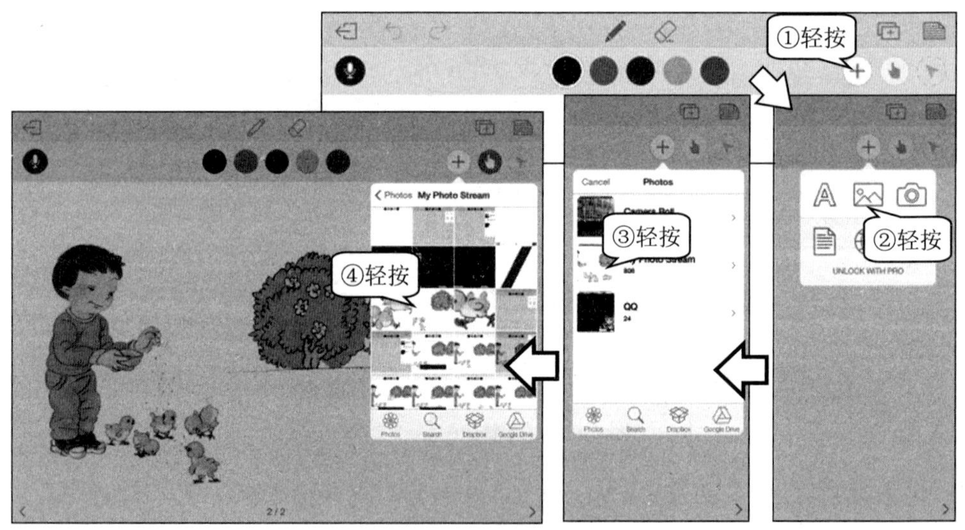

图 5-92　导入图片

微课课件需要的情境图可以先在计算机中编辑处理，然后通过 QQ 上传到平板电脑的照片相册中。

2. **增加新页面**　按图 5-93 所示操作，添加新的页面。

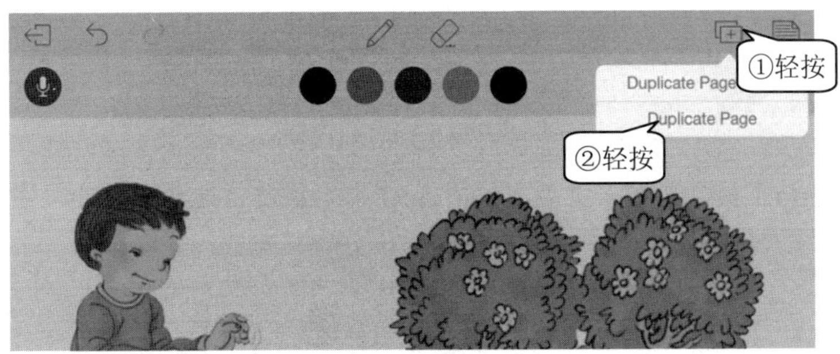

图 5-93　新增页面

利用 Duplicate Page 命令可复制生成新页面，利用它复制上一个页面，再在新页面中添加新的内容，按顺序播放时，可以像幻灯片一样生成动画效果。

3. **添加图片**　仿照图 5-94 所示的操作步骤，选择页面 2，导入 2 只小鸡的图片。

调整图片

导入图片的大小和尺寸位置等可能不符合页面要求，需要选择相应的工具调整图片的大小、位置或删除。

1. **调整位置**　按图 5-94 所示操作，将图片移到合适的位置。
2. **调整大小**　按图 5-95 所示操作，将图片调整到合适大小后锁定图片。

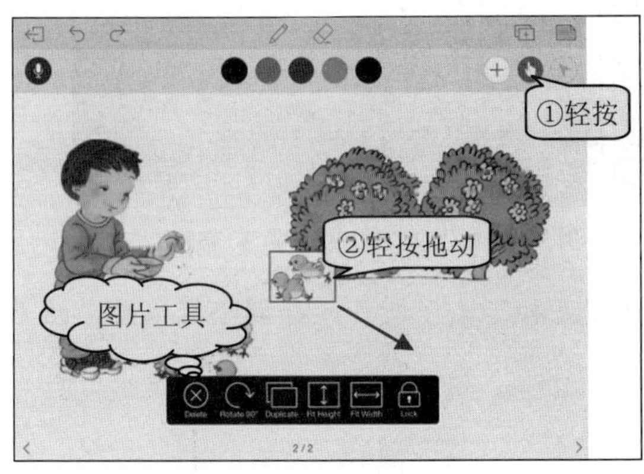

图 5-94　调整图片位置

图 5-95　调整图片大小

3. **添加图片**　新增一页，添加 1 只小鸡的图片，并调整位置和大小，结果如图 5-96 所示。

删除图片的方法：先选中不需要的图片，再轻按图片工具栏中的“删除”按钮⊗，即可删除图片。

添加字母和数字

Educreations支持英文字母、符号、数字等输入。应用英语、数学算式，可以让界面美观、清晰。

1. **选择颜色与工具** 新增一页后，按图 5-97 所示操作，选择颜色和文字工具。

图 5-96 添加图片

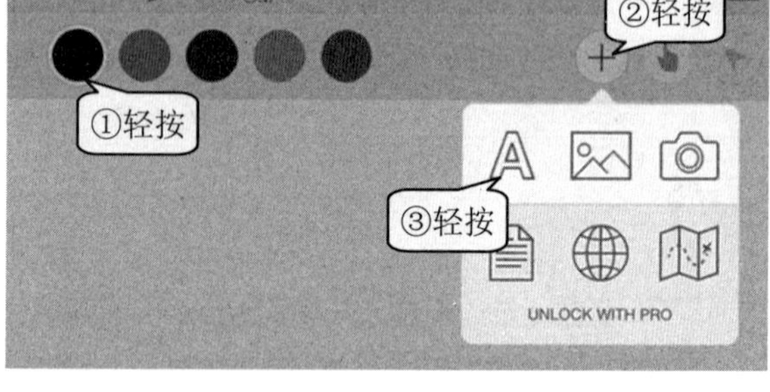

图 5-97 选择颜色和工具

2. **输入算式** 按图 5-98 所示操作，出现文本框后选择软键盘输入算式。

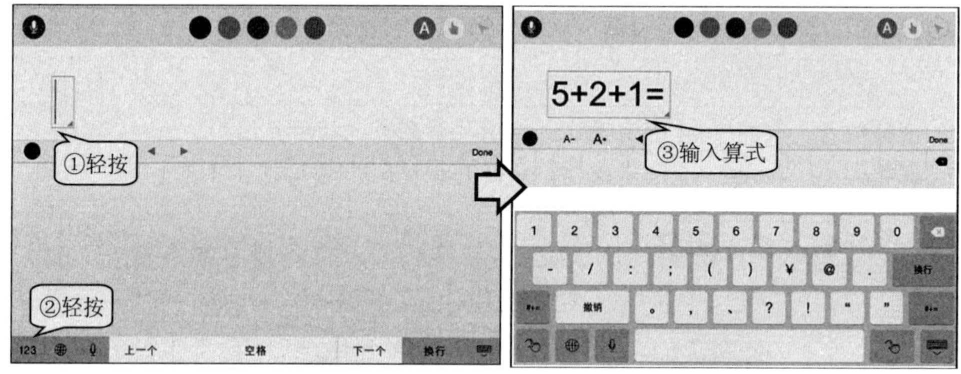

图 5-98 输入算式

3. **添加课题** 用添加图片的方法，添加“连加”文字图片，并调整好位置，结果如图 5-99 所示。

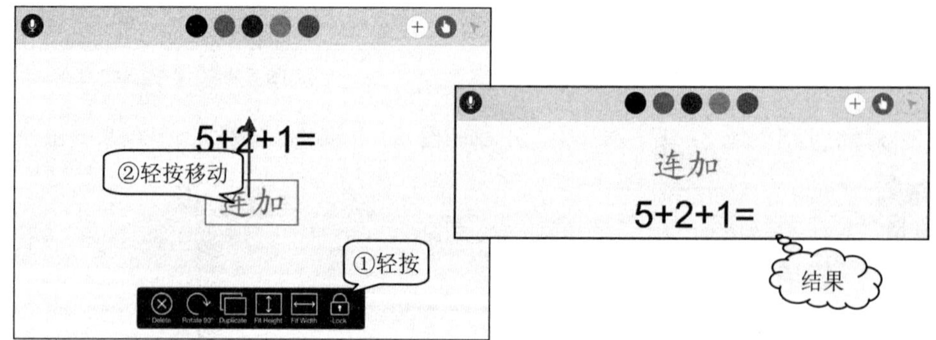

图 5-99 添加课题

如果课件页面中想呈现中文字体，需要手写，或通过其他软件制作保存为图片格式再导入。

4. **制作新习题** 导入小棒图片，按图 5-100 所示操作，复制 7 个小棒，调整位置并输入相应算式。

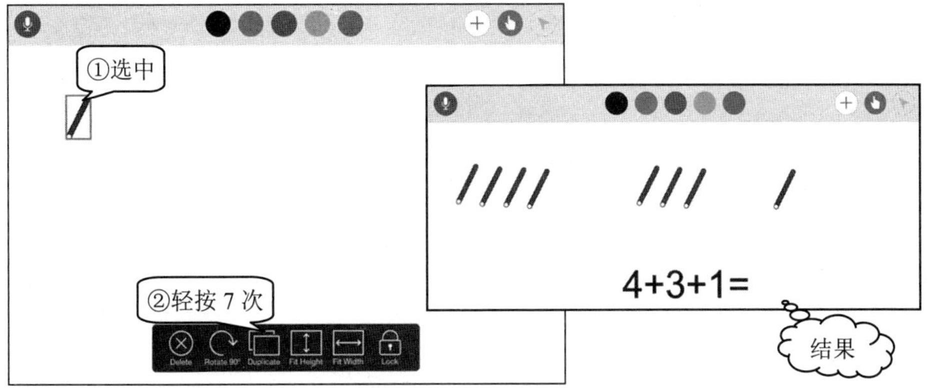

图 5-100 制作新习题

录制视频

根据微课的教学设计，将课件的各个页面制作好后，轻按录制按钮，对着 iPad 的话筒，一页一页地演示同时讲解，进行视频录制。

1. **开始录制** 选择第一页，按图 5-101 所示操作，进行视频录制。
2. **录制下一页** 当一页讲解完后，轻按“下一步”按钮▷，即可进入下一页的录制。
3. **录制讲解的手写过程** 按图 5-102 所示操作，可录制讲解的手写过程。

图 5-101 录制视频

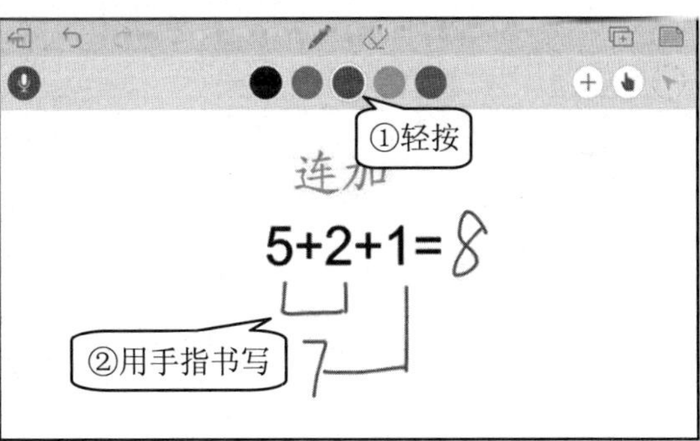

图 5-102 录制手写过程

4. **保存视频** 录制结束后，按图 5-103 所示操作，保存录制的视频。

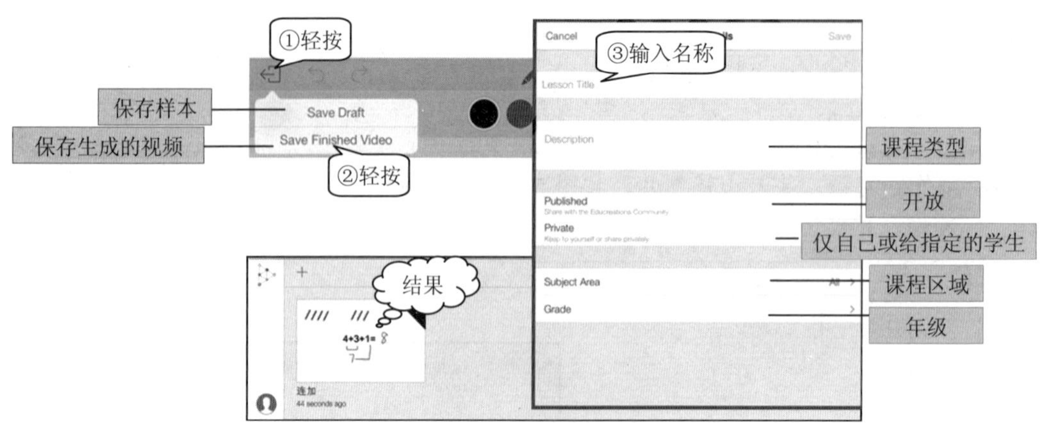

图 5-103　保存视频

知识库

1. 上网查找图片

Educreations 制作课件时，页面除可以导入存放在平板中的图片外，还可以直接上网查找图片并直接导入到页面上，如图 5-104 所示。

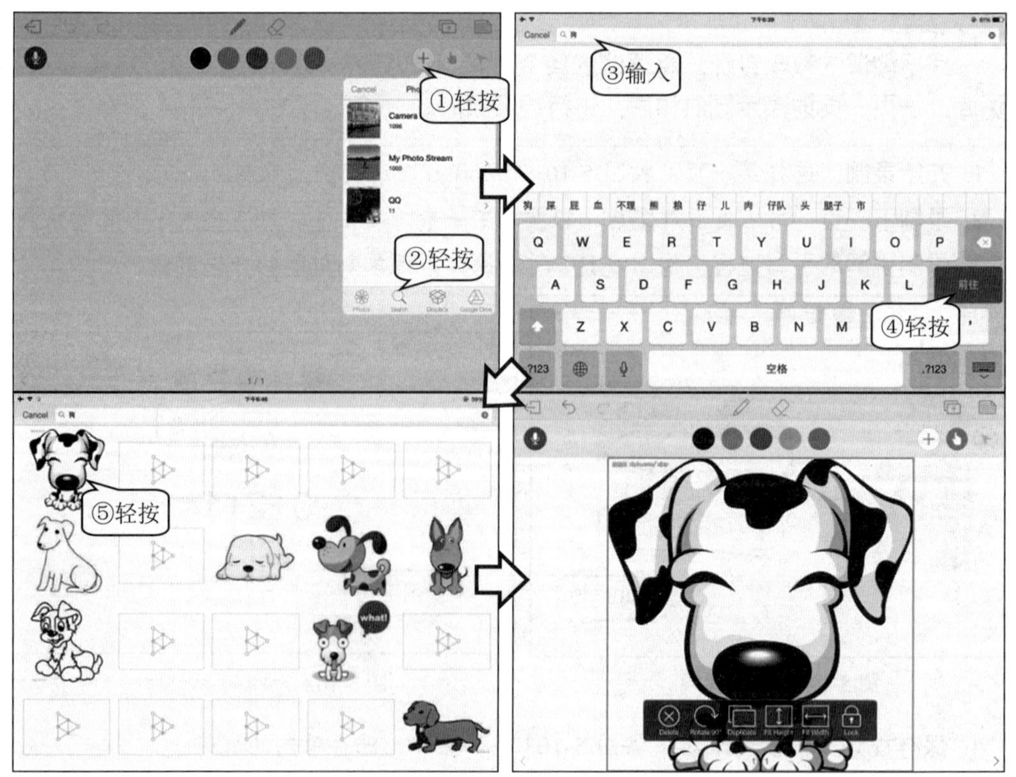

图 5-104　添加网上图片

2. “图片”工具栏

导入图片后，轻按图片，在图的下方可以弹出如图 5-105 所示的“图片”工具栏，使用其中的工具可以对图片进行设置。

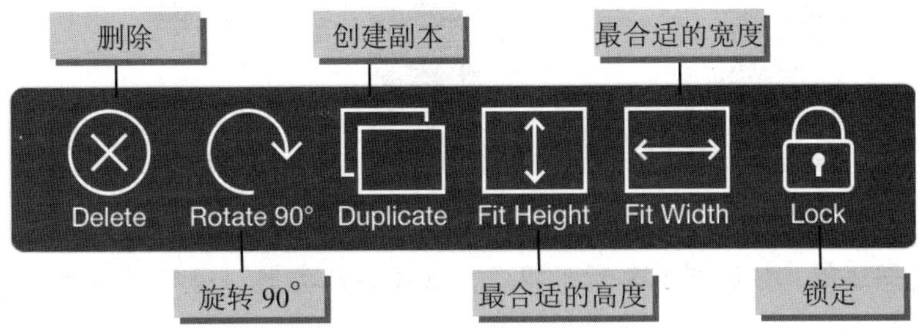

图 5-105　“图片”工具栏

3. 橡皮与画笔工具

长按“橡皮”图标后，选择 Clear Page 命令，可以将整张页的画面内容清除干净；长按“画笔”色块，可以弹出更多的颜色色块，如图 5-106 所示。

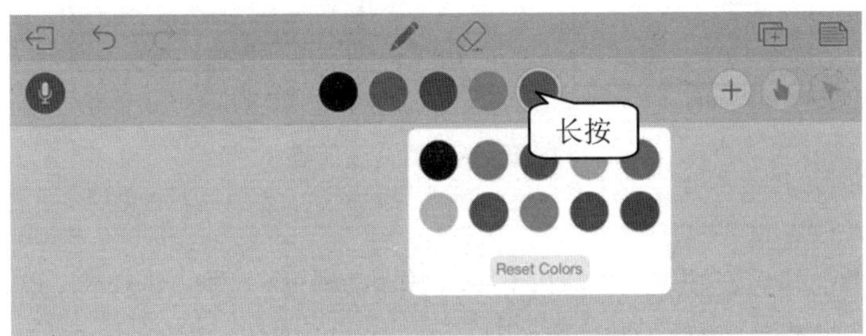

图 5-106　橡皮与画笔工具

5.4.2　导出分享微课

基于 iPad 录制的微课，使用 Educreations 软件录制编辑视频，不能直接生成视频，而需要将视频发布到平台空间中，与同行、学生分享、交流。想分享、交流自己的微课，体现课程的价值，需先注册个人账号。

跟我学

账号注册

分享 Educreations 微课，需要注册自己的个人账号，拥有账号就可以方便地管理、分享微课。

1. 打开注册界面　按图 5-107 所示操作，打开注册界面进行注册。

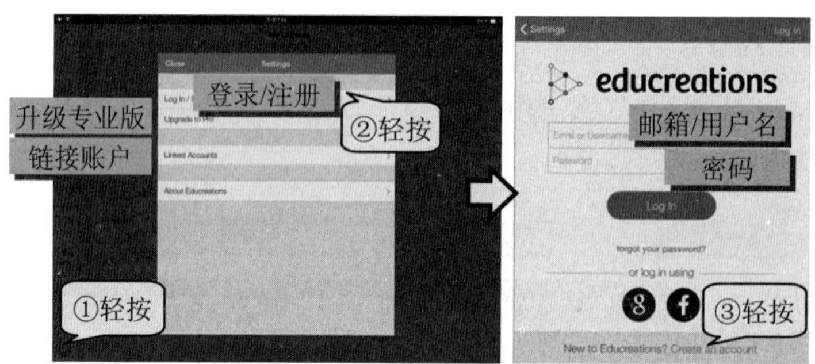

图 5-107　打开注册界面

2. **填写注册表单**　按图 5-108 所示操作，选择教师类别，用邮箱为注册账号，填写相关注册信息。

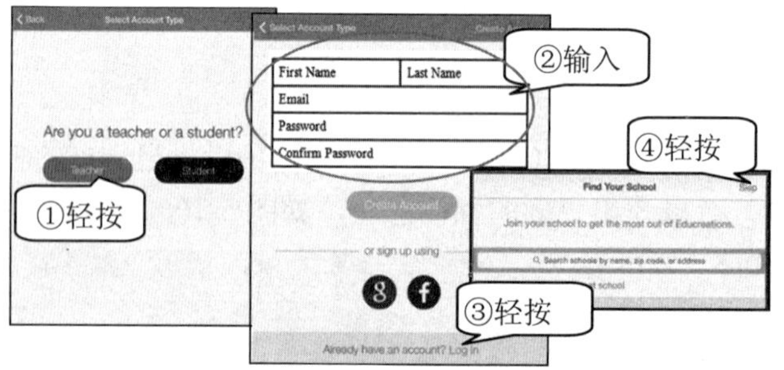

图 5-108　填写注册表单

教师用户与学生用户的权限不同。例如，教师用户可以创建 Class，邀请学生加入，与 ShowMe 的 Group 相似。学生用户注册要关联 Code。

创建 Class

针对教学内容，可以创建多个 Class。然后将制作好的微课分类存放在不同的 Class 中，创建一个课程会自动生成对应的 Class Code，学生登录填写 Code 加入学习。

1. **新建 Class**　按图 5-109 所示操作，新建 Class。

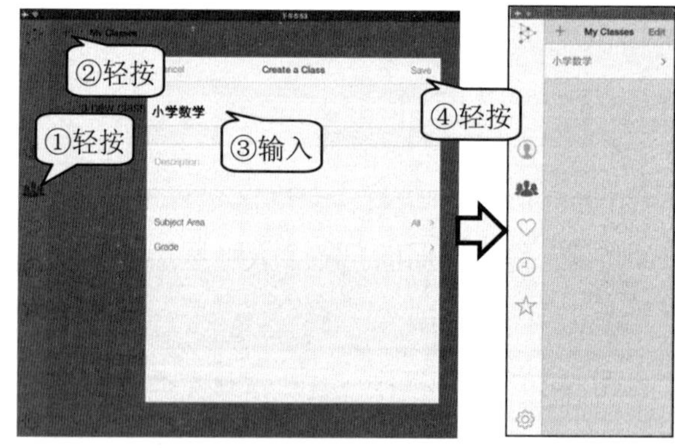

图 5-109　新建 Class

2. 添加课程　按图 5-110 所示操作，添加课程。

图 5-110　添加课程

分享微课

学生有了教师发布的 Class Code，即可以注册自己独立的账号，登录账号。

1. 注册关联 Code　按图 5-111 所示操作，关联 Class Code。

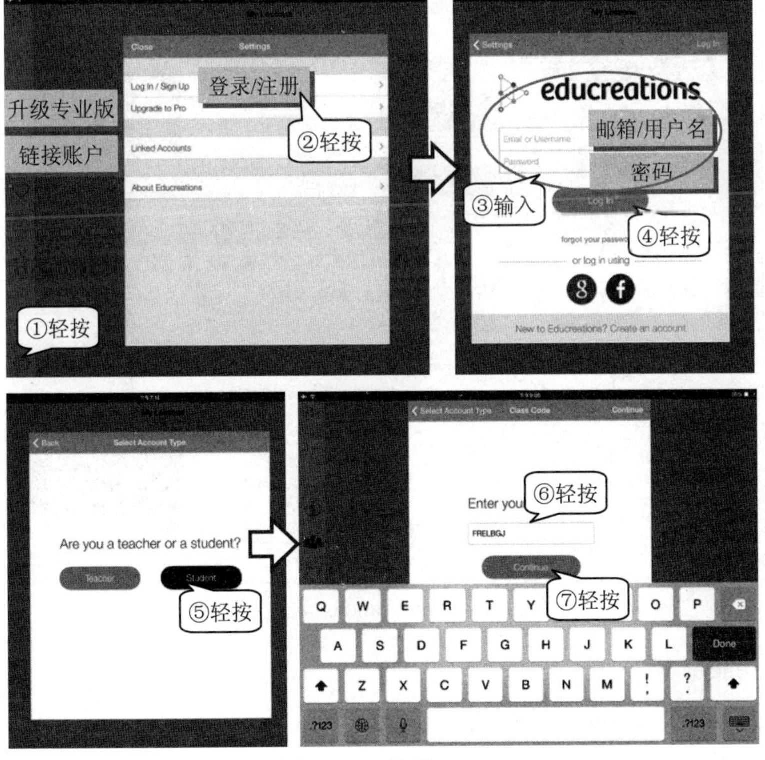

图 5-111　关联 Class Code

2. 学生注册 按图 5-112 所示操作，学生注册个人账号，填写相关信息。

3. 进入班级学习 按图 5-113 所示操作，打开微课进行学习。

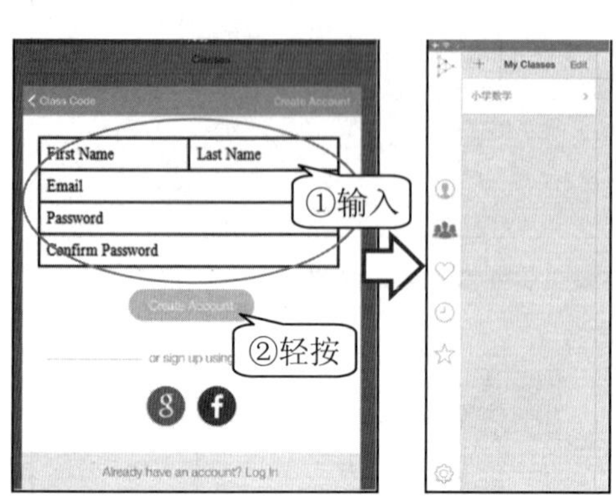

图 5-112 学生注册

图 5-113 进入班级学习

知识库

1. 学习网上微课

Educreations 提供了自己的平台空间，如图 5-114 所示，将微课分类整理存放在空间中，用户可以在线分享网上优秀的课程资源。

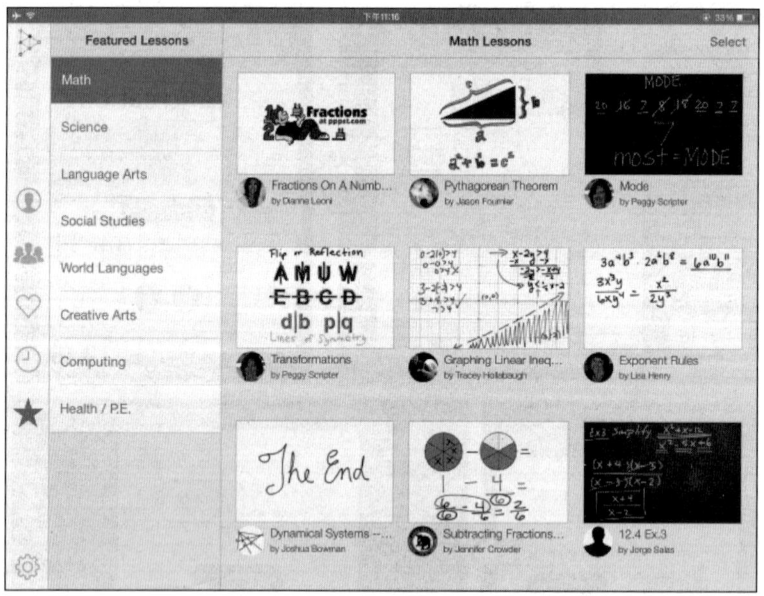

图 5-114 Educreations 平台空间

2. Educreations 网页版

Educreations 专门为没有平板电脑的教师提供了 Educreations 网页版，如图 5-115 所示。教师可以直接运用计算机，打开网站 www.educreations.com 在线制作或浏览微课。

图 5-115　Educreations 网页版

创新园

1. 使用 iPad 平板电脑，安装 Educreations 软件，在平板电脑上录制手写演示过程，制作类似于可汗学院的微课视频，如录制计算“中点坐标”的微课，效果如图 5-116 所示。

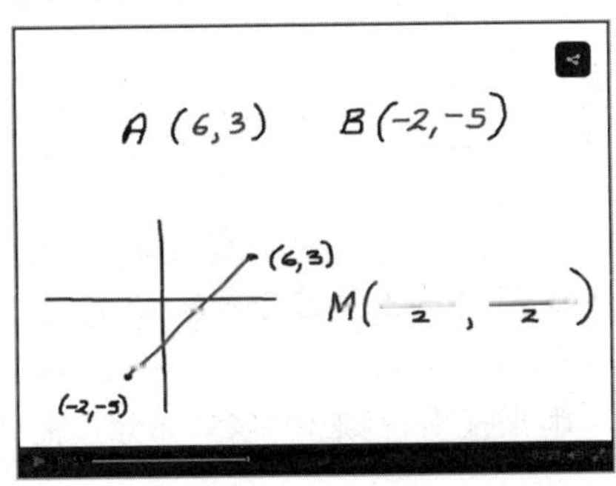

图 5-116　微课“中点坐标”效果图

2. 在 Educreations 网站上注册账号，将录制的微课上传分享到平台中。

5.5　小结和习题

5.5.1　本章小结

本章在上一章制作课件的基础上，进一步对制作的 PowerPoint 课件、SMART 等白板课件进行录屏，并且在录屏过程中添加旁白讲解。分别就 PowerPoint 软件的录制方法，电子白板环境下录屏，以及移动终端下的录制等几种情况进行系统的介绍。本章需要掌握的主要内容如下。

- **用 PowerPoint 课件生成微课**：学会在 PowerPoint 中设置排练计时，添加旁白，批注讲解，熟练使用“快剪辑”软件剪辑视频、裁剪视频画面等基本操作。
- **用 Camtasia Studio 录制微课**：学会设置录制环境，测试麦克风，课件版式，熟练使用 Camtasia Studio 软件录制课件演示过程，并掌握简单编辑视频的方法，给视频添加标注，降低噪音，改变音量。
- **用电子白板录制微课**：在电子白板环境中，熟练利用“会声会影”软件录制演示白板课件的过程，利用“会声会影”软件给微课视频添加片头、片尾，设置导出视频的分辨率及视频格式。
- **用平板电脑录制微课**：学会在 iPad 中安装 Educreations APP，利用 APP 新建页面，导入图片素材，进行圈画讲解，熟练掌握“橡皮擦”“画笔”工具的使用。

5.5.2 强化练习

一、填空题

1. 使用 PowerPoint 生成视频，需要选择的工具按钮是________。

2.“快剪辑”软件有 3 个工作区，它们分别是________、________、________。

3. 在 Camtasia Studio 软件中编辑导出的视频格式有________、________、________等。

4. 使用 Camtasia Studio 软件给视频设置变焦，需要在变焦面板中通过添加________，在________中添加变焦点，通过设置________、________及________来突出屏幕中某区域内容。

5. 在 iPad 中录制微课，安装________ APP 制作课件，安装________ APP 录制视频。

二、选择题

1. 在 PowerPoint 中，录制幻灯片的工具菜单是(　　)。

A. 开始　　B. 幻灯片放映　　C. 动画　　D. 切换

2. 在“快剪辑”软件中，用来裁剪视频 30″~45″部分，需要使用的工具是(　　)。

A.　　B.　　C.　　D.

3. Camtasia Studio 添加文字提示信息所在的功能区是(　　)。

A. 标注　　B. 变焦　　C. 标题　　D. 画中画

4. 在电子白板环境中利用“会声会影”录屏时，使用功能键(　　)停止录屏。

A. F2　　B. F5　　C. F10　　D. F11

5. 使用 Camtasia Studio 软件编辑视频，需要保存项目文件，其文件类型是(　　)。

A. mp4　　B. wmv　　C. camrec　　D. camproj

三、判断题

1. 在 PowerPoint 中录制的旁白声音可以调节音量大小。　　(　　)

2. 在 PowerPoint 中录制幻灯片演示时，必须先要进行排练计时。　　(　　)
3. 在录制微课时，如果录制环境嘈杂，后期声音将不可处理。　　(　　)
4. 在电子白板中录制视频，必须使用会声会影软件进行录屏。　　(　　)
5. 利用 Educreations 软件录制编辑视频，不能生成视频，只能分享视频。　　(　　)

第 6 章

拍摄型微课制作

使用拍摄工具(包括手机、摄像头和摄像机)制作拍摄型微课，是最常用、最普遍的微课制作方式之一。这种微课，可以同步出现讲授人的面部表情，让学生感觉亲切；同时拍摄体育、音乐、美术等学科教师的示范动作作为微课视频，可以让学生比较容易接受教学内容，因而拍摄型微课是受学生欢迎的一种微课，在教学中有着广泛应用。

本章内容

- 手机拍摄微课
- 摄像头拍摄微课
- 摄像机拍摄微课

6.1 手机拍摄微课

便携式数码拍摄设备是指携带方便具有拍摄视频功能的数码产品，此类产品有手机、数码相机、平板电脑等。利用这些设备拍摄制作微课主要有 3 种形式：一是固定式垂直拍摄；二是固定式水平拍摄；三是移动混合式拍摄。本节的案例选择都侧重于共性的微课制作特点，无论使用哪种便携式数码设备，都可以参考，以便举一反三。

6.1.1 拍摄准备

手机是大家最为熟悉的通信设备，此处手机是指带有摄像功能的手机，就拍摄微课而言，摄像性能效果越强的手机制作视频效果会越好。当然手机制作微课的特点是对设备门槛要求低，只要有好的创意，在注意光线与声音环境的前提下，都可以拍摄出优秀的微课。

实例 1 清平乐·村居

本例内容是小学《语文》五年级“清平乐·村居”一节微课，如图 6-1 所示，该微课借助手机支架，固定手机，通过垂直向下拍摄的方式拍摄视频。

图 6-1 微课“清平乐·村居”效果图

在拍摄制作本例之前，授课教师需要准备手机固定支架，本例中的固定支架是选用手机懒人支架，这个支架可以在网络中购买，且价格便宜。使用手机支架固定手机，使用胶带、裁纸刀固定拍摄位置，准备纸张和彩色笔以便微课拍摄中使用。

跟我学

1. **准备设备** 手机垂直拍摄之前，准备手机、手机支架、纸张、胶带、裁纸刀、彩色笔等设备，如图 6-2 所示。
2. **固定手机** 首先将手机支架下方固定在桌子上，调整支架弯度，然后将手机固定到支架上，并调整手机拍摄的水平度，操作如图 6-3 所示。

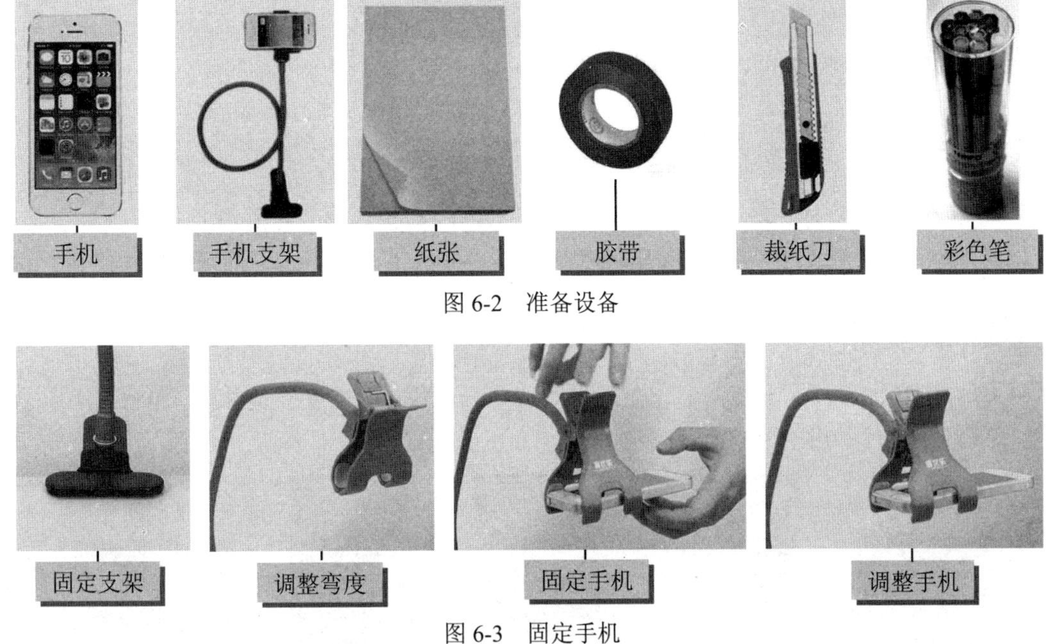

图 6-2　准备设备

固定支架
调整弯度
固定手机
调整手机

图 6-3　固定手机

3. **设置区域**　通过胶带在桌面上固定成一个矩形区域，便于手机拍摄时老师定位显示区域范围，具体操作如图 6-4 所示。

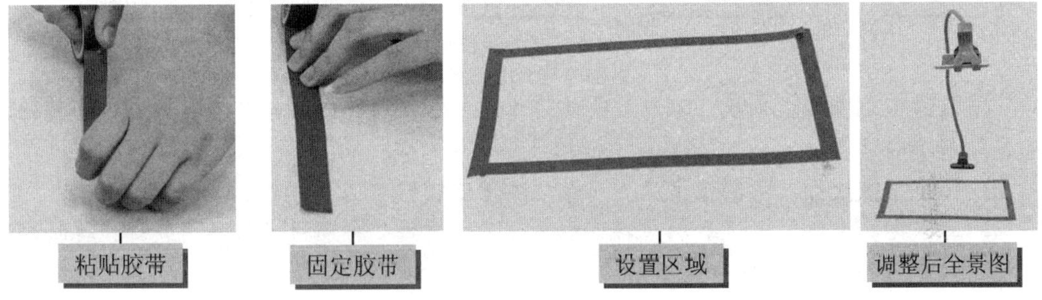

图 6-4　设置区域

知识库

1. 其他便携拍摄设备

拍摄微课常用的便携设备，除手机外，还有平板电脑和数码相机。它们的拍摄方式比较相似，只要掌握一种都可以举一反三。但要拍摄一节优秀的微课，还需要在微课的教学设计上下功夫。

微课拍摄所呈现的所有道具都是为教学服务的，微课拍摄要想方设法，将教师预设的过程通过镜头呈现出来。

2. 视频导出与处理方法

手机微课拍摄后可通过数据线将拍摄的视频导出到计算机。因不同类型的手机拍摄的微课视频格式各不相同，可以通过格式工厂软件对拍摄的视频进行格式转换。具体转换方式，请参考本书其他章节，此处不再赘述。

6.1.2 拍摄步骤

打开手机自带的拍摄软件，调整好拍摄选景范围与拍摄焦点，设置拍摄视频大小与格式，开始录制；拍摄过程中注意操作效率与节奏；拍摄结束后单击“开始”按钮停止拍摄。

跟我学

1. **开始拍摄操作**　打开手机拍摄软件，调整拍摄区域，设置合适焦距。单击开始拍摄，拍摄操作如图 6-5 所示。

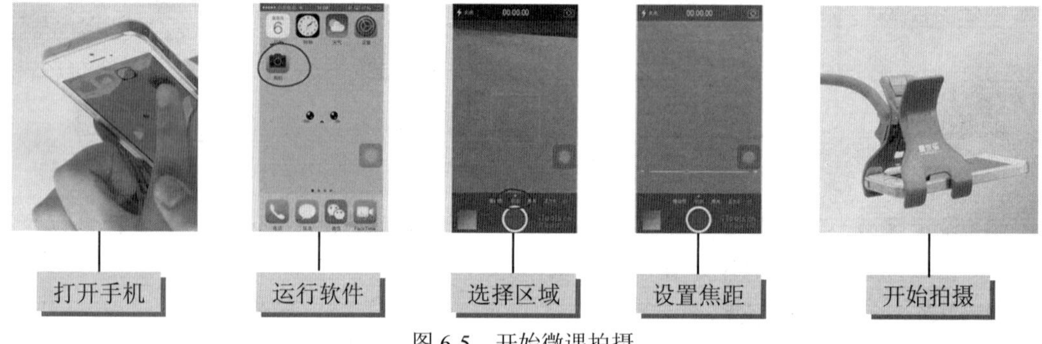

图 6-5　开始微课拍摄

2. **暂停拍摄操作**　如果在录制时需要停止，可以使用手机拍摄软件暂停键，需要继续拍摄时，再一次按暂停键，开始拍摄。
3. **停止拍摄操作**　录制结束后，只需要按停止键就可完成拍摄。
4. **导出视频操作**　通过数据线将手机与计算机连接，再通过手机助力软件，将所拍摄的视频导入计算机。

知识库

1. 手机微课拍摄方法

手机拍摄微课可以固定式垂直拍摄，也可以固定式水平拍摄，还可以对计算机屏幕进行拍摄。可以将计算机屏幕上一些普通学科老师难以下载的视频或动画课件的播放过程录制下来。固定式水平拍摄的方法和垂直拍摄方法基本相同。

2. 数码相机拍摄微课技巧

为了达到良好的微课拍摄效果，建议先试拍一遍，再对照拍摄的视频，根据拍摄中存在的问题，找出解决办法。如讲授者讲得过快，拍摄画面跟不上时，授课教师要调整教学节奏；对于教学重要内容，授课教师要提醒拍摄者在什么时段要重点拍摄什么内容。

6.1.3 注意事项

手机拍摄微课操作需要掌握一些基础的知识，如拍摄时一定要考虑拍摄的区域范围，授课者出现时，是否对镜头有干扰等。使用手机拍摄不同于一般的视频拍摄，拍摄时要注意一些细节，如不要超出拍摄范围、不能头部遮挡镜头、手上没有饰品等。

跟我学

1. **注意拍摄范围** 授课时应在固定区域内进行操作。如图 6-6 所示，不要将教学用的物品放在拍摄区域之外。

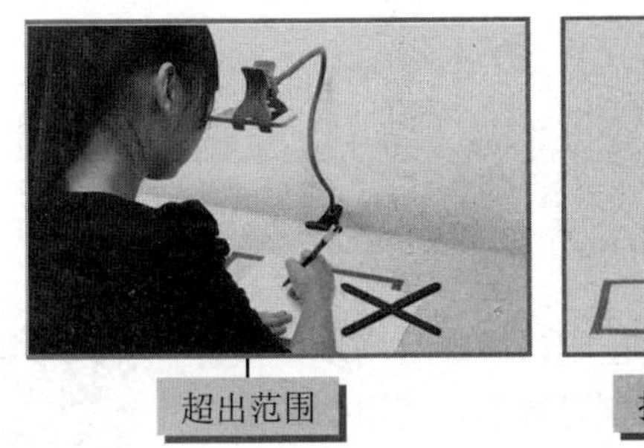

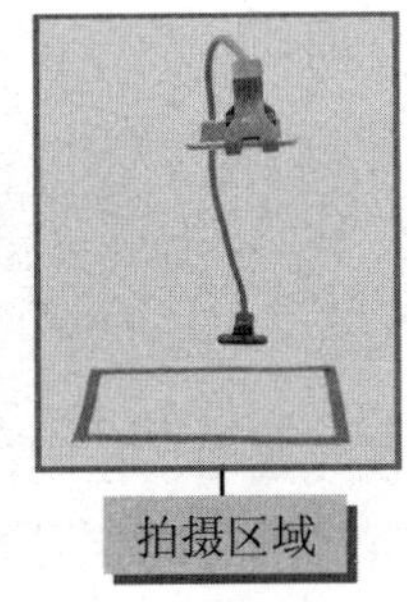

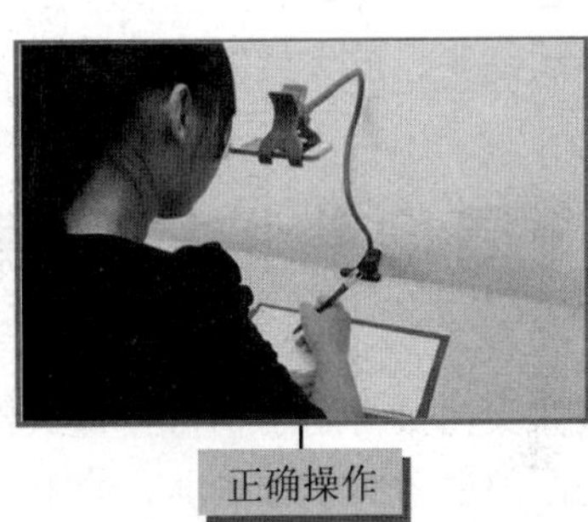

图 6-6 注意拍摄细节

2. **注意拍摄动作** 教师授课拍摄时要注意操作的动作节奏，特别是手部在书写文字时，不可上下移动，因为软件自动对焦的原因，上下移动速度过快会导致画面不清晰。
3. **不干扰拍摄** 拍摄时不要出现干扰微课拍摄的行为与物品。如图 6-7 所示，注意头部不要遮挡镜头，手上不要带有戒指、手镯等干扰学生注意力的饰品。

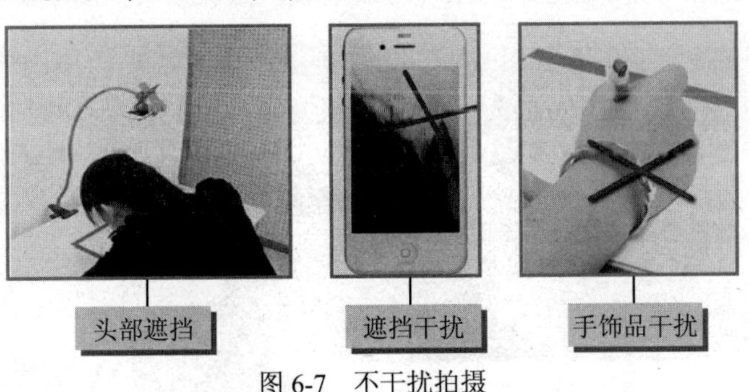

图 6-7 不干扰拍摄

4. **注意拍摄光线** 教师在拍摄时如果室内光线不足，可以使用台灯之类的光源，在不干扰拍摄的前提下，对拍摄区域进行增加照明，使拍摄的视频画面明亮。

知识库

1. **微课拍摄注意事项**

- 语言要简洁：授课教师应提前写下每一个环节的过渡性语言，这样拍摄时就可保证语言简洁。

- 动作要准确：授课教师使用道具时要知道每一个道具的具体位置和操作顺序，要做到胸有成竹，不能在拍摄时出现找不到当前要呈现的道具的情况。
- 道具要精美：使用的道具应该色彩鲜明，制作的卡片要美观，书写的文字要规范。
- 控制要精准：教师在教学的整个过程中，各环节的动作控制、时间节点的把握都要做到精准，给人一种切换自如、耳目一新的感觉，以便吸引学生继续学习。

2. 数码相机拍摄注意事项

使用数码相机进行移动式拍摄微课，拍摄时要合理使用数码相机支架，使拍摄画面稳定。拍摄人员利用支架上的 360 度平衡移动支架灵活移动相机，需根据授课教师讲授过程，进行移动镜头、放大或缩小相机取景画面。

6.2 摄像头拍摄微课

摄像头拍摄常用于拍摄授课人的视频画面。在制作微课时同步拍摄讲授人的面部表情的视频画面，有利于提高学生的学习效率。使用摄像头拍摄微课，一般是用 Camtasia Studio 或 Screencast-O-Matic 等录屏软件。

实例 2 复韵母 ai

本例内容是小学《语文》一年级上册汉语拼音第三单元“复韵母 ai”的一节微课，该微课教师先制作演示文稿课件，再通过录屏软件录制课件播放的全过程，同时通过摄像头拍摄教师的讲授过程，最后通过录屏软件合成生成。微课效果如图 6-8 所示。

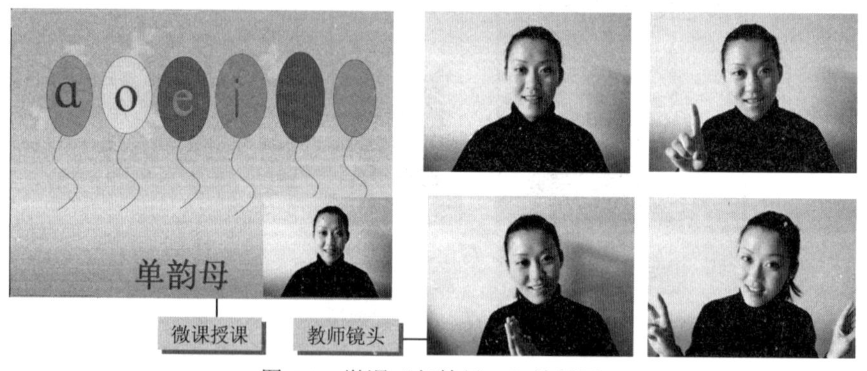

图 6-8 微课“复韵母 ai”效果图

本案例重点介绍摄像头拍摄时，授课教师表情与动作的呈现方式与注意事项。

6.2.1 拍摄准备

由于大多数老师将制作的主要精力放在录屏软件的制作与播放上了，并不太注意使用摄像头拍摄的技术要点，导致很多微课右下角的授课人视频画面成为“鸡肋”。本案例重点介绍摄像头拍摄时，授课教师表情与动作的呈现方式和注意事项。

跟我学

1. **准备硬件**　授课拍摄用的摄像头应选用高清摄像头，像素至少大于 300 万，对焦方式为自动，动态分辨率能达到 1280×720，白平衡设置为自动方式，最大帧频在 30FPS 以上。其实这样的产品市场价格也就百元左右，建议不要选用在 QQ 聊天时都会让自己脸部视频变形、变暗的老产品。
2. **完善环境**　拍摄环节要注意 3 个方面：一是拍摄时的光线，如果光线不足，可以使用台灯等设备为教师面部补光；二是拍摄时的背景，背景颜色要单一，背景颜色要与老师的衣服颜色有较大差别，背景可以是一面白墙，也可以用单色的布帘，这样可以更好地突出教师；三是拍摄环境要安静，不可出现干扰拍摄的其他声音。
3. **注意坐姿**　一是保持摄像头清洁，确保镜头干净；二是调整摄像头与讲课教师之间的距离，确保能看到教师脸部表情，光线如不足需适当补光；三是教师要试拍摄，看试拍后的视频，目光注意的角度是否偏高或是偏低，可以通过调整座椅高度，使自己的目光焦点是摄像头，如图 6-9 所示为正确坐姿与不正确坐姿的操作效果图。

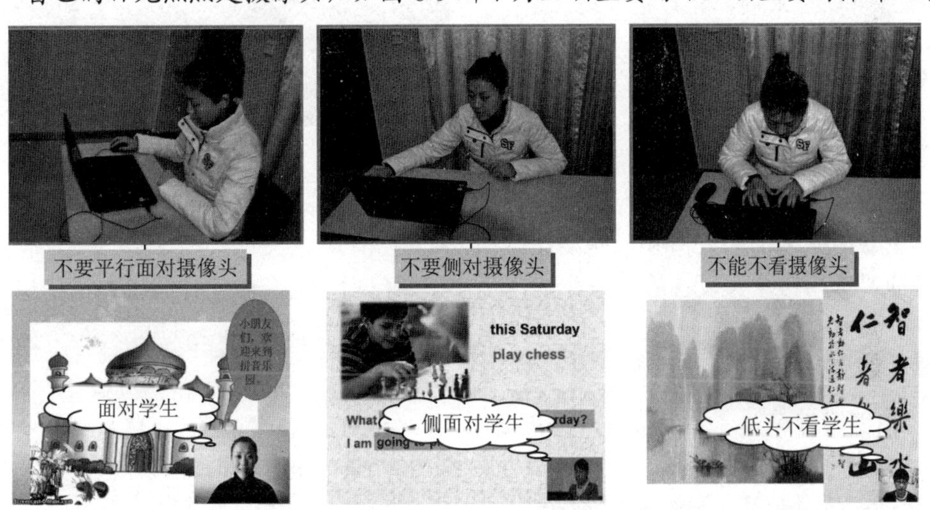

图 6-9　正确坐姿与不正确坐姿的操作图

6.2.2　拍摄步骤

摄像头拍摄一般是在微课专用制作软件环境下完成的，虽然微课专用制作软件有很多，但总的操作方式是相同的。本节重点介绍拍摄技术，专用的微课制作软件的具体应用请查看本书的其他章节内容。

跟我学

1. **开始拍摄操作**　授课教师应提前准备好拍摄用的课件与教具，准备调试好拍摄时用于录制声音的话筒，并调好话筒录制声音的音量，打开专用的屏幕录像软件，如图 6-10 所示为开始拍摄。

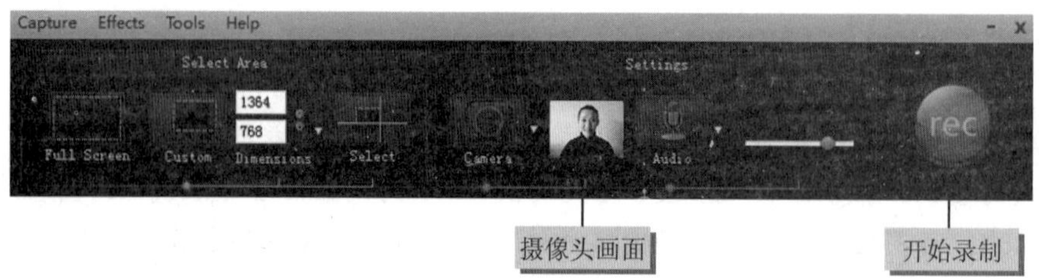

图 6-10　使用屏幕摄像软件录制

计算机录音话筒要使用专业一点的设备，最好不要使用普通的耳麦。使用这种不专业的设备，录制声音时会有过多的杂音。

2. **暂停、停止拍摄操作**　因某种原因，如图 6-11 所示，教师可以通过软件暂停拍摄，也可单击停止拍摄。
3. **保存微课视频操作**　教师通过专用录屏软件录制，保存视频文件。

暂停录制　停止录制

图 6-11　微课暂停、停止拍摄

6.2.3　注意事项

摄像头拍摄主要是辅助微课大场景的，一般情况下教师通过摄像头出现的微课中，要让学生看清楚老师的表情和一些动作。拍摄时老师要考虑摄像头设备的特点，使自己在摄像范围之内，做动作时也不可过快。

跟我学

1. **拍摄微课导入**　课件出示拼音乐园图片，教师面带微笑说："欢迎来到拼音乐园。我们一边玩，一边学习，好吗？出发吧！"拍摄时老师要面对摄像头，神态自然，语气热情和蔼，如图 6-12 所示。

图 6-12　拍摄微课导入表情与动作

老师在制作微课时，请不要用同学们、小朋友们、大家这样的对多数人的称呼。

2. **拍摄微课授课**　教师播放课件，并根据课件内容讲授新知。根据低年级学生的特点，应特别注重自己的面部表情及动作示范操作，如图 6-13 所示。

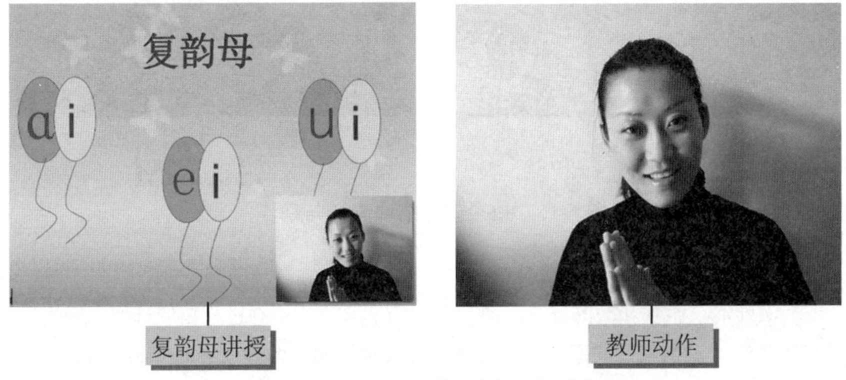

图 6-13　拍摄微课授课表情与动作

由于多数摄像头性能不强，所以老师在做动作时，节奏要慢一点，让学生能看清楚老师的面部表情。老师的目光要注视着摄像头，让学生感到老师在关注他。

3. **拍摄微课练习**　在学习 ai 发音时，利用儿歌“ai ai 怎样发，ai ai 这样发；因为有个 a，嘴巴先张大；因为有个 i，牙齿再对齐；ai ai ai。”，如图 6-14 所示，帮助学生加深记忆。

图 6-14　拍摄微课练习表情与动作

教师在使用摄像头拍摄时，还要注重自己的表情与语调的变化，从视觉观看的角度来说，如果表情与语调有变化，一定会吸引学生继续认真学习。

4. **拍摄微课结课**　如图 6-15 所示，教师通过儿歌“小白兔”巩固 ai 的发音，为学生创设一个个生动、直观的活动情景，较好地激活了他们的兴趣点，引导他们集中注意力，从而调动学生学习拼音的兴趣和积极性。

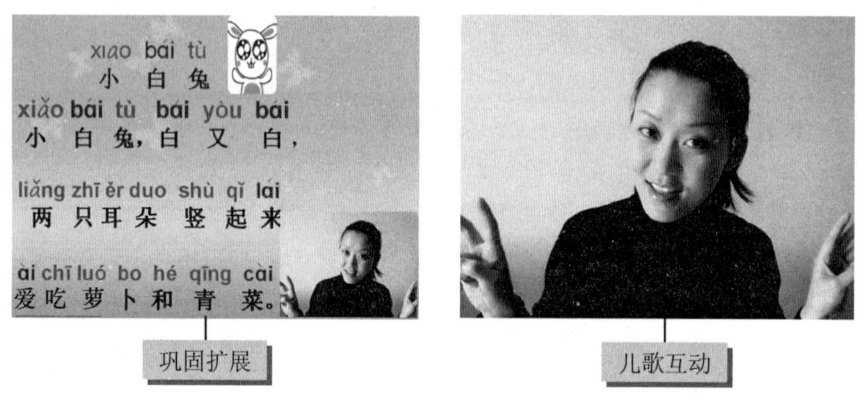

图 6-15 拍摄微课结课表情与动作

教师通过游戏互动的方法，调动学生的学习热情，并进行拓展延伸，提出：“同学们，复韵母 ai 我们轻松掌握了，那么，请大家用同样的方法去研究 ei 和 ui”。

6.3 摄像机拍摄微课

摄像机是把光学图像信号转变为电信号，以便于存储或者传输的信息采集设备。按摄像机的性能可分为广播级、业务级和家用级，一般单位或学校购买的都是业务级的摄像机。按摄像机存储数码方式可分为磁带式、存储卡、硬盘式等，如从微课拍摄制作角度来说，使用存储卡或硬盘式数码摄像机较方便，因为拍摄的视频可以在计算机中直接编辑处理。

6.3.1 使用摄像机拍摄基础

因本节内容以拍摄微课为主，所以关于摄像机操作使用方面不做介绍，重点介绍摄像机拍摄方面的内容，接下来主要从景别的应用、镜头的运动、镜头的组接、选择机位和处理光线等几个方面来介绍。

1. 景别的应用

微课拍摄中有 5 种常用景别，分别是远景、全景、中景、近景和特写。如图 6-16 所示为同一人物的 5 种景别拍摄。

(1) 拍摄“远景”

远景是各类景别中表现空间范围最大的一种，具有广阔的视野，常用来展示事件发生的时间、环境、规模和气氛。例如，在拍摄室外微课时表现开阔的环境、参与的学生场面，人物所占的面积极少，基本上呈点状。远景画面重在渲染气氛，抒发情感，用于介绍环境。

(2) 拍摄“全景”

全景用来表现场景的全貌或人物的全身动作，在微课中用于表现教师与教学环境、学生与教学环境之间的关系。全景主要用于事物全貌的介绍或展示，如课堂的环境、学生的活动、教师的教态等，强调的是课堂的氛围、情景，揭示事物互相之间的关系。此景别在课堂录像的开头、结尾及中间环节都会用到。

(3) 拍摄“中景”

中景与全景相比，表现的范围缩小了，进一步接近了被摄主体；画面中展示的除被摄主体外，还有与主体有关的周围环境，此时环境和背景因素起着辅助、陪衬或烘托的作用，并与主体一起表达一个相对完整的意义。中景要注意掌握分寸，可根据内容、构图灵活掌握。例如，用中景拍摄学生回答问题时的情景，不但可以表现回答问题的学生的表情和神态，同时还可显示邻座学生的反应，如表情、动作等。

(4) 拍摄“近景”

拍到人物胸部以上或物体的局部称为近景。近景的视频形象是近距离观察人物的体现，所以近景能清楚地看清人物细微动作。也是人物之间进行感情交流的景别。近景着重表现人物的面部表情，传达人物的内心世界，是刻画人物性格最有力的景别。如学生回答问题、朗读、做作业、做实验；老师讲课、写板书、做演示实验等。所以在微课中拍摄近景是最常用的一种景别选择，微课中展示授课教师的教学激情，往往会给微课观众留下深刻的印象。

(5) 拍摄“特写”

画面的下边框在成人肩部以上的头像或其他被摄对象的局部称为特写镜头。特写镜头中被摄对象充满画面，是对事物细小部位的放大，给人以较强烈的视觉冲击，强化观众对所表现的形象的认识和感受，加深记忆。如板书内容、实验现象、师生的面部表情和神态等。正因为特写镜头具有强烈的视觉感受，因此特写镜头不能滥用。要用得恰到好处，用得精，才能起到画龙点睛的作用。

图 6-16　5 种景别的应用

2. 镜头的运动

在一个镜头中通过移动摄像机机位，或者变动镜头光轴，或者变化镜头焦距所进行的拍摄称为运动摄像。通过这种方式所拍到的画面为运动画面。运动摄像分为：推摄、拉摄、摇摄、移摄、跟摄等镜头运动摄像方式。拍摄时恰当地运用镜头，才能达到好的拍摄效果。

(1) “推摄”镜头运动

推摄是通过变焦使画面的取景范围由大变小、逐渐向被摄主体接近的一种拍摄方法，其目的就是“引导”观众对被摄体的注意，有突出主体、强调局部的作用。如用于引导观察板书、挂图、投影、人物表情或动作及实验现象等。由于推镜头是通过画面的运动来引起观众对某个形象或教学环节的注意，因此，其应有明确的表现意义，如没有任何意义则应该避免推摄镜头。

(2) “拉摄”镜头运动

与推摄相反，拉摄是通过变焦使画面的取景范围和表现空间由小到大、由近变远的一种拍摄方法。它强调的是主体与整体及主体与环境的关系，例如，拍摄学生专注的眼神，然后再慢慢拉开，停在学生在专心做实验的近景；又如拍摄老师，慢慢拉开到老师与学生在交谈的全景。拉镜头在一个镜头由小景别向大景别连续的变化中保持了表现空间的连贯性和完整性，画面表现上具有无可置疑的真实性和可信性。

(3) “摇摄”镜头运动

摇摄是指摄像机机位不动，借助于三脚架上的活动底盘或拍摄者自身的人体，变动摄像机光学镜头轴线的拍摄方法。摇镜头犹如人们转动头部环顾四周或将视线由一点移向另一点的视觉效果。一个完整的摇镜头包括起幅、摇动、落幅 3 个相互贯连的部分。通过摇摄可以使观众不断调整自己的视觉注意力。摇镜头必须有明确的目的性。

(4) “移摄”镜头运动

移摄主要分两种拍摄方式：一种是将摄像机架在可移动物体(如装有滑轮的三脚架)上并随之运动而进行的拍摄；另一种是摄像者肩扛摄像机，通过人体的运动进行拍摄。考虑到画面的稳定性，在课堂实录中一般不太使用这类镜头，只有当被摄体被前景挡住无法正常取景时才被使用。

(5) “跟摄”镜头运动

跟镜头就是摄像机镜头跟随运动的被摄体一起运动而进行的拍摄，其特点是画面始终跟随一个运动的主体(老师或学生等)，并且要求这个被摄对象在画框中要处于一个相对稳定的位置上，以利于展示运动主体的神情变化和姿态变化，如拍摄老师在课堂上巡视、学生互动表演等。拍摄时要注意把握好焦距的调整(自动除外)，以免图像模糊不清。

3. 镜头的组接

镜头组接就是将拍摄的画面有逻辑、有构思、有意识、有创意和有规律地连贯在一起，形成镜头组接。在多机位摄像机拍摄时，专业拍摄经常将许多镜头合乎逻辑地、有节奏地组接在一起，从而阐释或叙述教学重难点内容的技巧。以下我们介绍几种有效的组接方法。

(1) “连接”镜头组接

“连接”镜头组接是相连的两个或者两个以上的一系列镜头表现同一主体的动作。

(2) “队列”镜头组接

“队列”镜头组接是相连镜头但不是同一主体的组接，由于主体的变化，下一个镜头主体的出现，观众会联想到上下画面的关系，起到呼应、对比、隐喻和烘托的作用，往往能够创造性地揭示出一种新的含义。

(3) “两级”镜头组接

“两级”镜头组接是从特写镜头直接跳切到全景镜头或者从全景镜头直接切换到特写镜头的组接方式。这种方法能使情节的发展在动中转静或者在静中变动，给观众的直感极强，节奏上形成突如其来的变化，产生特殊的视觉和心理效果。

(4) “特写”镜头组接

“特写”镜头组接是指上个镜头以某一人物的某一局部(头或眼睛)或某个物件的特写画面结束，然后从这一特写画面开始，逐渐扩大视野，以展示另一情节的环境。该组接是为了在观众注意力集中在某一个人的表情或者某一事物的时候，不知不觉中就转换了场景和叙述内容，而不使人产生陡然跳动的不适合感觉。

4. 选择机位

教学微课可采用单机位拍摄、双机位拍摄和多机位拍摄。单机位、双机位拍摄在教室设置一般如图 6-17 所示。一般为了使拍摄画面不抖动，可以通过三脚支架固定摄像机，将三脚支架固定在三脚滑轮上，还可以推动三脚支架进行移动拍摄。

图 6-17　机位与摄像机支架

(1) 单机位拍摄

为兼顾教师和学生的活动，对拍摄者的要求比较高。这一方式景别单调，对师生互动表现不明显，拍摄起来难度大，后期合成效果差。优点是如果拍摄顺利，可不必后期进行视频编辑。

(2) 双机位拍摄

由于多一个机位，一个主拍教师，一个主拍学生，拍摄效果较好，可实现师生镜头画面的合理切换。两个机位具体分工为：一号机从教室的后方向前拍摄教师活动、讲台、投影和教室全景，开头和结尾处镜头以全景为主，中间以中景镜头为主拍摄教师讲授、板书、操作演示多媒体设备等。也可适当应用特写镜头表现教师的动作、表情或展示教学用具，尽可能地拍好教师近景和板书内容。二号机从教室的前侧向后拍摄学生，以近景、特写为主，兼顾中景。如学生听课、做实验、练习、记笔记、回答问题、朗读等课堂教学过程，同时要注意抓拍好与教学活动相关的个别学生的瞬间动态(如脸部神态、表情等)。

(3) 三机位拍摄

这一方式摄取的场景更丰富，便于后期编辑制作，其机位摆放为前后各一机位固定拍摄，分别拍摄学生听课画面和教师讲课画面，类似双机位拍摄法。第三台机器采用移动拍摄法，拍摄教学过程中的一些特殊画面，如教师的神态、学生讨论、多媒体课件等特定画面。但三机位拍摄对后期视频影像合成制作将会增加许多复杂的工作，延长后期合成的时间。

5. 处理光线

在教室中拍摄时，为了有较好的投影效果，常常用窗帘将窗户遮严，关闭投影屏幕前的灯光，只靠远离投影屏幕的灯光和显示器本身的亮度照明。这样，整个教室光线较暗，光线色温也不正常。而低亮度下拍摄带来了投影内容曝光过度和教师曝光不足的矛盾。如果我们以投影内容的曝光要求为基准进行曝光，教师的面部就会比较暗；如果以教师面部的曝光要求为基准进行曝光，投影内容就会过亮甚至无法看清画面。解决这一问题的方法主要有以下 4 种。

(1) 把计算机信号直接接入切换台

教室中投影内容大多是教师用计算机输出的信号。我们可以使用带视频输出的显卡或其他转换器，实现计算机信号直接接入切换台。为保证过渡自然，可采用淡入、淡出、混合等特技进行切换。

(2) 后期补拍和编辑

在第一次拍摄时，以教师面部的曝光要求为基准进行曝光，多机位进行切换实录。随后对出现投影的细节补拍，用插入编辑的方法进行修改。同样要选好编辑点，使过渡自然、顺畅。

(3) 区域布光法

对教师活动较为频繁的区域给予较强的布光，而对投影区给予较暗的布光或不布光。最好使用聚光灯，而不要用散光灯，以避免影响投影区域的光线。有条件的可以使用追光。

(4) 改善投影仪质量

在经济条件允许的情况下，尽可能地选用高亮度、高分辨率的投影仪，这样就可以在较亮的环境下拍摄，从根本上解决教师曝光不足和投影内容曝光过度的矛盾。

使用摄像机拍摄微课对于初学者来说都是一个熟能生巧的过程，只有通过多次微课课例的拍摄，才能体会景别应用、镜头运动与组接、机位选择和光线的处理等内容。

6.3.2 单机位拍摄微课

本节将结合具体拍摄型微课案例从处理视频画面、选择视频景别、拍摄绿屏背景和室外拍摄几个方面介绍单机位拍摄。

实例 3 How to make suggestions

本例内容是中学《英语》八年级“How to make suggestions”——“提建议的句式”重点内容理解的一节微课，是使用摄像机单机位不停机拍摄的案例，效果如图 6-18所示。

课件应用拍摄　　黑板应用拍摄

图 6-18　微课“How to make suggestions”效果图

本案例重点介绍单机位拍摄微课时，固定镜头拍摄和定格拍摄的呈现方式。

跟我学

入画拍摄

入画拍摄是指角色或景物进入拍摄机器的取景画幅中，可以经由上、下、左、右等多个方位对角色进行拍摄。

1. **拍摄固定镜头**　简单地说，就是镜头对准目标后，做固定点的拍摄，而不做镜头的推近拉远动作或上下左右的扫摄。如图 6-19 所示，固定镜头拍摄以稳定性为主。

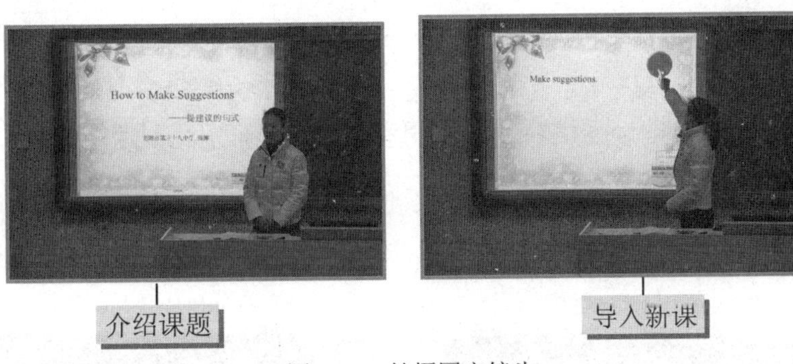

图 6-19　拍摄固定镜头

2. **保持构图平衡**　如图 6-20 所示，保持画面的平衡性和画面中各物体要素之间的内在联系，画面中课件画面占 2/3，教师在画面的 1/3 黄金分割处，平衡了画面布局。

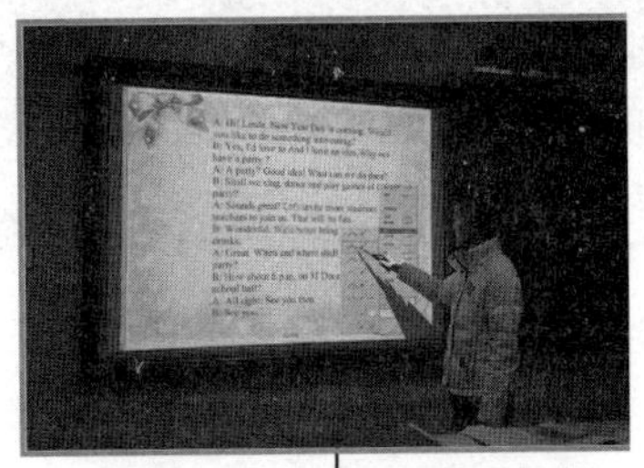

画面的平衡性摄　　课件与教师 6∶4 比例

图 6-20　保持构图平衡

摄像的构图规则与静态摄影的构图规则类似，不但要注意主角的位置，而且还要研究整个画面的配置。

3. **拍摄入画镜头** 如图6-21 所示，授课教师从电子屏幕移到黑板处的拍摄过程，就是黑板从左向右的入画拍摄过程。

入画镜头

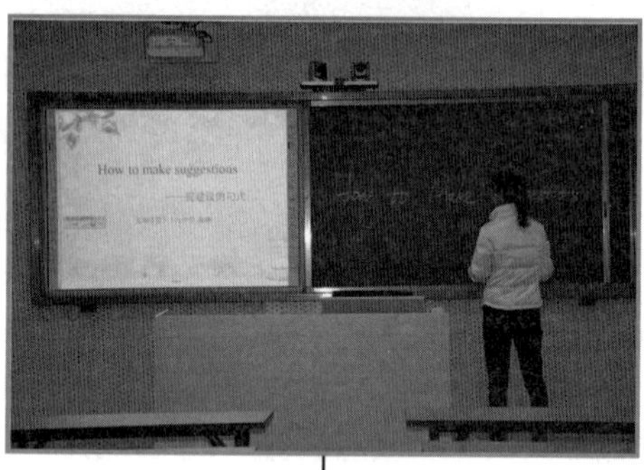

入画拍摄

图 6-21 拍摄入画镜头

4. **拍摄出画镜头** 授课教师如果从黑板再移到电子屏幕处，将黑板画面移出镜头的过程就是黑板出画镜头拍摄。无论是入画还是出画，拍摄都要保持镜头的稳定性。

定格拍摄

定格是指将视频的某一格，即视频的某一帧，通过技术手段，增加若干帧，以达到影像处于静止状态的目的。通常微课的拍摄都是以定格开始和以定格结束。

1. **拍摄板书** 如图 6-22 所示，拍摄授课教师在黑板上书写时要注意角度，不要出现教师身体完全遮挡书写的文字的情况。板书时身体要侧一点，让镜头画面显示板书内容。

书写文字

讲解文字

图 6-22 拍摄板书书写与讲解

2. **定格画面** 如图 6-23 所示，授课教师在讲授教学重点内容时，拍摄者应给出定格画面，起到强调与突出的作用，便于学生观看。

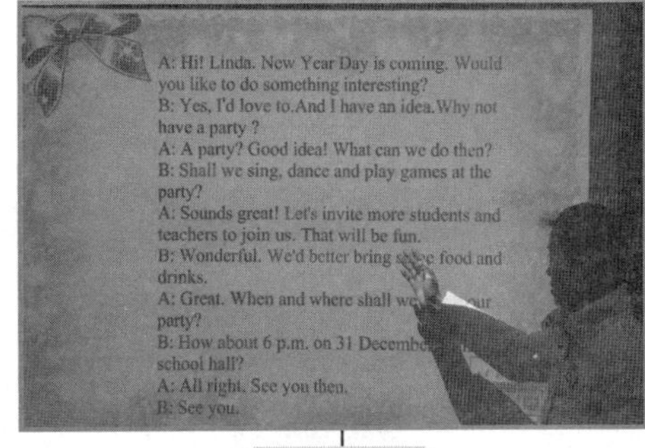

讲授重点　　定格画面

图 6-23　拍摄定格画面

3. **定格画面的其他应用**　一般每个微课的片头及片尾有 5～8 秒的定格画面。定格画面的应用目的就是使影像处于静止状态，便于观看影像内容。

实例 4　武术

本例内容是小学《武术》练习系统微课中的一课，该微课效果如图 6-24 所示。本案例主要从拍摄的角度介绍录制微课的技巧。

准备活动　　教学画面

图 6-24　微课“武术”效果图

本案例重点介绍单机位拍摄微课时，多角度拍摄和运动拍摄的方法和技巧。

跟我学

多角度拍摄

在大多数情况下，拍摄要以平摄为主。但是全篇一律地使用平摄，会使观看的人感到平淡乏味。偶尔变换一下拍摄的角度，则会使影片增色不少。

1. **平摄**　即水平方向拍摄，大多数画面应该在摄像机保持水平方向时拍摄，这样比较符合视觉习惯，画面效果显得平和稳定。如图 6-25 所示的教学画面就是以平摄为主。

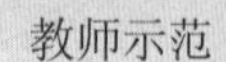

图 6-25　水平方向拍摄

2. **侧摄**　即侧面方向拍摄，通过侧摄能丰富教学内容。如图 6-26 所示为侧摄教学画面。

图 6-26　侧面拍摄

3. **其他角度拍摄**　拍摄角度方式还有：仰摄，即由下往上拍摄；俯摄，即由上往下拍摄。可以根据不同的需要进行选择，此处略。

运动摄像

运动摄像就是在一个镜头中通过移动摄像机机位，或者改变镜头光轴，或者变化镜头焦距所进行的拍摄，通过这种拍摄方式所拍到的画面，称为运动画面。

1. **拍摄技巧**　由推、拉、摇、移、跟、升降摄像和综合运动摄像形成的推镜头、拉镜头、摇镜头、移镜头、跟镜头、升降镜头和综合运动镜头等。
2. **推镜头拍摄**　推镜头是摄像机向被摄主体方向推进拍摄，以突出教学画面，如图 6-27 所示。

图 6-27　推镜头拍摄

3. **拉镜头拍摄** 如图 6-28 所示，拉摄是摄像机逐渐远离被摄主体，或变动镜头焦距使画面框架由近至远与主体拉开距离的拍摄方法。

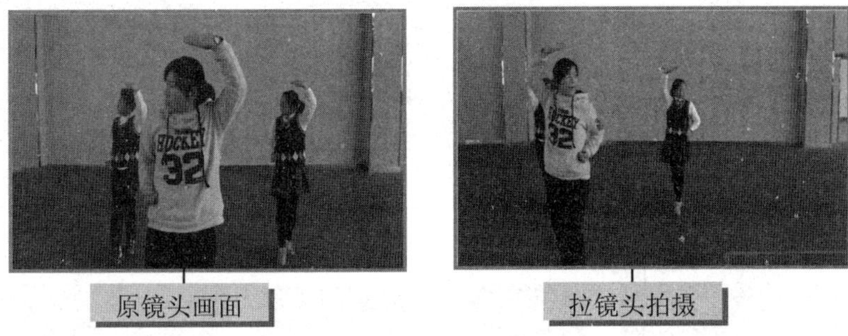

图 6-28 拉镜头拍摄

拉镜头使被摄主体由大变小，周围环境由小变大。此处拍摄用于结束教学环节，最后画面定格，完成结束拍摄。

实例 5 指挥海龟齐步走

本例内容是安徽省小学五年级《信息技术》的“指挥海龟齐步走”微课，为了更好地说明单机位拍摄的多种方式，而选择网络教学互动实景课例，效果如图 6-29 所示。

图 6-29 微课“指挥海龟齐步走”效果图

本案例重点介绍单机位拍摄微课时，景别的应用和运动镜头拍摄的方法与技巧。

跟我学

景别应用

景别是指由于摄像机与被摄体的距离不同，而造成被摄体在电影画面中所呈现出的范围大小的区别。在教学中，为了突出教学的重要内容经常使用该技巧。

1. **拍摄教师授课** 如图 6-30 所示，授课开始时使用教室全景拍摄，慢慢改变景别，使用中景画面，再改为教师近景拍摄。常用于拍摄开始授课时的教学拍摄方式。
2. **拍摄屏幕画面特写** 在网络教学环境下拍摄时，需要突出显示学生使用的计算机画面，使用特写拍摄方式，制作效果如图 6-31 所示。

图 6-30　拍摄教师授课

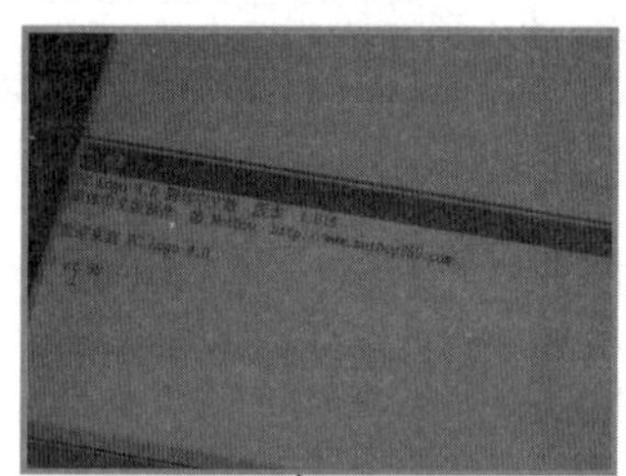

图 6-31　拍摄屏幕画面特写

运动镜头

课堂教学时，授课教师根据教学需要，经常在教室中移动，这时就要通过摇镜头、移镜头等拍摄方式，呈现教学过程。

1. **摇镜头拍摄**　拍摄时应尽力将被摄主体稳定地保持在画框内的某一点上，否则画面会偏左或偏右。如图 6-32 所示，摇摄教师从讲台走到学生面前时的画面，摇速要与画面内教师位移相对应，否则会容易产生视觉疲劳和不稳定感。

图 6-32　摇镜头拍摄

摇摄形成镜头运动迫使观看者随之改变视觉空间，对后面摇进画面的新空间或新景物就会产生某种期待和注意。

2. **移镜头拍摄**　如图 6-33 所示为使用一个摄像机进行移镜头的拍摄，一般只有在学生进行自主学习与做练习时，边移动机位，边拍摄，尽可能不干扰教学。

图 6-33　从教室后面移镜头到教室正面的拍摄

拍摄时机位发生变化，边移动边拍摄的方法称为移镜头拍摄。移摄时可将摄像机放在肩部，保持画面相对稳定。

3. **跟镜头拍摄**　即摄像机跟踪运动着的被摄对象进行拍摄的摄影方法，它可造成连贯流畅的视觉效果，如图 6-34 所示。

图 6-34　跟镜头拍摄

跟镜头可连续而详尽地表现角色在行动中的动作和表情，既能突出运动中的主体，又能交代动体的运动方向、速度、休态及其与环境的关系。

实例 6　Do you know “well”?

本例内容是外研版高一《英语》的“Do you know ‘well’？”——不同语境中的“well”应用微课，该微课使用分段拍摄，最后通过视频编辑软件完成视频合成，微课效果如图 6-35 所示。

图 6-35　微课“Do you know ‘well’？”效果图

本案例重点介绍单机位拍摄微课时，绿屏拍摄和视频组合的方法与技巧。

跟我学

绿屏拍摄

通常认为，使用数码拍摄时，被摄物体在绿色背景上能留下更清晰的边缘，这是由于绿色的反射比更高，不容易融到被摄物体上，后期抠像时处理会更干净。

1. **绿屏拍摄** 如图 6-36 所示，在绿色背景下，拍摄授课教师的教学画面内容。在拍摄时授课教师要事先规划好后期合成的背景，在此背景环境下完成视频拍摄。

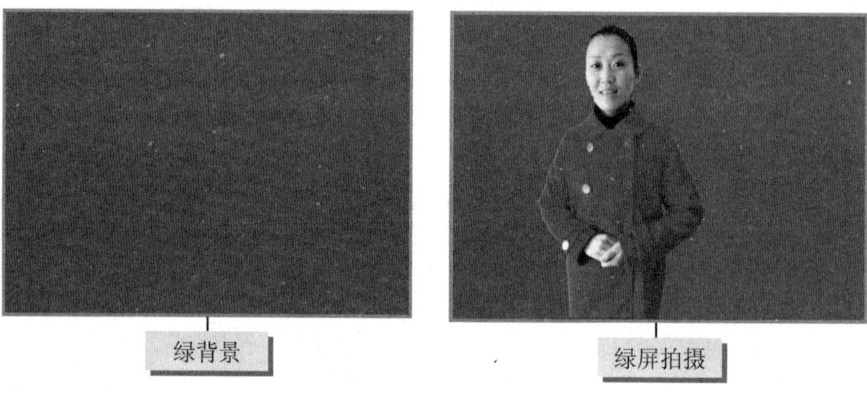

图 6-36 绿屏拍摄

2. **合成效果** 通过专业的视频编辑软件，完成视频抠图操作，制作效果如图 6-37 所示。

图 6-37 绿屏抠图合成

视频组合

通过提前拍摄视频片段，再将视频片段插入课件中，通过录屏软件生成微课视频，最后再通过视频合成技术完成绿屏抠图，最终生成影片。

1. **拍摄并插入课件** 按图 6-38 所示，先拍情景对话视频，再插入课件中。

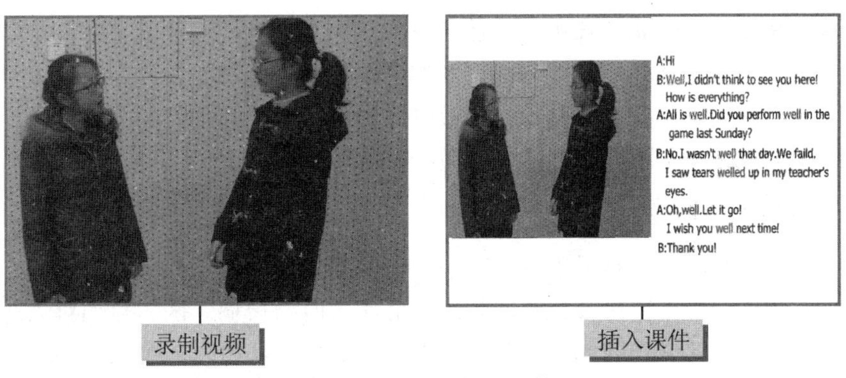

图 6-38　拍摄并插入课件

2. 选择影片插入课件　如图 6-39 所示，选择影片视频片段并插入课件中。

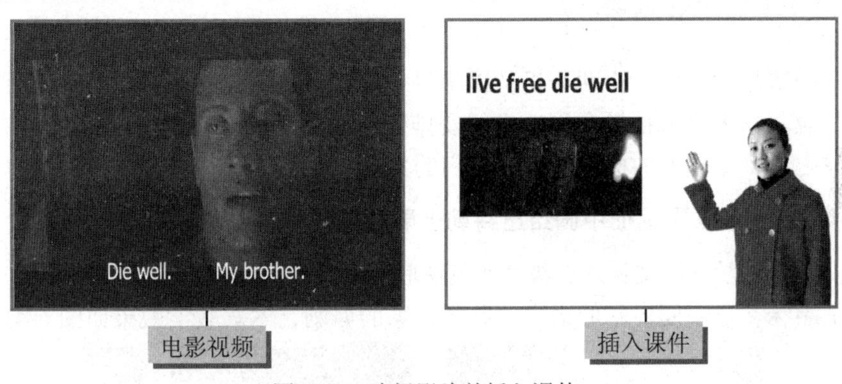

图 6-39　选择影片并插入课件

3. 合成视频　如图 6-40 所示，通过视频合成技术生成作品。将视频插入课件、课件的录屏方法及抠视频合成技术见本书其他章节，此处略。

图 6-40　合成视频

知识库

1. 手动调整亮度功能

拍摄逆光及光线较暗时，如果以全自动模式拍摄，前者必定是主体或人物全黑而背景光亮，后者却是黑暗中灯光一片模糊。针对以上问题，最好的方式就是逆光时按下逆光补正功能键，如果没有这个功能，就将全自动模式切换为手动模式，找到亮度调整键进行画面亮度的调整，逆光时将亮度调亮，光线较暗时则调暗，当然最好的方式还是直接看着观景器或是液晶屏幕上的画面调整到适当的亮度。

2. 手动调整焦距功能

一般的拍摄情况，大都是采用自动对焦，但是在特殊情况下如隔着铁丝网、玻璃、与目标之间有人物移动等，往往会让画面焦距时而清楚时而模糊。因为自动对焦的情形下摄像机依据前方物体反射回来的讯号判断距离然后调整焦距，所以才会发生上述情形，因此只要将自动对焦切换为手动，将焦距锁定在固定位置，焦距就不会随意改变。

6.3.3 多机位拍摄微课

多机位拍摄教学片段，指两个机位以上且一般都采用固定方式，即机位不移动，采用镜头的推、拉、移来完成拍摄全程。机位安排分一前一后，摄录学生的机位安置在靠讲台门口的角落中，摄录教师的机位安置在后门的角落中，两机尽量避开拍摄到对方。

实例 7 就英法联军远征中国给巴特勒上尉的信

本例内容是中学《语文》八年级“就英法联军远征中国给巴特勒上尉的信”一节微课，教学重点是品味文章多姿多彩的语言，欣赏作家的讽刺艺术。教学效果如图 6-41 所示。

图 6-41 微课“就英法联军远征中国给巴特勒上尉的信”效果图

摄录教师的摄像机只拍教师的授课过程，尽量把授课的重点、难点表达出来。摄录学生的摄像机只摄录学生的听课过程，尽量把学生听课的认真态度、学生练习和回答教师提问的神态表现出来。

本例是在交互式电子白板环境下拍摄的，所以在拍摄制作之前，教师应撰写微课教学设计、制作电子白板课件等。

 **跟我学**

一号摄像机

一号摄像机机位是用做拍摄教师讲课画面，机器就架设在最后一排学生座位后面，方向与学生听课方向一致，镜头面对黑板。

1. **拍摄导入**　授课教师在教学中使用交互式电子白板进行演示讲解，如图 6-42 所示，在拍摄时要多用全屏画面，尽量少摇机器，使摄像机画面与投影屏幕保持平直。

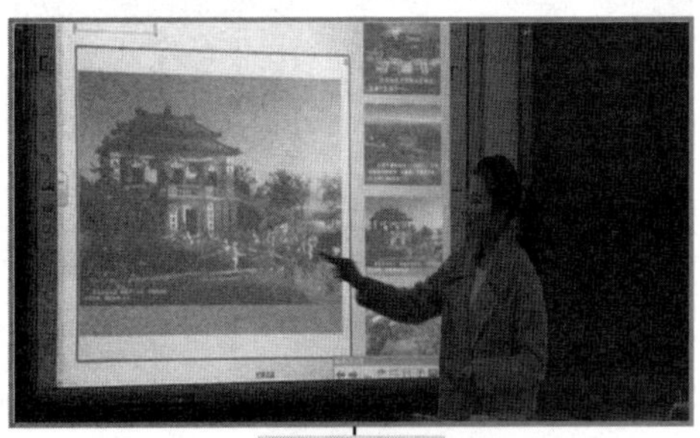

图 6-42　拍摄导入

2. **拍摄板书**　授课教师在黑板上书写教学内容时，拍摄时就必须将书写的词语推成特写画面，并且时间长度要给够学生抄写完词语，如图 6-43 所示。
3. **拍摄重难点**　教师使用白板交互式课件演示解决教学中的重难点，教师正面与黑板构图拍摄，以及教师操作白板时的背影构图拍摄效果如图 6-44 所示。

图 6-43　拍摄板书

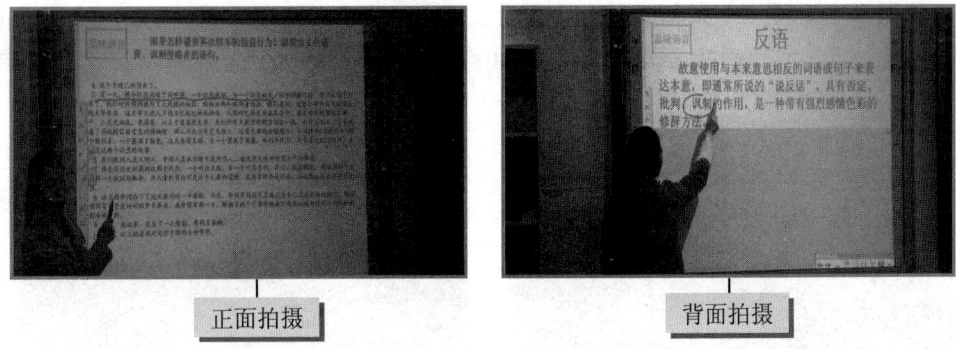

图 6-44　拍摄重难点

4. **拍摄互动练习**　学生上讲台操作展示、授课教师指导学生操作练习时的拍摄效果如图 6-45 所示，使用了跟摄、推镜头等拍摄方式。

图 6-45　拍摄互动练习

二号摄像机

二号摄像机用来拍摄学生活动的正面图像，机器架设在第一排学生座位前面，方向面对学生。机器高度同站姿拍摄高度，机器转动角度在 90°方位上无障碍物。

1. **拍摄学生全景**　主要拍摄学生活动情况、情绪变化反应。机器始终框成全景画面，如图 6-46 所示，学生在课堂上认真听课时的表情，学生与老师之间互动时的表情。

图 6-46　拍摄学生全景

2. **拍摄学生近景**　重点拍摄学生在课堂上具有感染力的面部表情精彩画面，如图 6-47 所示，回答教师的提问迅速推成近景，学生回答过后拉全景，以便拍摄下一个学生。

图 6-47　拍摄学生近景

3. **指导学生**　教师从讲台走到学生中，使用 2 号摄像机拍摄，效果如图 6-48 所示。

图 6-48　指导学生

镜头组接

将多个摄像机拍摄的画面有逻辑、有构思、有意识、有创意和有规律地连贯在一起，就形成了镜头组接。好的视频是由许多镜头有逻辑、有节奏地组接而成的。

1. **静接静镜头组接**　如图 6-49 所示，1 号摄像机拍摄的镜头与 2 号摄像机拍摄的镜头相互连接时，要保证镜头长度一致。

图 6-49　静接静镜头组接

2. **动接动镜头组接**　即主体不同、运动形式不同的前后摄像机镜头相连，在组接时，要求在运动中切换，只保留第一个摇镜头的起幅和最后一个镜头的落幅，如图 6-50 所示。

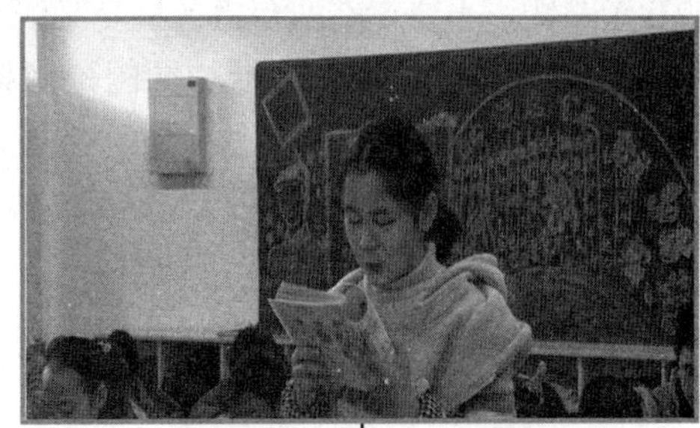

图 6-50　动接动镜头组接

3. **静接动镜头组接**　固定镜头与运动镜头相连，前后镜头的主体具有呼应关系时，应视情况决定镜头相接处起落幅的取舍，如图 6-51 所示。

图 6-51　静接动镜头组接

知识库

1. 组接规律

如果影片画面中同一主体或不同主体的动作是连贯的，可以动作接动作，达到顺畅、简洁、过渡的目的，简称为“动接动”。如果两个画面中的主体运动是不连贯的，或者它们中间有停滞，那么这两个镜头的组接必须在前一个画面主体做完一个完整动作停下来后，衔接一个从静止到开始的镜头，这就是“静接静”。“静接静”组接时，前一个镜头结尾停止的片刻叫作“落幅”，后一个镜头运动前静止的片刻叫作“起幅”，起幅与落幅时间间隔为一两秒钟。

运动镜头和固定镜头组接，同样需要遵循“动接动”“静接静”的规律。如果一个固定镜头要接一个摇镜头，则摇镜头开始要有“起幅”；相反，一个摇镜头接一个固定镜头，那么摇镜头要有“落幅”，否则画面就会给人一种跳动的视觉感。为了特殊效果，也有“静接动”或“动接静”的镜头。

2. 双机位拍摄注意事项

双机位拍摄时，前后机位摄像人员与授课教师要在拍摄之前进行沟通，让摄像人员了解教学的流程、重点内容，两位摄像人员还要做好分工。授课教师要明白拍摄的死角，要注意在教学中的行走路线，不要走在两台摄像机交叉线上，以免互摄时出现摄像机的画面。

双机位的拍摄尽量选择两台相同的摄像机，在拍摄前要对两台摄像机进行调试，使这两台摄像机所选择的光圈、滤色片、记录格式等相同，这样两台摄像机拍摄出的画面才不会有太大的差别。

6.4　小结和习题

6.4.1　本章小结

本章主要介绍了制作拍摄型微课的知识，根据常用的拍摄设备，对拍摄前的准备工作、拍摄的具体步骤，以及拍摄时的注意事项，进行了详细介绍。具体包括以下主要内容。

- **手机拍摄微课：**详细介绍了使用手机拍摄微课的方法及注意事项。手机拍摄微课与使用平板电脑、数码相机拍摄微课的知识相同。
- **摄像头拍摄微课：**详细介绍了使用摄像头拍摄微课的方法及注意事项。
- **摄像机拍摄微课：**详细介绍了使用摄像机拍摄微课的方法及基础知识。其中，重点介绍了单机位和多机位的拍摄技巧。

6.4.2　强化练习

一、选择题

1. 使用手机拍摄微课时，不需要(　　)工具。
   A. 手机　　B. 手机支架　　C. 胶带　　D. 三脚架
2. 使用(　　)拍摄微课的步骤和注意事项，与其他 3 个选项的不一样。
   A. 手机　　B. 平板电脑　　C. 摄像头　　D. 数码相机
3. 使用手机拍摄微课时，下列做法错误的是(　　)。
   A. 不可以戴戒指　　B. 不可以戴项链
   C. 不可以戴手镯　　D. 不可以戴手表
4. 使用摄像头拍摄微课时，下列做法正确的是(　　)。
   A. 任何拍摄环境都可以　　B. 一定要使用高精尖的摄像头
   C. 拍摄时要面带微笑　　D. 拍摄背景的颜色要单一
5. 使用摄像机拍摄微课时，不需要下列的(　　)工具。
   A. 三脚支架　　B. 三脚滑轮　　C. 绿色背景布　　D. 白色背景墙

二、判断题

1. 使用手机拍摄微课时，一定要面带微笑。　(　　)
2. 使用手机拍摄微课时，一定要先固定好拍摄范围。　(　　)
3. 使用手机拍摄微课，与使用平板电脑、数码相机和摄像头拍摄微课的步骤及方法是一样的。　(　　)
4. 任何环境都可以使用摄像头拍摄微课。　(　　)
5. 使用摄像机拍摄微课时，只有“远景”“中景”“近景”“特写”4 种景别。　(　　)

三、问答题

1. 概述一下你对拍摄型微课的认识。
2. 使用手机等便携设备拍摄微课的一般步骤是什么？
3. 多机位拍摄微课时，应如何选择拍摄机位？

第 7 章

微课后期处理

微课的前期录制完成后，还只是半成品，必须要根据拍摄类型的不同特点，进行后期处理，包括对微课添加音频、字幕、特效等，这些利用“会声会影”软件比较容易实现，处理生成的微课可以分享并发布出去给学生使用。

本章内容

- 编辑视频素材
- 添加声音效果
- 添加微课字幕
- 添加视频特效
- 发布分享微课

7.1 编辑视频素材

教师在录制微课时，难免会有瑕疵的地方，需要对视频进行裁切处理；有的是分段录制，需要将数段视频进行合成。因此需要了解“会声会影”软件，并使用“会声会影”软件对录制的微课进行剪切、拼接等简单的后期处理。

7.1.1 导入视频素材

拍摄好的微课视频，需要从摄像机中导入计算机，并根据视频编辑软件的需求，对视频文件进行格式转换，然后才可以将视频素材导入视频编辑软件中。

实例 1 手工折纸

“手工折纸”是幼儿园校本教材内容。本实例使用手机拍摄，教师边讲解边演示教授手工折“狮子”的方法，效果如图 7-1 所示。

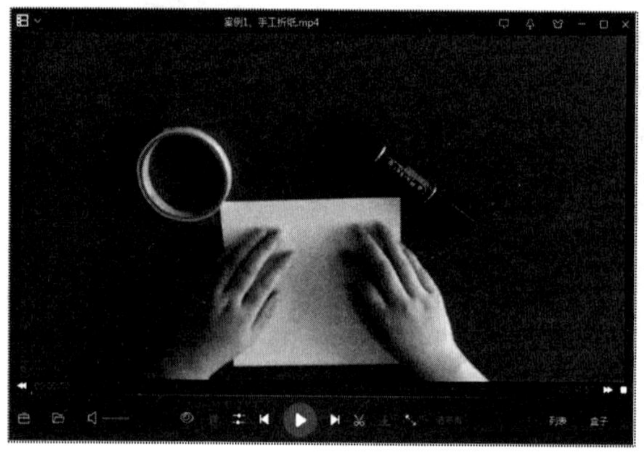

图 7-1 微课“手工折纸”效果图

将拍摄好的微课视频，从摄像机中导入计算机，并将视频文件转换为 MP4 格式，然后导入“会声会影”软件中。

跟我学

获取视频

使用数据线将摄像机与计算机连接，从摄像机中获取已拍摄好的微课视频，将视频文件导入计算机。

1. **连接计算机** 使用数据线将摄像机与计算机连接。
2. **复制视频** 在摄像机盘符中找到需要的视频文件，并复制。

3. **粘贴视频**　将视频文件粘贴到 E 盘“素材”文件夹中。

格式转换

摄像机拍摄的视频格式，视频编辑软件不支持，需要转换视频格式后，才可以加工编辑。运行“格式工厂”软件，设置输出文件夹后，将视频文件转换为 MP4 格式。

1. **运行软件**　双击桌面上的图标，运行“格式工厂”软件。
2. **设置选项**　单击“选项”按钮，打开“选项”，设置“输出文件夹”为 E:/素材。
3. **格式转换**　按图 7-2 所示操作，将视频文件转换为 MP4 格式。

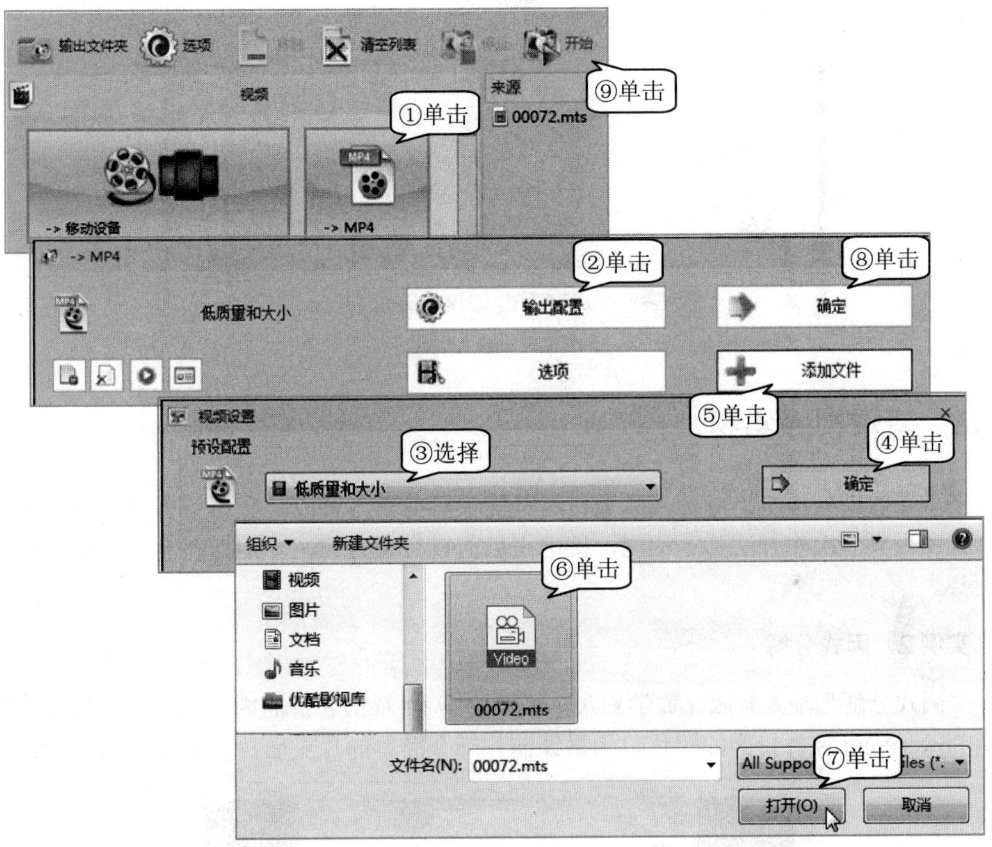

图 7-2　格式转换

导入视频

将 E 盘“素材”文件夹中的“手工折纸.mp4”微课视频文件，导入“会声会影 X8”软件的特效素材区中。

1. **运行软件**　双击桌面上的 Corel VideoStudio Pro X8 图标，打开“会声会影”软件。
2. **导入视频**　按图 7-3 所示操作，将微课视频“手工折纸.mp4”导入特效素材区。

图 7-3　导入视频

7.1.2　剪辑视频素材

在微课后期处理中，对音视频素材进行简单的剪辑与合成是必不可少的一项技能。剪辑音频和视频的操作方法基本相同，接下来以剪辑音频为例，介绍如何制作一个简单的微课片头。

实例 2　因式分解

“因式分解”是人教版《数学》八年级下册第 14 章第 3 节的内容。本实例是录制教师使用 PowerPoint 课件封面的图片，为微课制作一个简单的片头影片，效果如图 7-4 所示。

图 7-4　微课“因式分解”效果图

制作微课片头，最简单、最常用的方法就是使用图片加背景音乐来制作。截取微课课件封面的图片做片头背景，然后插入片头音乐，对片头音乐进行剪辑，编辑完成后输出片头影片。

跟我学

插入素材

分别使用两种方法，将已准备好的图片和音频分别插入视频轨和音乐轨中。这两种方法适用于所有类型的素材。

1. **插入照片**　按图 7-5 所示操作，将图片素材插入到视频轨中。

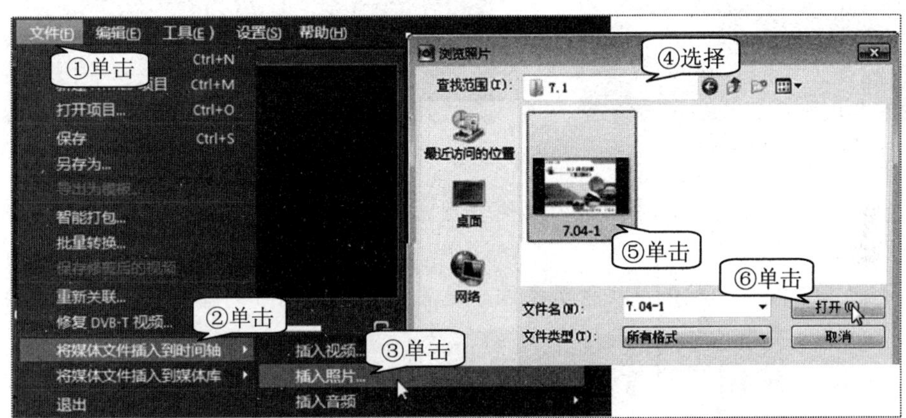

图 7-5　插入照片

2. **插入音频**　按图 7-6 所示操作，将音频素材插入到音乐轨中。

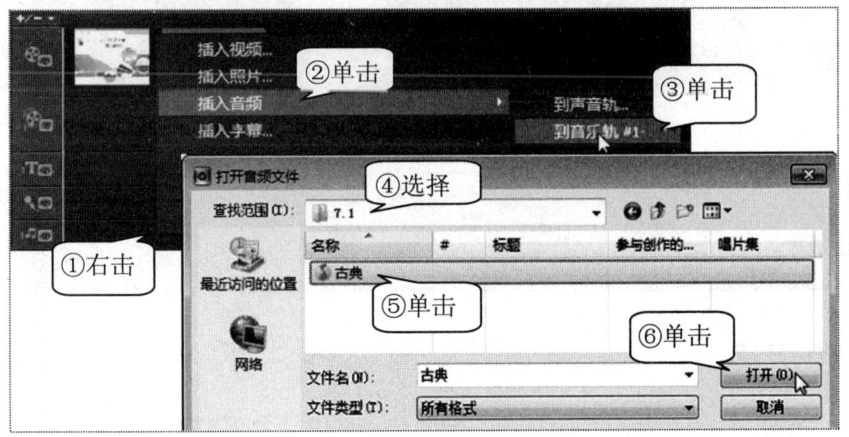

图 7-6　插入音频

编辑音频

试听音频文件，确定并记录分割点的时间，分割音频并删除不需要的音频片段，最后调整图片的播放时间与音频相同。

1. **试听音频** 按图 7-7 所示操作，试听音频内容，并根据需求记录剪切点的时间。
2. **分割音频** 按图 7-8 所示操作，在音频的 00:00:13;29 处进行分割。

图 7-7 试听音频

图 7-8 分割音频

3. **删除音频** 在音乐轨中，选中右侧分割出来的音频，按 Delete 键，删除不需要的音频片段。
4. **延时播放图片** 按图 7-9 所示操作，设置视频轨中图片的播放时间与音频相同。

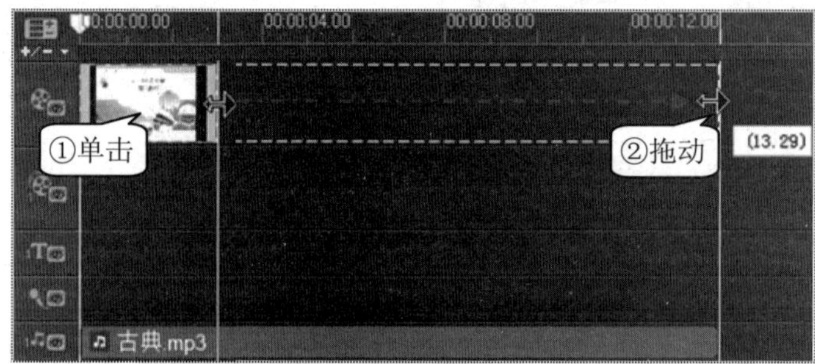

图 7-9 延时播放图片

在“会声会影”软件中，分割音频与分割视频的方法和操作步骤是相同的。

知识库

1. 导入素材

编辑视频时除插入素材外，还可以先将素材导入素材库中，再将素材拖动到视频编辑区的相应轨道中，具体操作如图 7-10 所示。

2. 标记分割点

在剪辑音视频素材时，分割点的时间数据可能需要记录很多。为了快速记录分割点，可以在视频编辑区中添加章节点或提示点，对分割点进行标记。方便选取最佳分割点和统一对音视频素材进行分割。具体操作如图 7-11 所示。

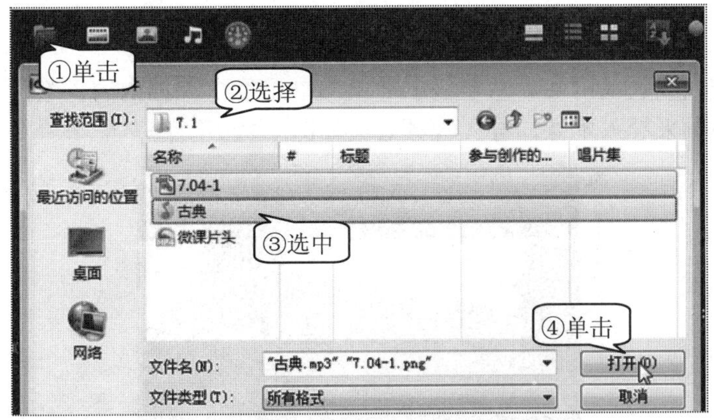

图 7-10　导入素材

图 7-11　标记分割点

音视频素材分割完成后，可打开“提示点管理器”，设置删除所有已添加的提示点。

创新园

1. 将微课“手工折纸”转换为 FLV 格式。
2. 根据需要对视频素材进行适当剪辑，处理成合适的效果。

7.2　添加声音效果

微课后期处理中，对于声音效果的处理和添加也是一项必不可少的技能之一。通常情况下，语文、英语等学科的微课，需要录制朗读配音和添加背景音乐。本节案例选择制作微课时需要用到的一些常用技巧，介绍如何处理和添加声音效果。

7.2.1　录制朗读配音

使用视频来做微课的导入部分是最常见的一种导入方式，但是有些视频片段是有背景音乐或朗读配音的，在微课后期处理过程中，需要将原视频的音频分离出来并删除，然后使用“画外音”的功能重新录制朗读配音。

实例 3　背影

“背影”是人教版《语文》八年级上册第二单元第 7 课的内容。教师制作了一个“父亲的爱”朗诵视频来导入本课，导入视频效果如图 7-12 所示。

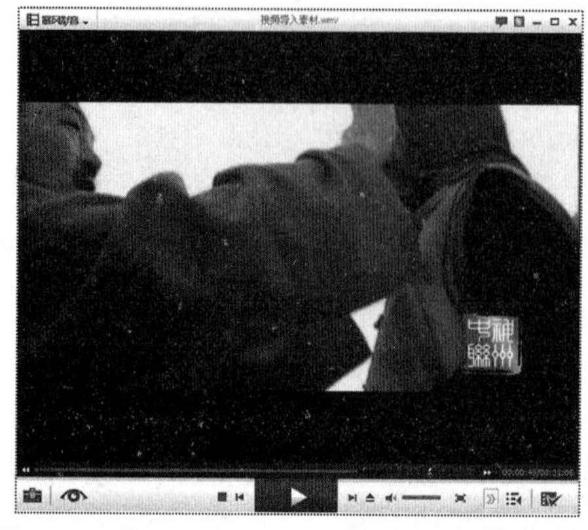

图 7-12　微课“背影”朗读配音导入视频效果

在录制声音之前，教师需要准备好视频素材和录音要使用的麦克风或耳机。麦克风可以在网上方便购买到，且价格便宜；耳机可使用手机自带的有通话功能的耳机。

跟我学

录音前准备

在录音之前，需要准备一个安静的环境，将麦克风连接到计算机上并测试是否可以正常使用及进行相关设置。

1. **测试麦克风**　将麦克风连接到计算机上，右击桌面右下角的图标，选择“录音设备”选项，在图 7-13 所示的界面中以正常说话音量进行测试。

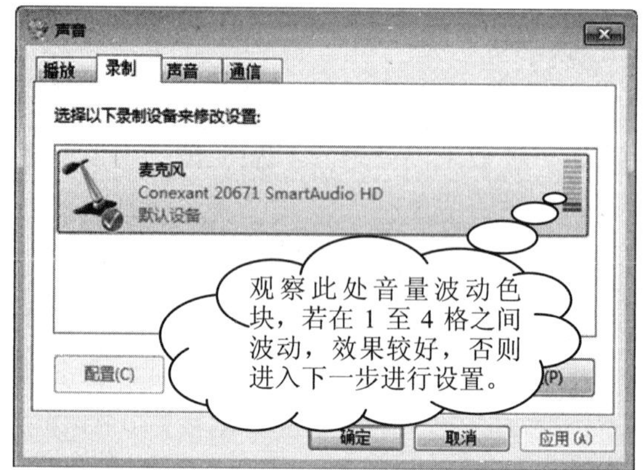

图 7-13　测试麦克风

2. **设置麦克风**　若麦克风测试的效果不佳，按图 7-14 所示操作进行设置。设置完后继续进行测试，满意后单击“确定”按钮，关闭对话框。

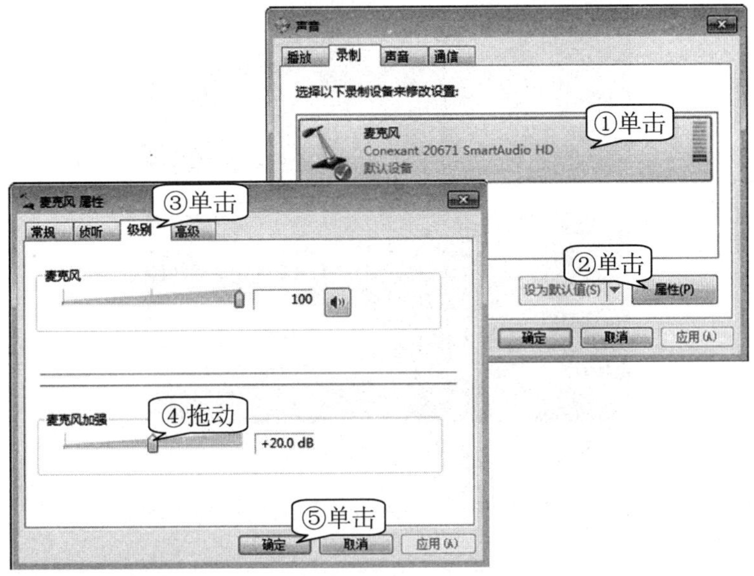

图 7-14　设置麦克风

分离音频

打开“会声会影”软件，将视频素材插入到视频轨，将原视频中的音频分离出来，并删除分离出来的音频。

1. **运行“会声会影”软件**　双击桌面上的图标，打开“会声会影”软件。
2. **插入视频素材**　按图 7-15 所示操作，将准备好的视频素材插入到视频轨中。

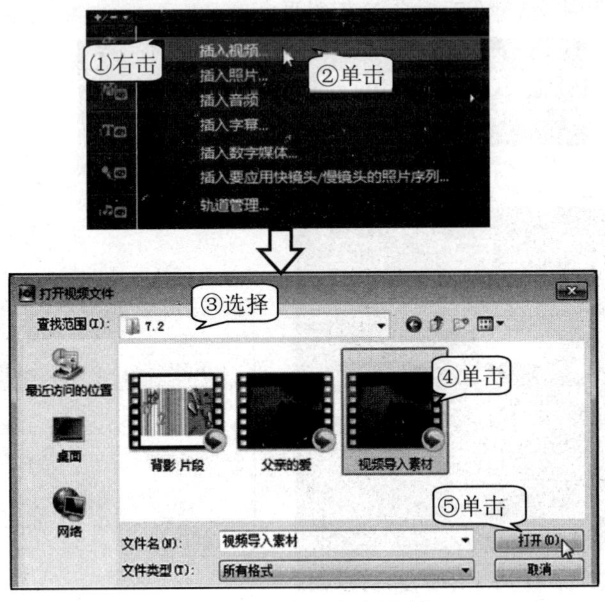

图 7-15　插入视频素材

3. 分离音频 按图 7-16 所示操作，将视频素材中的音频分离出来。

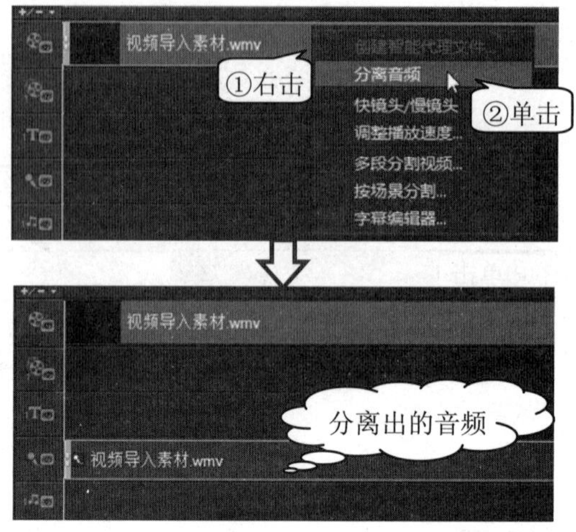

图 7-16 分离音频

4. 删除音频 选中分离出来的音频，按 Delete 键，将其删除。

注意，在分离音频后，如果我们需要保留的是音频部分，可以将视频轨中的视频部分删除。

录音过程

打开“会声会影”软件，打开“录音/捕捉”选项，选择画外音，开始录音。录音完成后，插入练习题素材并调整播放时间，最后输出视频文件。

1. 开始录音 按图 7-17 所示操作，开始录音。

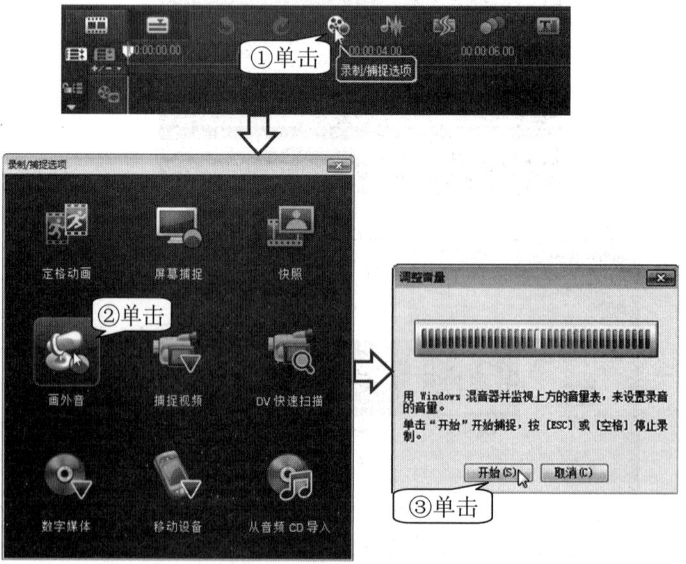

图 7-17 开始录音

2. 停止录音 录制结束后，只需按 Esc 键或空格键即可完成录音。

3. 输出视频 打开输出界面，根据需要设置相关属性并将视频输出到指定位置。

注意，录音的时长要尽可能地与视频播放时长保持一致。

7.2.2 优化音频素材

在制作微课时，文科教师需要录制对课文片段的朗读。但是，通常在使用麦克风录制音频时，由于录音设备与环境的限制，往往会有一些噪音也随之被录制到音频文件中。为使录制的声音更加清晰，可以使用降噪技术降低其中的噪音。此外，还可以使用混响效果，以增强作品的感染力。

实例 4 过零丁洋

“过零丁洋”是北师大版《语文》七年级下册第三单元第 6 课的内容。本案例是教师为了让学生更有意境地去理解文章而录制的课文片段朗读，效果如图 7-18 所示。

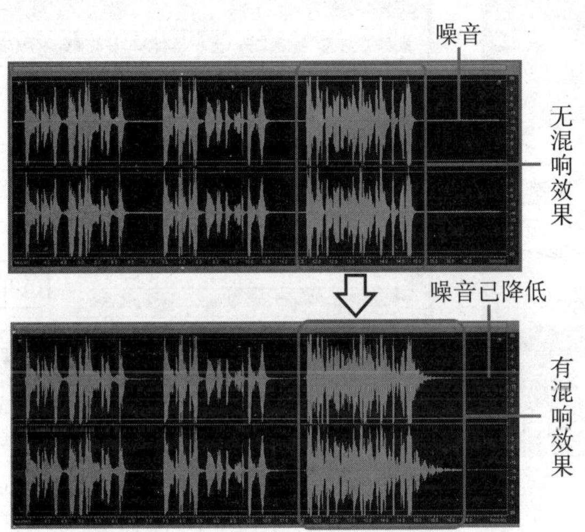

图 7-18 “过零丁洋”音频效果图

在优化音频之前，需要准备好音频素材“背景音乐.wma”“朗读人声.wma”和音频处理软件 Adobe Audition。

跟我学

降低噪音

运行Audition 软件，将准备好的音频素材导入到文件列表，双击音频素材进入编辑视图，选中需要降噪的片段，进行降噪处理。

1. **运行软件** 运行双击桌面上的 Audition 软件图标，运行 Audition 软件，进入如图 7-19 所示的使用界面。

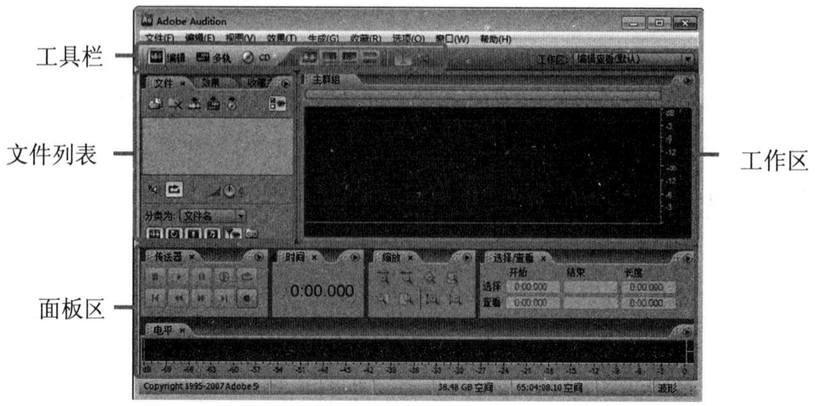

图 7-19 Audition 软件使用界面

2. **导入音频** 单击工具栏中的 多轨 按钮，按图 7-20 所示操作，将两个音频文件导入文件列表中。

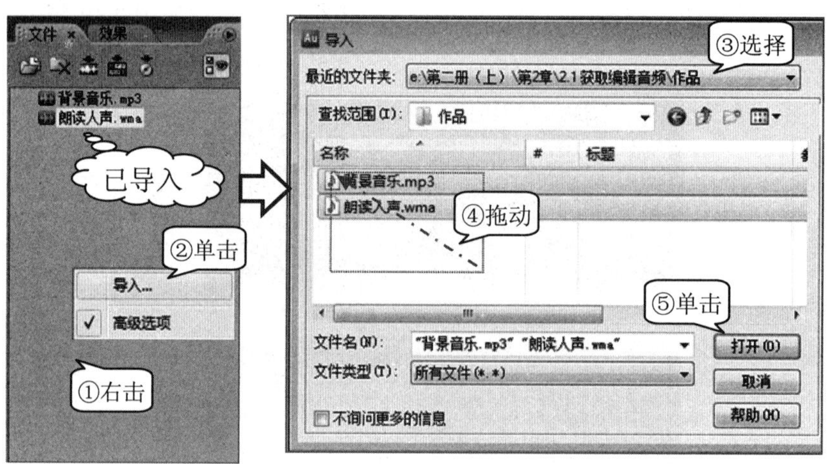

图 7-20 导入音频

3. **进入编辑视图** 按图 7-21 所示操作，在编辑视图中打开“朗读人声.wma”。

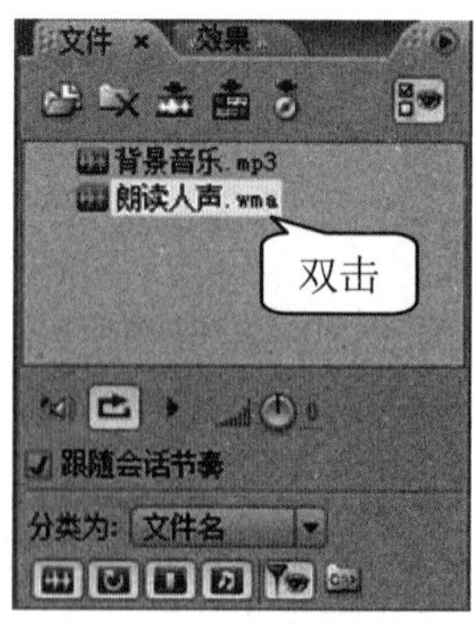

图 7-21 进入编辑视图

4. **选中噪音片段**　按图 7-22 所示操作，选中朗读人声末尾处仅有环境噪音的片段。

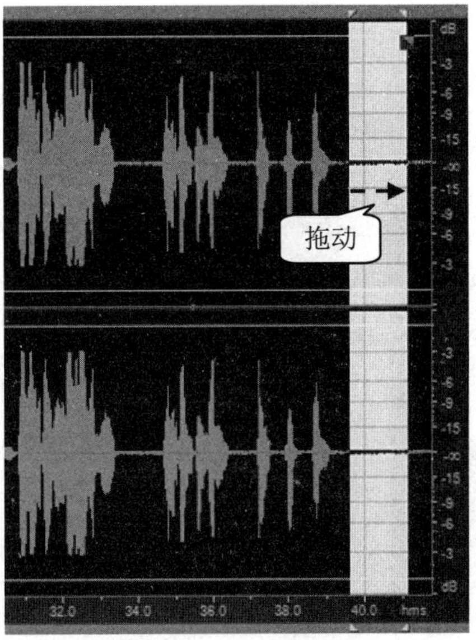

图 7-22　选中噪音片段

5. **进行降噪**　按图 7-23 所示操作，对“朗读人声”音频进行降噪。

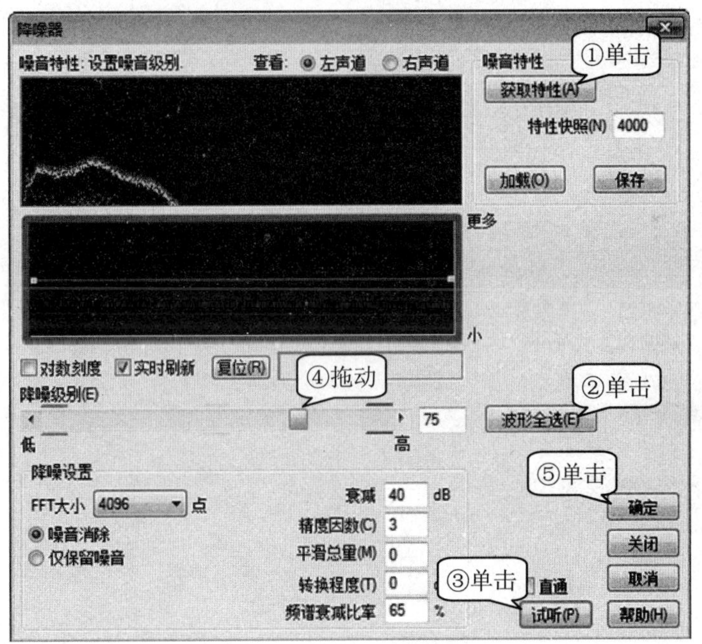

图 7-23　进行降噪

人声混响

分别在“音轨 2”和“音轨 3”中添加混响效果，选择预设效果，调节音轨音量，试听后，保存文件并导出音频。

1. **添加混响效果** 按图 7-24 所示操作，为“音轨 2”添加“房间混响”效果。

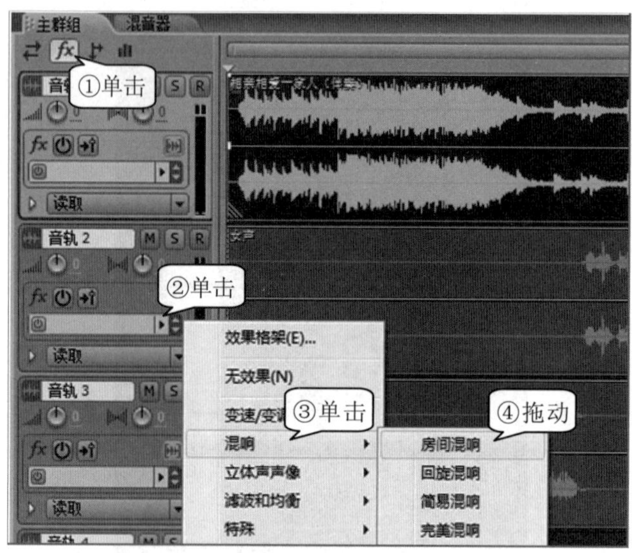

图 7-24 添加混响效果

2. **选择预设效果** 按图 7-25 所示操作，选择混响效果。

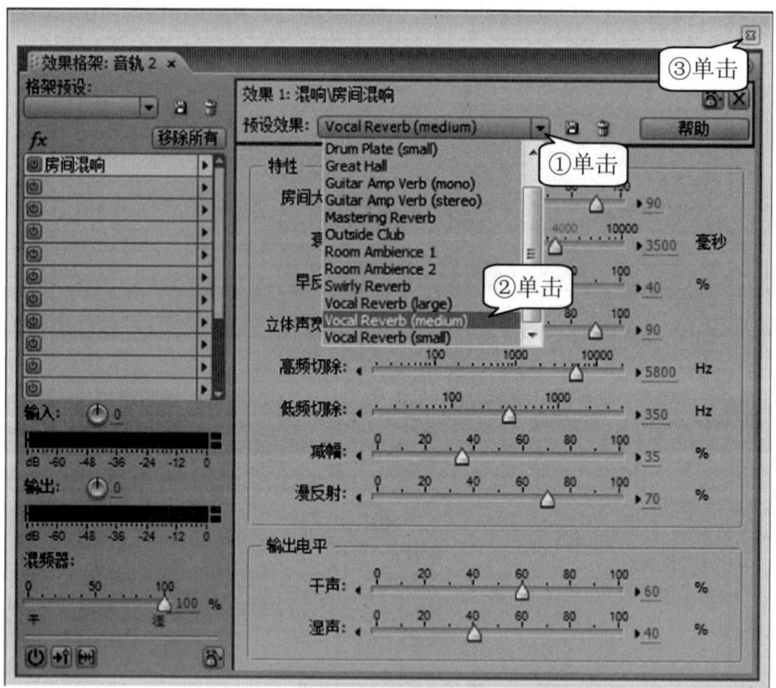

图 7-25 选择预设效果

3. **添加其他音轨混响** 按前面的方法，对“音轨 3”进行相同的设置。完成后，效果如图 7-26 所示。

图 7-26　添加其他音轨混响

4. 调节音轨音量　单击“传送器”面板中的▶按钮，试听全部音频。试听后发现音轨 2 与音轨 3 音量偏小，按图 7-27 所示操作，调节两个音轨的音量。

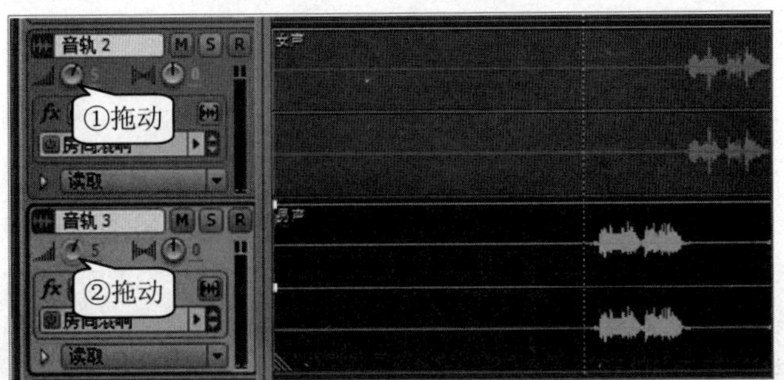

图 7-27　调节音轨音量

5. 保存会话文件　选择“文件”→“保存会话”命令，保存会话文件。

6. 导出音频　选择“文件”→“导出”→“混缩”命令，将 3 个音轨混合为一个音频文件，保存为“过零丁洋.mp3”。

7.2.3　添加背景音乐

在制作微课时，文科教师可能会用到对课文片段的朗读。但是，通常情况下课文的朗读音频、背景音乐和视频内容很难达到授课教师的要求。这就需要在微课后期处理过程中使用一些技术手段来实现。本节将介绍如何屏蔽视频中的音频，并添加课文朗读的音频及背景音乐。

实例 5　背影

“背影”是人教版《语文》八年级上册第二单元第 7 课的内容。本案例是教师为了让学生更有意境地理解文章而制作的一个影视课文片段，效果如图 7-28 所示。

图 7-28 微课“背影”影视课文效果

在制作影视片段之前，教师需要准备好视频素材“背影 片段.wmv”、课文朗读音频“背影 课文朗读.mp3”和只需要其背景音乐的视频“父亲的爱.wmv”。

跟我学

准备素材

从视频素材中将音频分离出来，并将分离出的音频输出为音频文件，作为影视课文的背景音乐。

1. **分离音频** 运行“会声会影”软件，将视频“父亲的爱.wmv”插入到视频轨中，并进行分离音频的操作，再将视频轨中的素材删除，只保留音频。
2. **输出音频** 打开输出界面，按图 7-29 所示操作，将分离出来的音频输出为音频文件。

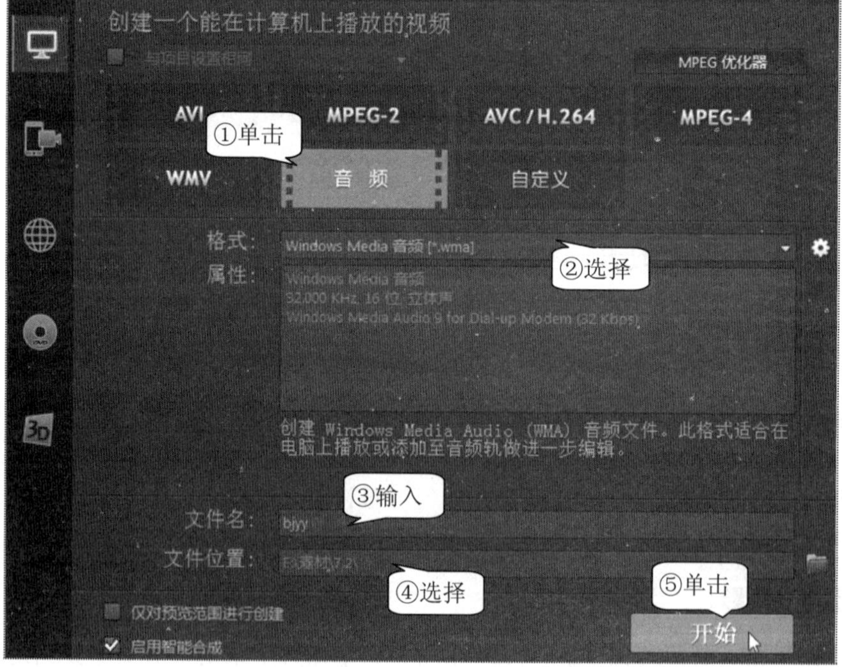

图 7-29 输出音频

添加音频

插入视频素材，并设置视频为静音；分别在声音轨和音乐轨中添加课文朗读的音频素材和背景音乐。

1. **插入视频** 将已准备好的视频素材插入到视频轨中。
2. **设置静音** 按图 7-30 所示操作，将视频设置为静音。
3. **插入音频** 分别将课文朗读的音频素材和背景音乐插入到声音轨和音乐轨中，效果如图 7-31 所示。

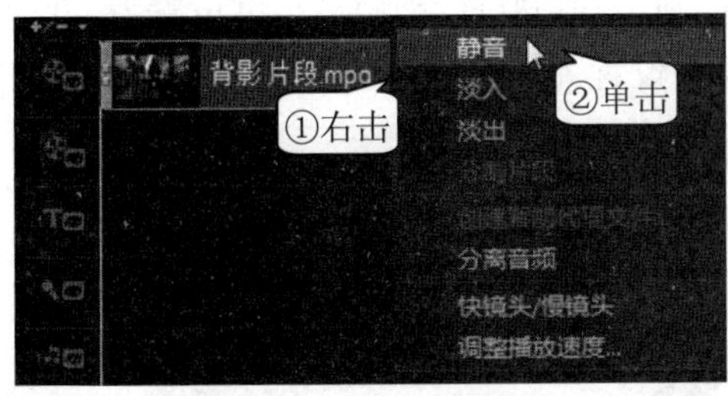

图 7-30 设置静音

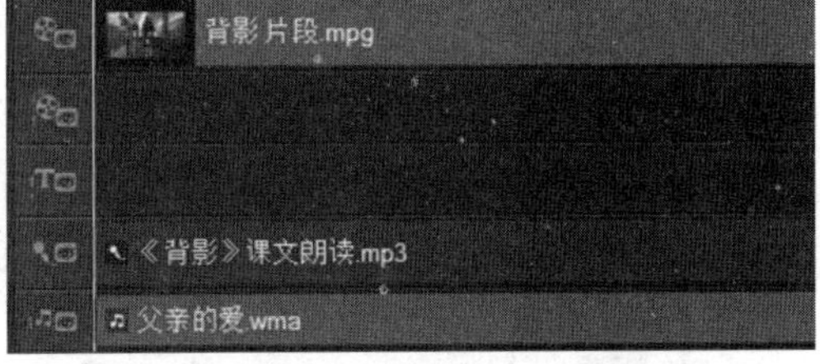

图 7-31 插入音频

4. **输出视频** 打开输出界面，根据需要设置相关属性并将视频输出到指定位置。

知识库

1. 录制/捕捉选项

“录制/捕捉选项”由 9 个部分组成，如图 7-32 所示，这 9 个部分的功能简述如下。

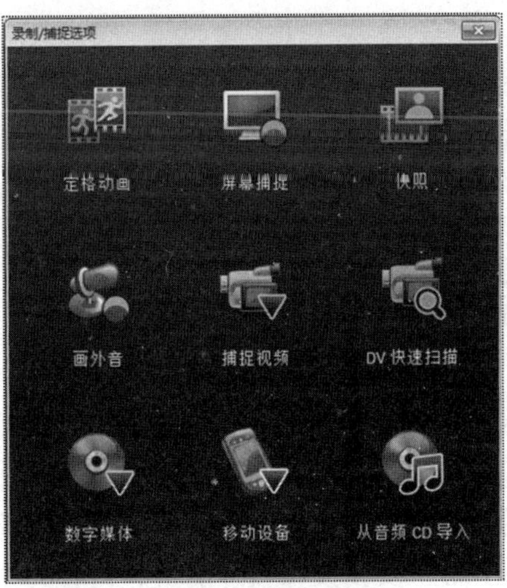

图 7-32 录制/捕捉选项

- 定格动画、捕捉视频：指通过摄像头捕捉获取素材。
- 屏幕捕捉：用来捕捉获取计算机屏幕的视频素材。
- 快照：以图片的形式获取视频演示区中的内容。

- 画外音：录制音频，给视频素材配音。
- DV 快速扫描、移动设备：获取外部设备中存储的素材资源。
- 数字媒体：获取计算机、移动存储设备及光盘中的素材资源。
- 从音频 CD 导入：获取 CD 光盘中的音频资源。

2. 轨道管理器

轨道管理器是用来设置管理视频编辑区中各类轨道数量的管理器。在视频编辑区中右击鼠标，选择轨道管理器即可打开“轨道管理器”对话框。如图 7-33 所示，默认的各类轨道数量都为 1；视频轨和声音轨都只有 1 个轨道，但覆盖轨(覆叠轨)最高可设置为 20 个轨道，标题轨最高可设置为 2 个轨道，音乐轨最高可设置为 3 个轨道。

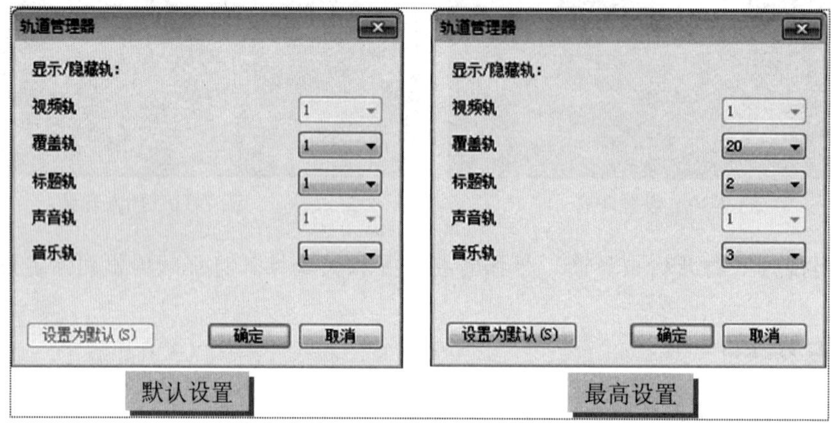

图 7-33　轨道管理器

创新园

1. 录制一段课文朗读音频，并对其进行降噪处理。
2. 将光盘中的素材“朗读人声.wma”进行简单的混响处理。

7.3　添加微课字幕

微课字幕是根据内容添加相应的说明文字，使微课结构更完整，画面更丰富，主题更突出，让观看者更容易理解微课内容。微课中的字幕一般可分为 3 个部分：片头字幕、主体字幕和片尾字幕。片头和片尾字幕主要以标题型的字幕为主；主体字幕主要以授课教师的讲解内容为主。

7.3.1　添加标题字幕

标题型的字幕通常只出现在微课的片头和片尾，添加标题字幕时要注意字幕与背景的颜色搭配。

实例 6 追求高雅的生活

本案例是人教版《政治》七年级上册第三单元第 7 课的微课“追求高雅的生活”。通过添加背景图片、添加标题字幕、设置字幕格式等操作，制作微课片尾，效果如图 7-34 所示。

图 7-34 微课“追求高雅的生活”片尾效果

在制作微课片尾之前，教师需要准备好片尾的背景图片或视频素材，也可以使用“会声会影”软件中自带的图片或视频素材。

跟我学

添加背景

运行“会声会影”软件，在添加字幕之前，在媒体素材库中选取一张图片作为微课片尾的背景图片并拖动到视频轨中。

1. **运行“会声会影”软件** 双击桌面上的图标，运行“会声会影”软件。
2. **添加背景图片** 在媒体素材库中选择一张图片，按图 7-35 所示操作，将其添加到视频轨中作为片尾的背景图片。

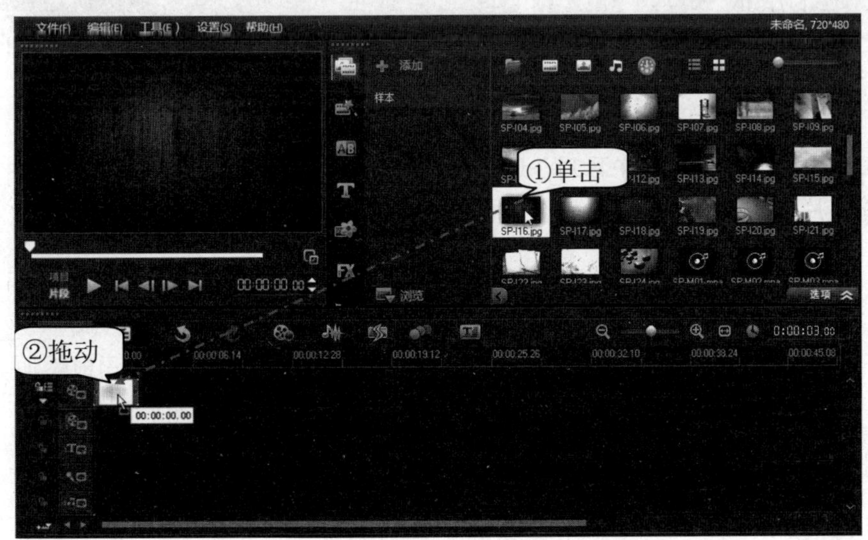

图 7-35 添加背景图片

添加字幕

添加片尾字幕，设置字幕的字形、字体、字号、颜色，并调整片尾字幕的位置与放映时间，最后输出片尾视频。

1. **输入字幕** 按图 7-36 所示操作，在视频演示区中输入字幕。

图 7-36 输入字幕

2. **设置字幕格式** 分别选中字幕，按图 7-37 所示操作，设置字形、字体、字号和颜色。

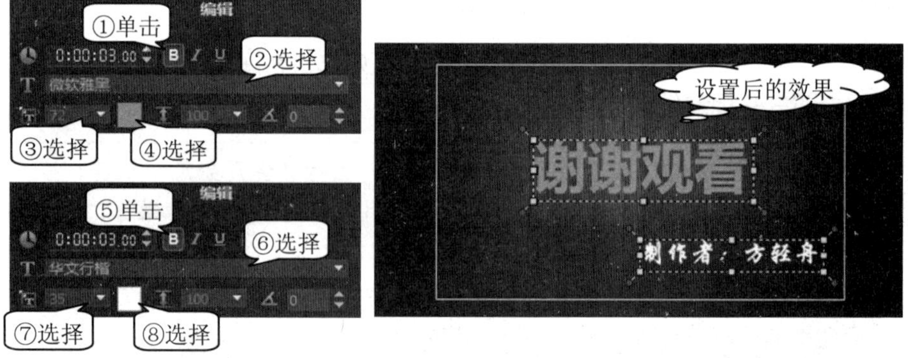

图 7-37 设置字幕格式

3. **调整位置时间** 调整字幕到合适的位置，并将播放时间调整为 10 秒。
4. **输出片尾视频** 打开输出界面，根据需要设置相关属性并将视频输出到指定位置。

7.3.2 批量添加字幕

由于微课主体字幕内容太多，在添加微课主体字幕时，如果一句一句地添加会非常麻烦。可以使用 PopSub 字幕制作软件制作字幕文件，能实现批量添加字幕的目的。

实例 7 如何添加影片字幕

“如何添加影片字幕”是安徽省《信息技术》非零起点七年级下册第二单元活动 3 的

内容。本实例是教师利用字幕制作软件给微课批量添加字幕的案例，效果如图 7-38 所示。

图 7-38　微课“如何添加影片字幕”字幕效果

使用 PopSub 字幕制作软件来制作字幕文件之前，要将字幕内容分句录入到 TXT 文件中，然后使用 PopSub 字幕制作软件来录制字幕文件，并以.srt 格式保存在指定位置。最后将该字幕文件导入到会声会影中，通过预览来微调字幕的播放时间。

跟我学

制作字幕

准备好含有字幕内容的 TXT 文本文件和需要添加字幕的微课，使用 PopSub 软件录制字幕，并另存为 SRT 格式文件。

1. **运行 PopSub 软件**　双击桌面上的 PopSub 图标，打开软件，其使用界面如图 7-39 所示。

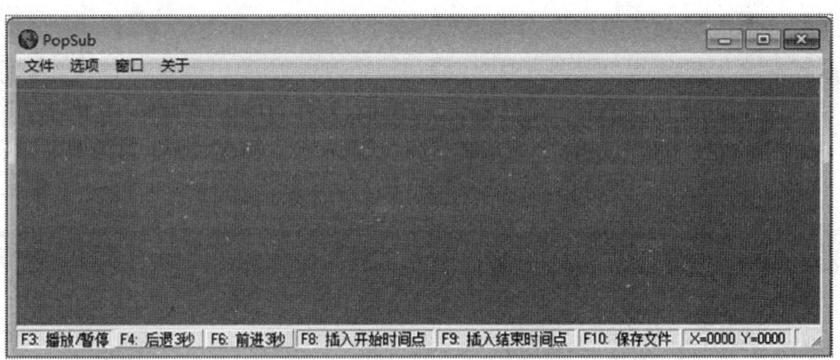

图 7-39　PopSub 软件使用界面

2. **新建时间轴**　按图 7-40 所示操作，新建时间轴。

图 7-40　新建时间轴

3. **打开字幕**　按图 7-41 所示操作，打开字幕文件。

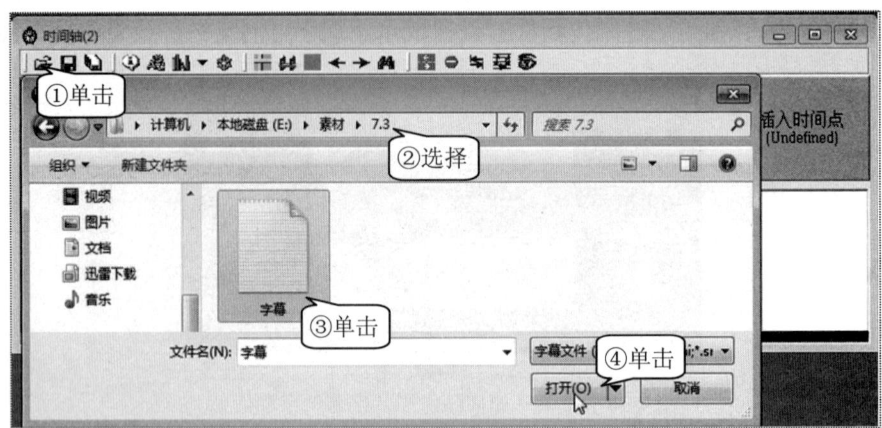

图 7-41　打开字幕

4. **设置时间轴格式**　按图 7-42 所示操作，设置时间轴格式。

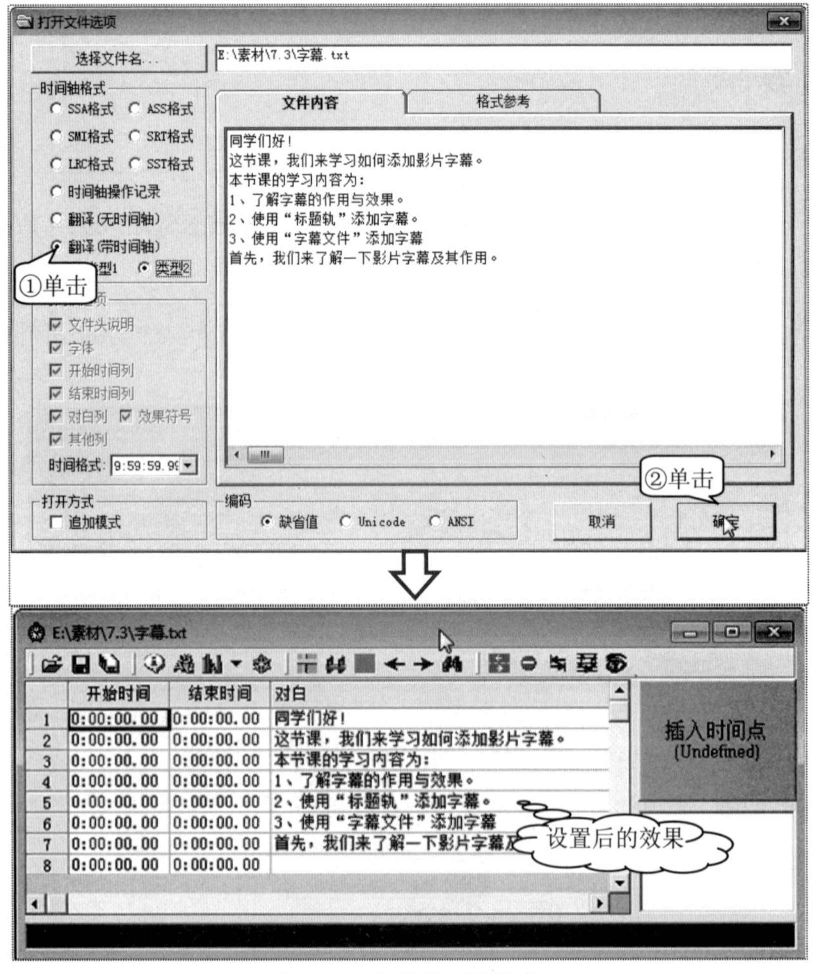

图 7-42　设置时间轴格式

5. **打开视频**　按图 7-43 所示操作，打开需要添加字幕的视频文件。

图 7-43　打开视频

6. **录制字幕**　按图 7-44 所示操作，录制字幕文件。

图 7-44　录制字幕

注意，每一句对白需要单击 2 次“插入时间点”按钮，分别是对白的开始时间和对白的结束时间。

7. **另存字幕文件**　按图 7-45 所示操作，另存字幕文件。

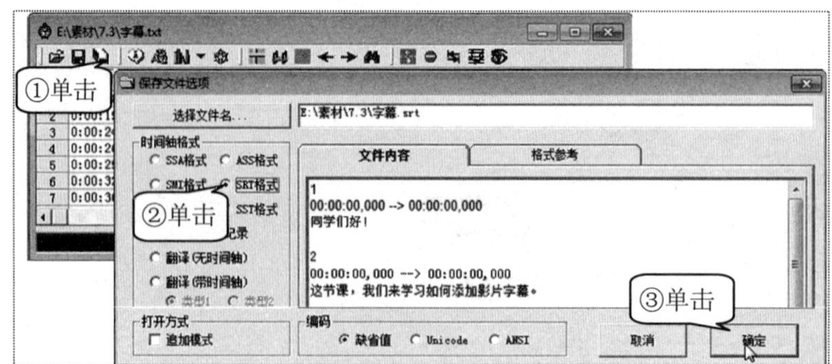

图 7-45　另存字幕文件

注意，"会声会影"软件中支持的字幕文件格式为：UTF 和 SRT。另存的"字幕.srt"文件与"字幕.txt"文件在同一目录下。

添加字幕

运行"会声会影"软件，插入视频后将制作的字幕文件插入到标题轨中，预览微调字幕的显示时间后，输出视频文件。

1. **插入视频**　运行"会声会影"软件，将微课视频插入到视频轨中。
2. **插入字幕**　按图 7-46 所示操作，将视频设置为静音。

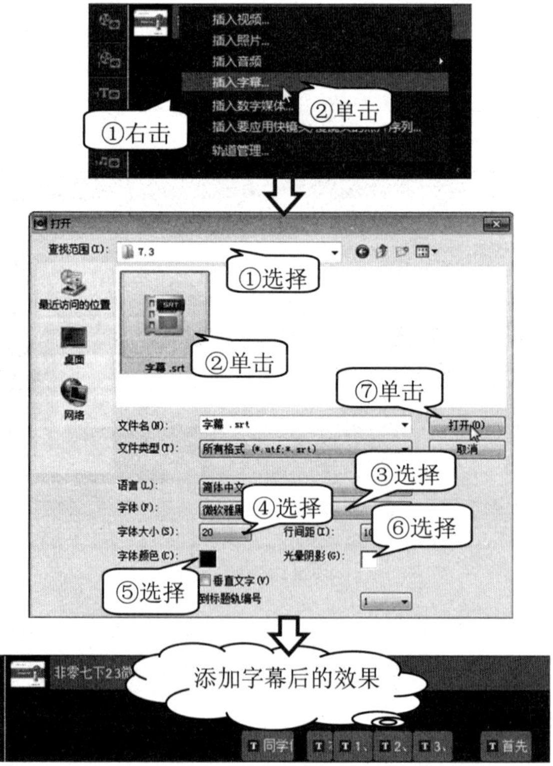

图 7-46　插入字幕

3. **预览微调**　预览添加字幕后的微课，并根据情况对字幕的显示时间和位置进行微调。

4. **输出视频**　打开输出界面，根据需要设置相关属性并将视频输出到指定位置。

知识库

1. 标题素材库

在特效素材区中，单击“标题”按钮，打开标题素材库，效果如图 7-47 所示。

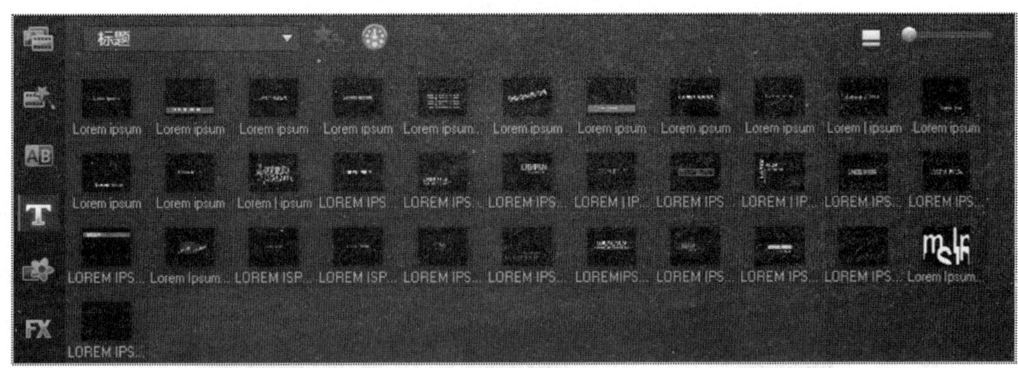

图 7-47　标题素材库

标题素材库中的标题样式，也可以用来制作标题字幕，选择合适的样式拖动到标题轨中，修改文字内容后调整好标题的位置即可。

2. 字幕文件格式

也可以自己编辑制作字幕文件。先使用 TXT 文本按照字幕文件的格式要求录入相关信息，保存后将该文件的扩展名由“.txt”修改为“.srt”即可。字幕文件格式如图 7-48 所示。

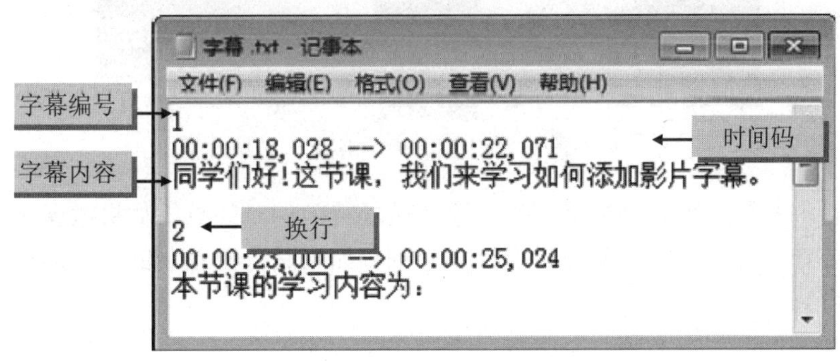

图 7-48　字幕文件格式

创新园

1. 给光盘中的微课“背影.wmv”制作片尾，并添加片尾标题字幕。
2. 使用 PopSub 软件，给光盘中的微课“背影.wmv”批量添加影片字幕。

7.4 添加视频特效

在微课后期处理中，适当添加一些视频特效，可以增加微课的视觉冲击；也可以通过覆叠轨制作特写特效来处理一些细节问题。

7.4.1 添加转场特效

微课后期处理的最后一步就是添加转场特效。通常情况下在微课场景发生变化时，通过添加转场特效来增加微课的视觉冲击，提升学生的学习兴趣。

实例 8　如何添加影片字幕

“如何添加影片字幕”是安徽省《信息技术》非零起点七年级下册第二单元活动 3 的内容。本实例以分段录制的微课为例，解析如何添加转场特效，效果如图 7-49 所示。

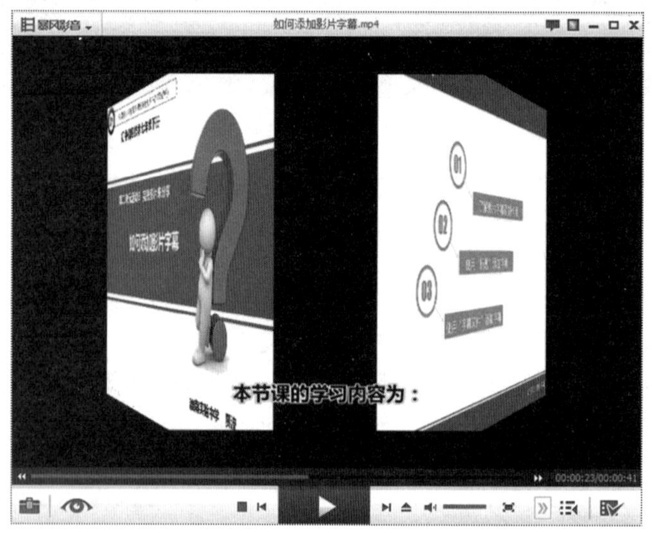

图 7-49　微课“如何添加影片字幕”转场效果

在制作转场特效之前，教师需要确定添加转场特效的时间点。如果微课是一气呵成录制的，则需要在添加转场的时间点进行视频分割；如果是分段录制的，只需要确定添加转场的时间即可。

跟我学

插入视频

运行“会声会影”软件，将需要添加转场特效的视频插入到视频轨中。

1. **运行“会声会影”软件**　双击桌面上的图标，打开“会声会影”软件。
2. **插入视频**　将分段录制的微课视频依次插入到视频轨中，效果如图 7-50 所示。

图 7-50　依次插入视频

添加转场

添加片尾字幕，设置字幕的字形、字体、字号、颜色，并调整片尾字幕的位置与放映时间，最后输出片尾视频。

1. **打开转场素材库**　单击“转场”按钮，打开转场素材库，效果如图 7-51 所示。

图 7-51　转场素材库

2. **添加转场效果**　按图 7-52 所示操作，添加转场效果。

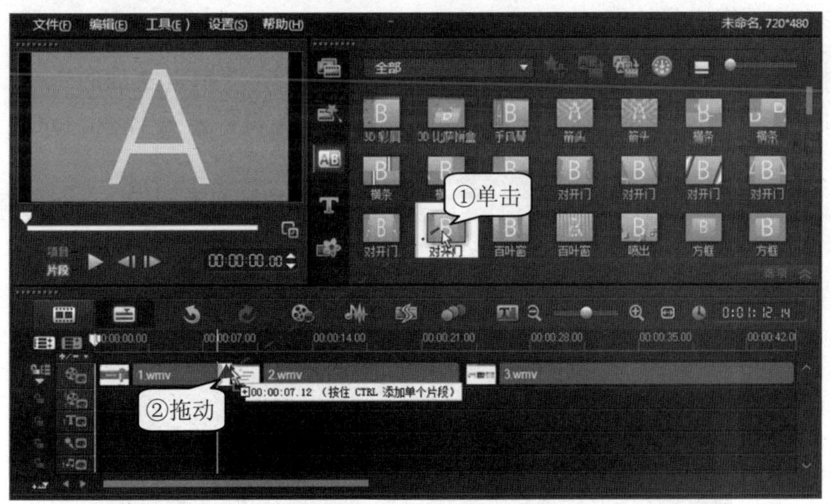

图 7-52　添加转场效果

3. **设置转场时间**　按图 7-53 所示操作，调整转场效果的时间。

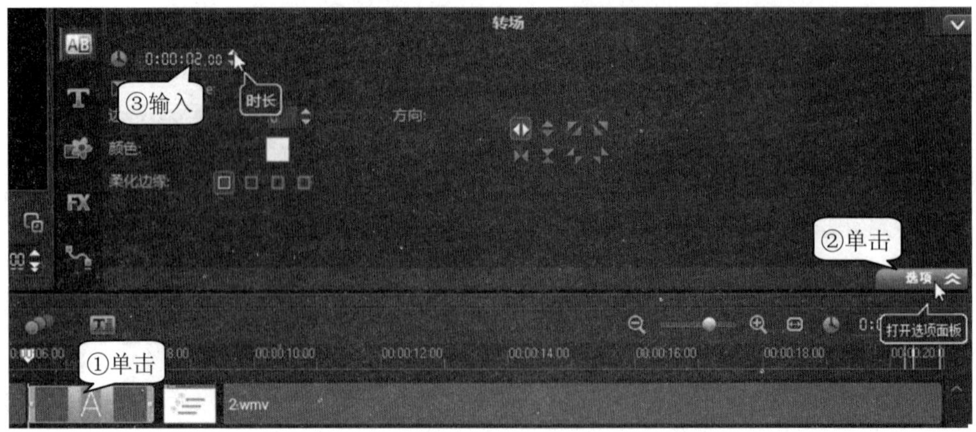

图 7-53　设置转场时间

注意，转场特效的默认时长是 1 秒。

4. **添加其他转场效果**　使用上述方法，添加所有转场效果。

5. **输出片尾视频**　打开输出界面，根据需要设置相关属性并将视频输出到指定位置。

7.4.2　添加覆叠轨特效

覆叠轨的用法有很多，可以在视频中添加 Logo 图标，也可以添加作者版权信息，还可以制作画中画的特写特效等。本节将介绍如何使用覆叠轨来制作画中画特效。

实例 9　文件搬进新的家

“文件搬进新的家”是安徽省小学《信息技术》教材第三册第 7 课的内容。本实例是教师为了让学生更清楚操作步骤而做的画中画特效，效果如图 7-54 所示。

图 7-54　微课“文件搬进新的家”画中画效果

在做某些学科的微课时，可能需要用到特写视频，尤其是理科实验视频和信息技术的键盘操作，都需要有特写视频来展示具体的操作步骤。

跟我学

制作准备

准备好特写视频，打开会声会影软件，将需要添加画中画特效的视频插入到视频轨中。

1. **准备特写视频**　使用手机、DV 等设备拍摄好特写视频，并存放在计算机中。
2. **插入视频**　运行“会声会影”软件，将需要添加画中画特效的微课视频插入到视频轨中。

添加画中画

将特写视频插入到覆叠轨中，并调整其大小和位置。

1. **插入特写视频**　按图 7-55 所示操作，将特写视频插入到覆叠轨中。

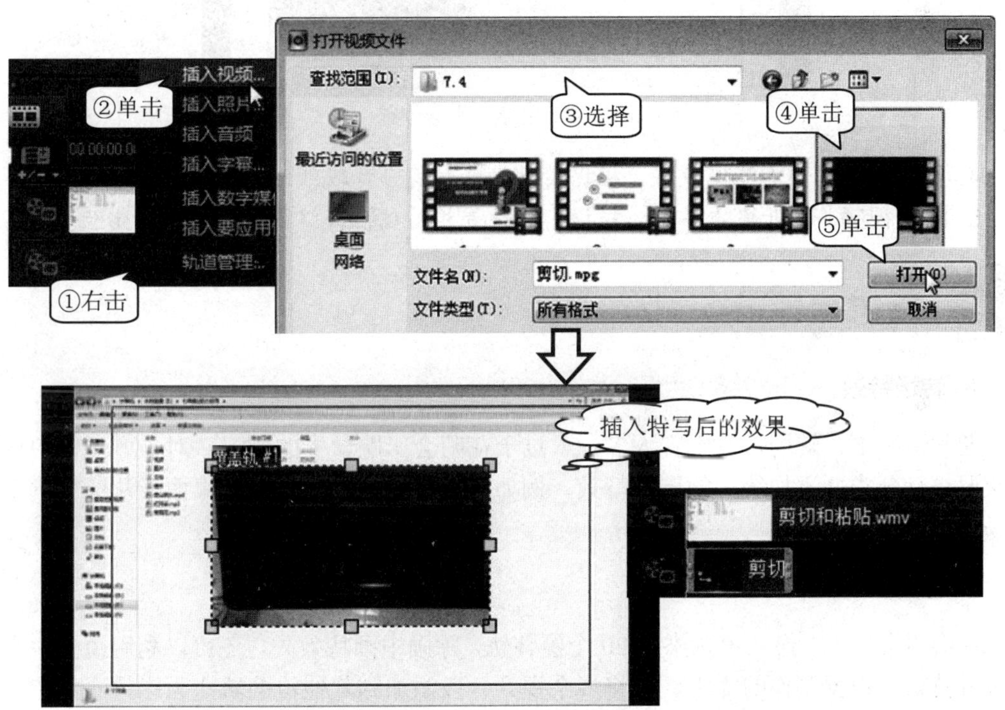

图 7-55　插入特写视频

2. **调整特写时间点**　预览微课视频，确定插入特写视频的时间点为“00:00:07.00”，按图 7-56 所示操作，调整特写视频的时间点。
3. **调整大小与位置**　调整特写视频片段的大小与呈现位置，效果如图 7-57 所示。

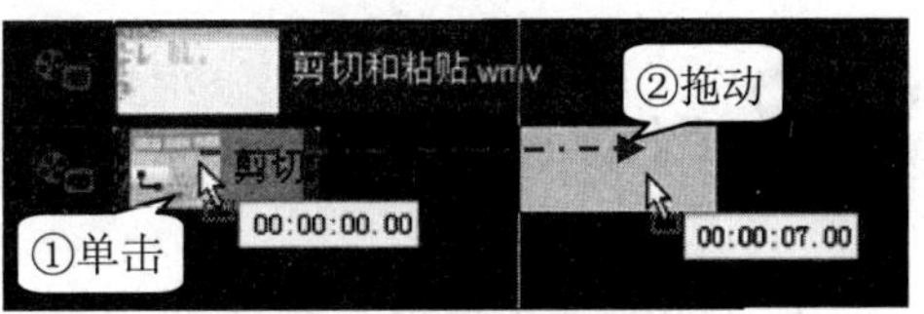

图 7-56　调整特写时间点

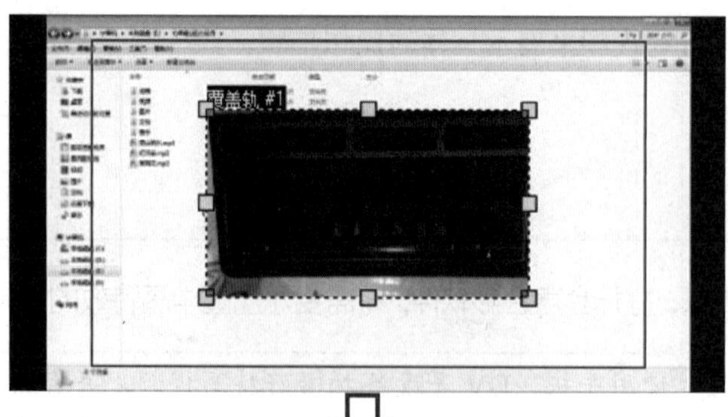

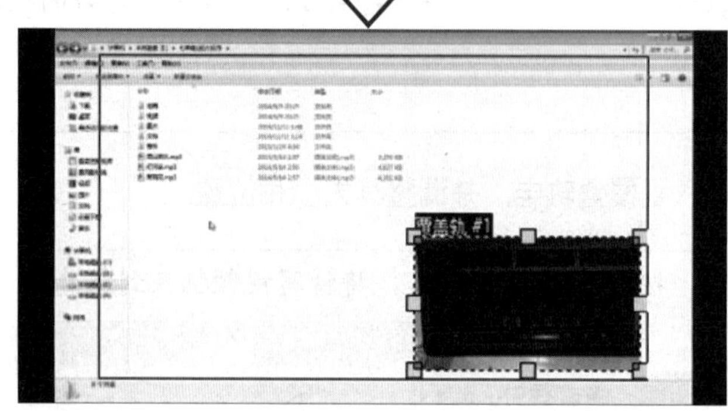

图 7-57　调整大小与位置

4. 预览微调　预览整体效果，根据情况对特写视频片段做微调。

5. 输出视频　打开输出界面，根据需要设置相关属性并将视频输出到指定位置。

知识库

1. 转场特效

通常情况下，转场特效不宜太多，太过于花哨会影响学生的学习。对于有规律的场景切换要进行分类并添加统一的转场特效，例如，从课件转场到计算机桌面或从计算机桌面转场到课件等。

2. 覆叠轨特效

在会声会影中，最多可以添加 20 个覆叠轨，除画中画特效外，还可以利用覆叠轨来制作多种特效。根据制作的需求，可将多个视频片段添加到其他覆叠轨，为影片添加特殊效果。例如，可以模仿电视节目，在覆叠轨#2 中添加电视台的图标，在覆叠轨#3 中添加影片制作版权信息等。

创新园

1. 为光盘中的微课“如何添加影片字幕”批量添加字幕。

2. 使用覆叠轨管理器为微课“文件搬进新的家”添加专属 Logo。

7.5　生成并发布和分享微课

微课面向的观众是学生，利用什么平台来发布分享微课才能让学生更便利地观看微课呢？学生最常用的 QQ 就给我们提供了一个很好的平台。腾讯微云可以让我们很方便地发布和分享微课。

7.5.1　生成微课视频

编辑完视频后，通过“共享界面”可以设置视频输出格式和相关参数，并将微课视频输出到指定位置。

跟我学

输出视频

打开共享界面，根据需要选择输出视频的类型、格式、配置、文件名和文件位置，然后开始渲染视频直至提示“文件被成功合成了!”即可。

1. **打开共享界面**　单击“共享”选项卡，打开“共享”界面。
2. **输出视频**　按图 7-58 所示操作，设置视频输出选项。

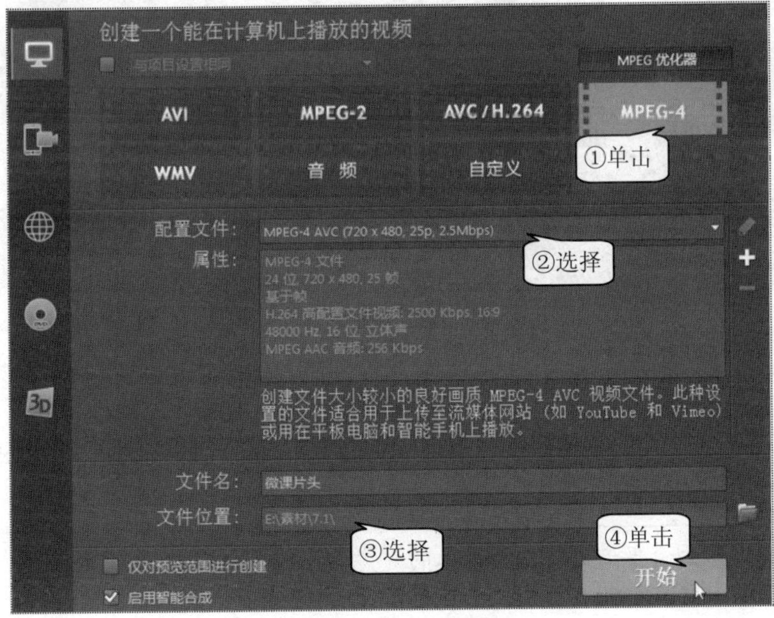

图 7-58　输出视频

3. **输出完成** 当渲染完成后，会提示“文件被成功合成了！”，单击“确定”按钮即可。

7.5.2 发布和分享微课

腾讯微云无须安装注册，只要有 QQ 号就可以。通过 QQ 主面板就可以打开微云，方便上传和分享微课。

跟我学

添加应用

运行并登录腾讯 QQ，在应用管理器中将微云添加到主面板中，方便以后使用。

1. **运行并登录 QQ** 双击桌面上的“腾讯 QQ”图标，并登录腾讯 QQ 软件。
2. **添加应用** 单击 QQ 主面板右下方的“打开应用管理器”按钮，打开“应用管理器”窗口，按图 7-59 所示操作，将微云添加到主面板中。

图 7-59 添加应用

微云分享

在腾讯微云中，可以将做好的微课上传到微云中；选择微课并创建加密的分享链接；下载他人分享的云资源。

1. **打开腾讯微云** 单击 QQ 主面板上的“微云”按钮，打开微云。
2. **上传微课** 按图 7-60 所示操作，将制作好的微课上传到微云中。

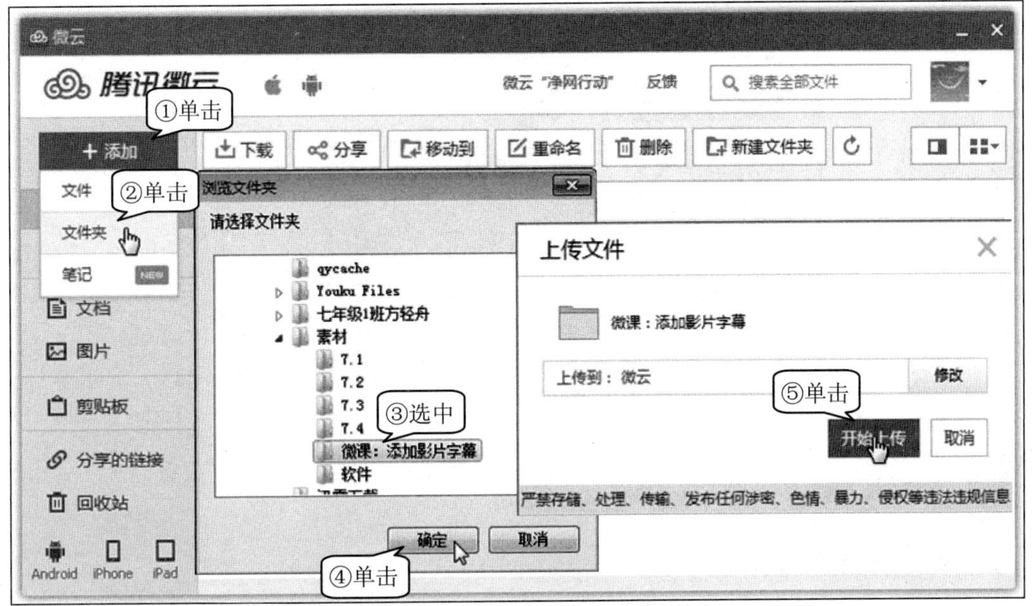

图 7-60　上传微课

3. **分享微课**　按图 7-61 所示操作，将复制的链接发给学生或班级群内，即可分享微课。

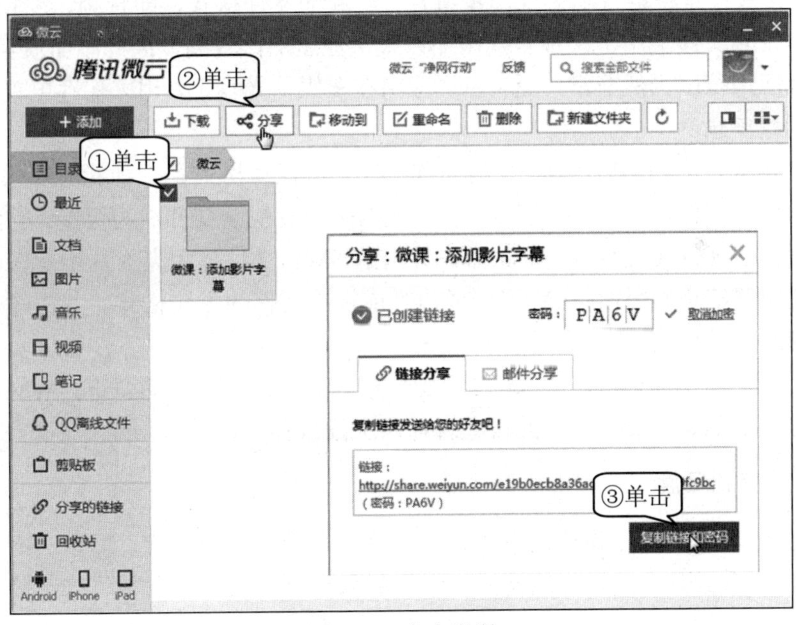

图 7-61　分享微课

4. **下载微课**　按图 7-62 所示操作，将微课下载到 E 盘。
5. **观看微课**　打开 E 盘"微课：添加影片字幕"文件夹，双击"添加影片字幕.mp4"，即可观看微课。

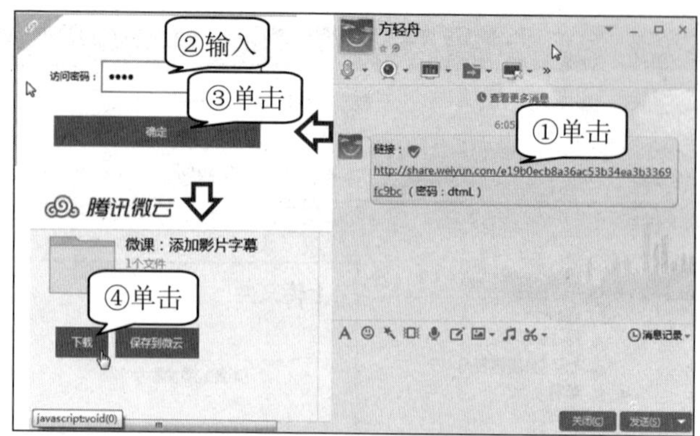

图 7-62　下载微课

知识库

1. 常见视频文件格式

从播放方式来分，视频有两种格式，分别是适合本地播放和适合在网络中播放，常用的文件有以下几种。

- **AVI 格式**：是将语音和影像同步组合在一起的文件格式，即音频、视频交错格式。它对视频文件采用了一种有损压缩方式，但压缩比较高，因此画面质量不是太好，但其应用范围仍然非常广泛，主要应用在多媒体光盘上，用来保存电视、电影等各种影像信息。
- **FLV 格式**：是 FLASHVIDEO 的简称，FLV 流媒体格式是一种新的视频格式。由于它形成的文件极小，加载速度极快，使网络观看视频文件成为可能。它的出现有效地解决了视频文件导入 Flash 后，导出的 SWF 文件体积庞大，不能在网络上很好地使用等缺点。目前 FLV 已经成为当前视频文件的主流格式，各在线视频网站均采用此视频格式。
- **WMV 格式**：是微软推出的一种流媒体格式。在同等视频质量下，WMV 格式的文件可以边下载边播放，因此很适合在网上播放和传输。

2. 直接保存到云盘

通过云盘分享资源时，除直接下载外，还可以直接保存到云盘。但是，不可以跨平台保存，例如，用微云分享给学生的资源，学生如只有百度云盘，则不可以直接将资源保存到云盘。

创新园

1. 录制一段短视频，分别转换为“AVI”“FLV”“WMV”格式，并对比其视频文件的大小及视频清晰度。

2. 将录制的短视频，通过百度云盘分享给同学。

第 8 章

微课制作综合实例

经过前几章的学习，我们了解了根据教学内容与方法的不同，制作微课的方法也多种多样，有拍摄型、录屏型及可汗学院型等不同类型。无论何种类型的微课，制作的基本流程都是：选择微课课题、设计微课脚本、收集加工素材、制作微课及后期加工处理等几个部分。

本章以录屏型微课及拍摄型微课的制作为例，详细介绍微课制作的完整流程，期待读者能触类旁通，制作出更多可用于实际教学的微课。

本章内容

- 录屏型微课综合实例
- 拍摄型微课综合实例

8.1 录屏型微课综合实例

录屏型微课通过录屏软件录制讲解过程制作，操作相对简单，可由教师独立完成。制作录屏型微课时，首先要选择课题，撰写教学设计与脚本，再根据脚本搜集素材制作课件，最后准备好录制环境，使用录屏软件对照课件讲解、录制。

8.1.1 选择、设计微课

录屏型微课的选题可以是课前预习、课中讲解或是课后复习，但讲解的内容一定要适合制作成课件。本案例以课中讲解为例，选择教学重点作为课题，微课课题确定后，需根据课题撰写教学设计，再根据教学设计制作微课脚本。

1. 选择微课课题

“对写法”是《涉江采芙蓉》一课的教学重点，学生必须通过教师讲解才能理解此部分内容。《涉江采芙蓉》是学生在高中阶段接触的第一个古代诗歌单元，它为“古诗十九首”之一，也是比较成熟的五言诗，诗句自然质朴、不事雕饰，但内在情感和表现手法极有深蕴，有助于学生从语感走向知性鉴赏诗歌。本次微课选择《涉江采芙蓉》介绍“对写法”让学生从一首诗读懂一类诗。

2. 撰写教学设计

微课虽然时间短，但也需要进行科学规范的教学设计，让教师在较短的时间内，选用最恰当的教学方法和策略讲清、讲透知识点，确保微课能满足学习者的需求，内容如表 8-1 所示。

表 8-1 微课“对写法”教学设计

【教学目标分析】
“对写法”是古代诗歌中的一种独特抒情方法，这种表现手法能深化情感、强化主题。本节微课就从探寻《涉江采芙蓉》中的抒情主人公入手了解“对写法”，进而用“对写法”指导其他这类思乡怀人诗的解读。
【学习者分析】
诗歌鉴赏是高中学生语文学习中的难点。很多学生对诗歌有一定的感知能力，能捕捉诗歌大致情感，但是，答题时又寥寥几句、语言干枯、术语贫乏，这与他们对诗歌表现手法的掌握欠佳有一定的关系，也就制约了结合诗歌分析鉴赏的能力，导致鉴赏语言不够规范化。
【内容需求分析】
《涉江采芙蓉》是人教版高中语文教材必修 2 第二单元的学习内容，本单元选的是先秦至南北朝的诗歌作品，是学生在高中阶段接触的第一个古代诗歌单元。让学生初步进入语言的内部，去探寻技巧运用的奥妙，提高学生的古诗文欣赏水平和语感，是单元教学目标之一。掌握“对写法”有助于学生从语感走向知性鉴赏诗歌。

(续表)

【教学媒体选择】	
教学课件、配乐音频。	
【教学过程】	
导入	古人的抒情诗，初读时常给人单纯美好之感。待到再三吟咏，又发现这“单纯”其实寓于颇微妙的婉曲之中，《涉江采芙蓉》就属于这类诗。下面就以《涉江采芙蓉》为例，学习古典思乡诗中的“对写”手法。
讲解	初读诗歌，感知情“思”：这首诗初读起来，似乎无须多解，即可明白它的旨意，乃在表现抒情主人公因“离”而“思”，因“思”而“忧”之情。品味诗歌，探知诗“趣”。思考并探究：是谁在“涉江采芙蓉”？其与“还顾望旧乡”的是同一人吗？ 点拨并展示：朱光潜先生在《涉江采芙蓉》赏析中的两点看法。 感悟诗歌，学习“对写”；明确“对写法”的概念。 感受诗歌因“对写法”而传达的深远意境和强烈情感。 掌握“对写法”，学以致用体会白居易《邯郸冬至夜思家》中的“对写法”。
检测	提问：下列诗句中没有运用“对写法”的是(　　)。 A. 遥知兄弟登高处，遍插茱萸少一人 B. 忆君遥在潇湘月，愁听清猿梦里长 C. 故乡今夜思千里，霜鬓明朝又一年 D. 独在异乡为异客，每逢佳节倍思亲
小结	“对写法”就是展开丰富想象，从对方着笔，表面上看是写对方，实际上是表现自己怀人思乡之情。你学会了吗？

3. 编写微课脚本

录屏型微课的脚本就是按照教学过程，用课件呈现教学内容，再根据内容进行讲解。编写脚本时，应根据教学内容的需要，按照教学内容的相互联系和教育对象的学习规律，对有关画面和声音材料分出轻重主次，合理地进行安排和组织，以便完善教学内容，如表 8-2 所示。

表 8-2　微课“对写法”脚本

录制时间：2018 年 12 月 22 日　　　　微课时间：10 分钟左右

本微课名称	以《涉江采芙蓉》为例看古典思乡诗中的“对写法”。
知识点描述	“对写法”是古代诗歌中的一种独特的抒情方法，抒情主人公为表达自己的思念之情，往往不从自己的角度来写，而是通过想象，写对方思念自己之情，通过虚设对方的情形，委婉含蓄地表达心中的思念怀想。这种诗歌表现手法使得作者或作品中的主人公思乡怀人之情，显得既生动形象、富有意境，又具体充实、含蓄隽永，从而深化诗歌情感、强化主题。

(续表)

知识点来源	学科：语文　　年级：高一　　教材：普通高中课程标准实验教科书(人教版) 章节：必修 2 第 2 单元第 7 课(《涉江采芙蓉》)　　页码：P26
基础知识	听本微课之前需了解的知识：能自主疏通诗意，对诗歌有一定的感知能力。
教学类型	√讲授型 □问答型 √启发型 □讨论型 √演示型 □联系型 □实验型 □表演型 □自主学习型 □合作学习型 □探究学习型 □其他
适用对象	学生：处在诗歌语感培养和鉴赏方法积累阶段的高一学生；处在复习古诗文阅读、回顾诗歌表现手法阶段的高三学生。 教师：普通任课教师。
设计思路	从探寻《涉江采芙蓉》不定的抒情主人公入手了解“对写法”，并体会这一手法丰富诗歌内蕴、强化主题的作用，进而用“对写法”指导其他这类思乡怀人诗的解读。

教学过程

	内容	画面	时间
片头	大家好！欢迎走进我的微课！ 古人的抒情诗，初读时常给人单纯美好之感。待到再三吟咏，又发现这“单纯”其实寓于颇微妙的婉曲之中，《涉江采芙蓉》就属于这类诗。下面我们就以《涉江采芙蓉》为例，学习古典思乡诗中的“对写”手法。	第 1 张幻灯片	35 秒
正文讲解	1. 明确教学步骤： (1) 初读诗歌，感知情“思”； (2) 品味诗歌，探知诗“趣”； (3) 感悟诗歌，学习“对写”； (4) 掌握“对写”，学以致用。	第 2 张幻灯片	26 秒
	2. 初读诗歌，感知情“思”： 这首诗初读起来，似乎无须多解，即可明白它的旨意，乃在表现抒情主人公因“离”而“思”，因“思”而“忧”之情。	第 3 至 4 张幻灯片	1 分 47 秒
	3. 品味诗歌，探知诗“趣”： 思考并探究：“涉江采芙蓉”与“还顾望旧乡”的是同一人吗？ 点拨并展示：朱光潜先生在《涉江采芙蓉》赏析中的两点看法。	第 5 至 6 张幻灯片	1 分 24 秒
	4. 感悟诗歌，学习“对写法”： 明确：“对写法”的概念。 感受诗歌因“对写法”而传达的深远意境和强烈情感。	第 7 至 9 张幻灯片	3 分 35 秒
	5. 掌握“对写法”，学以致用： 体会《邯郸冬至夜思家》中的“对写法”；一道小练习检测。	第 10 至 11 张幻灯片	1 分 50 秒

(续表)

教学过程			
	内容	画面	时间
结尾	小结： “对写法”就是展开丰富想象，从对方着笔，表面上看是写对方，实际上是表现自己怀人思乡之情。同学们，你们学会了吗？	第 12 张幻灯片	18 秒
教学反思 (自我评价)	诗歌鉴赏是高中学生语文学习中的难点。很多学生对诗歌有一定的感知能力，能捕捉诗歌大致情感，但是，待到答题时又眼高手低，寥寥几句、语言干枯、术语贫乏，这与他们对诗歌鉴赏表现手法的掌握欠佳有一定的关系，也就制约了结合诗歌分析鉴赏的能力，导致鉴赏语言不够规范化。 鉴于此，本节课选择了语言质朴、意境优美、情感具有普遍性的《涉江采芙蓉》为教学示例，消除了学生对诗歌鉴赏的畏难情绪。并且设置了能激发学生探究兴趣的问题：“涉江采芙蓉”与“还顾望旧乡”的是同一人吗？让学生感受“对写法”的妙处，体会诗歌的深远意境。再通过拓展学习和练习，让学生认识到“对写法”其实是思乡怀人诗歌中常见的方法。		

8.1.2　收集课件素材

根据上述编写的课件脚本，需要收集相应的文字、图片、声音和视频动画等素材，如表 8-3 所示，这些素材的取得可以通过多种途径，如利用扫描仪采集图像、利用动画制作软件生成动画、用话筒输入语音或从各种多媒体素材光盘中取得。本节将简单介绍通过网络获取部分图片、动画、声音素材的过程。

表 8-3　素材收集计划表

序　号	需 要 素 材	下 载 说 明
幻灯片 1	荷花图片、窗格图片，背景音乐	考虑教学内容为古诗，图片尽量选择古典类型，与教学内容相配合。微课背景音乐选择“平沙落雁.mp3”
幻灯片 4	荷花 Flash 动画，《涉江采芙蓉》诗文朗读文件	首选荷花 Flash 动画源文件，如果网上没有，可以下载 SWF 文件，使用软件反编后修改。如果没有诗文朗读文件，也可以自己录制
幻灯片 8	采荷图片、望月图片	为与教学内容相符，此处选择采荷、望月的国画图片

跟我学

下载图片素材

利用搜索引擎的图片搜索功能，可以方便地搜索各种图片素材。找到需要的图片后，利用图片保存功能将其下载到素材文件夹中。

1. **搜索图片**　打开"百度"网站 http://www.baidu.com，按图 8-1 所示操作，以"荷花图片"为关键词搜索图片素材。

图 8-1　搜索图片

2. **保存图片**　按图 8-2 所示操作，浏览图片，并将需要的图片以"荷花"为文件名，下载到"微课课件素材"文件夹中。

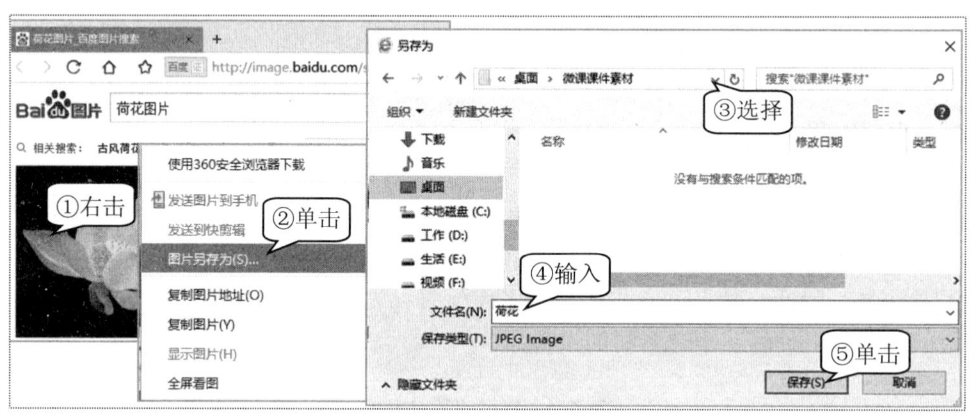

图 8-2　保存图片

3. **保存其他图片**　用上面的方法，以"国画 涉江采芙蓉"为关键字搜索、保存其他图片素材。

搜索下载素材时可多下载一些图片，在下载时也可以指定图片的尺寸大小与颜色，尽量下载分辨率高的图片。

下载动画素材

下载网上的 Flash 动画素材，swf 动画文件可以在 IE 浏览器的临时文件夹中查找，也可以通过迅雷下载，此处下载的是 Flash 源文件。

1. **查找网上动画**　利用搜索引擎找到动画网址，按图 8-3 所示操作，查找网上动画。

图 8-3　查找网上动画

2. **下载动画文件**　按图 8-4 所示操作，将动画文件以“水墨荷花动画”保存到“微课课件素材”文件夹中。

图 8-4　下载动画文件

下载声音文件

网上搜索音乐文件会发现，很多音乐文件都存放在云盘中，如微盘、百度云等，可先注册账号然后再下载音乐。

1. **搜索音乐**　按图 8-5 所示操作，在百度中搜索音乐“平沙落雁.mp3”。

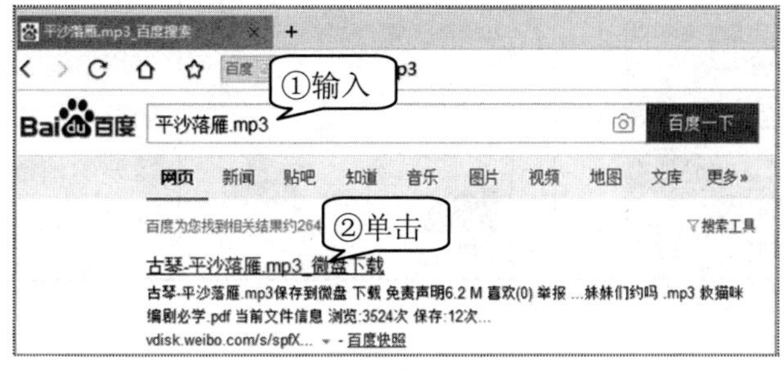

图 8-5　搜索音乐

2. **下载文件** 按图 8-6 所示操作，下载“平沙落雁.mp3”音乐到“微课课件素材”文件夹。

图 8-6 下载音乐

3. **下载其他声音文件** 用上面同样的方法，下载“涉江采芙蓉朗读.mp3”文件。

8.1.3 加工课件素材

收集的素材不能直接用来制作课件，有些素材需要加工后才能使用，如本实例中使用下载的图片素材制作课件背景，使用下载的动画与朗读音乐文件合成课文朗读动画等，素材加工前要进行分析，如表 8-4 所示，这样才能提高制作效率。

表 8-4 素材加工分析

名称	素材处理前	素材处理后	加工方法分析
课件背景			使用 Photoshop 软件可以轻松处理图片，合成课件背景，加工时用到导入图片、翻转图片、定义图案、建立选区、填充图案等
同步朗读动画			使用 Flash 软件实现字、声同步很简单，只需计算出播放声音文件需要的帧数，再根据帧数设置动画时间的长短即可

跟我学

制作课件背景

利用精美图片制作背景，可以烘托课件的气氛。选择国画风格的图片，配以中国风的墨迹效果图案，更能突出古诗的特点。

1. **打开图片文件**　运行 Adobe Photoshop CS3 软件，按图 8-7 所示操作，打开素材图片“底纹.psd”。

图 8-7　打开图片文件

2. **打开其他图片文件**　用上面的方法，打开图片“窗格.png”“荷花.bmp”。
3. **添加窗格图案**　按图 8-8 所示操作，将窗格图案放置在底纹文件的下方，用同样的方法，再添加一个窗格图案。

图 8-8　添加窗格图案

4. **翻转窗格图案** 按图 8-9 所示操作，将上方的窗格图案垂直翻转。

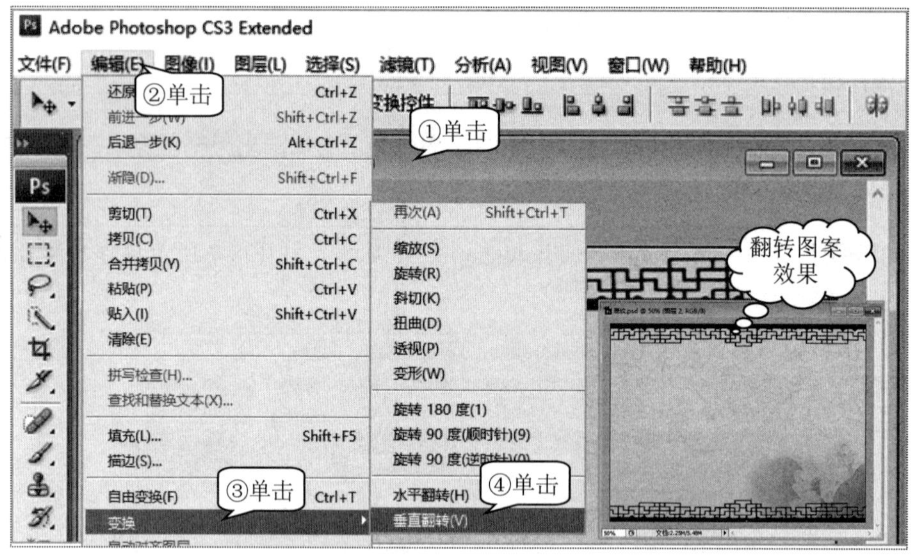

图 8-9 图案垂直翻转

5. **定义图案** 选中“荷花.bmp”文件，按图 8-10 所示操作，将荷花定义为图案。

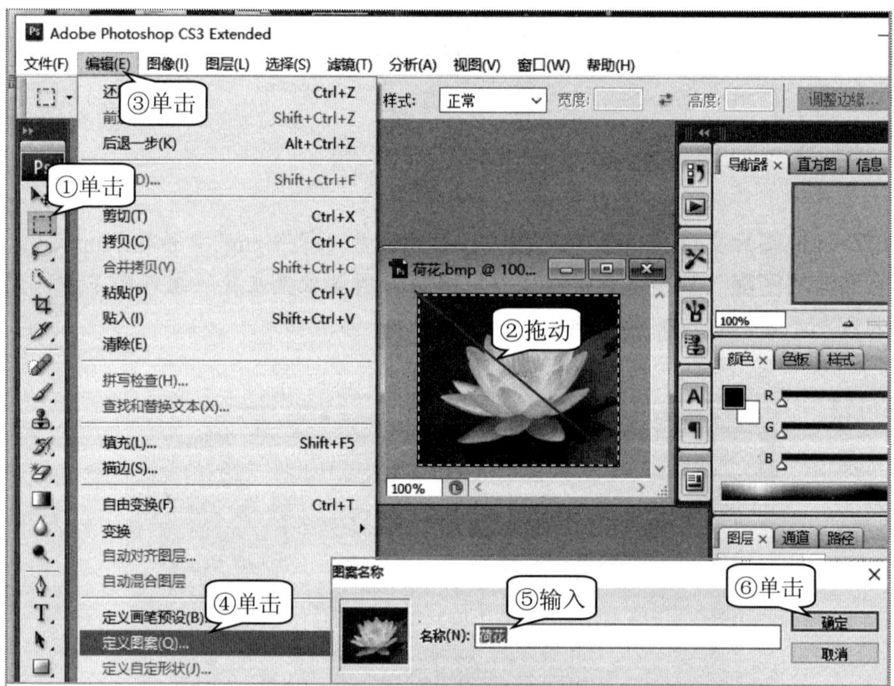

图 8-10 定义荷花图案

6. **添加墨迹图案** 打开“墨迹.png”文件，按图 8-11 所示操作，将墨迹图案放到“底纹.psd”中。

图 8-11　添加墨迹图案

7. **填充荷花图案**　按图 8-12 所示操作，将荷花图案填入墨迹选区。

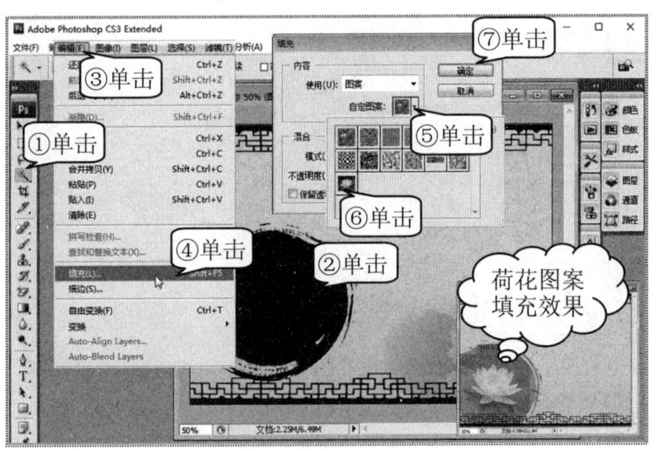

图 8-12　填充荷花图案

8. **保存封面背景**　选择“文件”→“存储为”命令，按图8-13 所示操作，将文件存储为“课件封面背景.jpg”。

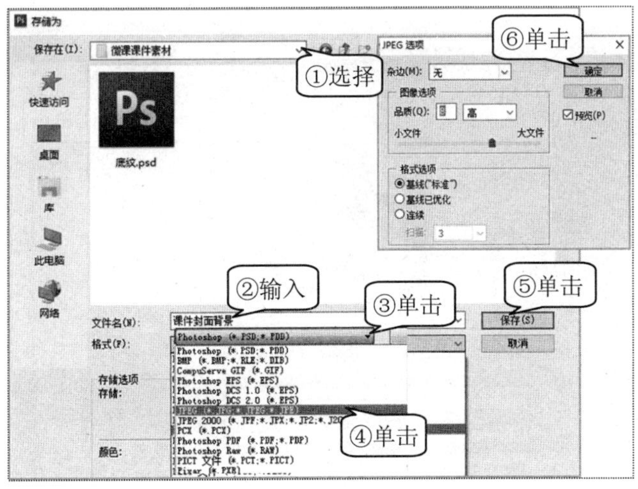

图 8-13　保存课件封面背景图片

保存文件时，可以先保存一个 PSD 文件，这样便于修改。在封面背景的基础上略做修改，便可作为课件主体背景，统一的样式可使课件看起来更美观。

制作朗读动画

使用 Flash 软件，在不同的图层存放声音、文本与荷花动画，利用帧频计算播放声音的帧数，再根据帧数制作文本移动补间动画，实现声音与文本同步出现。

1. **创建文件** 运行 Flash CS6 软件，选择“文件”→“新建”命令，按图 8-14 所示操作，新建一个 800×600 像素文件。

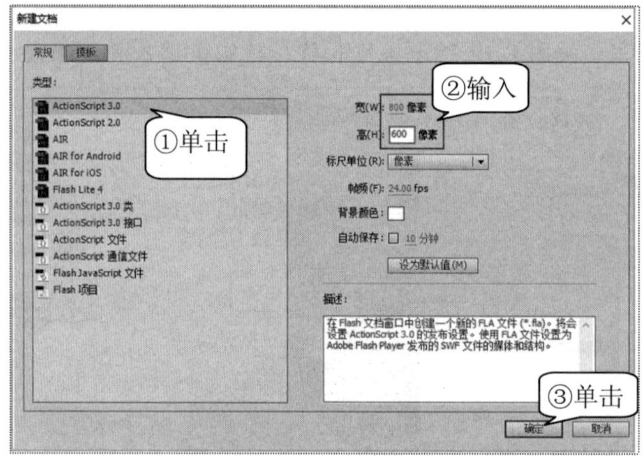

图 8-14　创建动画文件

2. **保存动画文件** 选择“文件”→“保存”命令，将文件以“同步朗读.fla”为名进行保存。
3. **选中荷花动画** 打开素材文件夹的“水墨荷花动画.fla”文件，按图 8-15 所示操作，选中荷花动画。

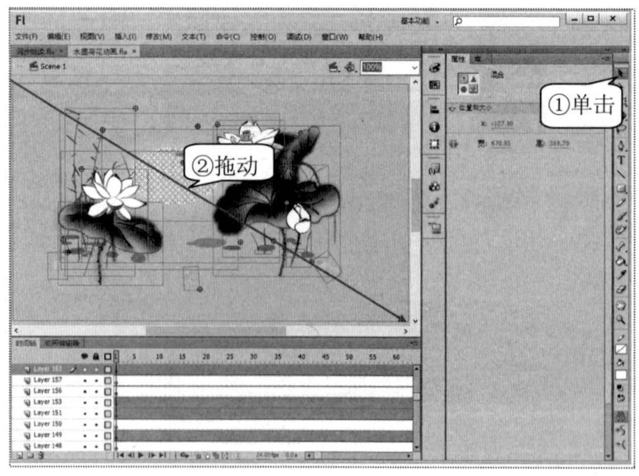

图 8-15　选中荷花动画

4. **复制荷花动画**　按图 8-16 所示操作，将“水墨荷花动画.fla”中的荷花动画复制到“同步朗读.fla”文件中，并根据情况调整位置。

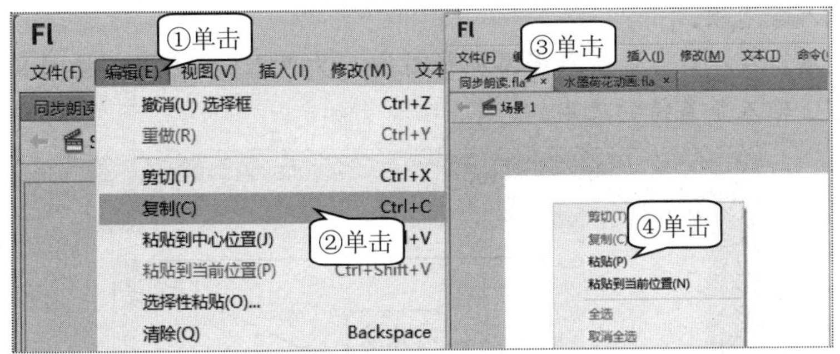

图 8-16　复制荷花

收集动画素材时，尽可能下载 Flash 源文件，如果实在找不到，可下载 swf 格式文件，再使用“swftofla.exe”进行反编得到源文件。

5. **添加声音图层**　在时间轴面板上双击“图层 1”，将图层名修改为“荷花”，按图 8-17 所示操作，添加新图层，并命名为“声音”。

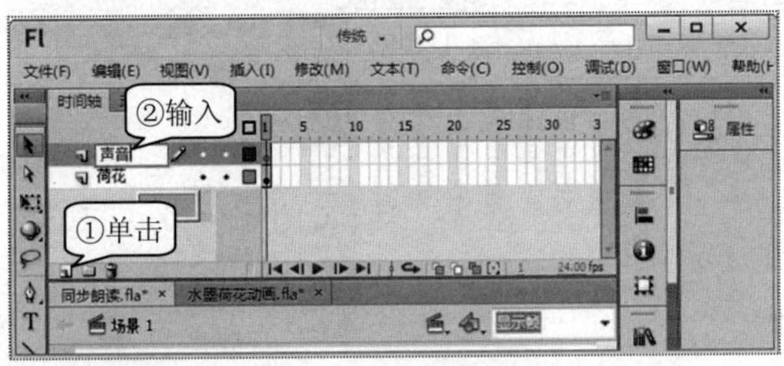

图 8-17　添加声音图层

6. **导入声音文件**　选择“文件”→“导入”→“导入到库”命令，在“导入到库”对话框中插入“涉江采芙蓉朗读.mp3”声音文件。
7. **调用声音文件**　按图 8-18 所示操作，将声音文件插入到“声音”图层的第 1 个关键帧中。

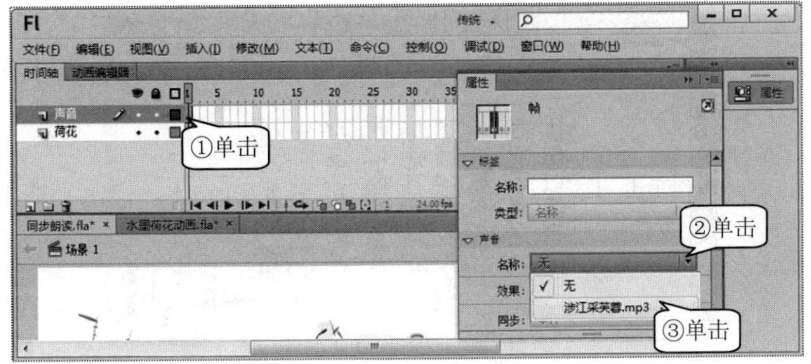

图 8-18　调用声音文件

8. **插入普通帧** 插入的声音文件时长为40秒，默认帧频为24帧/秒，可以计算得出声音结束位置在第960帧，分别在“声音”图层与“荷花”图层的第960帧处按F5键，插入普通帧。

9. **输入文本** 在“声音”图层上添加新图层，以“文本”命名，按图8-19所示操作，在舞台上输入整首诗的文本。

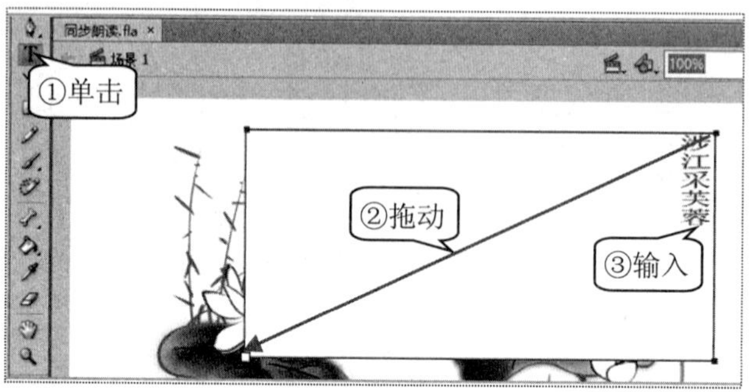

图8-19 输入文本

10. **设置文本** 按图8-20所示操作，将标题设置为“黑体、40磅”，用同样的方法设置其他字体为“幼圆、30磅”。

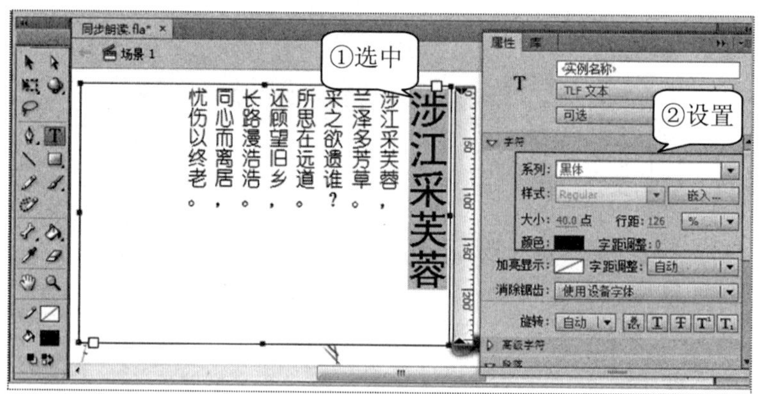

图8-20 设置文本

11. **绘制矩形** 在文本图层上添加一个新图层，命名为“矩形”，按图8-21所示操作，在舞台上绘制一个矩形。

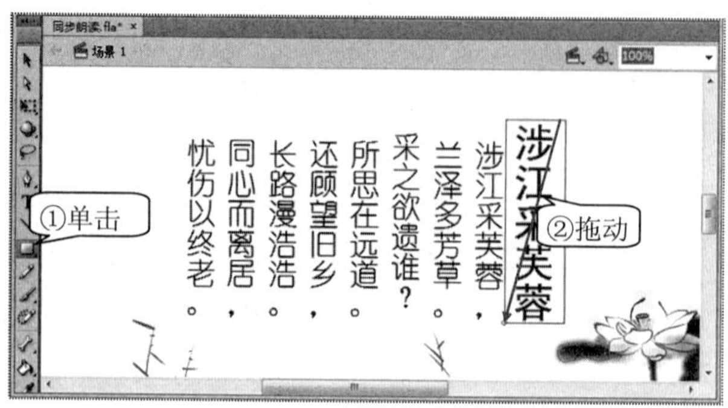

图8-21 绘制矩形

12. **创建传统补间**　选中“矩形”图层，按图 8-22 所示操作，为矩形创建传统补间。

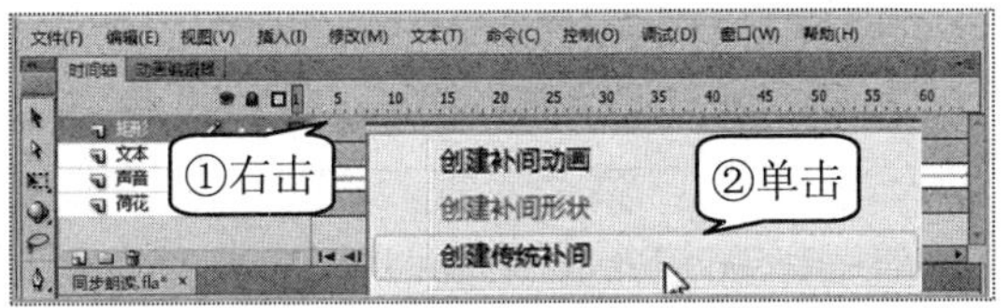

图 8-22　创建传统补间

13. **制作补间动画**　选中矩形图层的第 960 帧，按 F6 键插入关键帧，并选中矩形，单击“变形”工具，将矩形的大小调整为覆盖所有文本。
14. **制作遮罩动画**　选中“矩形”图层，按图 8-23 所示操作，将“矩形”图层设置成“遮罩层”。

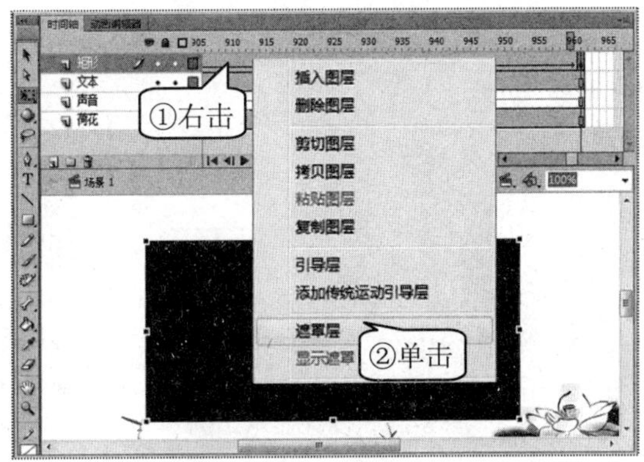

图 8-23　制作遮罩动画

15. **添加停止代码**　在“矩形”的第 960 帧上右击，选中快捷菜单中的“动作”命令，在弹出的“动作”窗口中输入“stop();”。
16. **测试保存**　选择“文件”→“保存”命令，将文件保存，再按 Ctrl+Enter 键，发布得到“同步朗读.swf”文件备用。

8.1.4　制作微课课件

处理完素材后，就可以开始制作课件了。课件中文字、图片的制作比较简单。下面介绍 3 张有代表性幻灯片的制作过程，效果如图 8-24 所示，其他幻灯片的制作请参照示范课件自行完成。

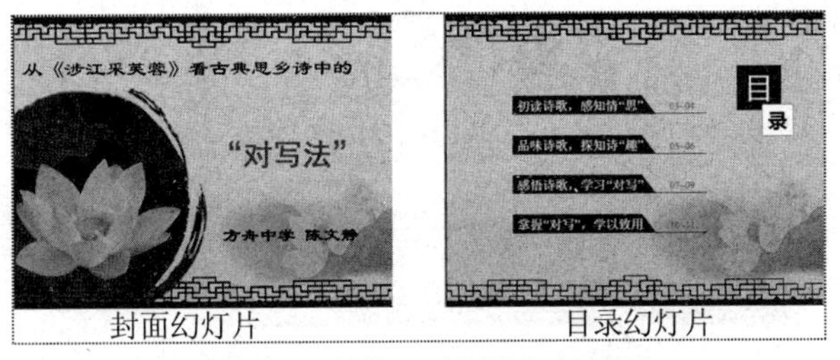

图 8-24　课件“对写法”效果图

跟我学

制作封面幻灯片

封面幻灯片包括背景与标题，将已在 Photoshop 中制作完成的图片设置为背景，再用文本框添加需要的标题。

1. **打开文件** 运行 PowerPoint 软件，新建文件“学习对写法.pptx”。
2. **设置显示比例** 按图 8-25 所示操作，将幻灯片的显示比例设置为 4∶3。

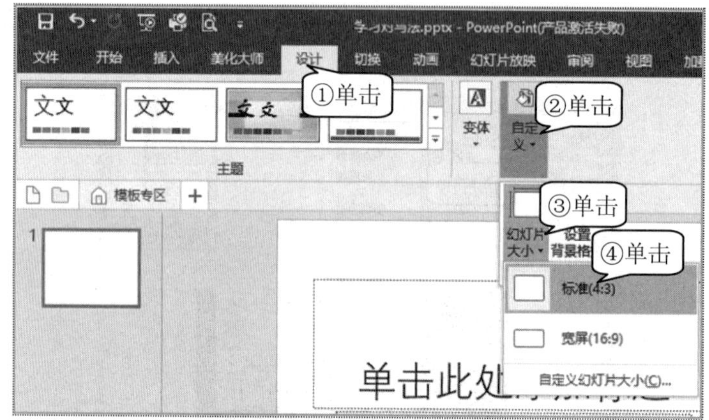

图 8-25　设置显示比例

PowerPoint 2016 默认的显示比例是 16:9，而平常播放的视频的显示比例是 4:3，这里建议将显示比例改为 4:3。

3. **设置背景** 选中第 1 张幻灯片，选择“设计”→“自定义”→“设置背景格式”命令，按图 8-26 所示操作，将图片“课件封面背景.jpg”设置为幻灯片的背景。

图 8-26　设置幻灯片背景

制作课件时，一般在设置背景格式窗口中，设置所有幻灯片的背景，最后再设置封面的背景，这样可以提高制作速度。

4. **插入文本框**　选中第 1 张幻灯片，按图 8-27 所示操作，插入横排文本框。

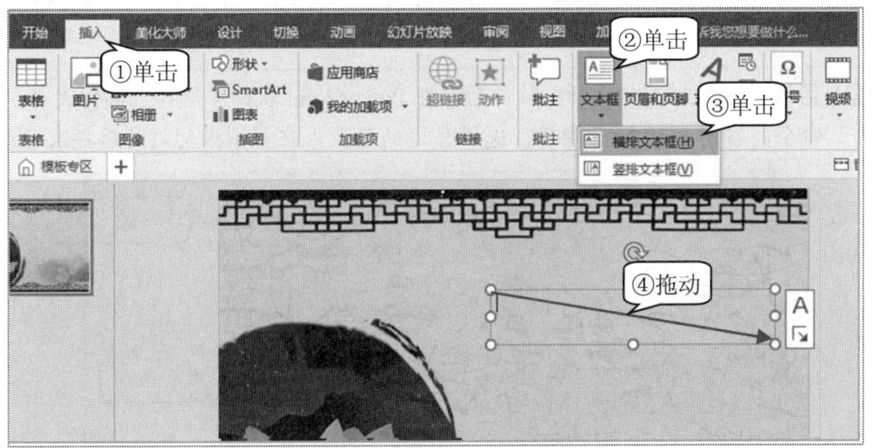

图 8-27　插入文本框

5. **添加标题**　在文本框中输入文本“从《涉江采芙蓉》看古典思乡诗中的”，用同样的方法绘制其他两个文本框，并输入文本，效果如图 8-28 所示。

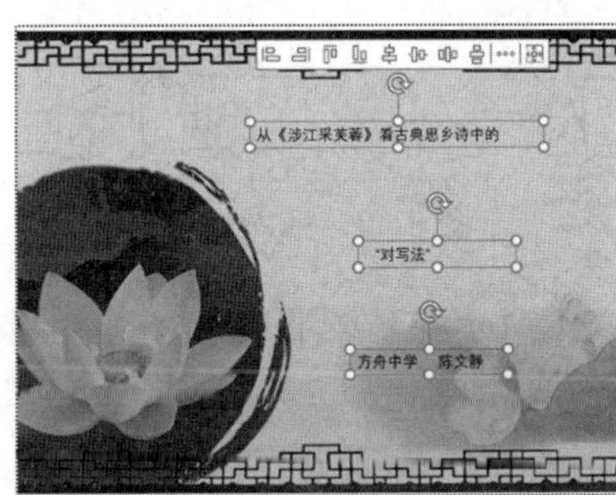

图 8-28　封面幻灯片标题效果

6. **设置文本格式**　右击第 1 个文本框，按图 8-29 所示操作，将标题的格式设置为“隶书”，用同样的方法设置字号为“40 磅”。

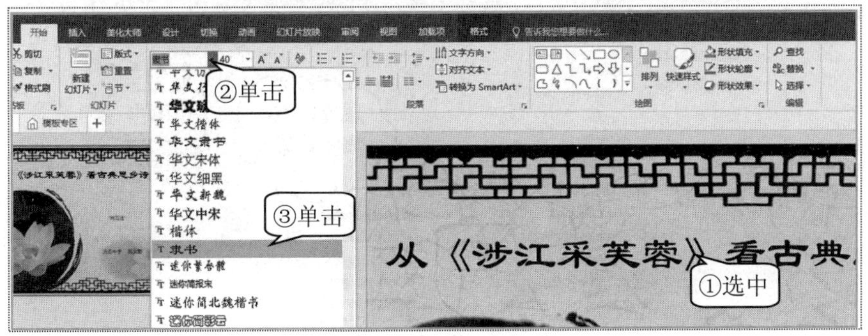

图 8-29　设置文本格式

7. **设置其他文本格式** 用同样的方法设置其他两个文本框的格式为“隶书、60 磅、红色”，“黑体、32 磅”。

制作目录幻灯片

在 PowerPoint 2016 中，用文本框与自选图形可以制作目录，也可以使用“PPT 美化大师”软件快速制作。

1. **插入目录** 安装“美化大师”软件后，在 PowerPoint 软件中选择“美化大师”→“幻灯片”命令，按图 8-30 所示操作，选择合适的目录，在第 1 张幻灯片后插入目录幻灯片。

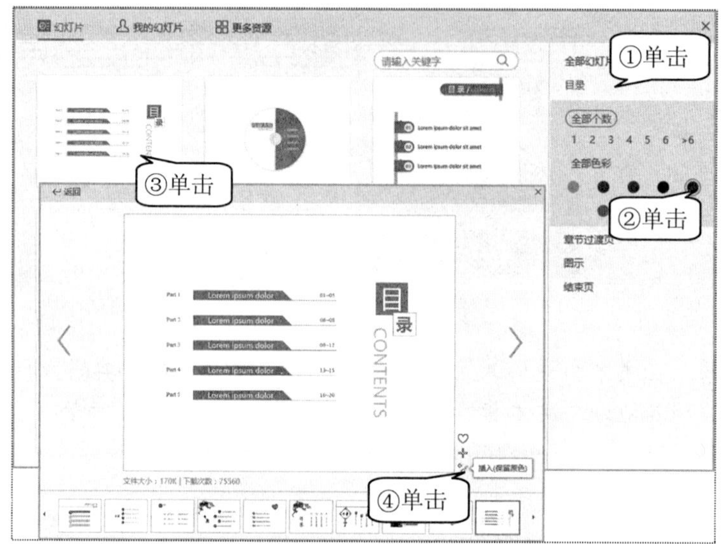

图 8-30 插入目录

2. **修改填充颜色** 按图 8-31 所示操作，将自选图形的填充颜色设置为“深红”。

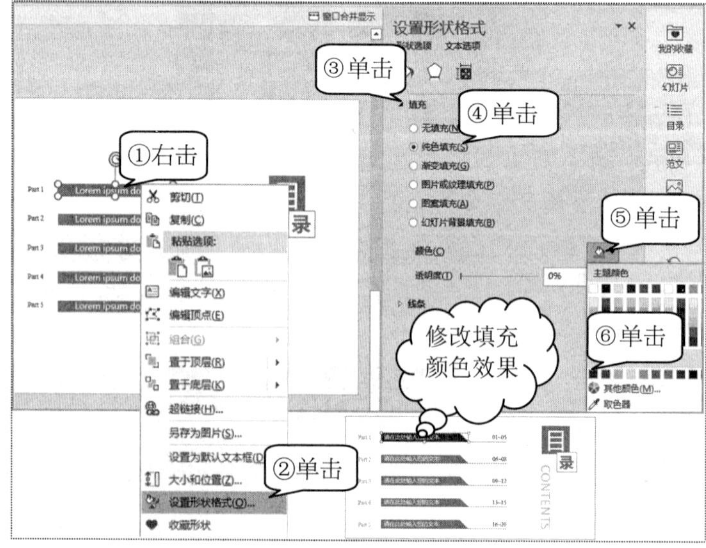

图 8-31 修改填充颜色

3. **修改图形大小**　按图 8-32 所示操作，将自选图形的大小设置为高 1.2 厘米，宽 10.92 厘米。

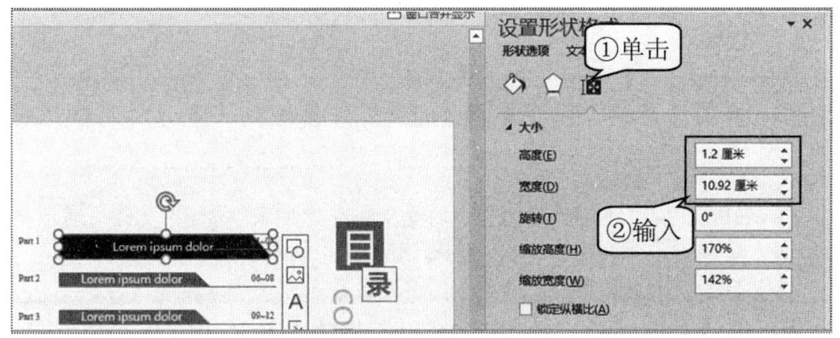

图 8-32　修改图形大小

4. **输入并设置文本**　按图 8-33 所示操作，输入文本并设置为“宋体、24 磅”。

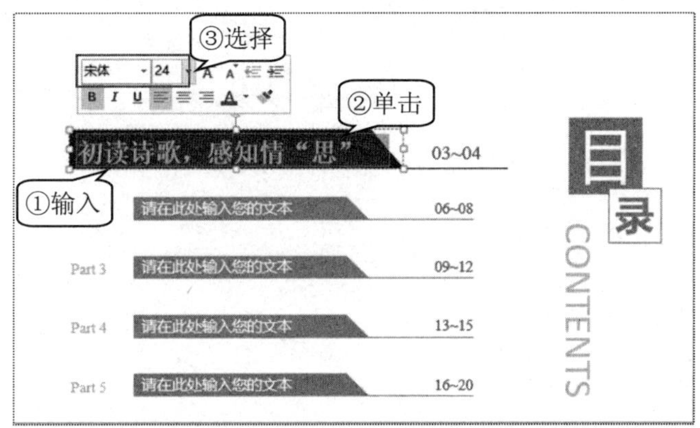

图 8-33　输入并设置文本

5. **设置其他标题**　用同样的方法，将目录设置成如图 8-34 所示的效果。

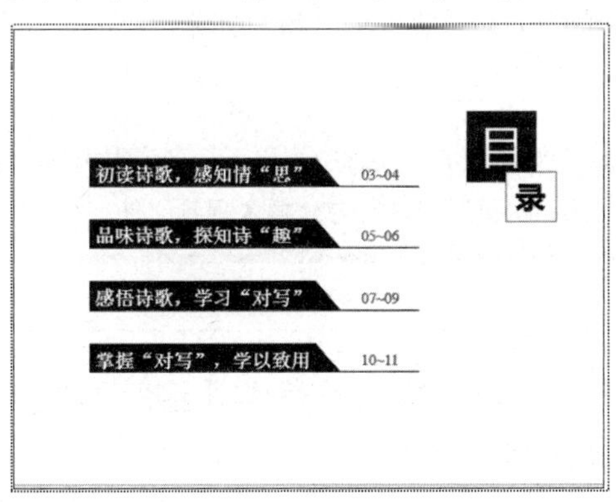

图 8-34　目录效果

6. **设置背景**　选中第 2 张幻灯片，选择“设计”→“自定义”→“设置背景格式”命令，将图片“内部背景.jpg”设置为幻灯片的背景。
7. **保存课件**　单击“保存”按钮，保存修改的结果。

插入 Flash 动画

在 PowerPoint 2016 中，可以直接插入 Flash 动画，插入方式与插入视频方式相同，不必使用控件插入动画。

1. **准备动画** 将制作好的“同步朗读.swf”文件复制到“学习对写法课件”文件夹中。

PowerPoint 课件中用到的视频、动画及声音文件等，需要将文件与演示文稿文件放在同一个文件夹中，防止找不到文件导致幻灯片播放异常。

2. **插入动画** 选中幻灯片 3，按图 8-35 所示操作，插入“同步朗读”动画，并调整到适当的位置及合适的大小。

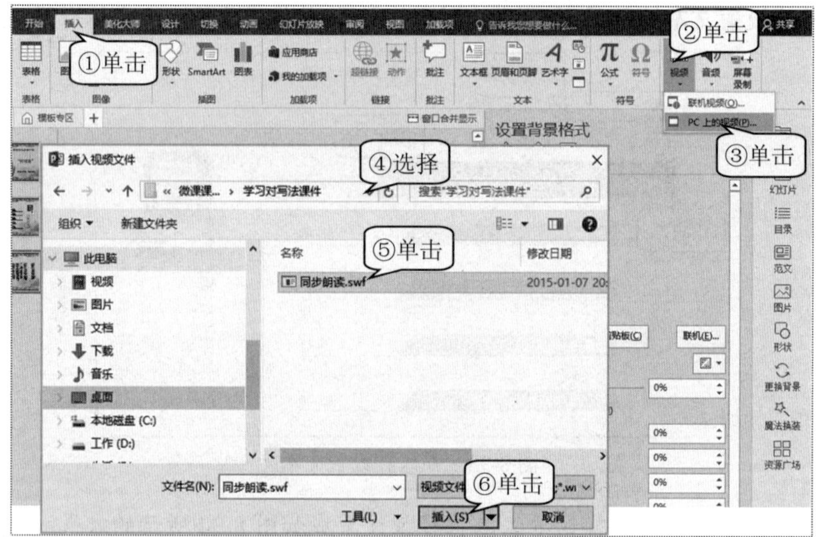

图 8-35 插入动画

在“插入视频”对话框的“文件类型”下拉列表中选择“动画”，可以在幻灯片上插入 SWF 动画文件，也可以用这种方法插入视频文件。

设置自定义动画

通过设置课件动画效果，可使课件按照教学思路有序地展示，一来使课件更加生动形象；二来使展示的内容更具条理性。

1. **设置文本进入效果** 选中幻灯片中的文本框，按图8-36 所示操作，设置进入效果为“随机线条”。
2. **设置文本播放速度** 单击“动画”选项卡，再单击 动画窗格 按钮，打开“动画窗格”窗口，按图 8-37 所示操作，将标题的播放速度设置为“快速(1 秒)”。

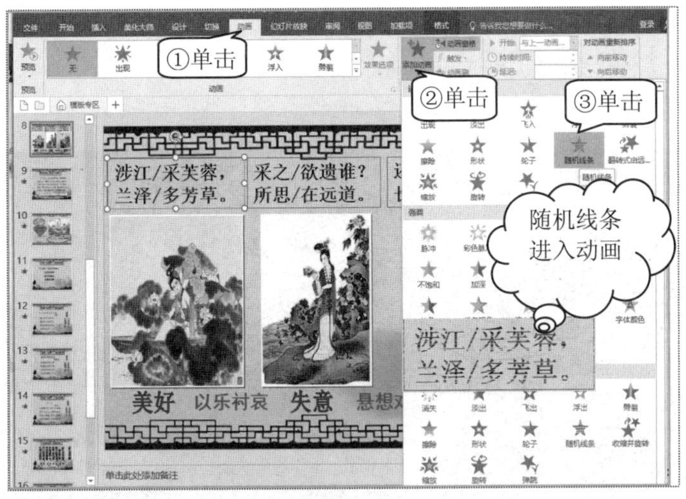

图 8-36　设置文本进入效果

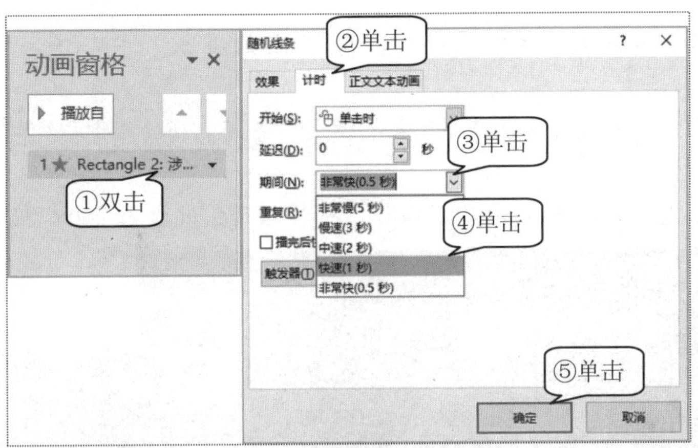

图 8-37　设置文本播放速度

3. **设置其他动画效果**　用同样的方法，设置其他文本与图片的动画效果。

4. **保存文件**　单击“保存”按钮，保存修改的结果。

8.1.5　录制、编辑微课

考虑本节讲解的部分较多，录制时一气呵成对教师要求较高，因此在录制时，根据教学内容分别录成几个视频，再进行后期合成，并配以音乐，制作交互练习。此处选用的录屏软件是 Camtasia Studio 9。

跟我学

进行录制准备

录制前除对外部环境进行清理、准备好麦克风、打开课件、关闭其他应用程序外，还需要熟悉 Camtasia Studio 9 软件的功能，对软件进行相应的设置。

1. **新建文件夹** 在 E 盘上创建文件夹“学习对写法”，用来存放录制的微课文件。
2. **运行软件** 双击桌面上的 Camtasia Studio 9 图标，运行软件。
3. **设置录制音量** 按图 8-38 所示操作，选择录制区域，并将录制音量调整到合适的位置。

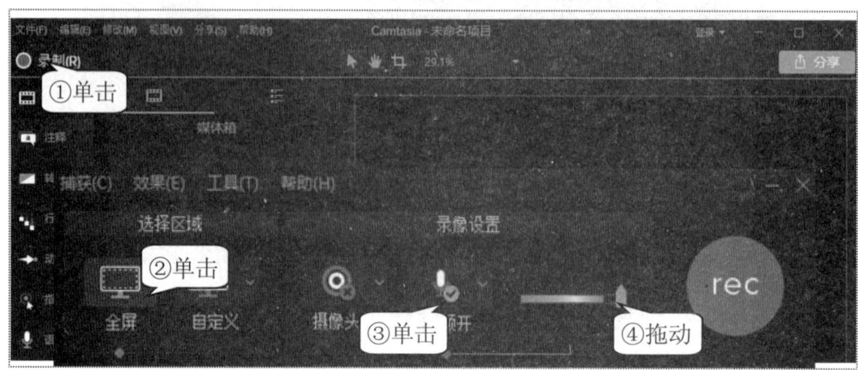

图 8-38 设置录制音量

4. **试录微课** 单击工具栏中的 rec 按钮，开始试讲课，讲完之后，按 F10 键，完成录制。
5. **保存微课** 单击文件菜单中的“保存”命令，将试录制的微课以“学习对写法. tscproj”为项目名保存。
6. **设置屏幕大小** 按图 8-39 所示操作，将屏幕尺寸设置为 960×720。

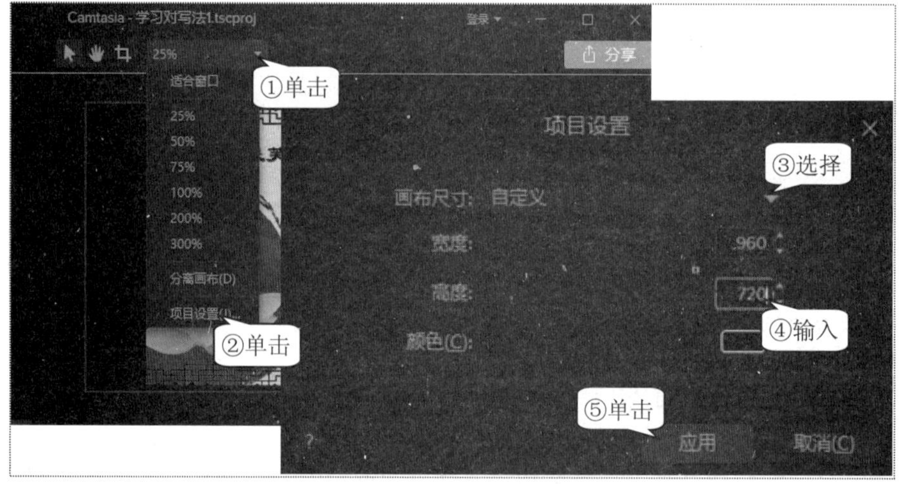

图 8-39 设置屏幕大小

录制批注视频

在讲解过程中有时需要对某个页面进行详细讲解或者进行强调及注释，这时可以使用 PowerPoint 中的“指针选项”功能进行讲解。

1. **录制微课** 打开课件“学习对写法”，切换到需要的幻灯片，按 F5 键播放课件后，单击工具栏中的“录制”按钮，开始录制。

2. **设置指针选项**　按图 8-40 所示操作，将“指针选项”设置为“荧光笔”。

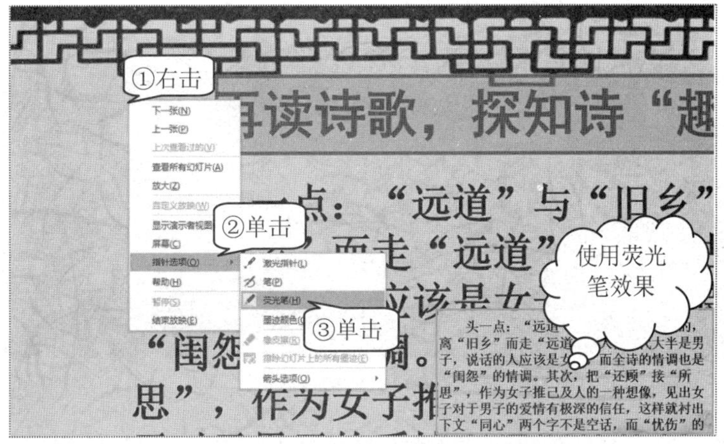

图 8-40　设置指针选项

3. **将指针还原**　用同样的方法，将指针选项重新设置为“箭头”。
4. **保存文件**　继续录制，录制完成时按 F10 键，并保存。
5. **录制其他视频**　根据课件特点，录制完成其他视频并保存，关闭软件。

编辑微课

录制完微课后，可以用 Camtasia Studio 对录制的视频片段进行编辑操作，如剪辑不需要的视频，添加背景音乐，去除杂音等。

1. **打开项目文件**　运行 Camtasia Studio 9 软件，打开项目文件“学习对写法. tscproj”。
2. **添加视频片段**　按图 8-41 所示操作，将视频片段 2 拖到时间轴上。

图 8-41　添加视频片段

3. **添加其他视频片段**　用同样的方法添加其他视频片段，并仔细检查视频与视频的衔接部分。

4. **剪辑视频** 播放视频到多余视频的位置，按图 8-42 所示操作，将多余的部分删除。

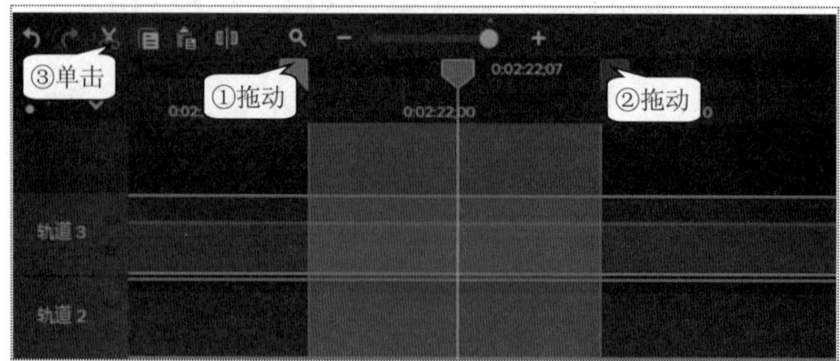

图 8-42 剪切视频

5. **去除杂音** 播放视频到出现“咳嗽”声的位置，按图 8-43 所示操作，将录制过程中的“咳嗽”声去掉。

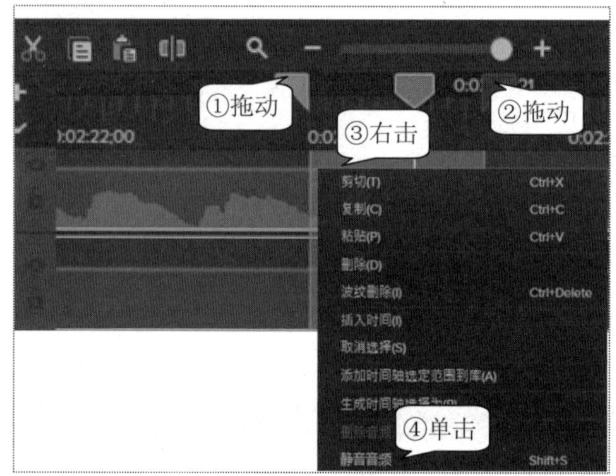

图 8-43 删除“咳嗽”声

6. **添加片尾** 将插入点定位在片段 4 后，选择注释添加文字，按图 8-44 所示操作，设置片尾文字“请问你学会了吗？”。

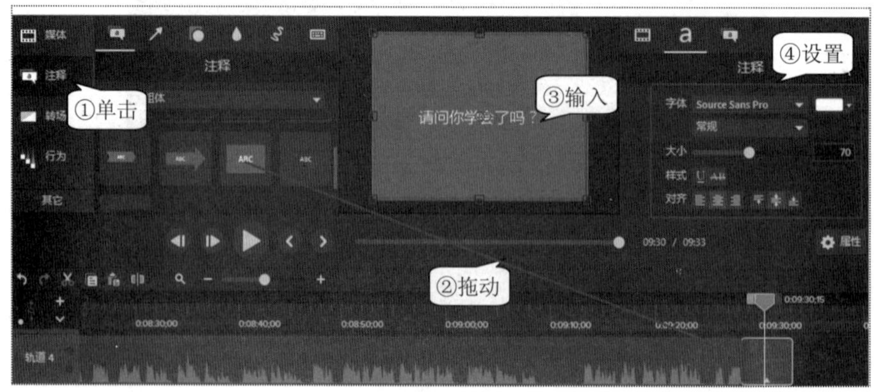

图 8-44 添加片尾

制作交互测试

利用 Camtasia Studio 可以在视频的任何位置添加交互测试，方便检测学生的学习成果，但是添加交互必须发布为 MP4+HTML5 播放器，才可以在浏览器下播放。

1. **添加测试**　将插入点定位在片段 4 后，选择“交互”标签，按图 8-45 所示操作，添加“课堂练习”测试。

图 8-45　添加测试

2. **制作单项选择题**　拖动滚动条，按图 8-46 所示操作，制作单项选择题。
3. **预览习题**　按图 8-47 所示操作，预览制作的习题。

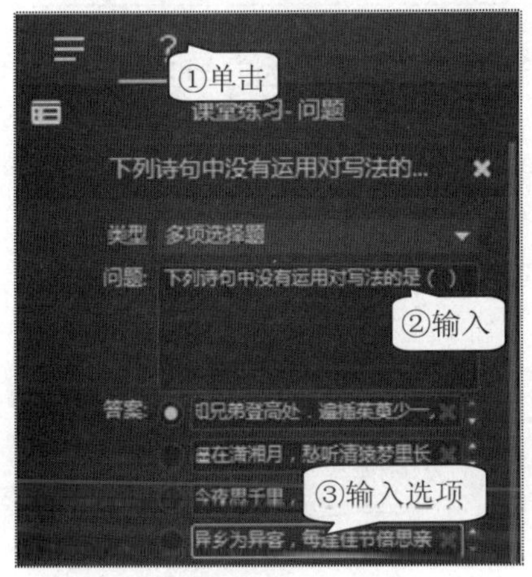

图 8-46　制作单项选择题

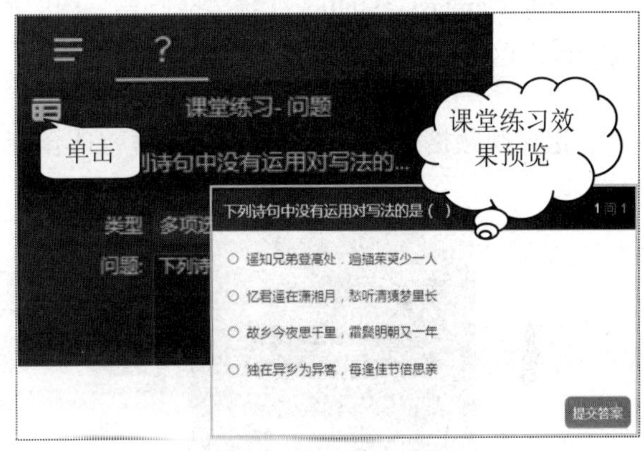

图 8-47　预览习题

4. **制作其他习题**　用上面的方法再制作 2 道判断题及 1 道简答题。

添加背景音乐

对微课配以背景音乐，可增加感染力，提高微课的教学效果。背景音乐可以在制作课件时添加，也可以在 Camtasia Studio 软件中添加。

1. **导入背景音乐**　选择“文件”→“导入”→“媒体”命令，导入音乐“平沙落雁.mp3”。将音乐“平沙落雁.mp3”添加到时间轴上。
2. **设置淡入效果**　按图 8-48 所示操作，将背景音乐设置为淡入效果。

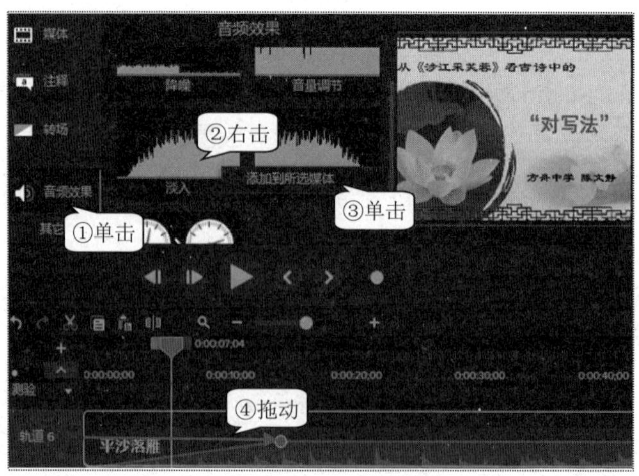

图 8-48　设置淡入效果

3. **设置淡出效果**　用同样的方法，将背景音乐设置为淡出效果。

生成微课

使用 Camtasia Studio 视频生成向导，可以根据需要输出视频，因为前面制作过交互测试，这里选择带有播放器格式的网页格式。

1. **选择视频格式**　按图8-49所示操作，选择输入的视频格式为"仅 MP4(最大720p)"。

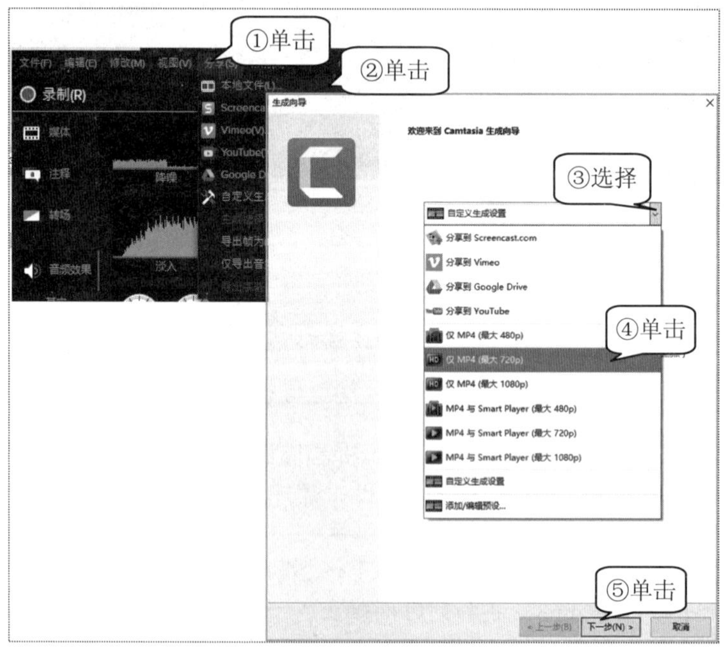

图 8-49　选择输出视频格式

2. **保存视频**　按图8-50 所示操作，将视频以"学习对写法.mp4"为项目名称，保存到 E 盘"学习对写法"文件夹中。

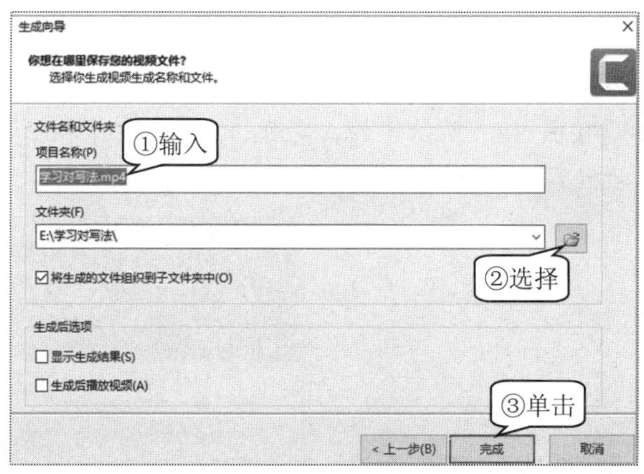

图 8-50　保存视频

3. **浏览文件**　打开“E:\学习对写法”文件夹，双击生成的视频文件“学习对写法.mp4”进行浏览。

8.1.6　生成、发布微课

制作微课归根结底是为了方便学生使用，而云技术的日益完善，为微课的方便使用提供了可能。要使用云盘，首先要下载相应的云盘安装软件，申请注册云盘账号，上传微课，分享微课。

**跟我学**

安装腾讯微云

要安装“腾讯微云”，需要登录“腾讯微云”网站下载后运行，按照向导提示操作就可以轻松安装。

1. **下载微云软件**　打开浏览器，在地址栏输入网址 http://www.weiyun.com/，按图 8-51 所示操作，下载“腾讯微云”安装程序后，在桌面上双击打开文件运行。

图 8-51　下载微云软件

2. **安装微云软件**　按图 8-52 所示操作，安装“腾讯微云”客户端程序，安装完成后进入“登录”界面。
3. **登录微云软件**　按图 8-53 所示操作，使用 QQ 账户登录微云，若没有 QQ 账户，可到网站 http://ssl.zc.qq.com/注册。

图 8-52　安装微云程序

图 8-53　登录微云软件

微云分享微课

微云中上传、下载文件的方法有多种，可以通过按钮工具、菜单命令，也可以通过快捷键直接复制、粘贴。

1. **登录微云**　运行“腾讯微云”软件，在登录界面中，输入 QQ 账号、密码，单击“登录”按钮，进入云盘。
2. **上传微课**　打开微云中的“视频”文件夹，按图 8-54 所示操作，将 E 盘的“学习对写法”文件夹中的微课，上传到微云中。

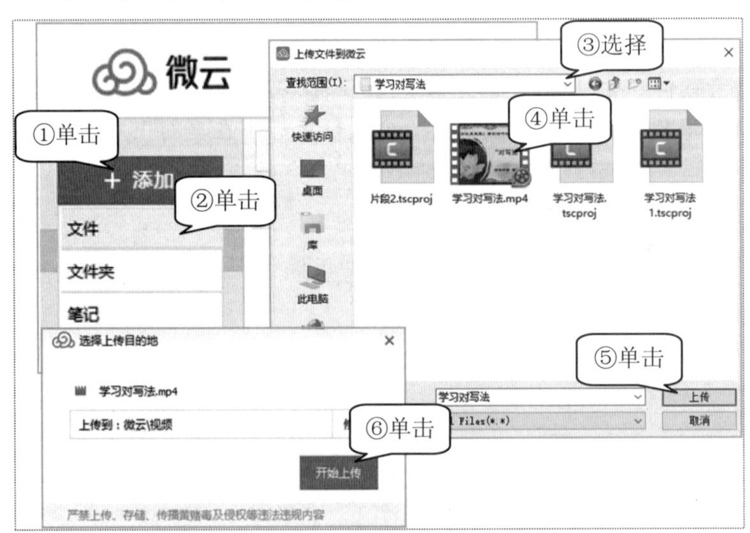

图 8-54　上传微课

3. **分享微课**　按图 8-55 所示操作，将产生的链接复制后发给 QQ 好友或学生，便可以通过 QQ 轻松分享微课。

图 8-55　分享微课

分享微课除分享链接外，还可以将微云的用户名与口令给本班同学，全班共享使用，也可以发到信箱、上传到网上等供学生观看。

4. **下载微课**　按图 8-56 所示操作，单击链接，进入微云下载微课，将“学习对写法.mp4”文件保存到“D:\我的云盘资源”文件夹中。

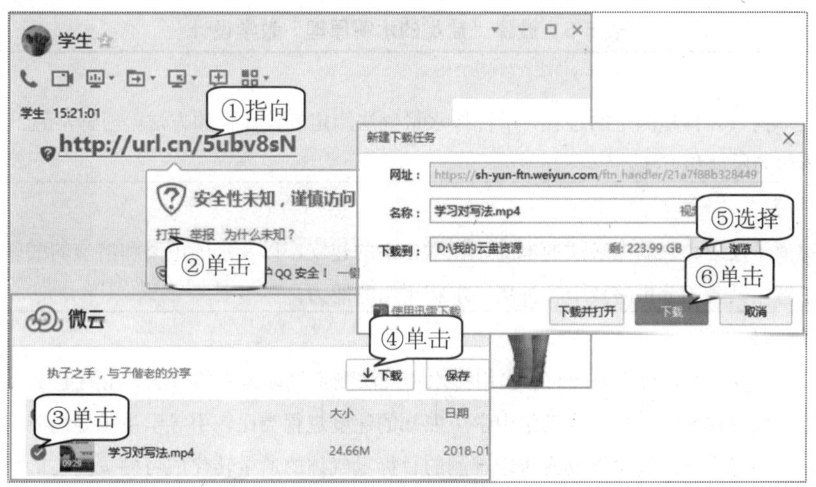

图 8-56　下载微课

5. **观看微课**　打开“D:\我的云盘资源”文件夹，双击“学习对写法.mp4”文件，即可观看微课。

8.2　拍摄型微课综合实例

拍摄型微课主要是教师在真实环境中进行知识讲解，采用摄像机拍摄，教师可使用屏幕演示、板书、实验演示等辅助教学活动完成课堂教学，拍摄完毕后使用专业软件对拍摄视频进行后期加工，最终制作成微课。

8.2.1 选择、设计微课

拍摄型微课的选题要适合视频展示过程，本案例选择的是课前预习，因为使用实验演示能激发学生兴趣，因此确定使用拍摄法制作微课。确定微课课题后，需根据要求撰写教学设计，编写脚本，为提高预习效果配以自主学习任务单。

1. 选择微课课题

“盐类的水解原理”在考纲中作为一个重要的知识点，既是对化学平衡、电离平衡的一个拓展延伸，也是解决溶液中离子浓度问题不可或缺的重要知识储备，目的是让不同层次的学生都能掌握好盐类水解的相关内容。

2. 撰写教学设计

为让教师在较短的时间讲清、讲透一个知识点，必须根据教学目标与学习者的基本情况，合理选择教学方法，合理安排教学过程，以确保微课制作合理，学生使用方便，内容如表 8-5 所示。

表 8-5 微课“盐类的水解原理”教学设计

【教学目标】	
通过探究气球内气体体积测定的过程，掌握排水量气法测定气体体积的方法。理解常温下，测定 1mol 气体(H2)体积的原理和方法。	
【学习者分析】	
学生已经对离子反应、强弱电解质的电离、化学平衡的建立，以及水的电离和溶液的酸碱性等知识有了一定的了解，具备了分析溶液中各种离子水解平衡的能力。	
【教学方法选择】	
通过实验法，激发学生好奇心的同时引出用排水量气法测定气体体积的方法。在测定1mol 气体体积的原理设计中，将气体摩尔体积和物理学中学生熟知的速度进行类比，引导学生推导出测定气体摩尔体积的公式，并引导学生通过化学反应将较难测的目标量气体的质量转化成可测量固体的质量，在这个过程中让学生体会在化学实验操作中，将目标量转化为可测量的思想。	
【教学媒体选择】	
教学课件、实验器材。	
【教学过程】	
导入	通过生活情境引入，激发学生思考，引出用排水量气法测定气体体积的方法。提问：同学们，这里有一杯水和一个气球，请问如何测定这杯水的体积和这个气球里面气体的体积？那如果要求再苛刻一点，如何测 1mol 气体体积呢？

(续表)

讲解	【环节一】巩固高一所学内容气体摩尔体积，为探究测定 1mol 气体体积的原理做铺垫。提问： (1) 什么是气体摩尔体积？ (2) 影响物质体积大小的因素有哪些？ (3) 同温同压下，1mol 任何气体的体积是否相同？ 既然在同温同压下，1mol 任何气体体积的气体都相同，那就以氢气为例，如何求得一定条件下，1mol 氢气的体积？ 【环节二】提问： (1) 气体的物质的量能用实验方法直接测定吗？ (2) 实验室里直接测定气体的体积和质量容易吗？ (3) 怎样测定才是合理的方法？ 组织学生讨论可以采用的测定方法。通过逐渐深入问题及对气体摩尔体积的计算公式的分析，引发学生思考在测定 1mol 气体的体积中需要并可以测定的变量，了解间接测量的方法。由于化学反应中，反应物与生成物之间有一定的关系，因此利用实验室制备氢气的原理，将难测的氢气的质量转化为易测的金属的质量。 提问： (1) 为什么在此反应中不用锌粒而用镁带? (2) 在反应中应该如何控制硫酸的量？
小结	回顾测定 1mol 气体体积测定的原理，再次体会直接测量的物理量与间接测量的物理量间的关系。

3. 编写微课脚本

拍摄类微课通过拍摄真人讲解课的方式制作微课，教师在讲解时经常会出现重复、停顿等，为使拍摄过程顺利，可编写微课脚本，将所有语言记录下来，减少出错次数，如表 8-6 所示。

表 8-6 “盐类的水解原理”微课脚本

录制时间： 2018 年 12 月 23 日 下午　　　　微课时间：8～10 分钟

系列名称	水溶液中的离子平衡。
本微课名称	盐类的水解原理。
知识点描述	形成盐类水解的概念，并能判断出盐溶液的酸碱性。
知识点来源	√学科：化学　年级：高二　教材：人教版　章节：第三章第三节 页码：55～56 页
基础知识	听本微课之前需了解的知识：化学平衡、电离平衡、水的离子积、溶液的酸碱性等知识点的储备。
教学类型	√讲授型 □问答型 √启发型 □讨论型 √演示型 □联系型 √实验型 □表演型 □自主学习型 □合作学习型 □探究学习型 □其他

(续表)

<table>
<tr><td>适用对象</td><td colspan="3">学生：本微课是针对本学科平时成绩多少分的学生？
□40 分以下 √40～60 分 √60～80 分
√80～100 分 □100～120 分 □120～150 分
教师：□班主任 □幼儿教师 √普通任课教师 □其他
其他：□软件技术 □生活经验 □家教 □其他</td></tr>
<tr><td>设计思路</td><td colspan="3">通过实验演示配以讲解，激发学生学习兴趣，也为学生拓展更广阔的思维时间和空间，将盐类水解原理这部分较为简单的知识，以微课的形式作为课前预习。</td></tr>
<tr><td colspan="4">教 学 过 程</td></tr>
<tr><td></td><td>内 容</td><td>画 面</td><td>时 间</td></tr>
<tr><td>片头</td><td>内容：你好，这个微课重点讲解盐类的水解原理
我们每个人都有一个温暖的家，都竭尽全力地想去呵护它，可生活中的一些小危险也应防患于未然，例如，自己要能够制作灭火器。同学们还记得我们初中时曾做过的自制泡沫灭火器实验吗？所用的原料是碳酸钠和盐酸，今天，让我们换点材料，用碳酸氢钠和硫酸铝，看看能否出现我们预期的效果。</td><td>视频 1</td><td>30 秒左右</td></tr>
<tr><td rowspan="4">正文讲解
(9 分
左右)</td><td>1. 制作泡沫灭火器。</td><td>视频 2</td><td>2 分左右</td></tr>
<tr><td>2. 分析引入盐类水解的概念。</td><td>视频 3</td><td>3 分左右</td></tr>
<tr><td>3. 测定 0.1mol/l 的氯化铵、醋酸钠、氯化钠溶液的 pH 值，结果并不都是中性。</td><td>视频 4</td><td>2 分左右</td></tr>
<tr><td>4. 讲解氯化铵、醋酸钠和氯化钠 3 种物质在水溶液中发生的反应，进而引出盐类水解的概念、实质及规律，并进行归纳整理。</td><td>视频 5</td><td>2 分左右</td></tr>
<tr><td>结尾</td><td>通过以上的讲解，同学们掌握有关盐类水解的基本原理了吗？知道碳酸氢钠和硫酸铝反应产生气体的原因了吗？当然，这只是盐类水解在生活中的一个具体应用而已，还有更多关于盐类水解的内容有待同学们今后不断地努力探索。
感谢你认真听完这个微课，我的下一个微课将讲解影响盐类水解的因素。</td><td>视频 6</td><td>30 秒左右</td></tr>
<tr><td>教学反思
(自我评价)</td><td colspan="3">本节课的导入采用的是生活小实验的方式，概念模型的建立层层渗入，作为一节课前预习课，对绝大多数同学来说是容易接受的，这也为后期影响盐类水解的因素及水解应用的学习奠定了基础。</td></tr>
</table>

4. 设计自主学习任务单

微课讲授完毕后，还需要检测学生对本节课知识的掌握情况，这里使用学生任务单，是和微课程配套的学案，主要包括学习目标、学习资源、学习方法、学习任务、学习反思、后续学习预告等，效果如表 8-7 所示。

表 8-7　自主学习任务单

一、学习指南

1. 课题名称：化学人教版高二选修 4 盐类的水解原理。

2. 学习资源：化学人教版选修 4 教材 54～56 页。

3. 达成目标：通过观看微课和完成《自主学习任务单》规定的任务，能掌握盐类水解的原理，能判断常见盐类溶液的酸碱性。

4. 学习方法建议：根据微课要求完成自主学习单上相应的任务。如果学习中遇到困难，可以暂停或回放，直到理解为止。如果还有疑惑或建议，请记录在记录单上的学习反思一栏，我们将共同探讨。

5. 课堂学习形式预告：展示自主学习成果—分组讨论学习心得—完成自我检测—教师巡视，进行个性化辅导。

二、 学习任务

通过观看教学录像自学，完成下列学习任务(提示：学习任务包括学习活动和学习评价，如学完微课后的测试题、操作任务、思考题等，也含必要的提示等帮助性信息)：

(一) 选择题

1. 下列溶液能使酚酞指示剂显红色的是(　　)。

A. KNO_3　　B. $NaHSO_4$　　C. Na_2S　　D. $FeCl_3$

2. 下列盐的水溶液中，离子浓度比正确的是(　　)。

A. NaClO $c(Na^+) : c(ClO^-) = 1 : 1$　　B. K_2SO_4 $c(K^+) : c(SO_4^{2-}) = 1 : 1$

C. $(NH_4)2SO4$ $c(NH_4^+) : c(SO_4^{2-}) < 2 : 1$　　D. NaF $c(Na^+) : c(F^-) < 1 : 1$

3. 在 0.1mol/l 的氯化铵溶液中，离子浓度关系正确的是(　　)。

A. $c(Cl^-)>c(NH_4^+)>c(H^+)>c(OH^-)$　　B. $c(NH_4^+)>c(Cl^-)>c(H^+)>c(OH^-)$

C. $c(Cl^-)>c(NH_4^+)<c(H^+)=c(OH^-)$　　D. $c(NH_4^+)=c(Cl^-)>c(H^+)>c(OH^-)$

(二) 填空题

1. 盐类的水解是盐电离出来的________跟水电离出来的____________结合生成__________的反应。只有__________离子或_________离子才能与水结合生成弱电解质，实质是_________________。

2. 将等物质量浓度的次氯酸溶液和氢氧化钠溶液等体积混合后，溶液的 PH__7(填 >、< 或=)。

三、自学完毕，请写下自己的学习感受。

8.2.2　准备辅助资源

拍摄类微课的制作较录屏类微课复杂，特别是根据微课脚本准备资源，不仅需要准备课件，还需要根据情况选择拍摄场所，准备拍摄器材。如果是化学、物理、生物等学科，还可能有实验部分，需准备实验器材等。

1. 准备微课课件

拍摄类微课的课件与录屏类微课的课件相比，制作应简洁明了，突出幻灯片上的图片与文本等，本节微课的课件制作较简单，效果如图 8-57 所示。

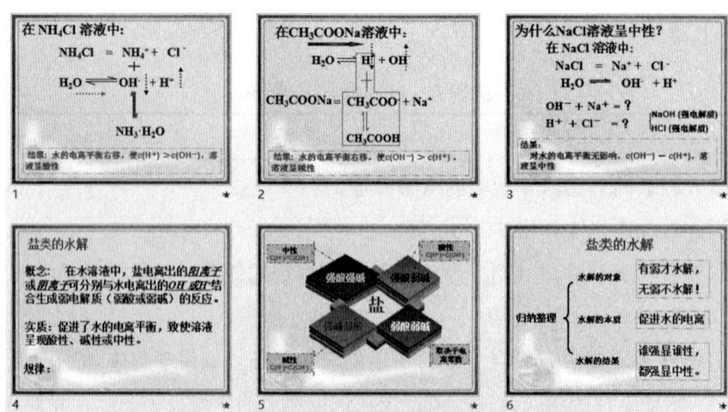

图 8-57　课件效果图

2. 准备实验器材

本微课中设计了两个实验，自制泡沫灭火器与测定溶液的 pH 值，根据实验要求，准备器材备用，实验器材如表 8-8 所示。

表 8-8　实验器材

序　号	实 验 名 称	实验器材及试剂
实验 1	自制泡沫灭火器	塑料瓶、小试管、玻璃棒、饱和碳酸氢钠溶液、饱和硫酸铝溶液
实验 2	测定 0.1mol/l 的下列 3 种溶液的 pH 值：氯化铵溶液、醋酸钠溶液、氯化钠溶液	表面皿、玻璃棒、pH 试纸及比色卡、0.1mol/l 氯化铵溶液、0.1mol/l 醋酸钠溶液、0.1mol/l 氯化钠溶液

3. 拍摄准备

拍摄准备包括器材准备与场地准备，场地要选择安静的场地，尽量不要有回声，本节选择的拍摄地点是录播教室，在拍摄时要注意关闭空调等电器。拍摄用的摄像机选择的是索尼 270E，考虑拍摄时镜头要保持稳定，使用索尼 vct_vpr1 三脚架，为后期处理视频方便，备有绿色厚实不反光的背景布。

4. 拍摄注意事项

根据微课脚本及拍摄场地，拟定拍摄 5 段视频，为保证拍摄工作顺利，可以注明拍摄时应该注意的事项，如表 8-9 所示。

表 8-9　拍摄注意事项

序　号	内　　容	拍摄注意事项
视频 1	导入	采用绿色背景布，方便后期加工时抠像，拍摄时采用近景拍摄法
视频 2	制作泡沫灭火器实验	采用近景拍摄，实验时，为突出实验器材，采用特写拍摄；验证灭火器效果时，为使效果更明显，侧面拍摄演示者

(续表)

序　号	内　容	拍摄注意事项
视频 3	讲解盐类水解	采用近景拍摄，保证多媒体上的字能看清楚
视频 4	测定溶液 pH 值实验	采用近景拍摄，实验时，为突出实验器材，采用特写拍摄，要看清每个溶液的标签
视频 5	小结	采用绿色背景布，方便后期加工时抠像，拍摄时采用近景拍摄法

5. 制作视频背景

拍摄类微课，通过拍摄真人讲解教学内容，再后期加工制作，其在教学环节上不如录屏类微课清晰，可以在后期加工时，采用添加字幕的方式弥补，此处采用另一种方式处理，即添加导航背景，效果如图 8-58 所示，导航背景可使用 Photoshop 完成。

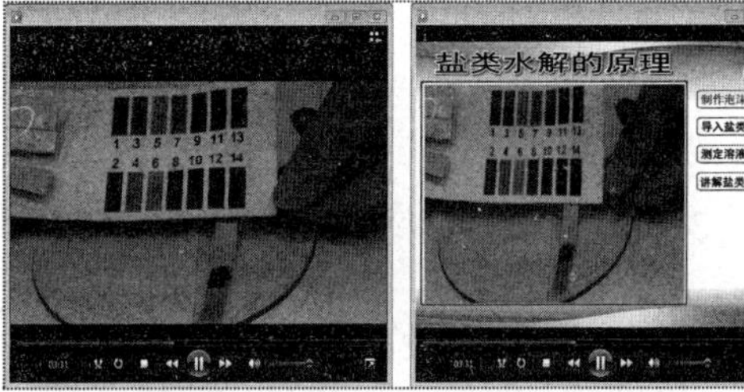

图 8-58　视频添加背景效果对比图

8.2.3　编辑微课视频

拍摄的微课视频，难免会出现小瑕疵，可编辑处理后使用。先仔细浏览拍摄的每段视频，记载其中有问题的部分，如表 8-10 所示，根据情况编辑视频，再进行后期加工处理，本案例使用“会声会影”软件，介绍微课制作过程。

表 8-10　视频处理情况

序　号	内　容	原始视频长度	需要进行的处理
1	导入	36 秒	开始部分与结束部分，共3秒左右，教师没有准备好就录制的部分需剪切
2	制作灭火器实验	1 分 53 秒	开始处教师没有准备好的部分，剪 2 秒
3	讲解盐类的水解	4 分 27 秒	从 2 分 43 秒开始将视频分成两段
4	测定溶液的 pH 值	1 分 43 秒	1 分左右处一段持续 3 秒重复讲解部分应删除
5	小结	24 秒	不需处理

跟我学

导入微课素材

编辑加工视频，需要将素材导入，此处有视频、图片、声音等文件，导入文件可以分类型集中导入，也可以单个文件导入。

1. 运行软件　双击桌面上的 Corel VideoStudio Pro X8 图标，运行“会声会影”软件。

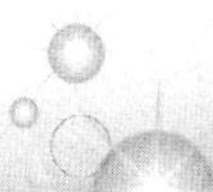

2. **导入视频文件** 按图 8-59 所示操作，导入拍摄的 6 个视频素材文件。

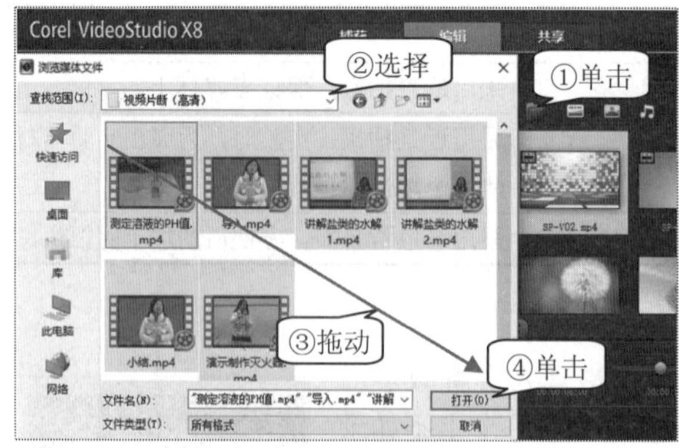

图 8-59 导入视频文件

3. **导入其他素材** 用同样的方法，导入图片素材与音乐素材。

编辑视频文件

“会声会影”软件可以对视频进行剪切、合并等操作，也可以将视频中的声音文件提取出来，或是为视频同步配以声音。

1. **裁剪视频素材** 按图8-60 所示操作，通过设置视频的开始标记和结束标记，保留“导入.mp4”文件的 0:00:00:15 至 0:00:32:10 区间的视频片段。

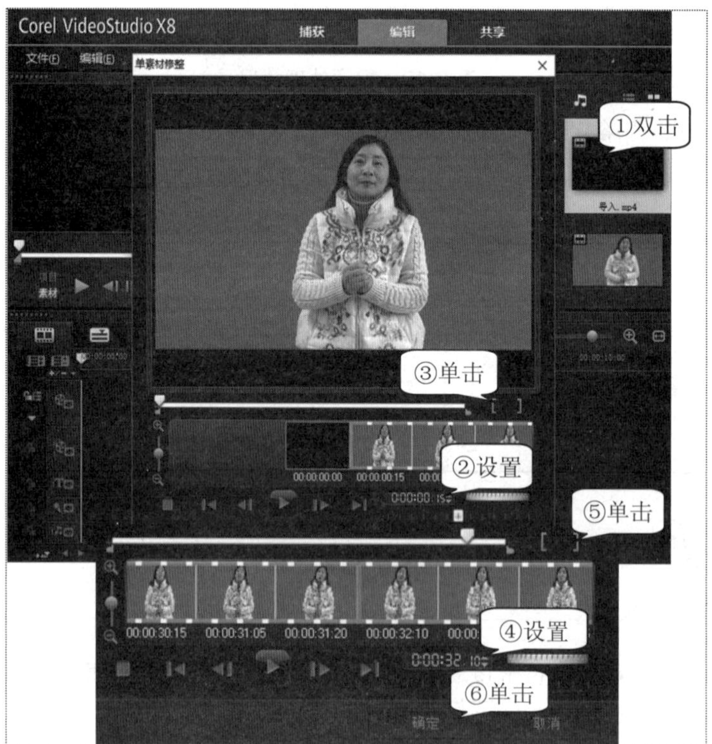

图 8-60 裁剪视频素材

2. **裁剪其他视频**　用同样的方法，将其他视频的错误部分及不需要部分切除。
3. **调用视频素材**　按图 8-61 所示操作，将“导入.mp4”文件拖到覆叠轨上。

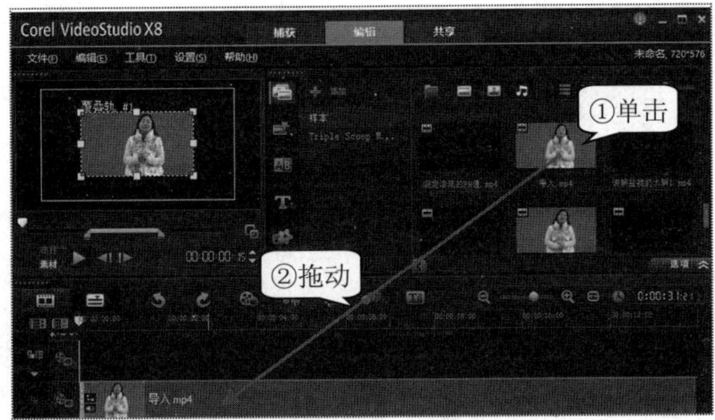

图 8-61　调用视频素材

4. **调用其他视频素材**　用上述方法依次将“演示制作灭火器.mp4”“讲解盐类的水解 1.mp4”“测定溶液的 pH 值.mp4”“讲解盐类的水解 2.mp4”及“小结.mp4”拖到覆叠轨上。
5. **保存项目文件**　选择“文件”→“保存”命令，以“盐类的水解原理.vsp”为文件名，保存项目文件到“盐类的水解”文件夹中。

制作视频片头

视频片头包括背景、标题文本、授课者视频，添加的标题需要进行格式设置，授课者的视频需要采用抠像处理，去除原先的绿色背景。

1. **添加片头背景**　按图 8-62 所示操作，将“片头背景.jpg”图片拖到视频轨上，并将片头背景的时间设置与“导入.mp4”视频的长度相同，使播放导入视频时均显示片头背景，并将视频调整到合适位置。

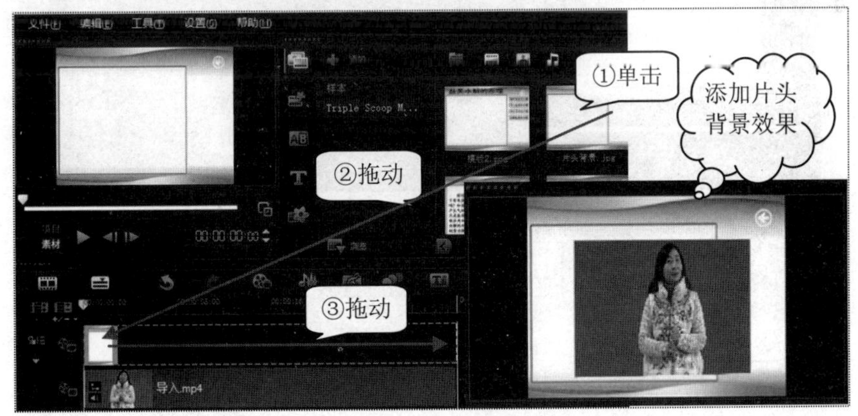

图 8-62　添加片头背景

2. **添加其他视频背景**　用上述方法将“演示制作灭火器.jpg”“讲解盐类的水解 1.jpg”“测定溶液的 PH 值.jpg”“讲解盐类的水解 2.jpg”及“小结.jpg”依次拖到视频轨上并调整大小和位置。

3. **抠除视频背景** 按图8-63 所示操作，去除视频的绿色背景，让人物形象独立呈现在背景中，使观看美观。

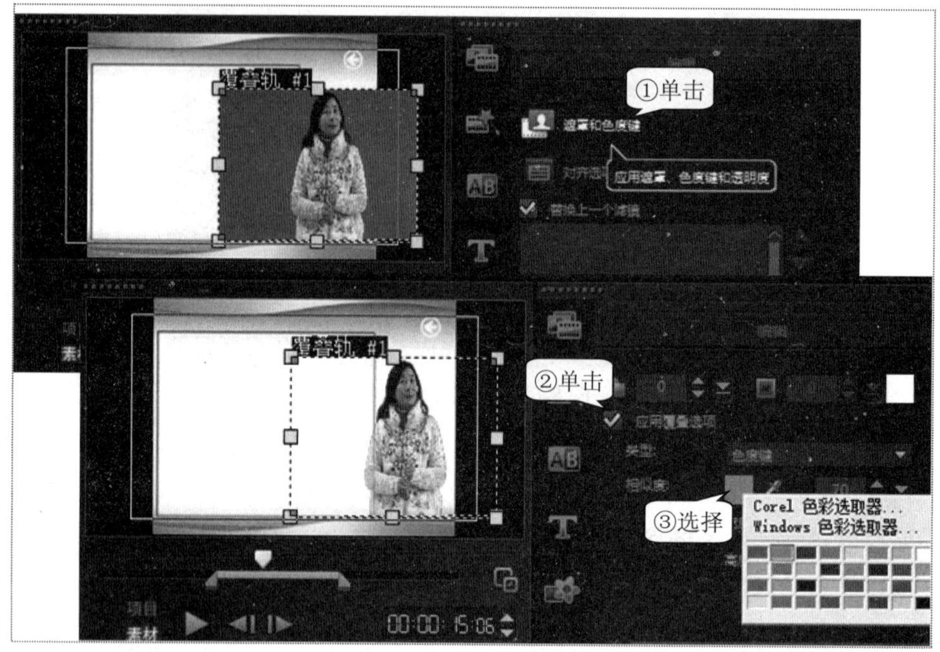

图 8-63 抠除视频背景

4. **添加微课课题** 按图 8-64 所示操作，添加微课课题，设置格式为“隶书、53 磅”，并添加外部边界与阴影。

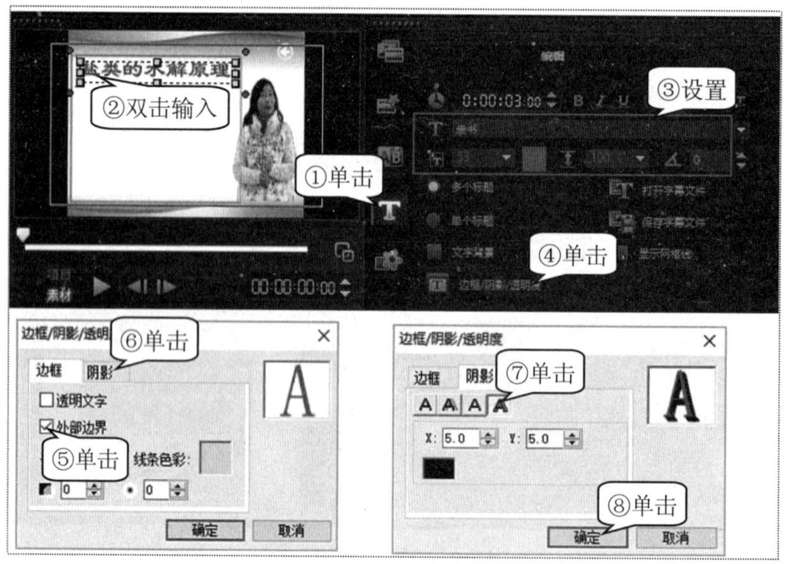

图 8-64 添加微课课题

5. **添加其他文本** 用同样的方法，输入并设置上、下方标题，分别为“黑体、20 磅”与“黑体、29 磅”，效果如图 8-65 所示。

6. **制作片尾**　用上面的方法，制作小结文本，效果如图 8-66 所示。

图 8-65　添加其他文本

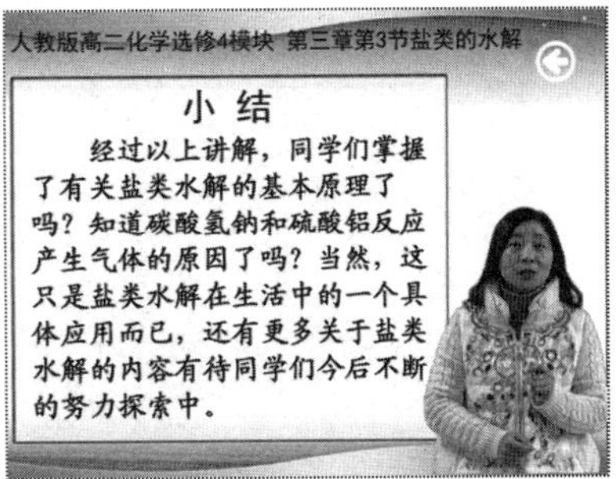

图 8-66　小结文本

7. **制作文字动画**　按图 8-67 所示操作，为小结文本添加动画效果。

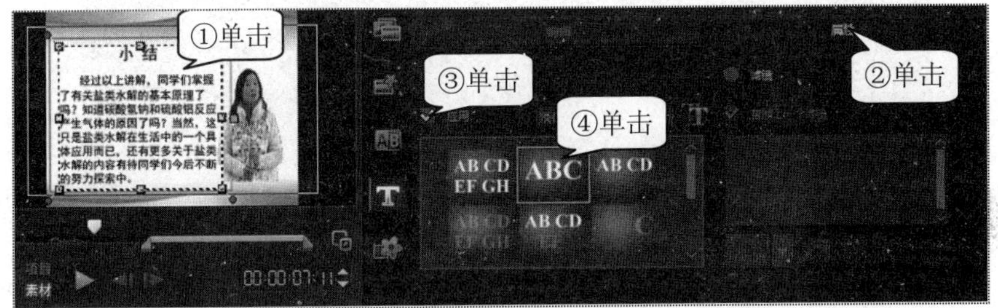

图 8-67　制作文字动画

加工后期效果

为使微课的效果更好，还可以在视频之间设置转场效果，为微课添加背景音乐，设置音乐的淡入淡出效果等。

1. **添加背景音乐**　按图 8-68 所示操作，将背景音乐“bgsound.mp3”拖到音乐轨上，考虑到整个微课有 8 分 30 秒，音乐只有 4 分 30 秒，可将音乐复制播放 2 次，并修剪与视频长度相同。

图 8-68　添加背景音乐

2. 设置音乐淡入　按图 8-69 所示操作，将背景音乐设置为淡入与淡出效果。

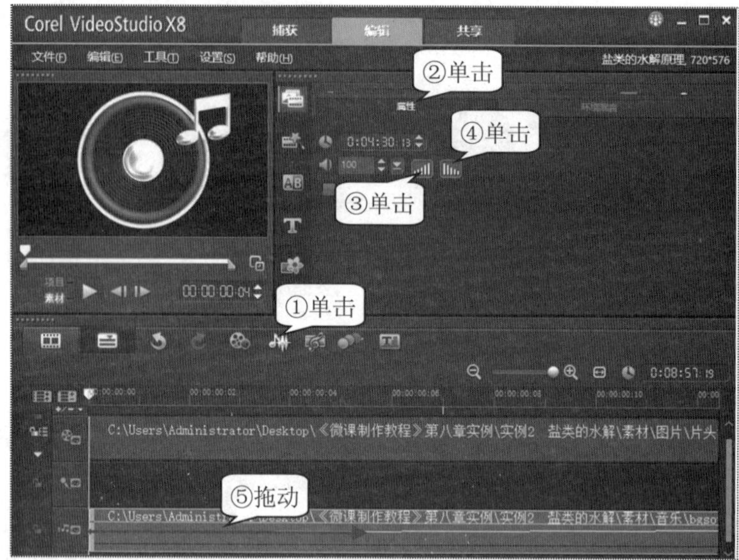

图 8-69　设置音乐淡入淡出

3. 渲染微课　按图 8-70 所示操作，将项目文件渲染为“盐类的水解原理.mp4”文件。

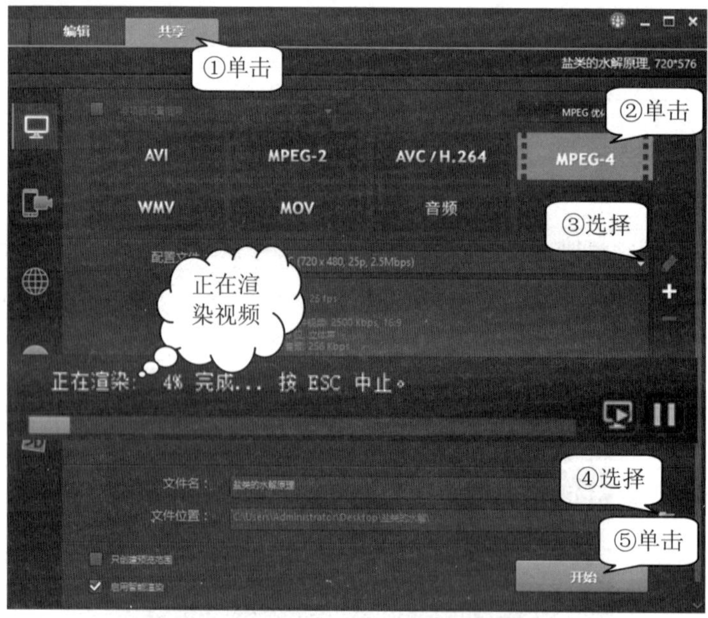

图 8-70　渲染微课

8.2.4　压缩保存微课

制作的微课除分享给学生外，也可上传与别人交流或参加各类比赛。上传到网上的微课要考虑视频的大小，使用摄像机拍摄的视频基本都是高清模式，文件比较大，需要通过格式转换或减小屏幕尺寸的方式缩小文件。

跟我学

1. **运行软件**　单击"开始"按钮，选择"所有程序"→"狸窝"→"狸窝全能视频转换器"命令，运行"狸窝全能视频转换器"软件。
2. **添加视频文件**　按图 8-71 所示操作，将"盐类的水解原理.mp4"文件添加到狸窝视频转换软件中。

图 8-71　添加视频文件

3. **设置转换格式**　按图 8-72 所示操作，根据需要设置转换后的视频格式，方便上传浏览。

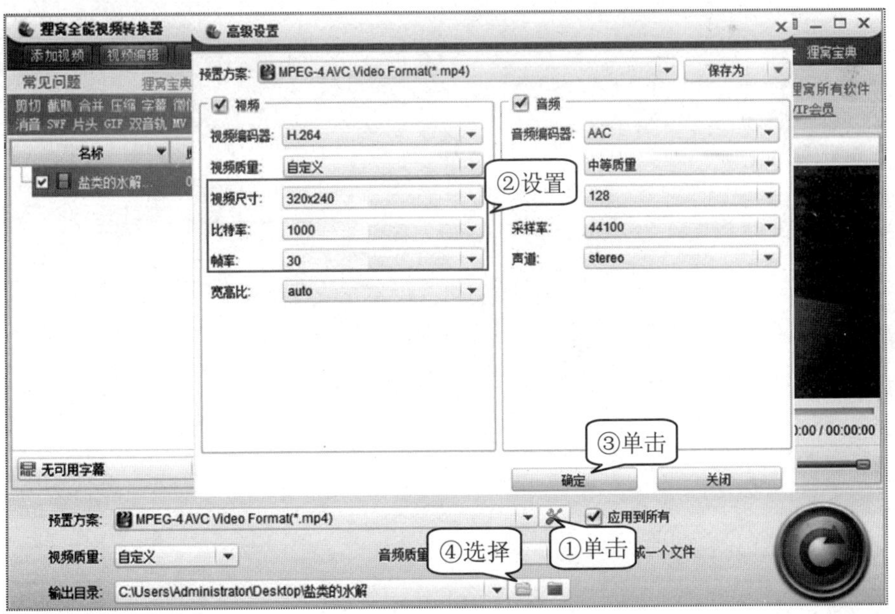

图 8-72　设置转换格式

4. **转换视频** 按图 8-73 所示操作，完成视频格式转换后打开输出文件夹浏览视频效果。

图 8-73 转换视频后浏览